사람 과 사람

김정은 시대 '북조선 인민'을 만나다.

★★★ **일러두기**

1. 이 책의 일부 내용은 강동완·박정란, "김정은 시대 북한사회 변화 실태 및 북한주민 의식조사," 『북한학보』 제39집 2호(2014); 강동완·박정란, "북한주민의 통일의식 조사연구," 『통일정책연구』 제23권 2호(2014); 강동완·박정란, "북한주민들의 중국에서 '남한 미디어' 이용 실태 연구," 『통일연구』 제19권 1호(2015)에 게재되었음을 밝힙니다.
2. 북한주민의 면접 내용 중 어휘는 북한 말투를 그대로 표기하여 한글 맞춤법과 다를 수 있습니다.
3. 이 책에 수록된 사진의 물품은 필자가 직접 입수하여 촬영한 것임을 밝힙니다.
4. 신변보호의 이유로 실제 지명은 OO로 표기하였습니다.

발간사

통일문화연구원 연구총서를 발간하며

한반도 통일이 진정 사람과 사람의 '행복한 통일'이 되려면 세밀하게 준비해야 할 것이 아주 많다. 무엇보다 북한 주민들에 대해 세대, 계층, 지역, 성별로 나눠 정밀하게 자료를 모으고 분석해서 그들이 진정 원하는 것이 무엇인지, 통일 이후 그들을 어떻게 대해야 할지 등을 구체적으로 연구해야 한다. 이번 조사는 바로 그 같은 통일준비를 위한 작은 시작이었다. 이 책은 국내 최초로 북한주민 100명을 대상으로 한 설문조사를 통해 그들의 생생한 통일이야기를 담아냈다.

이번 북한주민 대상 통일의식과 남한 미디어 이용 실태 조사는 통일로 가는 길과 통일 후에 준비해야 할 일 중 꼭 필요한 한 부분이었다. 김일성 일가의 종교화 되어있는 북한을 열린사회로 이끌려면 한국의 풍요로운 '삶'을 알리고 소위 'K-POP'으로 대표되는 한류 문화를 통해 북한주민의 의식을 자유로 인도해야 된다. 북한 주민들이 남한의 문화를 접할 기회가 늘어날수록 의식의 변화가 생길 것이고, 이것이 결국 북한의 정권까지 움직여서 개방으로 나오게 할 수 있을 것이다. 북한이 아무리 통제가 심해도 한계는 있다. 우리가 만난 북한 주민은 (남한 영상물을) 보지 말란다고 해서 안 보겠느냐. 더 많이 볼 것"이라고 했다.

통일을 위해서는 우리 국민도 북한과 북한 주민을 잘 알아야 한다. 이번 조사는 자유민주주의와 자본주의, 국제사회를 경험하지 못한 북한 주민의 실체를 우리 국민에게 알린다는 의미도 있다.

이번 조사의 의미는 국내 최초로 북한주민들이 직접 보는 우리나라와 자유진영에 대한 그들의 생각이 그동안 어떻게 변화되었는지 면밀히 살펴보았다는 점이다. 또 북한 주민과의 직접 연결고리가 없는 이 시대에 얼굴을 맞대고 필자가 만난 북한주민의 말은 한편으로는 우리가 깜짝 놀랄 열린 마음을 갖고 있었다. 어느 북한 주민은 '왜 한국정부는 핵이나 인권문제만 거론하느냐, 남북 상호공감대를 갖는 독도 등 영토문제, 역사적으로 훼손된 위안부 문제 그리고 안중근의사 등의 왜곡된 국제문제를 남북이 공조하자는 제의를 왜 못하냐'고 말했다. 그의 제언에 우리 조사단조차 얼굴을 붉히고 투-트랙(강온)전략을 구사 못하는 현실에 안타까움조차 일으키게 만들었다. 북한주민을 대상으로 심층 취재를 했다는 사실 하나만으로도 충분히 새로운 통일연구로써 가치가 있다. 특히 북한과의 징검다리 역할을 할 수 있는 북한내 화교의 조사와 면담은 향후 통일의 길에 지대한 영향을 미칠 수 있다. 통일은 거창한 것이 아니고 사소한 통일준비에서 시작해야 한다. '디테일에 악마가 숨어 있다.'는 말보다 '디테일에 천사'가 되어야 통일이 대박 되는 길이 열릴 것이다.

민주평화통일자문회의 문화예술체육분과 위원장
통일문화연구원 이사장 라 종 억

차 례

Contents

발간사

들어가며   북한주민들과 나눈 통일이야기   8
서론   우리가 만난 북한주민, 그들은 누구인가?   16

1부   북한주민에게 통일이란?   24

1_ 북한주민에게 통일이 필요한가   32
2_ 통일은 얼마나 이득이 될까   63
3_ 통일이 어떻게 이뤄질까   72
4_ 통일 이후는 어떤 모습일까   104

남한의 동생과 북한의 언니가 주고받은 편지   152

2부   북한주민이 생각하는 남한은?   156

1_ 남북한 격차에 대한 인식은   163
2_ 남한 사람들에 대한 친근함 여부는   183
3_ 남북한 군사력의 차이는   214
4_ 남한의 정치를 얼마나 알고 있을까   235
5_ 대북지원과 투자에 대한 생각은   265

남한의 언니와 북한의 동생이 주고받은 편지   286

| 3부 | 북한주민에게 다른 나라는? | 290 |

	1_ 좋아하는 나라는 어디인가	296
	2_ 주변국에 대해 어떻게 생각할까	307
	남북한의 동갑내기 친구가 주고받은 편지	318

| 4부 | 김정은 시대 북한의 모습은? | 322 |

	1_ 사상 및 통제는	328
	2_ 북한주민들의 경제생활 모습은	341
	3_ 북한사회의 빈부격차는	372
	하나에게 보내는 손 모양과 음성 메시지	390

| 5부 | '아랫동네 날라리풍'에 빠진 사람들 | 392 |

| | 1_ 중국에서의 남한 미디어 이용실태 | 400 |
| | 2_ 북한에서의 남한 미디어 이용실태 | 455 |

| 나가며 | '남한 사람'과 '북조선 인민' | 520 |
| 부록 | 북중접경지역여행 / 홀로아리랑 / 편지쓰기 | 529 |

—

들어가며

북한주민들과 나눈 통일이야기

들어가며

북한주민들과 나눈 통일이야기...

모두가 불가능한 일이라 했다. 남한 사람이 북한 사람을 직접 만나 면접조사를 한다는 것... 그것도 한 두명이 아니라 100명 이상의 사람들을 만나서 그들의 이야기를 듣는다는 것은 상상조차 할 수 없다고 말했다. 하지만 불가능할 것만 같았던 일은 현실이 되었다.

우리는 지난 5개월간 중국에서 북한 주민 100명을 만나 그들의 진솔한 이야기를 마음으로 담아내었다. 두 귀가 아닌 마음으로 들을 수 있었던 것은 그만큼 그들의 이야기가 절박하고 애절했기 때문이다. 그들은 입이 아닌 눈물로 말했고, 우리는 귀가 아닌 마음으로 그들의 눈물을 담아낼 수밖에 없었다.

우리 사회는 왜 통일을 해야 하는지, 통일이 되면 무엇이 좋은지에 대한 논리를 찾는다. 어느새 통일이라는 존재는 사람들에게 설득해서 이해시켜야 하는 철부지가 되어버렸다. 그 누구도 선뜻 통일을 좋아한다고 말하지 않는다. 하지만 북한 주민들에게 통일은 사람이 사람답게 살기 위한 유일한

희망이었다. 그들에게 통일은 지금의 현실을 벗어날 수 있는 마지막 출구이자 한줄기 빛이 되어주었다.

그들의 이야기를 이제 세상에 내놓으려 한다.
그 애절하고 절박하리만큼 생생한 그들의 한맺힌 마음들을…

100명의 북한 주민들을 만나기 위한 사전작업은 약 2년여에 걸친 관계 맺음에서 시작되었다. 2013년 여름 어느 날. 북한 주민을 면접조사 하겠다는 의욕만 앞선 채 북경을 거쳐 OO로 들어가는 첫 여정을 시작했다. 하지만 그 첫날부터 사실 포기하고 싶은 마음 밖에 없었다. 북경에서 출발하는 OO행 저녁비행기가 무려 12시간이나 지연되는 바람에 차가운 공항 벤치에 앉아 뜬눈으로 밤을 지새웠다. 그것도 모자라 다음날 아침에는 비행기가 이틀 뒤에나 운행할 수 있다는 어이없는 말에 그냥 포기하고 한국으로 돌아갈까 하는 마음도 들었다.

첫 시도부터 힘들게 찾아간 중국 여정은 늘 다녀올 때마다 평생 잊지 못할 새로운 경험들을 안겨주었다. 중국 OO공항에서 접경도시 OO으로 들어가는 여정은 총알택시의 살인적인 스피드에 몸을 맡겨야 했고, 그것도 승차인원 4명을 가득 채울 때까지 무한정 기다려야 하는 것은 예삿일이 되었다. 호텔 방 앞을 지나는 둔탁한 발자국 소리만 들려도 혹시 중국 공안이지 않을까 하는 지레 짐작에 움찔 놀라 여차하면 창문으로 뛰어내릴 생각까지 했다. 북한주민을 만날 수 있다는 전화 한통을 급히 받고 새벽 5시에 출발해 14시간을 꼬박 차를 타고 가서 만난 적도 있다.

그렇게 힘들게 찾아간 곳이 바로 북중접경지역의 작은 도시들이었다. 힘겨움에 대한 보상이었을까...북한 주민을 처음 만난 날의 벅찬 희열과 감동 그리고 설렘과 낯설음이 교차하는 그 미묘한 감정은 아직도 표현하기 어렵다. 그렇게 한 사람, 한 사람씩 만남은 이어졌고 그 만남은 또 다른 인연이 되었다.

지난 3년 동안 추석과 설 명절을 한 번도 고향에서 지내지 못했다. 그 시간은 온전히 낯선 타국에서 그들과 함께 한 시간들로 오롯이 채워졌다. 명절 날 아침 국제전화로 부모님께 죄송스러운 마음을 전하면서도 한편으로는 내 처지와 똑같이 낯선 땅에서 홀로 명절을 보낼 북한 주민들과 함께 지낼 수 있음에 감사했다. 돌이켜보면 가족과 함께 하지 못한 시간이지만 오히려 그들을 만나 돈독한 마음을 나눌 수 있었음에 그저 감사할 따름이다.

어느 해 설날에는 북한식당에서 정식메뉴에도 없는 떡국을 얻어먹었던 기억도 난다. 설날 아침부터 불쑥 찾아든 '남조선 사람'에게 내어준 그 따뜻한 떡국 한 그릇과 소복이 담아낸 김치는 서로가 그리는 어머니의 손맛이었을지도 모른다.

하지만 나와 그들은 결코 같을 수 없었다. 명절날 떡국을 나눌 수는 있었지만 온전히 '우리'는 될 수 없는 사이였다. 나와 그들은 '같은 사람'이 아니라 '남한 사람, 북한 사람'으로 분명히 경계를 나누어야 하는 분단국가의

'다른 사람'이었다.

　　우리는 지금 그런 나라에 살고 있다. 금세 친구가 되고 언니 오빠 형 동생이라 부를 수 있어도 우린 똑같은 사람이 아닌 '남한 사람, 북한사람'으로 편을 갈라야 하는 분단의 시대를 살아간다. '통일된 조국에서 다시 만납시다.' 하며 수 백번 인사해 보지만 과연 그날은 언제 올는지 아득하기만 하고 우린 또 그렇게 마주잡은 두 손에 작은 눈물방울 하나 떨구는 것 외에 할 수 있는 게 아무것도 없다. 이런 슬픈 나라에 살고 있으면서 우리는 정작 그것이 슬프다는 사실조차 잊고 살아간다. 통일은 과연 무엇일까 아파하고 고뇌하며 북중접경지역 그 회색빛 도시에서 숱한 날들을 서러운 눈물로 지새웠다. 그들을 만나고 돌아온 늦은밤이면 호텔방에서 엉엉 소리 내며 서러운 눈물을 홀로 쏟아냈다.

　　이제 그렇게 다른 두 사람이 만나 하나가 되기 위한 여정을 시작해 보려 한다. 세상에 알려지지 않았던 그들의 목소리와 마음들을 소리 높여 전하고 싶다.
　　　　그들은 통일을 너무도 간절히 원하고 있다고…
그래서 우리에게 주어진 그 길을 이제 함께 가야만 한다고 말이다.

　　이 책의 원고를 마감할 즈음 영화 '암살'이 1,000만 관객을 넘으며 흥행을 이어갔다. 조국을 위해 이름도 없이 쓰러져 간 독립투사들의 이야기를 다룬 영화. 극중에서 독립운동이 무슨 필요가 있냐고 반문하는 내용의 대사가 여전히 가슴을 울린다.

전지현(안옥윤 역)　만주에서는 비가 와서 지붕이 새도 고치지 않아.
　　　　　　　　　곧 광복이 되어 고향으로 돌아갈 거라고
　　　　　　　　　생각하기 때문이지.
하정우(하와이 피스톨 역) 두 사람을 죽인다고 뭐가 달라지나?
전지현(안옥윤 역)　알려줘야지. 우리는 계속 싸우고 있다고…

　그분들이 그리했던 것처럼 통일을 위해 목숨을 바치지는 못하지만 분단체제에 안주하려는 세상을 향해 분명히 외치고 싶다. 누군가는 통일을 위한 힘겨운 싸움을 계속 하고 있다고 말이다. 영화의 마지막 대사는 "해방이 될 줄 몰랐다."였다. 분단의 장벽이 무너지는 날 "통일이 될 줄 몰랐다."고 후회하지 않을 그 순간을 위해 지금 여기에서 통일을 준비하는 큰 울림이 되고자 한다.

　통일의 여정은 한 척의 나룻배와 같다는 생각이 든다. 비록 겉은 허름해 보이고 보잘 것 없지만 깊으나 얕으나 세찬 풍랑이 와도 한결같이 그 자리를 지키며 이쪽과 저쪽을 연결해 주는 나룻배… 더디 갈지라도 묵묵히 그 자리를 지키며 남한과 북한을 잇는 통일의 나룻배가 되고 싶다. 남북한 사람들이 서로 너나들이가 되는 그날까지…

　　　　　　　　　　　　광복 70년과 분단 70년을 맞는 2015년 8월 15일
　　　　　　　　　　　　　　　　　　조국을 찾고 또 잃은 날에
　　　　　　　　　　　　　　　　　　　저 자　강　동　완

너나드리 _ 서로 너, 나 하며 허물없이 지내는 사이를 일컫는 순 우리말

서론

우리가 만난 북한주민, 그들은 누구인가?

북한주민과의 첫 만남

'북한주민 100명 면접조사'의 첫 시작은 지난 2013년 7월로 거슬러 간다. 필자들이 그동안 북한 내 한류실태에 대한 연구[1]를 진행해 오며 늘 아쉬웠던 점은 연구대상을 국내에 입국한 북한이탈주민의 증언에 주로 의존했다는 점이다. 우리는 김정은 시대의 북한내부 상황을 알고 싶었고, 북한 내 한류 확산 실태를 북한주민들의 목소리를 통해 생생히 듣고 싶은 욕심이 생겼다.

그러던 중 평소 형, 동생하며 친하게 지내던 북한이탈주민의 도움으로 중국에 거주하고 있는 지인을 소개받았다. 전화번호 하나 달랑 받아들고 그렇게 중국으로 날아갔다. 그 분과의 만남은 이 모든 연구가 가능하게 된 희망의 출발이었다고 해도 과언은 아니다. 사실 그분이 직접 소개를 해 준 북한주민은 한두 명에 불과했다. 마음처럼 면접은 잘 이루어지지 않았고, 북한주민과의 만남을 설득하는 것은 결코 쉬운 일이 아니었다. 예상하지 못한 일은 아니지만 그냥 포기하고 싶은 마음이 앞섰다. 하지만 진정 마음으로 간

절히 원하면 이루어진다고 했던
가. 결국 그 분을 통해 다른 지역
에 있는 또 다른 지인을 소개받았고 우
리는 지역을 옮겨 다시 시작하는 마음으로 북한주민을 찾아 나섰다.

그렇게 한 명, 두 명 만나기 시작하여 우리는 2013년 7월부터 11월까지 25명의 북한주민을 만날 수 있었다. 이때는 '구조화된 설문지'가 아닌 그들과 함께 이야기를 나누는 것에 만족했다. 필자들이 그동안 연구해 왔던 북한 내에서 남한 영상물을 어떻게 시청하는지, 얼마나 확산되고 있는지 등이 주된 관심사였다.

국내 최초 북한주민 100명 면접조사

25명의 만남은 이번 100명의 면접조사를 시행할 수 있도록 하는 자양분이 되었다. 당시 심층면접을 실시했던 경험과 인적네트워크를 통해 이번 연구대상자인 북한주민 100명에 대한 면접조사도 가능하다는 판단을 했다. 그들을 통해 국내 최초로 '구조화된 설문조사' 방식을 통해 북한주민들의 통일의식과 남한 미디어 이용 실태를 조사하고자 했다. 연구대상으로 100명을 설정한 것은 양적통계를 위한 최소한의 범위로 고려된 것이다. 세 자리

응답자 거주지

거주지는 평양 16명, 남포 2명, 평안남도 12명, 평안북도 46명, 함경남도 1명, 함경북도 2명, 자강도 6명, 황해남도 8명, 황해북도 5명, 강원도 2명으로 나타났다. 응답자 중 평안도 지역 사람들이 많은 이유는 면접이 이루어진 중국 내 지역과 관련이 있다. 본 조사가 주로 중국의 특정 도시에서 이루어졌는데 이 지역은 북한의 평안도 지역과 연결되어 있다.

- 자강도 6명
- 평안도 58명
- 함경도 3명
- 평양 16명
- 남포 2명
- 강원도 2명
- 황해도 13명

수의 100명 면접이 전혀 불가능한 일이 아니라는 생각을 하게 된 건 순전히 자신들의 이야기를 솔직히 나누어준 25명의 북한주민들 덕분이다. 그렇게 해서 지금까지 125명의 북한주민을 만날 수 있었다.

이 책에 수록된 내용은 2014년 1월부터 5월까지 중국 현지에서 북한주민 100명을 직접 면접조사 한 내용을 바탕으로 한다. 이 책에서 말하는 '북한주민'은 남한이나 중국 등 제3국으로의 이주를 목적으로 탈북한 사람들이 아니라 식량구입 및 장사를 위해 국경을 반복해 넘나드는 사람들과 중국 친지 방문을 위해 공식적으로 비자를 받고 중국에 체류하고 있는 사람들을 의미한다. 이들을 대상으로 구조화된 설문지에 의한 양적조사와 함께 개인별 심층면접이 이루어졌다.

이번 인터뷰에 응한 북한 주민 100명은 김정은 집권 이후 북한 당국으로부터 공식 허가를 받고 중국에 입국한 사람들이다. 이들은 최근 북한 상황과 사회변화에 대해 상세하게 증언해 주었다. 그동안 한국에 입국한 북한이탈주민이나 중국을 포함한 제3국에 머물고 있는 소수 탈북자를 대상으로 면접조사를 실시한 연구는 있었지만, 북한 주민을 대상으로 '구조화된 설문지'를 통한 면접조사는 국내 최초로 이루어지는 작업이다.

탈북자가 아닌 중국에 체류 중인 '북한주민'

연구방법상 연구대상자의 성별과 나이, 지역, 학력 등 기본사항을 공개하는 것이 원칙이나, 면접대상자의 신변 문제라는 특성상 인구학적 사항은 최소한의 자료만 공개한다. 국내 입국한 북한이탈주민의 면접조사 시에도 기본사항을 공개하는 것은 본인은 물론 북한에 거주하는 가족들의 신변보호를 위해 인적사항을 파악할 수 있는 내용을 공개하는 것은 매우 조심스

응답자 연령대

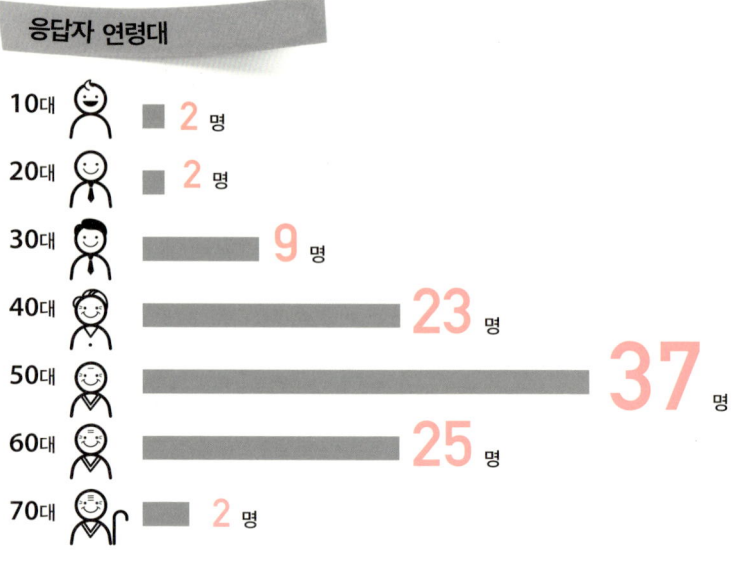

- 10대: 2명
- 20대: 2명
- 30대: 9명
- 40대: 23명
- 50대: 37명
- 60대: 25명
- 70대: 2명

응답자 학력

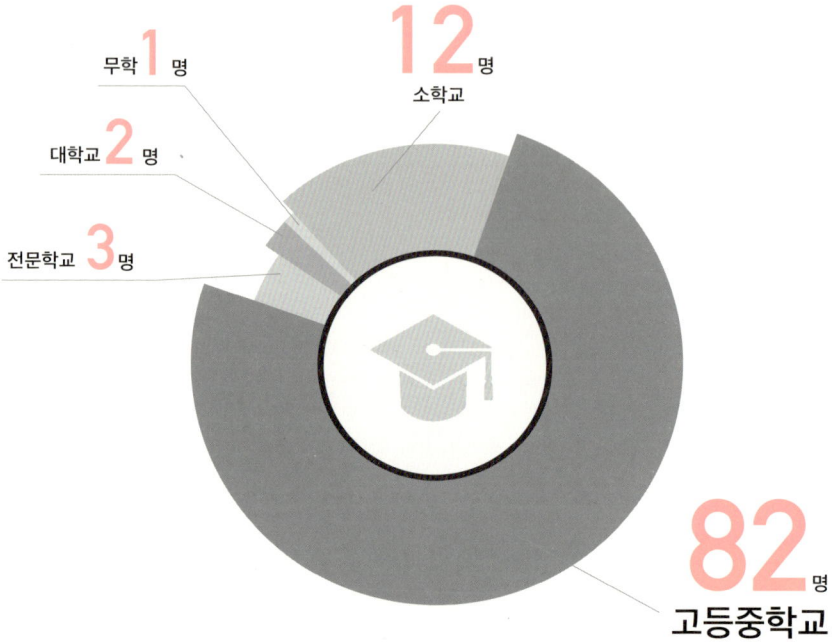

- 무학: 1명
- 대학교: 2명
- 전문학교: 3명
- 소학교: 12명
- 고등중학교: 82명

럽다. 그런데 본 연구는 북한주민들에 대한 면접으로 인적사항이 밝혀질 경우 신변상 매우 위험한 상황을 초래할 수 있기 때문에 상세한 사항은 밝힐 수 없다. 연구자의 입장에서도 연구대상자의 성별과 지역, 계층 등을 변수로 하여 분석을 좀 더 세분화 하고 싶은 욕심이 있지만 단순 도강자가 아닌 정식으로 서류를 제출하고 나온 북한주민들의 신원이 노출될 가능성이 높기 때문에 인적사항은 최소한의 자료만 공개한다. 다만, 개인별 인적사항은 구체적으로 밝히지 않지만 응답자 100명 전체에 대한 인구통계학적 내용은 상세히 밝히고자 한다.

북한주민들은 중국 친척방문을 위한 사사여행자의 신분으로 입국을 하는데 대략 공식 체류기간은 1개월에서 1년 정도이다. 공식 체류기간 중에 친지로부터 물질적인 도움을 받거나 본인이 스스로 일을 하여 돈을 마련하는데 충분한 돈이 마련되지 않으면 공식체류기간을 넘겨 불법으로 거주하게 된다. 허가기간이 지나면 북한 입국 시 벌금을 내는데 그 외에 특별한 제재가 있는 것은 아니다. 본 조사에서 만난 북한 주민들의 경우 북한에서 중국으로 입국한 바로 당일 면접을 실시한 경우도 있으며 길게는 1년 이상 중국에서 체류 중인 경우도 있었다.

본 조사를 위해 만난 북한 주민들의 중국 입국 시기는 다음과 같다. 먼저 연도별로는 2012년 4명, 2013년 53명, 2014년 43명이다. 입국시기를 2012년부터 제한한 것은 김정은 시대의 본격적인 시작을 2012년으로 보기 때문이다. 성별은 남성이 49명, 여성이 51명이다. 연령대는 10대와 20대가 각각 2명이었으며 30대가 9명, 40대 23명, 50대 37명, 60대 25명, 70대가 2명이었다. 상대적으로 20대와 30대의 수가 적은 것은 북한 당국이 친지방문자의 연령대를 주로 40대 이상자에 한해 승인을 해주기 때문이다.

사례 대상자의 연령과 성별

사례 1	여성	50대	사례 26	남성	40대
사례 2	남성	50대	사례 27	여성	30대
사례 3	남성	50대	사례 28	여자	40대
사례 4	남성	40대	사례 29	여성	60대
사례 5	남성	50대	사례 30	남성	50대
사례 6	여성	50대	사례 31	남성	60대
사례 7	남성	40대	사례 32	남성	60대
사례 8	여성	60대	사례 33	남성	30대
사례 9	남성	50대	사례 34	남성	50대
사례 10	남성	50대	사례 35	여성	30대
사례 11	남성	60대	사례 36	여성	30대
사례 12	여성	50대	사례 37	남성	40대
사례 13	남성	40대	사례 38	여성	40대
사례 14	남성	60대	사례 39	남성	50대
사례 15	여성	50대	사례 40	여성	60대
사례 16	여성	50대	사례 41	남성	60대
사례 17	여성	50대	사례 42	남성	30대
사례 18	남성	50대	사례 43	여성	50대
사례 19	여성	50대	사례 44	남성	60대
사례 20	여성	50대	사례 45	여성	40대
사례 21	여성	40대	사례 46	남성	70대
사례 22	남성	50대	사례 47	남성	40대
사례 23	여성	50대	사례 48	남성	50대
사례 24	남성	60대	사례 49	남성	60대
사례 25	여성	50대	사례 50	남성	60대

사례 51	여성	50대	사례 76	남성	60대
사례 52	여성	60대	사례 77	여성	60대
사례 53	여성	40대	사례 78	여성	50대
사례 54	여성	40대	사례 79	남성	40대
사례 55	여성	60대	사례 80	남성	40대
사례 56	여성	60대	사례 81	남성	50대
사례 57	여성	70대	사례 82	남성	50대
사례 58	여성	60대	사례 83	여성	60대
사례 59	여성	50대	사례 84	남성	50대
사례 60	여성	60대	사례 85	남성	20대
사례 61	여성	40대	사례 86	남성	50대
사례 62	여성	60대	사례 87	여성	30대
사례 63	여성	60대	사례 88	여성	30대
사례 64	남성	20대	사례 89	여성	40대
사례 65	여성	30대	사례 90	여성	40대
사례 66	남성	40대	사례 91	남성	50대
사례 67	남성	50대	사례 92	여성	40대
사례 68	여성	50대	사례 93	여성	40대
사례 69	여성	60대	사례 94	남성	50대
사례 70	남성	60대	사례 95	여성	50대
사례 71	남성	40대	사례 96	여성	40대
사례 72	여성	40대	사례 97	여성	10대
사례 73	남성	50대	사례 98	남성	10대
사례 74	남성	60대	사례 99	여성	50대
사례 75	남성	30대	사례 100	남성	50대

남한의 통일교육시간

북한주민에게 통일이란?

01

1부 통 일 의 식

북한주민에게 통일이란?

여기 결혼을 하지 않은 두 남녀가 있다. 한쪽은 상대방을 너무나 사랑하여 결혼을 하고 싶은 마음이다. 그런데 다른 한쪽은 아직 사랑하지도 않고 결혼할 마음이 없다. 한쪽이 아무리 결혼하자고 일방적으로 말해도 상대방이 호응하지 않으면 결혼은 결코 이루어질 수 없는 것이다.

남북한 통일도 이와 똑같지 않을까. 아무리 통일하자고 해도 상대방이 호응하지 않으면 한쪽만의 통일은 이룰 수 없다. 남북한 통일은 남한만의 주도가 아닌 북한이라는 분명한 상대를 고려해야 한다. 그 상대는 다시 일반 북한 주민들과 정치적 결정권을 가진 '북한정권'으로 구분할 수 있다. 통일은 정치적 결정과 함께 실제 남북한 주민들이 '함께 잘 살기' 위한 환경을 만들어 가는 것이 중요하다.

독일 통일 과정을 보면 정치, 경제, 군사 분야 등 제도적 통일은 이루었지만 동서독 주민들 간의 이른바 '마음의 통합'은 여전히 진행 중이다. 동독 주민들은 체제 선택의 순간이 왔을 때 서독의 민주주의를 자신들이 살아갈 체제로 스스로 선택했다. 동독주민들은 서독이 경제적으로 발전한 것도 자유가 보장되는 민주주의 체제라는 점도 잘 알고 있었다.

그렇다면 우리의 관심은 과연 현재 북한주민들은 통일을 얼마나 원하고 있으며 그들이 바라는 통일조국은 어떤 모습일지 궁금해진다. 통일이 남북한 주민들간의 '함께 잘 살아가기'라면 현재 분단된 상황에서 북한주민들의 통일에 대한 인식에 따라 우리의 통일, 대북정책의 방향 역시 달라질 수밖에 없다. 그들은 과연 통일을 원하고 있을까? 통일된 한반도의 정치, 경제 체제는 어떠한 형태로 생각할까? 남한사람에 대해서는 어떻게 생각할까?

우리 사회에서는 일반 국민들을 대상으로 통일의식조사를 지속적으로 시행해 왔다. 매년 정기적 의식조사를 통해 북한과 통일에 대한 인식이 어떻게 달라지고 있는지, 또한 남북관계의 주요 이슈가 발생할 때마다 대국민 통일의식조사가 진행되었다. 이는 대북정책을 추진하는 주요한 기초자료로 사용되었고 우리 사회의 통일의식과 준비정도를 파악할 수 있는 지침이 되기도 했다.

그러나 지금까지 통일의 또 다른 당사자라 할 수 있는 북한주민들에 대한 통일의식 조사는 활발히 진행되지 않았다. 현실적으로 남한 사람이 북한주민들을 직접 면접조사하는 것은 많은 제약이 따르기 때문이다. 국내에서 시행되는 대국민 설문조사는 전화로 무작위 선정도 가능하지만 북한주민들을 대상으로 전화 설문을 한다는 것은 거의 불가능한 일이다.

결국 제3국에 나온 북한주민들을 만나는 것 외에는 방법이 없는데, 이 역시 섭외를 비롯하여 면접과정 등에 어려움이 따른다. 이러한 연구대상의 제약으로 인해 북한주민을 대상으로 한 면접조사는 그동안 제대로 이루어지지 않았다.

그런데 북한 주민들의 통일에 대한 인식에 따라 우리의 통일정책 방향이 달라진다는 점을 감안할 때 북한주민들의 통일의식 조사는 시급히 이루어져야 할 연구라 할 수 있다. 상대방이 어떠한 생각을 하는지 모른 채 무작

정 결혼만 하자고 말해서는 소용없다. 그래서 우리는 북한주민의 통일의식에 대한 생각을 먼저 알아보기로 했다.

제1부 통일의식 부분은 네 개의 세부 주제로 구분된다. 첫 번째는 통일의 필요성 및 시기에 대한 내용이다. 여기에는 응답자 자신과 주변 사람들을 구분하여 통일을 얼마나 원하는지 그 이유는 무엇인지에 대해 질문했다. 통일이 이뤄진다면 그 시기는 언제로 예상하는지에 대한 내용도 포함되었다.

두 번째는 통일편익에 대한 내용이다. 통일편익은 통일이 북한과 개인에게 얼마나 이익이 될 것으로 인식하는지에 대한 질문이다. 그들은 통일이 어떤 이익을 가져다줄 것으로 생각하고 있을까?

세 번째는 통일방식에 대한 내용이다. 통일이 어떤 방식으로 이루어질지, 통일을 이루기 위해 가장 시급한 일은 무엇인지에 대해 질문했다. 아울러 통일조국이 어떠한 체제가 될 것으로 인식하는지 여부와 북한정권이 주장하는 민족해방통일(적화통일)이 가능한지에 대한 질문도 포함했다. 북한주민들의 민족해방통일에 대한 인식은 현재 북한정권에 대한 충성도 및 신뢰도를 알 수 있다는 점에서 북한체제 내구력을 추론해 볼 수 있는 주요한 지표가 될 수 있을 것으로 본다.

마지막으로 남북한 주민들의 실질적인 통합의 문제에 대해 질문했다. 즉, 통일 이후 남북한 주민들이 잘 어울려 지낼 수 있는지, 현재 남북한의 문화, 정서적 격차를 인정하는지, 만약 인정한다면 어느 정도 시간이 지나야 완전한 통합이 이루어 질 수 있는지에 대한 내용이다. 또한 통일 이후 남북한 중 어느 지역에 거주하고 싶은가에 대한 내용도 포함했다.

북한주민에게 통일이란?

통일의 필요성 및 시기   통일이 얼마나 필요하다고 생각하십니까?

주변의 북한주민들이 통일이 되기를 얼마나 원한다고 생각하십니까?

통일을 반대하는 사람은 누구라고 생각하십니까?

통일이 언제쯤 가능하리라고 생각하십니까?

통일편익   통일에 따른 비용과 이익 중에 어느 것이 더 크다고 생각하십니까?

통일이 북한에 얼마나 이익이 될 것이라고 생각하십니까?

통일이 자신에게는 얼마나 이익이 될 것이라고 생각하십니까?

통일방식	통일을 이루기 위해 어느 것이 가장 시급하다고 생각하십니까?
	통일조국이 어떤 체제가 되어야 한다고 생각하십니까?
	통일이 어떤 방식으로 이뤄질 가능성이 높다고 생각하십니까?
	북한 정권이 내세워온 민족해방 통일(적화통일) 방안이 실현될 수 있다고 생각하십니까?
통일 이후 모습	통일이 되면 남북한 출신 주민들이 어떻게 지낼 것이라고 생각하십니까?
	통일 이후 언제쯤 남북한이 정신, 문화적 이질감과 소득, 생활수준 격차를 줄여 완전한 사회경제적 통합을 이룰 수 있다고 생각하십니까?
	통일이 되면 어느 지역에서 거주할 생각이십니까?
	북한의 핵무기는 어떻게 해야 한다고 생각하십니까?

통일의 필요성 및 시기

북한주민에게 통일이 필요한가?

통일이 얼마나 필요하다고 생각하십니까?

주변의 북한주민들이 통일이 되기를 얼마나 원한다고 생각하십니까?

통일을 반대하는 사람은 누구라고 생각하십니까?

통일이 언제쯤 가능하리라고 생각하십니까?

북한주민들은 통일을 왜, 얼마나 원할까?

북한주민 100명은 '통일이 필요한가?'라는 질문에 대해 95명이 매우 필요하다고 응답했으며, 5명만이 반반/그저 그렇다고 응답하여 통일의 필요성에 대해 대부분 공감했다.

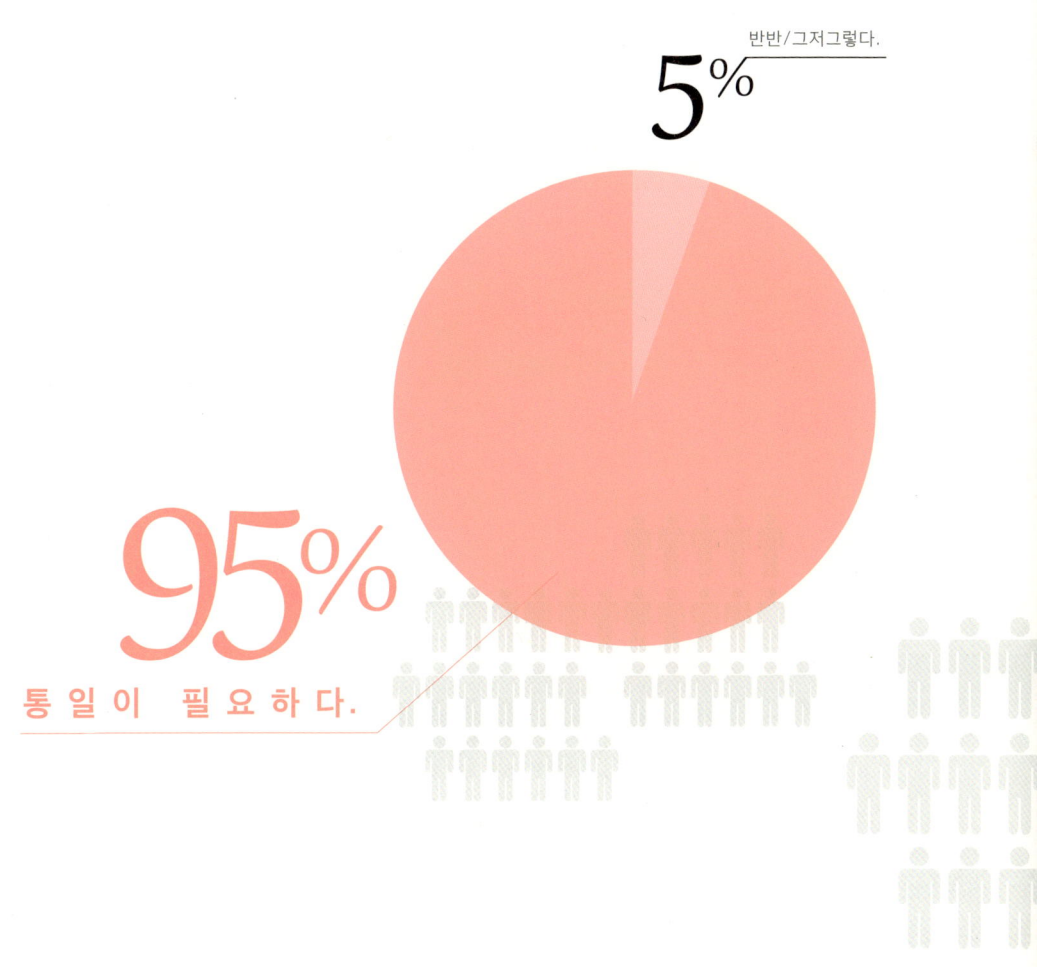

5% 반반/그저그렇다.

95% 통일이 필요하다.

통일이 필요하다고 응답한 95명에 대해 그 이유를 물었다. 이에 대해 '경제적으로 더 발전하기 위해서'라는 응답이 48명(49%), '같은 민족끼리 재결합해야 하니까' 24명(25%), '남북한 주민의 삶 개선을 위해' 16명(17%), '이산가족의 고통을 해소하기 위해서'라는 응답이 6명(7%) '남북한 간에 전쟁을 방지하기 위해서' 1명(2%)으로 나타났다.

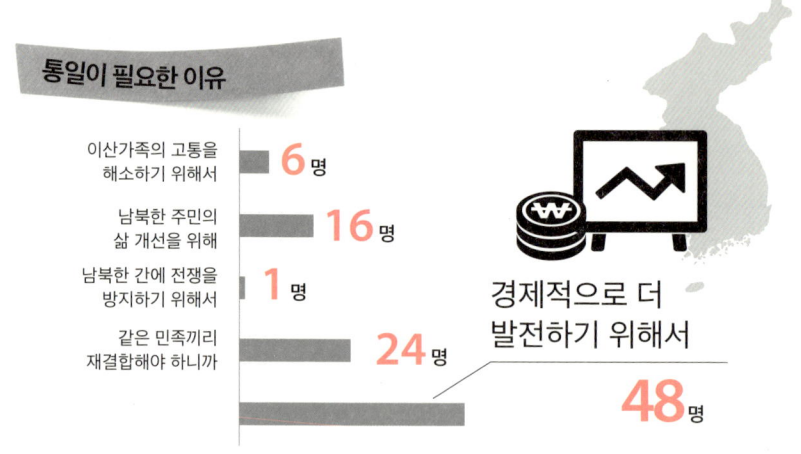

남한 사람을 대상으로 한 통일의식 조사를 보면 통일에 대한 무관심이 해마다 늘어나고 있다. '이대로 잘 살고 있는데 왜 굳이 통일해야 하는지...'라는 부정적 인식이 많다. 하지만 북한 주민들의 생각은 달랐다. 그들은 한결같이 통일을 원하고 있었으며 하루라도 빨리 통일이 되어 다 함께 잘 살면 좋겠다고 말했다. 그들에게 과연 통일이 필요한 이유는 무엇이었을까?

무엇보다 통일이 되면 '경제적으로 더 잘 살 수 있다'는 인식이 강했다. 통일의 이유에 대해 '경제적으로 더 잘 살기 위해서'라는 응답이 가장 높았던 점은 결국 통일이 되면 국가는 물론 개인에게도 이익이 된다고 인식했기 때문이다. 실제로 '통일이 개인에게 이익이 될 것으로 생각하는가?'라는 질문에 대해 97명의 응답자가 이익이 될 것으로 인식했다.

통일되면 경제 나아지지 않겠나

북한 주민들은 통일이 되면 경제가 나아질 것이라는 기대가 컸다. 통일의 필요성에 대한 질문에 '경제적으로 더 발전하기 위해서'라는 답변(49%)을 한 응답자들은 대부분 통일이 되면 남북한 모두 행복하게 잘 살 수 있을 것이라 인식했다.

식당에서 일한다는 40대 여성은 통일을 원하는 이유를 묻자 "좀 배불렀으면 좋겠다."고 했다. 북한 주민들은 통일이 되면 경제적으로 발전한 한국이 북한에 많은 도움을 줄 것이라고 여겼다. 한 40대 남성은 "조선에 자원은 많지만 돈이 없어서 개발을 못하잖나. 기술도 부족하고… 한국은 기술이 좋으니까 통일되면 잘 살게 될 것 같다."고 했다.

한 40대 여성은 "우리 북조선은 잘 못사는데 한국이 잘 사니까 많이 도움을 받을 수 있고, 우리 조선 사람들도 행복하게 잘 살 수 있지 않겠느냐"며 "그래서 통일을 기다린다."고 했다. 특히 "생활수준도 좋아지고 친척방문도 하며 자유롭게 살 수 있다."고 말한다. 다른 주민도 "통일되면 개인농(農)을 할 수 있고, (생산물을) 내가 다 가질 수 있지 않겠냐"고 했다.

평안북도가 고향인 한 60대 여성은 중국에 와서 한국 TV를 보며 남한이 잘 산다는 것을 알게 되었다고 한다. 통일이 되면 조선도 나아질 것이라는 기대가 컸다.

> 요새 중국에 와서 텔레비전으로 보니까 남한이 아주 잘 살고 얼마나 좋은지 몰라요. 남한 텔레비전 보면 농장에 가서 잘 먹고 그런거 정말 부러워요. 북남이 통일되면 더 잘 살 수 있다는 생각이 들어요. 통일되면 조선도 나아지겠지요. 사례 69 | 60대 여성

한 민족 둘로 갈라져 마음 아파

통일의 필요성에 대해 경제적 이유 다음으로 '같은 민족끼리 재결합해야 하니까'라는 응답(25%)이 많았다. 평양에서 온 50대 남성은 '조선은 예로부터 한 민족이고, 한 나라였는데 둘로 갈라져 산다는 게 가슴 아픈 일'이라고 말했다. 그를 면접하던 시기가 지난 2월 금강산에서 이산가족 상봉이 이루어지던 때였다. 중국에서 남한 방송을 통해 그 광경을 직접 봤다는 그는 '가까운 땅에서 서로 친척들도 방문 못하고 교류도 못하는 것이 너무 안타까운 일'이라며 빨리 통일이 되었으면 좋겠다고 말한다.

> 예로부터 한민족이고 한 나라였잖아요. 한 나라가 둘로 갈라져서 산다는 게 얼마나 가슴 아픈 일이에요. 지금 텔레비전 보니까 금강산에서 이산가족 상봉하던데 그거보면 눈물 나는 일 많단 말입니다. 옛날부터 부모 조상들이 한 나라에서 살다가 지금 갈라져서…가까운 땅에서 서로 친척들 방문도 못하고 교류도 못하니까 그렇게 안타까운 일이 어디 있겠어요. 빨리 통일되면 좋겠어요. 사례 18 | 50대 남성

세 번이나 약속시간이 엇갈려 힘들게 면접을 한 70대 여성은 '같은 민족이니까 남북통일이 되어 손잡고 왔다 갔다 하며 사는 게 죽기 전에 소원'이라고 말했다. 북한에서 최근까지 보따리장사를 하며 힘겹게 살아왔다는 그녀. 한동안 말을 잇지 못하던 그녀는 두 아들과 남동생 모두 굶주림으로 먼저 다 떠나보냈다는 말을 덧붙였다. 자신의 두 아들마저 굶주림에 잃었지만 부모 없이 남아 있는 조카들이 불쌍하여 그들을 돌보며 살아온 이야기를 덤덤하게 들려주었다.

> 농장원이니까 다른 것은 못하고 할 수 있는 게 도적질 밖에 없

는데 그것도 못하니까 살길이 어렵고 힘들었지…조카들이 다 농장원들인데 너무 힘들고 오마니 아바지 없이 크는 게 불쌍해서… 중국에 와서 친척들에게 얻어갈게 있나 해서 500달러를 빚지고 왔는데 정말 앞이 캄캄하다. 나가서 몇 푼이라도 벌려고 나물도 좀 캐서 팔고…해삼도 팔고 하는데… 인제 기간(체류 허용 기간)도 다 되었으니 인차(곧) 들어가야지… 사례 57 | 70대 여성

두어 시간 짧은 인터뷰 동안 그녀의 살아온 이야기를 다 듣기에는 세월의 무게가 너무 무거웠다. 어머니가 자신의 사랑하는 두 아들을 굶주림으로 먼저 떠나보낼 때의 심정을 과연 세상의 그 어떤 말로 표현할 수 있을까. 그리고 홀로 남겨진 지금은 부모를 먼저 떠나보낸 조카들을 키우며 근근이 살아가고 있는 힘겨운 삶이란 또…

인터뷰를 마치고 살며시 내민 그녀의 손은 어린 시절, 시골 외갓집에 갔을 때 한걸음에 달려 나와 두 손 꼭 잡아 주시던 외할머니의 따스한 손길과도 같았다. 남한과 북한이라는 이념의 차이가 아닌 그때만큼은 그냥 할머니와 손자간의 따스한 정겨움 밖에는 없었다. 그녀에게 마지막 소원을 물었을 때 망설임 없이 들려주신 대답은 '죽기 전에 꼭 한번 남한에 가보고 싶다.'는 말이었다. 일흔이 넘은 나이에도 불구하고 산에 나물을 캐러 갈 정도로 정정하신 분이라 조만간 통일이 되면 꼭 그럴 수 있을 거라 말씀드렸다. 너무도 당연히 확신에 찬 목소리로…

하지만 한 달여 지나고 다시 중국에 갔을 때 그분을 소개해 준 분으로부터 얼마 전에 그분이 돌아가셨다는 말을 들었다. 처음에는 '돌아가셨다.'는 말을 북한으로 다시 돌아갔다는 말로 이해했다. 하지만 그분은 평생에 마지막 소원인 남한에 가보지 못하고, 자신이 태어난 고향 북한에도 돌아가지 못한 채 타국 땅에서 그렇게 쓸쓸히 생을 마감하신 것이다. 아직도 그녀가 남긴 마지막 말이 귓가에 맴돈다. '죽기 전에 남한 땅에 한번 가 봤으면…'

조선 사람들은 우리(새장) 안에 사는 새나 같다.

통일이 왜 필요한가라는 질문에 3순위 응답은 '남북한 주민의 삶의 개선을 위해서'라는 응답(17%)이였다. 통일이 되면 좀 더 자유로운 삶을 누릴 것으로 기대하는 사람이 적지 않았다.

사례 42는 "지금 조선 사람들(북한 주민들)은 딱 우리(새장) 안에 사는 새와 같다"면서 "(새장을 벗어난) 새처럼 다니고 싶은 곳을 마음대로 왔다 갔다 하면서 보고 싶은 것 보고, 먹고 싶은 것 먹고 살았으면 좋겠다. 그런 게 바로 사는 것"이라고 했다. 한 마리 작은새에 불과하지만 마음껏 원하는 곳으로 날아다닐 수 있다는 이유만으로 그 새가 부럽다고 말하는 북한 주민.

> 딱 우리(새장) 안에 속에 사는 새나 같은 존재라고 생각하거든요. 새라는 게 편해서 자기 다닐 때 왔다 갔다 하면서 저이 볼 거 보고, 주워 먹을 거 먹고 이러고 다니는데... 그런 게 생활이라고 생각하거든요. 근데, 난 이 자체가 현지 조건에서 볼 때 다른 걸 떠나서 그게 없잖아요. 고저 자유가... 사례 42 | 30대 남성

남북한의 철책이 길게 놓인 경계에 설 때면 자유로이 넘나드는 새가 정말 부러울 때가 있었다. 한 마리 새는 남북한을 자유로이 넘나드는데 정작 우리는 분단에 갇혀 한발자국도 내딛지 못하고 있다. 새장 안에 갇혀 있는 새로 비유되는 북한주민들. 그들에게 소망은 그저 '자유롭게 다닐 수 있는 것' 뿐이었다. 그것은 또한 우리의 소망이기도 하다.

사례 43도 자유를 부러워했다. 통일은 남북한 모두가 잘 살 수 있는 길이라고 말한다. 자기 마음대로 하고 싶은 일을 할 수 있는 것...

> 제가 생각하는 건 우선 자유가 있잖아요. 자기 마음대로 돈 벌 수도 있구, 마음대로 잘 살 수도 있고, 또 동포들도 있고, 헤어진 친척들도 볼 수 있고, 사실상 평화통일하면 다 살만하다고 느끼죠. 사례 43 | 50대 여성

한 40대 여성은 바라는 소원이 있다면 '통일 되어서 행복하고 자유롭게 좀 살아봤으면 하는 것'이었다. 통일이 되면 자신의 삶도 분명 좋아질 것이라는 기대도 했다. 북한 주민의 입을 통해 통일이 되면 자유롭고 행복할 것이라는 말을 들었을 때 가슴이 먹먹했다. 우리는 자유와 행복을 통일에서 찾지는 않는다. 하지만 통일은 그렇게 그들에게 희망이었다.

> 고저 좀 행복하고 자유롭게 살고 싶어요. 통일이 되면 그렇게 되겠지요. 사례 54 | 40대 여성

한 여성은 일곱 살 때부터 한국에 가고 싶다는 생각을 했다고 한다. 한 번도 한국에 가보지 못한 그녀인데 한국이 그립고 보고 싶은 꿈을 꾼다고도 했다. 그녀의 이야기를 직접 들어보자.

> 자유롭게 살면서 서로 다 수준이 같은 형편에서 살면 서로 보기도 좋고, 마음도 편하잖아요. 그니까, 빨리 통일되면 우리도 다 그렇게 한번 살아보고 싶다하는 마음이 가득하지요. 항상. 그리운 것도 한국이고, 보고싶은 것도 한국이에요. 가고 싶고, 보고 싶은게 한국이에요. 자나 깨나, 나는 일곱 살부터 생각할 때 "나도 크면 한국에 한번 가고 싶다는 마음이 있었어요. 근데 뭐, 능력이 있어야 가지요." 사례 55 | 60대 여성

'지금 능력이 없어서 가고 싶어도 못 간다'는 그녀의 말을 들으며 필자

역시 그녀를 위해 할 수 있는 일이 지금은 아무 것도 없음을 깨달았다. 통일이 되면 과연 그 꿈이 이루어질 수 있을까...

초보적인 권리도 안주면서

평양이 고향인 50대 남성은 통일이 되면 북한의 인권이 나아질 수 있다는 말을 했다. '인권의 개념을 아는가'라는 질문에 대해 그는 어떤 대답을 했을까?

> 통일이 돼야 나라가 크지... 통일이 되면 당연히 인권이 개선되지 않을까 생각하는 거지요. 인권은 초보적인 자유지요. 말하자면, 어디서 어딜 내가 간다고 해도 기본적으로 마음대로 못갑니다. 이게 제일 가슴 아픈 말인데 뭐 세상에 제일 부럼 없는 나라라고 하는데, 초보적인 권리도 안주면서... 사례 84 | 50대 남성

그에게 인권은 '마음대로 이동할 수 있는 초보적인 자유'였다. 인간이라면 누구나 누려야 할 기본적인 권리조차 보장받지 못한 채 살아가고 있는 사람들... 그저 본인이 가고 싶은 곳을 마음대로 갈 수 있는 자유만이라도 허용되었으면 좋겠다는 그의 말은 북한의 인권침해 현실을 그대로 보여주는 것 같았다. 북한 스스로가 '세상에 부러움 없는 나라'라고 선전하지만 초보적인 권리조차 주지 않는다고 말한다.

전쟁이나 콱 일어나라... 그 말 밖에 없어요.

그런데 우리가 만난 북한 주민들 모두가 통일을 원하고 있는 것은 당연

히 아니었다. 오래전부터 통일이 이루어진다고 말은 들었지만 지금까지 안 되니까 이제는 거의 포기 상태라는 주민도 있었다. 또한 통일을 원하는 것이 아니라 현재 삶이 너무 힘들기 때문에 전쟁이라도 나서 이 상황이 변화되었으면 좋겠다고 한다. 얼마나 힘든 생활이기에 참혹한 전쟁을 차라리 원하게 되었을까...

> 말하자면, 전쟁이나 콱 일어나라. 그 말 밖에 없어요. 전쟁이 일어나면, 다 된다는 거지. 재구 하니까 장마당에서도 그 소리 나온단 말이죠. 너무 조이니까... 폭발되든 지진이 일어나든 뭐 하나 있어야지. 통일이란 말은 안 꺼내요. 오직, 전쟁이나 콱 일어나라 그러지.. 통일에 대한 열망이나 그런 건 별로 없어요. 옛날부터, 통일 통일 했는데 안되니까 사람들이 다 포기한거지...
> 사례 47 | 40대 남성

> 적잖은 인민들이 속으로 '다 굶어 죽을 바엔 한번 붙어보자. 전쟁이나 일어나라.'고 생각한다. 사례 41 | 60대 남성

한 50대 여성 역시 통일은 이제 이루기 어려워 포기한 경우였다. 북한에 있을 때는 개성공단을 두고 남북한이 서로 대치하고 있는 사실을 전혀 몰랐는데 중국에 와서 텔레비전을 보며 개성공단이 중단된 것을 알게 되었다고 한다. 개성공단이 폐쇄되고 서로 합의가 이루어지지 않는 상황을 보며 통일은 더욱 어려운 일이라 생각하게 되었다고...

> 지금 현실로 봐서 통일되기 힘들 것 같아요. 마음을 열어서 다 내놓아야 만이 이루어질 수 있는데, 지금처럼 개성공단 하나만 봐도, 다 자기들 이익만 생각하니까. 조선에 있을 때는 개성공단을 두고 서로 싸우는 줄 몰랐는데 여기와서(중국) 보도를 보고 알았죠. 사례19 | 50대 여성

국내에서 북한이탈주민과 이야기를 나누어보면 북한에서 생활할 때 '정말 전쟁이라도 일어났으면 좋겠다.'고 생각한 적이 많았다는 말을 종종 듣게 된다. '이래 죽나 저래 죽나 어차피 죽을 거면' 차라리 싸워서라도 이 상황이 제발 바뀌었으면 하는 바람이었다고 한다. 그만큼 그들의 상황은 절박했고 무엇인가 변화를 갈망하고 있었다.

통일을 반대하는 사람들은 누구일까?

우리가 만난 북한주민들은 대부분 통일을 진정으로 원하고 있었다. 그런데 본인 이외에 혹시 '주변에 통일을 원하지 않는 세력이 있다면 누구인가'라는 질문을 했다. 그들의 시선으로 볼 때 과연 통일을 원하지 않는 세력은 누구일까?

질문의 답변 문항 중 ① 중앙당간부, ② 군부, ⑤ 교수, 연구원, 지식인은 간부급에 속하는 정치, 경제적 신분이 높은 계층으로 분류할 수 있다. 물론 최근 북한 내에서 장사를 통한 경제활동이 활발히 이루어지면서 정치, 경제적 신분이 반드시 일치하는 것은 아니다. 정치적 신분이 낮은 최하층민도 오히려 장사를 통해 경제적으로 더 부유한 생활을 할 수도 있다. 우리가 만난 100명의 북한주민들은 대부분 노동당원이 아닌 일반 노동자, 농민들로서 정치적 계층은 낮은 신분이었다.

이들이 북한에서 통일 반대 세력으로 가장 많이 꼽은 것은 역시 중앙당간부(35명)였다. 그 다음으로 군부가 2명, 시장 상인이 1명으로 나타났다. 전체 100명 가운데 62명은 이 질문에 대해 응답하기를 꺼려했다.

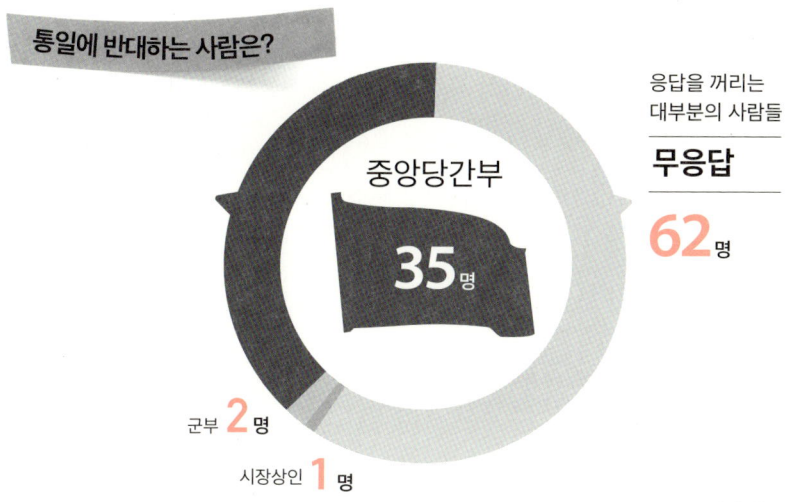

중앙당 간부, 지금도 편하게 잘 사는데 뭣하러 통일하나...

본인은 통일을 간절히 원한다고 응답했지만 상대적으로 중앙당 간부들은 통일을 원하지 않는 것으로 인식했다. 우리가 만난 100명의 응답자들이 대부분 노동자, 농민들이었다는 점에서 통일 반대 세력은 당연히 자신들보다 정치, 경제적 계층이 높은 사람들로 인식했다.

그런데 면접자 대부분은 이 질문에 대해 자신의 의견을 툭 터놓고 말하지 못했다. 답변을 한참 동안이나 망설였다가 조심스럽게 중앙당 간부를 지목하며 고개를 떨구는 응답자의 모습도 볼 수 있었다. 한 30대 여성의 한마디 대답을 통해 우리는 왜 그들이 이 질문에 대해 쉽게 대답을 못하는지 알 수 있었다.

> 그런건 누구도 표현 못합니다. 지가 어찌겠는지 표현 못하고 말하면 안됩니다. 큰일나죠. 그거는 진짜 큰일납니다.
> 사례 27 | 30대 여성

자신들은 통일을 원하지만 간부들은 통일을 원하지 않을 것이라고 생각하는 북한 주민들. 하지만 그러한 생각을 절대 말로 표현해서는 안되었다. "큰일납니다."라는 말의 의미를 더 이상 묻지 않아도 어림 짐작으로 알 수 있을 것 같았다. 이미 그의 표정이 잔뜩 움추려져 두려움이 얼굴에 그대로 묻어나는 듯 했다.

북한주민들이 생각할 때 권력을 가진 계층은 통일을 원하지 않을 것이라는 인식이 강했다. 한 응답자는 중앙당 간부들은 지금도 편하게 잘 살고 있기 때문에 굳이 통일을 원하지 않을 것이라고 말한다.

> 그저 뭐 현재 조건에서 잘 살아가니까, 현재가 편할 거거든요.

> 자기가 노력 안 해도, 밑에 사람들이 다 갖다 고이는 것도 있
> 고... 그러기 때문에 그렇게 그 사람들은 별로 원하지 않을 거라
> 생각합니다. 사례 42 | 30대 남성

북한이 경제개혁을 못하는 이유…

한 50대 남성 역시 권력을 가진 사람들은 통일의 필요성을 별로 느끼지 않을 것이라고 말한다. 현재 북한이 경제개혁을 못하는 이유도 그 사람들이 반대하기 때문이라고 했다.

> 자기들이 정말 그렇게 되는 날에는 권력을 가졌던 사람들이 통
> 일되면 그 사람들이 뭘 하나. 기래서도 경제개혁을 못하는 이유
> 가 그 사람들이 반대하기 때문이지 사례 84 | 50대 남성

자신을 '가난하고 힘없는 백성들'로 표현하는 북한주민들. 백성들은 "내가 죽고 남이 살아도 빨리 남북통일이 되었으면 좋겠다."고 할 정도로 모두 통일을 원하는데 반해, 힘 있는 사람들은 지금도 편하게 잘 살기 때문에 통일에 대해서 반대한다고 말한다. 중앙당 간부뿐만 아니라 통일 반대 세력으로 시장상인을 꼽은 응답자도 있었다. 그 역시 시장상인의 경우 통일이 되는 것보다 지금이 훨씬 더 편하게 잘 살고 있기 때문에 통일을 반대할 것이라고 인식한다.

> 통일이 되면 상인의 필요성이 별로 없어지는데요. 지금이야 조
> 선에 무슨 물건이 필요하거나 그러면 상인을 통해서 외국에서
> 다 들여보내는데, 통일 되게 되면 개방이 될 거 아니에요. 그럼
> 이렇게 쭉쭉 들어오니까, 이 사람들이 필요 없어지지… 그래서
> 아무래도 상인들이 반대할 것 같아… 사례 64 | 20대 남성

북한주민들은 통일이 언제 이뤄질 것으로 예상할까?

북한주민들이 생각하는 통일의 시기는 5년 이내 27명, 10년 이내 29명, 20년 이내 12명, 30년 이내 6명, 30년 이상 7명, 불가능하다 19명으로 나타났다. 10년을 주기로 단, 중장기를 설정한다면 응답자의 56%가 10년 이내인 단기에 이루어질 것으로 보았고, 중기인 20년 이내는 12%, 장기인 30년 이상은 7%로 나타났다. 또한 통일이 불가능하다는 의견은 19%였다. 응답자 과반수가 10년 이내에 통일이 이루어질 것으로 인식하고 있었다.

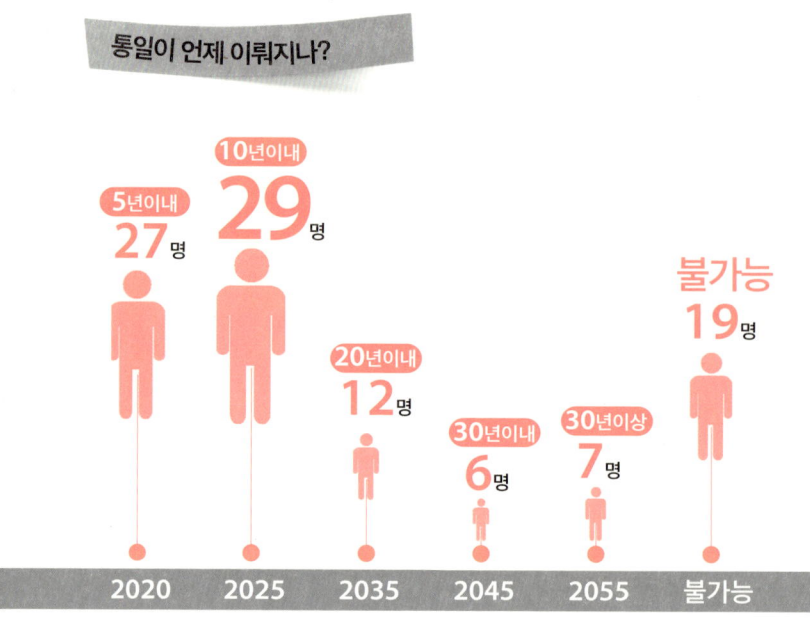

5년에서 10년 이내로 응답한 사례

먼저 5년에서 10년 이내 단기간에 통일이 이뤄질 것으로 예상한 북한 주민의 이야기를 들어보자. 그들의 바램처럼 과연 5년에서 10년 이내 통일은 이루어질까?

젊은 지도자 때문에 빨리 통일 될 것이야

한 40대 남성은 '조국통일이 빨리 되었으면 하는 마음이 간절하다.'고 했는데 10년 이내는 통일이 될 것으로 인식했다. 재미있는 것은 그 이유가 바로 북한의 지도자가 젊기 때문이라고 말한다. 이러한 인식은 60대의 또 다른 남성 주민에게서도 발견된다. 필자는 처음에 그들이 말하는 '지도자가 젊기 때문에 통일이 빨리 될 것이라.'는 말의 의미를 정확히 알아듣지 못했다. 그 의미는 바로 '지도자가 젊어서 통일을 금방 이룰 수 있다.'는 말로 젊은 지도자에 대한 기대가 있다는 것이다.

> 아무래도 젊은 사람이니까네, 지도자가 젊은 사람이니까
> 사례 13 | 40대 남성

> 김정은이가 젊었고, 자기네가 지금 또 아버지 대를 이어서 그대로 나가니끼니... 사례 14 | 60대 남성

그런데 통일의 시기와는 관련 없지만 면접 중에 응답자가 부르는 김정은에 대한 호칭이 매우 흥미로웠다. 그는 김정은 원수님이 아닌 '김정은'으로 불렀다. 그래서 존칭을 사용하지 않고 '김정은'이라 불러도 되는지 오히

려 되물어봤다. 그의 대답은 당연히 조선에서는 김정은 동지라 부르지만 중국에 나와 있기 때문에 편하게 부른다는 것이다. 그러면서도 한마디 덧붙인 말은 김정은을 존경한다는 말이었다.

우리의 선입견으로는 북한주민들의 철저한 사상화 때문에 어디에서든 김정은을 존경하는 마음을 표시하고 호칭에 대해서도 반드시 그렇게 부를 것이라 생각했지만 그를 보면서 놀라움을 감출 수 없었다. 존경한다고 말하는 의미가 무엇인지 재차 물어보고 싶었지만 더 이상 질문 하지 못했다. 그의 입이 김정은을 존경한다고 말하지만 자신도 모르게 김정은이라 호칭한 것은 그의 마음이 무엇인지를 이미 표현해 주고 있다는 생각에서…

더욱이 3개월의 중국 체류 기간이 지나고 북한에 돌아가면 그 3개월의 시간동안 무슨 일, 무슨 말을 했는지 일기를 써서 제출해야 한다는 말에 더 이상 그가 당황하는 모습을 보고 싶지는 않았다.

> 조선에서는 '김정은 동지'라 길죠. 김정일 장군이라고 하고… 우리가 조선에서 부를 때는 김정일 장군이라 하죠. 존경은 많이 합니다. 존경은 많이 하구… 우리가 친척 방문 나와서 여기 석달 와 있는 기간이 지나고 조선에 돌아가면 내가 어디에 있었고 무슨 일을 했는지 일기를 백프로 다 쓰고 보고해야 합니다.
> 사례 14 | 60대 남성

황해남도가 고향인 한 30대 여성 역시 젊은 지도자가 등장하고 나서 통일에 대한 기대가 더 높아졌다고 말한다. 지금 당장은 김정은의 정치를 두고 봐야 하겠지만 젊은 지도자에 대한 기대가 분명 있다는 것이다.

> 김정은 동지가 하니까 지금 어떻게 되겠는지 기대를 좀 하지요. 지금 상태에서는 좀 두고 봐야 되잖아요. 김정은 동지가 어떻게

정치를 할지. 통일이 되고 나면, 경제도 좋아지고 모든 게 발전이 되겠죠. 사례 65 ㅣ 30대 여성

기둥처럼 흔들리지 않을까

젊은 지도자의 등장에 따른 기대감과 통일에 대한 희망보다는 북한경제의 혼란에 따른 체제 붕괴가 원인이 되어 단기적으로 통일이 될 것이라는 생각도 있었다. 평양에 거주하는 사례 84는 김정일 사후 김정은 시대 3년에 대한 정세를 평가하고 김정은의 경제정책이 실패하여 북한체제가 엄중한 사태로 가게 되면 통일의 기회가 올 것이라고 말한다. 김정일 사후 본격적인 김정은 시대가 시작되는 2015년에 김정은이 무엇인가를 하기 위해 경제조치를 할 것이라는 그의 전망은 과연 어떻게 될까? 그의 이야기를 그대로 옮겨본다.

지금은(2014년을 의미) 젊은 지도자가 자기 기반을 닦을려니까, 그래서 경제에 신경을 못쓰겠죠. 과도기는 3년 안으로 보아야겠습니다. 내년 11월이면 딱 3년입니다. 딱 3년 지나면, 뭘좀 할려고 할겁니다. 그래서 2015년부터 자기가 무엇인가를 할려고 경제에 대해서 할려고 할겁니다. 그러나 이 나라가 돈이 있나 자본이 있나 그 자본을 마식령에 엄청난 외화를 투자하고 그걸 백성들이 가서 한번이나 보기나 할거나.

스키장이면 마식령 스키장 말씀하시는 건가요?

네 마식령 스키장. 그거 안되죠. 2015년부터 3년 동안 경제를 개선한다고 아마 그렇게 계획할겁니다. 그러면 그것도 실패로 끝날 수 있고, 만약에 국제에서 계속 지적하면 사회나 일체 사

> 물은 올라갔다 내려갔다 하니까 최하의 고도로 마비된 상태에서 초보적인 사람의 권리를 보장 못하는데 오를 수 있을까? 불가능 하기 때문에 그러면 2016년부터 나라가 좀 엄중한 사태로...
>
> # 엄중한 사태로 갈 수 있다?
>
> 기둥처럼 흔들지 않을까... 지금도 흔들리고 있는데, 10년 안으로 아마 남쪽에서도 많은 역할을 해야 하지 않을까 생각해요.
>
> 사례 84 l 50대 남성

그의 논리를 한마디로 정리하면 이렇다. 새로운 지도자가 들어서서 자기 기반을 닦기 위해 경제문제는 신경을 쓰지 못한다. 3년이 과도기인데 3년이 지난 2015년에는 경제부분에서 무엇인가 개혁을 하려 할 것이다. 하지만 자본이 없기 때문에 경제는 쉽게 나아지지 않을 것이고, 그렇다면 2016년에 북한에 엄중한 위기가 올 수 있다는 분석이었다. 그의 이야기를 들으며 정말 북한사람과 대화를 하고 있는 것이 맞는지 의아했다. 그를 만난 것이 2014년 상반기인데 그의 전망과 달리 2015년 현재까지 김정은은 경제부문에서 무엇인가 가시적인 성과를 내기 위한 특단의 경제조치는 취하고 있지 않은 것 같다.

그러나 그의 표현을 빌리자면 '2015년에 무엇인가 하려고 하지만 자본이나 여러 가지 제약 때문에 잘 안될 것이다.'라는 말은 현재 북한상황과 매우 흡사하다. 그가 전망한 것처럼 2016년의 북한은 과연 어디로 갈까?

사례 24 역시 북한체제가 흔들리고 이에 따른 단기간의 통일의 가능성을 말한다. 그는 세계가 북한을 좋게 보지 않기 때문에 북한 혼자 길게 갈 수 없다고 인식했다.

> 다 세계적으로 북한을 그다지 좋게 안보는기구. 지금도 몽땅 달래고서 그러니까네, 그기 뭐 혼자서 길게 나아가겠나. 그런 생각이 들지. 사례 24 | 60대 남성

여성 대통령의 통일 강조

앞서 젊은 지도자인 김정은의 등장으로 통일이 빨리 이뤄질 것 같다고 응답한 결과와 반대로 남한의 여성 대통령 때문에 통일이 빨리 될 것 같다고 응답한 주민도 있다. 특히, 한국방송을 통해 남한의 대통령이 통일을 강조하는 보도를 보고 통일이 빨리 될 것이라고 말한다.

> 이번에 박근혜 대통령 나와서 하루 빨리 통일되자 하는거 방송에서 계속 봤어요. 정세가 바뀌어 질 것 같아요. 사례 52 | 60대 여성

한 60대 남성 역시 한국의 대통령을 언급하며 '조선과 잘 화해하기 때문에 통일이 빨리 이뤄질 것'이라고 응답했다. 필자가 그들을 만나 면접할 당시는 남북한이 이산가족 상봉을 통해 화해 분위기가 조성되는 시점이었다. 텔레비전 보도를 통해 이산가족 상봉 장면을 보며 눈물을 흘렸다는 그의 눈에 비친 당시 남북관계는 평화로웠던 것일까…

> 이번에 한국에 그 여자 대통령 올라와서 잘하기 때문에 조선 허구 잘 화해하기 때문에 그 사람들이 말 들을 것 같아요. 통일하라고 사례 70 | 60대 남성

북한주민들은 이산가족 상봉과 남북회담 재개 소식 등을 보며 통일이 막연히 멀리 있는 것이 아니라 지금이라도 당장 일어날 수 있다고 생각하는 것 같았다. 북한 내부 정세도 예전과 같이 엄격한 단속이 아니라 중국이긴 하지만 오갈 수 있는 통로가 조금씩 열리면서 통일의 가능성이 보인다고 말한다.

> 그래도 통일의 가능성이 쪼끔씩 보이니까… 우리 옛날에는 북한에서 이렇게 남조선 말할 때는 다 못하게 한단 말이에요. 지금은 쪼끔 여기 자유가 풀렸다는 생각이 들어요. 최근에 와서는 좀 이렇게 남쪽에 대한 게 아직 단속은 하지만, 쪼끔 오고가고 하는데 많이 풀렸다는 거를… 어쨌든 두 나라 대통령이 재주껏 잘 해야지요. 사례 15 | 50대 남성

이산가족 상봉 장면 등을 언론 보도를 통해 직접 목격하면서 남북 관계 정세가 변화되고 이러한 인식이 통일이 가까운 시일 내에 될 수 있다는 희망으로 이어진 경우는 사례 31에서도 확인할 수 있다. 북한 주민이 중국에 와서 처음으로 남북한 이산가족 상봉의 그 눈물겨운 장면을 보면서 통일이 금세 올 것 같은 희망에 젖어들었을 마음을 생각하면 가슴이 아려온다.

> 지금 중국에 와서 직접 보기도 하고, 이전에 친척네로부터 말 좀 듣구 정세 들어 보니까네, 이거 희망이 좀 있을 것 같습니다. 조선에도 이전에 비해 많이 방조했다는 말도 들었습니다. 그래서 정세도 좋아지는 것 같아서 그렇게 생각합니다. 사례 31 | 60대 남성

> 뉴스 보니까 이번에 한국과 우리 조국에서 뭐 회담이니 해서 하는 것 보니…생각한대로 좀 빨리 할 것 같다는 생각이 듭니다. 사례 30 | 50대 남성

통일은 두 나라 지도자의 숙제…

사례 27은 통일이 결국 두 나라 지도자의 숙제라고 말한다. 통일이 되어 배불리 먹고 잘 살았으면 좋겠는데 답이 없을 만큼 쉽지 않은 문제라고 인식했다. 그런데 재미있는 것은 박근혜 대통령 같으면 내일이라도 당장 통일이 될 것 같다고 말한다. 아마도 면접 당시 언론을 통해 대통령이 통일을 강조하는 내용을 보면서 이러한 생각을 갖게 된 것 같다.

> 가만히 생각하면 대통령의 문젠데 이건 대통령들의 숙제라고 생각합니다. 난 배불렀으면 좋겠는데 진짜 이 단추 맞추기 힘듭니다. 진짜 답이 없단 말입니다. 통일은 되었으면 좋겠다고 말은 하는데 답이 없습니다. 지금 박근혜 대통령 같으면 내일 당장 통일될 것 같습니다. 박근혜 대통령 배짱 보면 통일 될 것 같습니다. 그런데, 왜 한국에는 제 대통령을 욕합니까? 나 이기 궁금합니다. 자기 대통령을 욕하면 통일이 될까? 왜 자기 대통령을 욕할까? 사례 27 | 30대 여성

남한 대통령의 팬을 자청한 사례 27은 한발 더 나아가 '왜 한국 사람들이 자신들의 대통령을 욕하는지 이해하기 어렵다.'고 말한다. 마음대로 말할 수 있는 자유를 부러워하면서도 대통령에 대해 욕하는 것은 이해하기 어렵다는 북한 주민의 인식을 어떻게 받아들여야 할지 고민스러웠다.

지금까지 통일이 5년, 10년 이내라는 비교적 단기간에 이뤄질 수 있다는 희망 섞인 이야기를 들어보았다. 다음으로 20년 이상 오랜 기간이 지나거나 아예 통일이 불가능하다고 생각하는 북한 주민들의 이야기를 들어 보자. 그들은 왜 남북한이 하나 되는데 그렇게도 오랜 세월이 걸린다고 인식하고 있을까? 아니 애초에 불가능하다고 인식하는 이유는 무엇일까?

1 통일은 장기간이나 불가능하다고 응답한 사례

둘 중에 하나는 져야 하는데

앞서 통일은 두 나라 지도자의 숙제라고 말한 것과 같이 통일이 오랜 시간 걸린다거나 불가능하다고 생각하는 이유는 무엇보다 두 나라 대통령이 모두 존재하고 당연히 누구 하나도 지지 않으려 하기 때문이라 말한다.

> 아니, 두 나라에서 누가 지겠습니까? 어느나라 대통령이 져야 되는데, 질 사람이 없지요. 안돼요. 절대로 통일은 못해요. 조선에서는 절대 안진다고 사례 17 | 50대 여성

사례18은 자신의 바람으로는 5년 이내에 통일이 되면 좋겠지만 결국 꼭대기 사람들(지도자를 의미)의 정치권력 다툼으로 통일은 불가능하다고 인식한다.

> 우리 생각에는 고저 5년 이내로 하면 좋겠지만 꼭대기 사람들이 서로 정치권력 다툼으로서 어떻게 이루어지겠나. 하여간 통일이 되면 누가 정권을 잡는거야. 그러니까 서로 대치되어 있다고. 백성들이나 하루 빨리 통일되고 한 시간이라도 당장 통일 바라고 소원을 바라는데요. 이기 통일되면 누가, 한 나라땅을 통치할 사람이 누구냐. 누굴 지지하고 누굴 반대하갔냐...
> 사례 18 | 50대 남성

그는 백성이라는 표현을 썼다. "백성들과 달리 통일이 되면 한 나라 땅을 통치할 사람은 한 사람 밖에 없기 때문에 결국 통일은 어렵다."고 한다. 정치권력에 대한 다툼을 서로의 자존심으로 표현하기도 했다. 서로 지고 싶

지 않은 자존심 때문에 통일은 불가능하다고 한다. 남한과 북한 사이에 어느 한쪽이 양보하면 문제는 쉽게 해결되지만 과연 누가 양보할 수 있겠는가 라는 원론적인 질문에 부딪히면 절대 해답을 찾을 수 없다고…

> 서로와 서로의 이 자존심. 그러니까, 인간으로 보면 서로와 서로 선생님하고 나하고, 자기 나라로 따로 그렇게 되어 있다면, 서로의 자존심이지. 지고 싶지 않으니까, 서로의 자존심을 뻗치게 하니까 불가능하지요. 사례 37 l 40대 남성

> 북과 남 사이에 인자처럼 한쪽이 양보해서, 말하자면 예를 들어서 북조선을 저거 한다 그러면 그쪽에가 한쪽에 리해하기 때문에, 합치면서 되는데 서로 만큼 자기 주장 옳다고 내밀기 때문에 사례 38 l 40대 여성

김정은씨께서 반대합니다.

한 북한주민은 인터뷰 중에 통일은 절대 불가능하다고 큰소리 쳤다. 가장 큰 이유로 "김정은씨께서 반대합니다."라고 표현했다. 사례 중에 북한 주민들의 김정은을 비롯한 북한 정권에 대한 반발심을 엿볼 수 있었는데 "김정은 씨"라는 호칭은 사실 제일 놀라운 표현이었다. 그것도 통일이 불가능한 이유로 김정은이 자기가 대통령을 못하기 때문에 절대로 통일하려 하지 않을 것이라는 인식은 북한 정권에 대한 북한주민들의 불만을 그대로 보여준 사례라 할 수 있다. "우리 김정은 씨"라고 표현하며 비아냥거리는 그의 말을 어떻게 받아들어야 할까…

> 통일 안됩니다. 왜냐면, 우리 김정은씨께서 반대합니다. 통일되면 자기가 대통령 못하니깐. 그러니까, 반대할 수 있다. 통일하자고 기러는데, 절대 통일 될 것 같지 않습니다. 사례 67 | 50대 남성

또한 이미 예전부터 통일을 말했지만 여전히 이루어지지 않아서 이제는 아예 통일을 포기했다는 사례도 있었다. 김일성 시대부터, 50년 전에 통일된다고, 어릴 때부터 그 소리를 들었지만 지금껏 통일이 되지 않아서 이제는 자포자기 한 심정들이라는 것이다.

> 김일성 시대부터 통일된다. 또 김정일이 통일된다 하는데 이제는 몇 세기요. 이렇게 지나가는데 이거야 누구도 장담 못하디. 하루빨리 통일되었으면 좋겠다. 속으로 고저 그기 지금… 고저 빌었으면 좋겠어. 빌어서도 통일이 되면 좋겠어. 사례 29 | 60대 여성

> 이전에 뭐 50년 전에 통일 무조건 된다고 그랬는데, 이제는 50, 60, 70년이 다 되었는데… 사례 40 | 60대 여성

> 어렸을 적부터 통일, 통일 했는데 이제야 뭐 통일이 되어야지.
> 사례 54 | 40대 여성

제도가 달라서 맞추려면 시간이 좀 걸려요.

통일이 어려운 이유는 두 나라의 제도가 서로 다르고, 이를 맞추는데 시간이 오래 걸리기 때문이라고 말하는 북한 주민도 있었다. '사회주의 조선과 자본주의 남조선이 서로 사상적으로 맞추려면 오랜 시간이 필요하다.'는 것이다.

> 아무래도, 통일이 상대적으로 힘들 것 같아요. 서로 조선은 사회주의이니까, 남쪽은 자본주의이고 사상적으로 맞출려면 시간이 많이 걸려야 할걸... 그래서 30년, 50년? 사례 75 | 30대 남성

> 지금 이거 정세를 보니까, 제도가 달라서 이거 맞추려면 시간이 좀 걸린다고. 사례 76 | 60대 남성

남북한 제도뿐만 아니라 사상이 다른 것도 통일이 불가능한 이유중 하나라고 말한다. 북한의 유일사상체계를 남한 사람들은 전혀 이해하지 못할 것이라고 한다. 사례 79는 중국에 와서 한국 사람들을 종종 만나 이야기 할 때 북한의 유일사상을 전혀 이해하지 못하는 것을 보며 통일은 어렵다고 느꼈다. 친척 방문 왔다가 남한 사람을 몰래 만나봤다는 그는 유일사상체계에 대해 서로 이야기할 만큼 남한 사람과의 깊은 대화를 나누었다고 한다. 그가 만난 남한 사람이 누구인지 당연히 알 수 없지만 중요한 건 필자가 그에게 첫 만남의 남한 사람은 아니었다는 사실이다. 남한 사람을 자주 접하며 그의 생각은 어떠한 변화를 겪게 되었을지 궁금해졌다.

> 조선에서는 오직 유일사상체계니까, 다른 거를 생각할 수 없잖아요. 지금 중국와서 한국 사람들 요번에 자주 봅니다. 친척방문 왔다가 한국 사람들 이렇게 몰래 만나면 말을 많이 들었거든요. 근데 우리가 말하는 유일사상을 이해 못해요. 이런거 보더라도 통일은 불가능할 것 같아요. 사례 79 | 40대 남성

> 통일된다고 말은 계속하지만, 좋게 생각하면 20년, 30년...오래 걸릴 것 같아요. 조선이 좀 불가능하니까요. 사례 85 | 20대 남성

유일사상체계를 이해하지 못하는 남한 사람들을 보며 통일은 불가능

하다고 인식한다는 그의 말처럼 통일과정에서 남북한 사람들의 사상과 인식의 차이를 극복하는 것이 가장 큰 과제라 할 수 있다. 분단 70년의 시간동안 각기 다른 체제와 이념으로 살아온 사람들... 같은 날 같은 시각에 태어났다고 하더라도 어디에서 어떤 교육을 받고 자랐느냐에 따라 '인간형'이 달라져 이제는 전혀 다른 사상을 가진 사람들... 과연 우리는 하나가 될 수 있을까?

남북한의 제도와 사상의 차이로 인해 통일은 불가능하고 결국 통일을 이루기 위해서는 서로 싸움을 해야 한다는 증언도 있었다. 그렇게 해도 30년은 족히 걸릴 것이라고 덧붙인다. 아울러 미국, 중국, 러시아 등 주변국과의 관계를 해결하지 못한다면 통일은 30년이 지나도 불가능하다고 말한다.

> 결국 통일하려면 싸움해야 되는데. 그러니까, 30년 정도는 걸릴 것이야... 사례 98 | 10대 남성

> 통일 제일 겁내는 미국, 중국 이거 해결되지 못하면 통일이 20년, 30년 걸려도 통일하지 못해. 결단이 없어요. 미국, 중국, 러시아 이 큰 나라들 때문에... 사례 46 | 70대 남성

남북한 통일이 되는데 30년이라는 시간은 족히 걸릴 것이라고 말한 북한주민은 놀랍게도 10대 였다. 이번 조사에서 10대는 사실 극소수에 불과했다. 북한 당국이 40대가 넘는 사람들에게 주로 중국 방문허가증을 발급해 주기 때문에 젊은 사람을 만나는 것은 그만큼 어렵다.

이번 조사대상에 포함되지 않았지만 필자는 중국에서 북한 무역상으로 일하는 사람의 아들을 만날 수 있는 기회가 있었다. 그의 아들의 나이는 불과 14살이었다. 그날도 여느 때와 다름없이 북한주민과의 면접조사를 마

치고 평소에 도움을 받으며 지내는 지인의 집에 잠시 들렀다. 이 지면을 통해 자세히 이야기 할 수 없는 게 아쉽지만 그 집에서 북한 무역상과 그의 아들을 절묘한 타이밍으로 만날 수 있었다. 그때까지 만났던 일반 북한주민들과는 분명 다른 분위기였다. 지인분이 필자를 연변에서 온 사촌 정도로 소개했지만 그의 경계어린 눈빛과 행동으로 인해 오래 그 집에 머무를 수는 없었다. 모두가 가시방석에 앉아 있는 듯한 그 불편한 자리를 더 이상 만들기 싫어 필자가 먼저 자리를 털고 집을 나섰다. 지금도 그 지인분을 만나면 그때 이야기를 나누곤 한다. 그 북한무역상 역시 가끔 필자의 이야기를 한다고...

"그 때 집에서 만났던 사촌이라는 사람, 남조선 사람 맞지요?"

5년은 너무 짧고, 10년은 희망이라고 해야 될까

통일시기가 5년은 너무 짧고 10년 정도면 가능할 것 같다는 희망을 걸고 있는 주민도 있었다. 하지만 이 역시 '현재 조선의 상태로는 어렵고 경제가 조금 더 좋아져야 가능하다.'고 한다. 지금 북한의 상태로는 도저히 불가능하다는 그의 말은 현재 우리 사회에서 논의되고 있는 북한의 경제력을 성장시킨 후에 통일해야 한다는 논리를 생각나게 했다. 현재 남북간 경제력 격차로 통일이 되면 막대한 통일비용을 치러야 하고 남북한 모두에게 혼란이 될 수밖에 없다는 논리이다.

이러한 주장에 대해 필자는 늘 우리의 관점이 아닌 북한 주민의 인도적 차원에서 통일을 바라봐야 한다고 주장한다. 현재 물에 빠져 허우적대며 죽어가는 사람 앞에서 내가 당신을 구할 수 있는 능력을 키울 때까지 조금만 기다려 달라고 할 수 있을까? 통일은 우리의 선택이 아닌 죽어가는 사람을 살리기 위한 필수라고 말하고 싶다. 5년은 너무 짧고 10년은 희망이라는 말은 결국 통일은 불가능하다는 생각에서 비롯된 것 같다. 통일이라는 희망을 포기하고 살아가는 북한 주민들에게 다시 희망의 불씨를 지필 수는 없을까...

남북한 지도자의 정치권력 다툼, 두 나라 제도와 사상의 차이, 그리고 주변국과의 이해관계까지 우리가 일반적으로 통일의 장애요인으로 생각하고 있는 모든 사항들을 북한 주민 역시 그대로 인식하고 있었다. 그렇다면 그들이 생각하는 통일의 방법은 무엇일까?

까박을 붙이지 말고

통일시기를 묻는 질문에 10년 이상 오랜 시간이 걸린다거나 아예 불가능하다고 생각하는 북한 주민의 응답을 들어보면 통일은 정말 불가능한 일인 것처럼 인식된다. 그런데 반대로 통일을 5년 이내에 이룰 수 있다고 말하는 응답자들의 생각은 통일의 방법이 의외로 간단해 보인다. 한마디로 서로 양보하면 된다는 것이다. 북한말로 "까박을 붙이거나 비틀지 말고"라는 표현은 서로서로 조건을 붙이면 안 된다는 뜻이라고 한다.

> 그냥 고저 서로 양보하면 돼요. 한국은 북한에 대해서 비방중상 하지 말고 조선은 한국에 대한 거… 또 서로 뭐, 고위급 회담에서 제기하면 그거를 이렇게, 이렇게 까박을 붙이거나 비틀고 하지 말고, 서로서로 양자 간에 양보하는 식으로 인차(곧) 이루어질 것 같아요. 예를 들면 인제 뭐, 금강산에서 금강산 관광을 다시 시작하자 하면, 거기는 전번에 금강산에서 한국분 하나 총으로 죽었는데, 우리 안전은 이렇게 보장해 달라 그러면 북한에서는 또 조건을 붙이면 이야기가 안 되는 거죠. 그렇게 인제 조건을 붙이지 말고… 사례 39 | 50대 남성

"까박을 붙인다."는 말을 이해하지 못하는 필자에게 그는 금강산 관광을 사례로 들어 쉽게 설명해 주었다. 그의 말처럼 서로 양보하면 제일 쉬운 일이지만 그걸 못해서 지금까지 70년이라는 시간이 흐른 것을 보면 양보는 가장 쉬우면서도 어려운 일이 아닐까...

양보하는 것과 함께 결단을 내리는 것도 통일시기를 앞당기는 방법으로 제시했다. 사례 43은 한국 방송을 많이 보면서 한국만 결단을 내리면 통일이 빨리 될 것 같다고 말하는데 그 결단이 무엇인지 더 이상 들을 수는 없었다. 그가 한국에서 내려주기를 원하는 큰 결단은 과연 무엇이었을까?

> 저 텔레비, 한국 텔레비전 많이 보거든요. 보면 한국에서 결단 내리면 통일이 빨리 될 것 같아요. 5년 이내도 가능할 것 같아요. 결단 내리면... 그건 뭐, 제가 큰 간부는 못되니까 어떻게 단정할 수는 없지만... 내년에 되면 되고, 5년 안에 되면 더 좋은 거죠. 사례 43 | 50대 여성

통일시기에 대한 북한 주민들의 인식은 대부분 5년, 10년 이내에 통일이 가능할 것이라는 대답이 많았다. 그들과 이야기를 나누며 그것은 단순히 통일시기를 예상하는 것이 아니라 그렇게 되었으면 하는 그들의 간절한 바람이었음을 알 수 있었다. 통일이 20년, 30년 이상 걸릴 것이라고 응답한 북한 주민들 역시 통일을 간절히 바라지만 반복되는 상황에서 그냥 포기하고 단념한 마음으로 다가왔다.

통일을 왜 해야 하는지에 대한 논리를 만들고 설득해야 하는 우리 사회에 통일은 곧 삶이라는 어느 북한 주민의 간절한 절규를 전해주고 싶다. 사람들이 다 죽고, 병들어 가는데 언제까지 기다려야 한다는 것인지 반문하는 사례 49의 말은 우리에게 통일의 당위성을 다시 한번 일깨우게 한다. 하루

라도 빨리 하자고…

> 우리 빨리 통일이 되어야지. 우리 백성들도 빨리빨리 밥먹고, 아이들도 잘 키우고 잘 먹고 잘사는 나라가 되어야지. 이렇게 계속 질질 끌고 다 죽은 사람들도 있고 뭐, 병들어 죽고… 언제 되고 하겠소. 빨리 5년 내로 하는 게 좋지. 하루라도 빨리 하자고.
>
> 사례 49 | 60대 남성

통일은 얼마나 이득이 될까?

통일편익

통일에 따른 비용과 이익 중에 어느 것이 더 크다고 생각하십니까?

통일이 북한에 얼마나 이익이 될 것이라고 생각하십니까?

통일이 자신에게는 얼마나 이익이 될 것이라고 생각하십니까?

통일의 비용과 이익은?

통일에 드는 비용과 얻을 이익에 관한 질문에서 '비용이 더 크다.'는 응답이 18명, '이익이 더 크다.'는 응답이 82명으로 통일을 통해 얻을 이익이 더 클 것으로 인식하는 비중이 우세했다.

'북한에 얼마나 이익이 될 것으로 보는가?'라는 질문에 대해 '매우 이익이 될 것이다.'가 88명, '다소 이익이 될 것이다.'가 9명, '별로 이익이 되지 않을 것이다.'는 3명으로 97명이 통일이 북한에 이익을 가져올 것으로 인식했다.

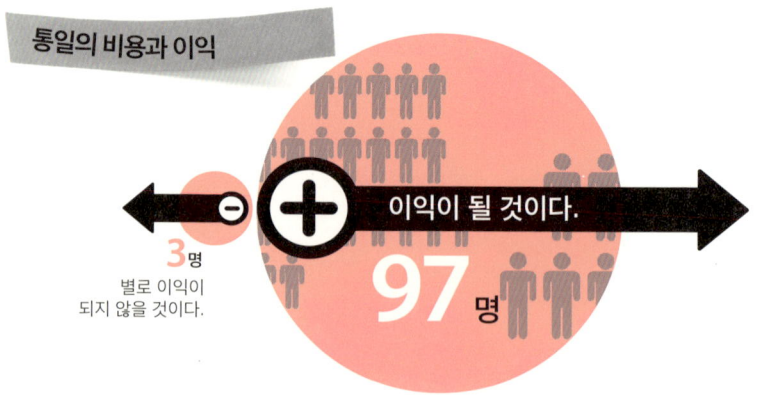

통일이 북한이 아닌 자신에게는 얼마나 이익이 될지에 대해서도 질문했다. 이에 대해 '매우 이익이 될 것이다.'가 91명, '다소 이익이 될 것이다.'가 6명, '별로 이익이 되지 않을 것이다.'라고 응답한 수는 1명이었다. 전체 100명의 응답자 가운데 97명이 통일이 자신에게도 이익이 될 것으로 인식했는데, 이는 앞서 질문인 '통일이 북한에 이익이 될 것이다.'라고 응답한 97명과 동일한 수로 응답자 다수가 통일이 북한은 물론 본인에게도 이익이 된다고 인식함을 알 수 있다.

북한주민들은 통일이 되면 어떤 이익이 있을 것으로 기대할까?

다수의 응답자들이 통일이 되면 북한은 물론 자신에게 이득이 있을 것이라고 인식했다. 북한 주민들은 통일이 되면 어떤 이익이 있을 것으로 기대할까? 과연 그들이 말하는 통일편익은 무엇인지 들어보자.

백두에서 한라까지 마음대로 왔다갔다 구경 가고 …

북한주민들은 통일이 되면 가장 먼저 남북한을 마음대로 오갈 수 있다는 점이 좋다고 말한다. 같은 땅에서 서로 떨어져 살아가는 것이 가슴 아프고 안타까운 일인데 통일되면 장벽을 허물 수 있다는 것이다. 백두에서 한라까지 마음대로 오가는 꿈을 꾸는 북한주민들…

> 통일되면 백두에서 한라까지 마음대로 왔다갔다하구, 구경 갈 수 있고 이거 우리 땅이라고 하고 서로 사람이 이동하면서 볼 수 있잖아. 서로 못 보니까 이게 가슴 아프다 그죠. 제 땅에서 왜 마음대로 못가는 거에요. 쫙 갈라져서 장벽에 막혀있는데 상당히 안타깝다고요. 사례 38 | 40대 여성

자기 땅에서 왜 마음대로 못가느냐고 반문하는 그의 말을 들으며 통일 조국에서 남북한 주민들이 자유로이 왕래하는 모습을 상상해 보았다. 서울에서 신의주까지 약 360km(킬로미터)거리이니 단 몇 시간이면 오갈 수 있는 거리를 지금은 중국을 통해 그 먼 길을 돌아가야만 하는 상황이다. 그것도 남한 사람, 북한 사람으로 갈라져 남의 나라에서조차 자유롭게 만날 수 없는 사이가 되었으니 그의 말처럼 통일이 되면 자유롭게 오갈 수 있는 것

만으로도 제일 큰 행복이지 않을까...

　　북한주민들은 남북한이 자유롭게 왕래하면 서로 장사를 쉽게 할 수 있다고 생각했다. 서로서로 오가며 장사도 하고 무역도 하면서 함께 잘 살 수 있다는 것이다. 그들이 말하는 통일은 결코 어느 한쪽이 잘사는 모습이 아니라 '다 함께 잘사는' 나라를 기대했다. 남한과 북한 모두가 함께 잘 살 수 있는 통일된 나라...

> 앞으로 통일이 된다고 하면, 다 잘살 수 있잖아요. 무역도 하고... 서로 왔다갔다 하면서... 사례 90 | 40대 여성

　　사례 79는 통일이 되면 장사를 위한 목적으로 북한 내부는 물론 어디든 마음대로 갈 수 있다는 점이 너무 좋다고 말한다. 지금 북한에서는 한 발자국만 움직이려 해도 증명서를 끊기 위해 뇌물을 주어야 한다고 말한다. 그런데 중국에 오니 자기가 가고 싶은 곳을 버스만 타면 어디든 갈 수 있다는 게 너무 신기한 일이었다.

> 조국에서는 장사도 못하게 하지, 마음대로 움직이지도 못하게 하지. 내가 위에서 저쪽 위에 간다고 해도 뭐, 다 증명서 찍어야 되는데. 중국 오니까 뭐 여권만 내면 가는데... 근데, 여기는 버스만 타면 갈 수 있는데... 조선에서는 한 20키로 밖에 떨어져 가면 돈을 내고 증명서 내고, 안전부 증명서 내고 가야하니까 장사를 해도 어디 가지를 못하니까... 사례 79 | 40대 남성

　　통일이 되면 그렇게 남한까지 마음대로 오가며 장사를 하고 싶다는 사례 79. 통일된 조국에서 그가 하고 싶은 장사는 무엇일까?

나라가 잘 살면, 개인도 잘 산다.

북한 주민들은 통일이 되면 남북한이 경제적으로 모두 잘 살게 될 것이고 나라가 잘 살면 개인도 잘 살 수 있다는 기대감이 컸다. '통일되면 서로 일 다 하고, 집에서 노는 사람이 없다(평안남도, 40대 여성).'는 말은 현재 북한에서 배급제가 붕괴되고 직장에 나가도 일할게 없음을 잘 보여주고 있다. 또한 통일은 남북한 생활수준을 높여 줄 것이라 기대했다.

> 통일이 되면 수준 높아져서 좋을 것 같습니다. 우선 수준 높아졌으면 좋겠습니다. 사람이면 수준이 높아야지... 사례 27 | 30대 여성

면접자 중 남성 보다 여성 응답자들이 경제적으로 더 잘 살게 될 것이라는 인식이 많았다. 황해북도가 고향인 한 40대 여성은 '나라가 편안해지면 개인도 편안해 진다.'고 생각하며 '살림살이도 나라 살림이나 가정 살림이나 똑같다.'고 말한다.

> 나라가 편안해지면, 개인도 편안해지는 게 사실이니까. 살림살이 하는 거나, 나라 생활이나 그저 동반되어 있다고 봐야죠. 쪼그만 가정을 살림하나, 나라를 살림하나 이 문제니까 나라가 잘 살면 개인 우리들도 좋고 나라가 어려우면 우리도 힘들고...
> 사례 38 | 40대 여성

> 모든 점에서 다 좋죠. 뭐. 저도 나라가 다 잘사니까, 다 풀리니까 다 우리한테 돌아오는 몫도 많잖아요. 그렇게 생각하지요. 입는거 먹는거 다. 사례 49 | 60대 남성

> 나라가 잘 살면, 개인도 잘 산다.
> 다 백성들도 이런 마음이에요. 사례 52 | 60대 여성

남조선의 지원을 통해 북한도 잘 살 수 있을 것...

북한 주민들은 남한이 경제적으로 잘 살고 있다는 사실을 알고 있으며 통일이 되면 남한의 경제지원으로 북한 역시 잘 살 수 있다는 기대를 했다. 북한주민들은 북한이 현재 식량문제도 해결하지 못하고 있는데 남한은 경제가 활성화 되어 있다고 말한다. 통일이 되면 남한의 설비, 투자를 통해 북한의 자원을 활용하여 잘 살 수 있을 것이라고 기대했다.

> 북한은 아무래도 뭐, 경제가 한국같이 활성화 못되어 있고 뭐 북한이 솔직히 뭐 식량이나 여러 부문에 다 어렵게 때문에 아무래도 통일이 되면 북한이 이익이 되는 것만은 사실이죠.
> 사례 39 | 50대 남성

> 북조선이 경제는 떨어졌잖아요. 남조선보다... 남조선으로부터 설비가 들어오면... 원래 우리가(북조선) 자원이 많지 않습니까. 그러기 때문에, 잘 살 수 있겠다. 이런걸 사람들이 얘기한단 말입니다.
> 사례 47 | 40대 남성

남한의 경제적 발전상을 인지하고 있는 북한 주민. 남한의 설비와 북한의 자원이 결합되어 더 잘 살 수 있는 나라를 꿈꾸는 북한 주민들이다. 우리 사회에서도 통일이 되면 북한의 노동력과 자원, 그리고 남한의 자본이 상호 결합되어 경제적으로 더욱 성장할 수 있다고 말한다. 그런데 북한 주민 역시 이러한 논리에서 통일편익을 기대한다는 점은 매우 흥미로운 사실이다. 남북한 경제력 차이 때문에 통일이 되면 더욱 혼란해 질 것이라는 말은 최소한 북한 주민들의 입장에서는 설득력이 없는 것 같다. 북한 주민들에게 통일은 남북한이 함께 잘 살 수 있는 희망으로 인식되었다. 자신들의 경제적 어려움과 식량난을 솔직히 인정하며 남한의 지원과 협력을 통해 더 나은 삶을 기대하는 북한 주민들...

북한에 매장된 지하자원 중에 희귀한 것 중 하나는 바로 '희토류'다. 희토류는 흔히 '21세기 산업계의 비타민'으로 불리는데, '자연계에 매우 드물게 존재하는 금속원소'라는 의미에서 이런 이름이 붙여졌다. 희토류는 전기 및 하이브리드 자동차, 풍력발전, 태양열 발전 등 21세기 저탄소 녹색성장에 필수적인 영구자석 제작에 필수불가결한 물질이다. 세계 각국은 희토류를 확보하기 위해 이른바 '희토류 전쟁'을 치루고 있다.

현재 북한은 경제난으로 인해 희토류 원석을 수출하면서 막대한 경제적 이득이 중국과 러시아로 넘어가고 있는 실정이다. 북한의 지하자원과 남한 기술력의 결합을 통한 새로운 경제창출은 어찌 보면 이제 시간 싸움일지도 모른다는 생각이 든다. 북한의 자원매장량 역시 무한정은 아니기 때문에... 필자는 북한과 교역하는 무역상을 통해 북한산 희토류를 직접 볼 수 있는 기회가 있었다.

북한산 희토류

전쟁 위험도 사라지니 좋아

경제적 이득과 함께 통일이 되면 군사적 대결 상태가 해소되고 전쟁 위험이 사라지기 때문에 좋다는 응답도 많았다. 사례 50은 '통일이 빨리 돼야 군사 대결 상태도 풀린다.'고 했다. 그는 현재 북한주민들의 생활이 어려운 이유가 무엇이라고 생각할까?

> 통일이 빨리 되어야 모든 것이 풀리지. 이렇게 군사, 대결상태 있으니. 다 그런데 돈을 다 쓰니까, 결국은 군사 그런데 집중하니까, 현실적으로 백성들이 고저 어렵지... 사례 50 l 60대 남성

북한 주민들 가운데 북한 당국의 과도한 군사비 지출과 전쟁준비로 인해 백성들이 굶어 죽는다는 증언도 있었다. '지금 조선에선 늘 대포 쏘고 전쟁 준비만 하니까 얼마나 고통이 많나'라며 '통일되면 경제 소모 덜 되고, 사람 고통도 적고 살아가기도 좋을 것'이라고 말한다. 금강산에서 이루어진 이산가족 상봉을 텔레비전으로 지켜보면서 가족들이 서로 만나고 헤어지는 모습에 비록 남일지라도 가슴 찢어지는 아픔을 느꼈다고 한다. 통일이 되면 그런 세상은 없을 것이라고...

> 통일 되면 먹고 사는데도 좋고 친척을 만날 수 도 있고... 전쟁도 안 일어 나구 얼마나 좋아요. 서로 다 정말, 경제도 그렇게 성장하고... 지금 북조선에서 늘 대포쏘고, 돈이 들어가는 거 봐서는 백성들은 굶어죽는데 그냥 전쟁 준비만 하니까 얼마나 고통이 많아요... 그러니까, 어떻게 하든지 통일이 되면 경제 소모도 덜되고, 사람 고통도 적구 살아가기도 좋지요 서로 다 한국이나 북조선이나 서로 좋지요. 이번에 금강산 이산가족 찾아가지고, 서로 울고 불구 갈라지매 하는거 보면서, 남이래도 정말

> 가슴이 찢어지는 것처럼 아픕디다. 그러니까, 통일만 되면 그런 세상이 없지요 뭐. 그래서 저는 통일되는 것을 하루 속히 원합니다. 사례 57 | 70대 여성

여성인 사례 58도 북한정권의 전쟁 준비로 인해 백성들이 못 산다는 응답을 했다. 통일이 되면 '전쟁 준비 할 필요 없고 인민들이 좀 더 잘 살 수 있다.'고 생각했다. '조선민족이 다 통합되는 길은 통일이 유일한 방법'이라고…

> 통일 되야 좋죠. 조선민족이 다 통합되고, 북조선은 전쟁 준비도 할 필요도 없고… 지금이야 계속 군사를 중시하니까 백성들은 못산단 말이에요. 그러니까, 인민을 좀 더 잘살게 할 수 있지요. 사례 58 | 60대 여성

북한주민들은 통일을 남북한이 경제적으로 함께 잘 살 수 있는 길로 인식했다. 그런데 경제적으로 잘 살 수 있다는 말보다 더 마음에 와 닿은 표현은 '통일만 되면 그런 세상이 없지요.'라는 표현이었다. 분단으로 인해 겪는 지금의 상황을 아픔과 고통이라 말하는 그들이었다. 그들에게 통일은 경제적으로 잘 살기 위함도 있지만 분단으로 인해 고통받는 누군가의 아픔을 없애기 위한 것이었다.

통일이 어떻게 이뤄질까?

통일방식

통일을 이루기 위해 어느 것이 가장 시급하다고
생각하십니까?

통일조국이 어떤 체제가 되어야 한다고 생각하십니까?

통일이 어떤 방식으로 이뤄질 가능성이 높다고
생각하십니까?

북한 정권이 내세워온 민족해방 통일(적화통일) 방안이 실현될
수 있다고 생각하십니까?

통일은 어떤방식으로 이뤄질까?

　북한 문제를 연구하는 필자가 가장 많이 받는 질문은 통일이 언제 될 것으로 보는가? 어떤 방식으로 통일해야 하는가? 라는 질문이다. 통일이 언제 될 것 같냐는 질문에 정확한 답변을 하기는 어렵다. 그 시기를 정확히 안다면 얼마나 좋을까?

　통일시기를 정확히 알 수 없는 것은 어쩌면 당연할 지도 모른다. 특히 통일을 두 개의 제도가 완전히 통합되는 시기로 보느냐, 아니면 남북간 화해 협력을 통해 어느 정도 진전된 상황을 통일로 보느냐에 따라 그 시기와 방식은 달라질 수 밖에 없다.

　우리는 북한주민들에게 통일방식과 관련하여 통일을 위해 무엇이 가장 시급히 이뤄져야 하는지, 통일국가는 어떤 체제가 되어야 하는지, 어떤 방식으로 통일될 것인지 등에 대해 질문했다.

통일을 이루기 위해 가장 시급한 것은 무엇일까?

통일을 이루기 위해서 시급히 해결할 사항은 1순위로 '미군 철수/국가보안법 폐지'(2.5), 2순위로 '남북정상회담의 정례화'(2.2), 3순위로 '군사적 긴장 해소', '남북 경제 교류', '이산가족 문제 해결'(1.8)순으로 나타났다.

위 문항의 1순위부터 3순위까지 가중치를 부여한 총점과 별도로 순차적 의미에서 순위를 부여한 결과는 옆 그림과 같다. 남북정상회담과 미군 철수 및 국보법폐지와 같은 정치적 사안이 1순위로 조사되었다면, 개혁개방과 경제교류 등이 2순위로 월등히 높은 것으로 나타났다. 미군 철수와 국보법폐지는 북한 당국이 지속적으로 주장해 온 내용으로 이 부분에서 북한주민들의 내면화된 인식을 파악할 수 있다. 주목할 점은 2순위로 북한의 개혁개방과 경제교류가 높게 나타났다는 점이다.

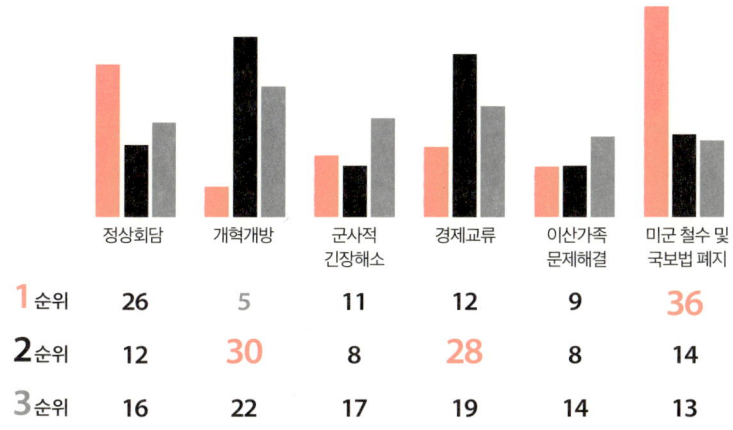

통일을 위해 해결할 문제

	정상회담	개혁개방	군사적 긴장해소	경제교류	이산가족 문제해결	미군 철수 및 국보법 폐지
1순위	26	5	11	12	9	36
2순위	12	30	8	28	8	14
3순위	16	22	17	19	14	13

1순위로 주한미군 철수를 꼽은 사례

미국놈들이 끔찍이도 사람들 많이 죽였답니다.

　북한 주민들은 미국을 '철천지 원수'로 인식한다. 북한 당국의 철저한 사상교육으로 인해 미국을 6.25전쟁을 일으킨 장본인이고 자신들의 부모와 친지를 비참하게 죽인 원수로 여기는 것이다. 북한 당국은 황해남도 신천 지역을 6.25전쟁 당시 미군에 의한 민간인 학살이 자행된 곳이라고 주장하며 사상교양 학습과 선전선동의 장으로 활용한다. 남북관계가 악화되거나 내부 결속이 필요할 때 늘 단골 메뉴처럼 등장하는 것이 신천박물관 현지지도에 대한 내용이다.

　김정은 역시 지난 2014년 11월 24일 신천박물관을 현지지도하며 "반미투쟁 교육을 강화하라."고 지시했다. 노동신문에 따르면 "반제 반미교양, 계급교양을 떠나서 우리 인민의 자주적 삶과 인간의 존엄, 가치에 대하여, 혁명의 승리, 사회주의승리에 대하여 생각할 수 없다고 말하면서 신천박물관을 새 세기의 요구에 맞게 새로 건설할 과업을 제시"했다고 한다.

실제로 지난 2015년 7월 23일 신천박물관은 김정은의 지시에 의해 새롭게 개관 되었고 김정은은 신천박물관 현지지도를 통해 "신천박물관이 계급교양의 거점이고 복수심의 발원점이며 미제의 야수적 만행을 낱낱이 발가놓는 력사의 고발장"이라고 했다.[2]

그만큼 신천 지역은 북한 주민들에게 반미 감정을 고취시키는 사상학습의 장으로서 기능하고 있다. '남조선 괴뢰도당이 미제국주의와 손을 잡고 민족을 배반하였다.'는 북한 당국의 선전선동은 북한주민들에게 남한사람과 미국에 대한 적개심을 불러일으키기에 충분하다. 그렇기에 더더욱 미군이 주둔하는 한반도는 통일이 될 수 없다고 인식한다. 통일을 이루기 위해 가장 시급히 해야 할 일로 미군 철수를 주장한 북한 주민들의 이야기를 직접 들어보자.

> 우리 신천에서 미국놈 땜에 정말 많이 죽었어요. 우리 엄마가 이야기 해주었어요. 조국해방전쟁 때... 우리 엄마가 농촌 사람입니다. 근데, 해주로 가면 산다 하니까 가는데, 길따라 가는 해주로 가던 사람들 다 죽었다고 합니다. 비행기 폭격 맞고, 기관총 쏴니까 산을 타는 사람은 죽지 않고... 길따라 가는 사람들 다 죽고... 엄마 때문에 산으로 갔대요. 해주로 갔다는 사람들이 가지 말라, 다시 고향으로 가라 그래서 고향으로 갔답니다. 미국놈들이 해주나 신천에서 끔찍이 죽였답니다. 사례 33 | 30대 남성

새롭게 개관한 신천박물관과 김정은의 현지지도 모습 _ 출처 : 노동신문, 2015년 7월 23일.

　　북한 주민은 미국이 남조선을 좌지우지하기 때문에 '미국이 남조선에 있는 한 통일은 어렵다.'고 말한다. 북한의 개혁개방이 필요한데에는 공감하지만 그에 앞서 미군 철수가 이루어져야 한다는 것이다. 미군 철수 이후 남북한이 경제교류를 하고 개혁개방을 하면 거의 통일 된 것이나 다름없지 않느냐고 반문한다.

　　우리가 북한에 대해 요구하는 것은 개혁개방을 통해 책임 있는 국제사회의 일원이 되라는 것이다. 북한의 개혁개방이 이루어지고 남북간 경제교류가 활성화되면 자연스럽게 정치, 군사부분의 논의를 통해 통일을 지향할 수 있다는 논리다. 하지만 북한 주민들은 북한 당국의 선전과 같이 일단 미군 철수가 전제 되어야만 개혁개방과 남북한 경제교류도 할 수 있다는 입장이었다.

미국과 남조선을 '철천지 원수'로 교육 받은 그들의 인식을 어떻게 바꿀 수 있을까... 그 짧은 면접 시간에도 금세 울분을 토하며 미국을 욕하는 그들에게 미군 철수는 그야말로 지상 최대의 과제처럼 보였다.

> 우리가 개혁개방을 하면... 미국이 남조선에 있으니까 지금 상태에서 미국이 아직까지 좌지우지하잖아요. 그러니까 미국이 일단 철수하면 통일이 빨리 이루어 질 수 있지. 그 다음에 경제 교류 되면서, 개혁개방까지 되면 완전히 그건 통일 된거나 거의 비슷한거지 통일의 문 80%는 들어서겠지. 사례 37 | 40대 남성

사례 37은 미국만 철수하면 금세라도 통일 될 것이라 생각하는 것 같았다. 미국이 철수하고 북한이 개혁개방하면 그건 통일 된거나 다름없는 것이라고...

미국이 뒤에서 자꾸 코치하니까

사례 38은 남한이 경제적으로 발전한 것을 인정하지만 그 배경에는 미국의 지원이 있기 때문이라고 말한다. 남한의 상품이 좋다는 것도 알지만 지금은 북한 당국의 통제로 사용할 수 없기 때문에 북한이 개방하면 자신들의 생활도 좋아질 거라고...

> 쉽게 말하면 미군이 뒤에서 자꾸 코치하니까... 믿는 데가 있으니까 남조선에서는 거기에 맞게끔 알아서 더 길꺼구. 북조선 자체는 남조선 상품을 못 쓰게 하기 때문에... 우리도 남조선이 발전한거는 인정한단 말이에요. 남조선 상품이 좋다는거... 아무래도 북과 남이 갈라진 상태니까 거기 상품을 허용을 안한다 말이에요. 그러니까 개방하면 우리도 좋지 누이 좋구 매부도 좋고 다 좋으니까. 사례 38 | 40대 여성

미국이 철수만 하면 남북이 빨리 통일될 수 있다고 생각하는 그에게 미국은 그야말로 우리의 통일을 가로막는 원수 같은 존재로 여겨졌다. 사례 46은 남한의 자본주의와 북한의 사회주의가 하나의 사상이 되기 위해서는 다소 시간이 걸린다고 말한다. 하지만 그 역시 전제 조건은 미군 철수부터 시작된다.

> 미국이 철군하면 남북이 통하겠지. 빨리 통일될 수 있고. 미국이 있기 때문에 지금은 통일 안되는 거지... 사례 44 | 60대 남성

> 북남 사람들이 서로 잘 리해 하는게 중요하지. 오랫동안 저쪽에서는 자본주의, 이쪽에서는 사회주의. 이거 사상에서 완전히 같을려면 그거 다 시간이 좀 걸린다. 일단 미군이 나가야지
> 사례 46 | 70대 남성

이산가족도 만나고 경제교류도 하면서 단계적으로...

통일을 이루기 위해 시급히 해야 할 일로 미군 철수를 선택한 주민들과 달리 미군이 철수한다고 해서 통일이 된다는 것은 어림없는 소리라고 말하

는 북한 주민도 있었다. 한 60대 여성은 남북한 간의 경제교류를 1순위로 꼽았다. 그러면서 덧붙인 말은 미국이 남조선에서 철수한다는 것은 말도 안 된다고 한다. 한국은 미국을, 북한은 중국을 믿고 사는데 어떻게 미국이 한국에서 철수하겠는가라고 반문한다.

서로 이산가족이 만나고 경제교류도 하면서 통일을 이루어 가야한다는 그는 북한의 개방도 쉽지 않은 일이라고 했다. 개성공단 하나만 보더라도 서로 갈등을 겪는 모습을 자주 보면서 북한이 어떻게 개방할 수 있느냐고 역시 반문한다.

> 나는 미국이 남조선에서 철수한다는 건 말이 안되는 거라고 봐요. 우리 조선도 중국을 믿고 살구, 한국도 저기 미국을 믿고 해방이… 그런 거는 말도 안되는 거고… 서로 이산가족도 만나고, 경제교류도 하면서 서로 기렇게 해서 통일이 돼야지 무슨 미국 나간다 해서 통일이 되고, 난 그거는 그렇지 않은 것 같아요. 개혁개방 한다는 거는 조선으로 보면 쉽지는 않은 일인거 같고. 개방 뭐 개성공단 하나 한거 가지고도 나가라, 들어가라 밤날 그러니까 누가 무서워서 하질 못하잖아. 그러니까네 경제교류 그게 돼야 난 더 통일이 빨리 될 것 같아요. 그렇게 해야지 통일이 되지, 미국 나간다고 바로 통일 되지 않는다고.
>
> 사례 58 | 60대 여성

2순위로 남북정상회담의 정례화를 꼽은 사례

2순위로 응답한 남북정상회담의 정례화는 정상회담을 통해 미군 철수를 합의하고 그 다음에 경제교류를 하며 통일한다는 논리였다. 2순위로 정상회담 정례화를 꼽았지만 결국 정상회담을 통해 논의하는 내용은 미군 철수라는 점에서 앞서 1순위와 크게 다르지 않음을 알 수 있다. 그만큼 북한주민들은 한반도에서의 미군 주둔이 통일을 가로막는 가장 큰 장애요인으로 인식하고 있는 것 같았다.

> 정상회담을 통해서 양국간에 이야기 할 때… 북조선에서는 열이면 열 미군 철수하라 이럴 것이고, 미군 철수가 되면 기다음에 또 회담하면서 경제 교류하는 식이 되어야지. 사례 39 | 50대 남성

윗머리부터 합의가 되어야지

한 40대 남성은 남북정상회담이 먼저 이뤄져야 하는 이유로 '윗머리부터 궁합이 맞아야 하기 때문'이라고 표현했다. 남북정상회담을 통해 미군 철수와 이산가족 상봉을 합의하면 통일을 이룰 수 있다고 했는데, 무엇보다 정상회담을 통해 서로 어려운 일과 도와줄 수 있는 일을 협의하면 된다는 것이다.

그런데 남북정상회담을 통해 상대방이 원하는 것을 서로 주고받자는 것인데, 미군 철수를 과연 남한이 받아 줄 수 있을까 하는 의문이 들었다. 그의 말을 들으며 최고지도자의 명령과 선택에 의해 일방적으로 정책을 결정할 수 있는 북한과는 전혀 다른 우리의 정책결정구조를 이해하지 못하는 북한 주민들과의 괴리감을 느낄 수밖에 없었다. '지도자가 허심탄회하게 만나서 모든 문제를 결정하면 간단한 일'이라 말하지만 그렇게 간단한 일을 왜 우리는 70년 동안 하지 못했을까…

사례 47 역시 앞서 응답자와 같이 정상회담을 통해 미군 철수를 합의하자는 의견으로 미군 철수가 통일의 전제조건임을 강조했다. 정상회담을 통해 양측이 미군 철수를 합의하고 이후에 이산가족상봉과 경제교류를 통

해 관계가 진전되면 통일이 될 수 있다는 논리이다.

> 우선, 윗머리부터 궁합이 합의가 되어야지 하나씩 이루어지잖아요. 북남정상회담에서 미군 철수와 이산가족이 통할 때만이, 사람들 교류가 더 심화되어 그 사업하는 거지... 회담하면서 이거는 어렵고, 이건 고통스러운데 이건 도와주어야 되겠구나... 이런 심리를 서로 알지 않겠습니까. 그래서 정상회담을 먼저 시작해야 그 관계가 다 해결 될 걸로 생각합니다. 사례 47 | 40대 남성

> 만나가지고 정상간에 서로 만나가지고 우리 생각은 이런데 거기 생각은 어떻나, 또 여기 생각을 그렇게 말하고 그렇게 해가지고 정상적으로 합의 보믄, 합의 봐가지고 할거 같아요.
> 사례 80 | 40대 남성

　　노동자로 직업을 밝힌 한 30대 남성도 정상회담을 하고 경제교류가 그 다음 순이었지만 정상회담을 통해 미군 철수를 합의하는 것이 필요하다고 말한다.

> 아무래도 제가 거기서 생각하는건, 미국이 철수해가지고... 총을 벌써 전쟁을 바라지 않는다. 총을 놓고 회담을 먼저 해가지고 앞으로 어떻게 풀어야 하는가 난 이렇게 생각합니다. 누가, 쌈해서 누가 먹는게 아니니까. 내생각은 그런거 반대합니다.
> 사례 75 | 30대 남성

　　한 30대 여성 역시 남북간 경제교류를 1순위로 꼽았지만 그 결과로 결국 미군이 철수할 수 있기 때문이라고 말한다. 지금은 미국이 자기 마음대로 하기 때문에 통일되기 어렵다는 것이다.

> 서로 경제교류 하면 좀 알게 되잖아요… 모두다. 그럼 미국도 나가구 서로 알게 되고. 미군은 좀 나가야지 지금 자기 마음대로 하잖아요. 사례 36 | 30대 여성

'철천지 원수 미국'이 간섭 하기 때문에

평안도가 고향인 사례 81은 정상회담을 통해 남북한이 충분히 통일을 이룰 수 있다고 말한다. 하지만 정작 미국이 간섭을 안해야만 가능하다고 덧붙였다. 지금은 '철천지 원수'인 미국의 간섭 때문에 절대 통일이 될 수 없다고 인식했다.

> 미국이 지금 간섭을 안해야지 된다고 하니까요. 미국이 간섭을 하기 때문에 이러는데, 미국이 간섭을 안해서 남북간에 정상회담을 해서 통일을 할 수 있다. 평화통일. 근데, 미국이 간섭을 하기 때문에 미국은 철천치 원수지요. 사례 81 | 50대 남성

3순위로 군사적 긴장 해소, 남북한 경제 교류, 이산가족 문제 해결을 꼽은 사례

이번 면접조사를 위해 북한 주민을 만난 시기인 2014년 2월은 설 명절을 즈음하여 남북 이산가족상봉이 금강산에서 열릴 때였다. 중국에 체류하던 북한주민들은 남한 방송을 통해 이산가족 상봉 장면을 직접 보았다고 말한다. 설 명절에 고향이 아닌 낯선 타국에서 수십년 동안 헤어져 살아온 이산가족들의 눈물겨운 상봉을 지켜본 그들이기에 통일을 위해 가장 시급히 해야 할 일로 이산가족 상봉을 손꼽는 이도 적지 않았다.

평안북도가 고향인 사례 25는 중국 친척집에서 뉴스를 통해 남북한 이

산가족 상봉을 지켜보았다. 이산가족들을 위해서라도 하루빨리 통일이 되어야 한다고 인식했다.

> 지금 TV보니까 이산가족 상봉이 지금 이루어지고 있잖아요. 저도 보고선 남북이 빨리 통일되야지 생각했어요. 북조선 사람들도... 우리하구 남조선하구 차이가 너무 나니까 빨리 좀 되면 좋겠다. 사례 25 ㅣ 50대 여성.

지금 당장 군사적 충돌이 없어야 한다는 의견도 있었다. 백령도를 포함한 여러 지역에서 남북한 군사적 충돌이 일어나는 것을 보며 남북한 사이의 긴장완화를 손꼽기도 했다.

> 군사적 긴장이 풀려야 돼요. 항상 그 백령도나 뭐 그런데 그런 충돌이 일어나잖아요. 너무 둘다 긴장 거니까 쩍하면 자꾸 사고 나고... 그래서는 통일되기 어렵죠. 사례 64 ㅣ 20대 남성

군중들에게 민주화 사상교육을...

통일을 이루기 위한 가장 시급한 과제로 북한주민들에 대한 민주화 사상교육을 시켜야 한다는 의견도 있었다. 긴장완화를 1순위로 꼽고 2순위로 경제교류를 선택한 한 60대 남성은 의외로 북한 주민들의 사상을 깨우는 것이 가장 중요하다고 말한다.

> 군중들에게 민주화 사상교육을 많이 하구, 그리고 경제를 강화시키고 사례 70 ㅣ 60대 남성

평양에서 왔다는 한 50대 남성은 통일을 이루기 위해서는 우선 북한이

개방하고 마음대로 장사를 할 수 있도록 해 주어야 한다고 말한다.

개방시켜야지 잘 살게. 인민들한테 잘 먹이고 잘 살게... 고저 장사도 마음대로 하게끔 해야 통일이 될 것 같다고 생각하지요.
사례 67 | 50대 남성

통일은 어떻게 이룰까?

통일방식은 남북한이 접점을 찾기에 가장 어려운 과제 중 하나라 해도 과언은 아니다. 서로 다른 두 체제와 이념의 대결로 인해 통일방식은 합의점을 찾지 못한 채 끝없는 평행선을 달리곤 했다. 북한 주민들에게 통일을 어떻게 이룰지에 대해 질문했다.

통일의 방식과 관련하여 '북한 주도의 사회주의 통일' 8명, '북한체제 붕괴 등 급변 사태에 따른 통일' 7명, '북한이 점진적으로 남한에 흡수돼 통일' 22명, '북한이 개혁·개방한 뒤 남한과 1대1 합의 통일'이 59명으로 절반 가량이 북한이 개혁개방 뒤 남한과 1대1 합의 통일 방식으로 이루어질 가능성이 높다고 인식했다.

이번 인터뷰 내용 중 정치적으로 민감한 질문들이 몇 개 있었다. 특히, 통일 방식과 관련하여 직접적으로 북한체제 붕괴 등 급변사태를 언급한 이 질문은 더욱 조심스러웠다. 북한 주민들에게 북한체제 붕괴를 언급하는 것 자체가 쉽지 않았기 때문이다.

실제로 이 질문을 받고 인터뷰를 중단하겠는 응답자도 있었다. 질문이 정치적으로 민감해서일까 응답자의 과반수가 통일의 방식과 관련하여 남한과의 1대 1 합의 통일을 선택했다. 남한 주도의 흡수통일과 북한 주도의 사회주의통일이 양극단의 방법이라면 1대 1 합의 통일은 답변하기에 크게 부담스럽지 않은 대답이었을지도 모른다. 물론 합의 통일 이전에는 북한의 개혁개방이 분명히 전제된다. 북한주민이 말하는 통일방식을 직접 들어보자.

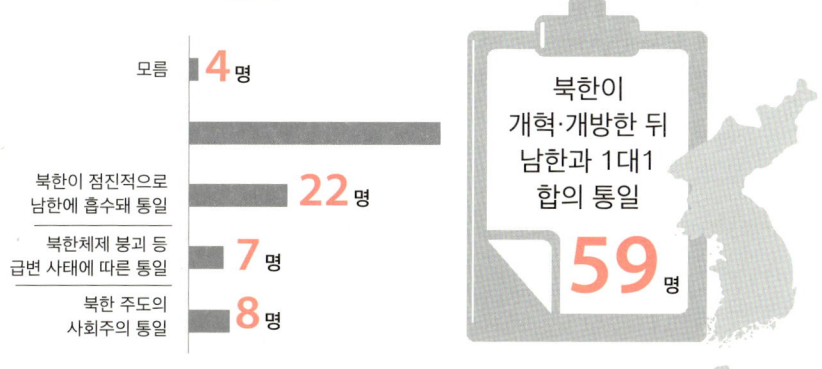

북한이 개혁·개방한 뒤 남한과 1대1 합의 통일로 응답한 사례

서로 자기의 자존심을 버리고

먼저 응답자의 과반수가 답변한 '북한이 개혁·개방한 뒤 남한과 1대1 합의 통일방식'에 대해 그 이유를 살펴보자. 사례 37은 서로가 한발씩 물러서서 자존심을 버리면 합의 통일을 이룰 수 있다고 말한다. 북한이 개혁개방을 하고 남북한이 상호 경제교류를 하면 가장 좋은 통일의 시나리오가 될 수 있다는 것이다.

> 서로 서로가 한발 물러서서 자기의 자존심을 버리고. 그니까 한국에서 이거 이렇게 합시다. 그렇게 하면, 예를 들어 한국에서 북조선에다가 "자 우리 개혁개방을 해서, 북과 남이 경제교류 발전을 일으키자." 한다면, 자기의 자존심을 버리고 한국두 자기

자존심을 버리고 서로와 서로가 한발씩 물러서가지고... 물러서서 합의를 보면 될 수 있다 이거지. 사례37 | 40대 남성

우리 조선 사람들은 가짜 자존심이 있단 말이에요. 없어도 자존심이, 고거 좀 빼놓고 그러믄 말 잘들을 것 같습니다. 그런데 필요없는 자존심 때문에 좀 문제... 조국이 개혁개방 해야지. 하루빨리 되면야... 사례27 | 30대 여성

사례 27은 북한사람들이 쓸데없는 자존심이 있다고 말한다. 바로 그 '가짜 자존심' 때문에 문제가 된다고... 북한이탈주민들을 만나면 북한은 '자존심' 하나로 지금까지 버티고 있다는 말을 종종 한다.

너무 힘들고 어려워 악과 깡만 남은 사람들이기 때문에 자존심을 건드리면 안된다는 것이다. 자존심을 건드리지 않고 그들을 개혁개방으로 유도할 수 있는 방법은 무엇일까?

전쟁하면 죽는거 많고

사례 29는 합의 통일이 필요한 이유로 '서로 전쟁을 하면 다 죽기 때문'이라고 말한다. 합의 통일이 아닌 남한의 흡수통일이나 북한의 적화통일은 자칫 전쟁을 일으킬 수 있다고 인식했다. 그런 통일은 '아니 되는 것만 못하다.'고 표현했다.

역시 나도 그저 합의 개혁 개방해서, 합의 통일이 돼야지. 전쟁하면 죽는기 많고 그저... 그렇게 하면 통일 아니되는만 못하지. 사는거 그대로 살아나가자 이 생각이야. 그저 인제 합의해서 서로 좋게... 사례29 | 60대 여성

응답자 가운데 '차라리 전쟁이라도 났으면 좋겠다.'고 말할 정도로 지금의 상황이 변화되기를 간절히 바라는 응답자에 비하면 사례 29는 어떠한 경우에도 전쟁은 안 된다고 말했다. 그의 말처럼 우리는 휴전이라는 잠시 전쟁을 쉬고 있는 비극의 시간을 보내고 있기에 전쟁의 결과가 통일이라고 보장할 수 없음은 분명해 보인다.

사례 38도 합의 통일을 지지하는 이유로 전쟁해서는 좋은 게 하나도 없기 때문이라고 말한다. 합의하지 못하고 전쟁이 발생하면 서로에게 피해밖에 남는게 없다고…

> 합의를 못보고 전쟁이란 자체가 서로가 서로에게 피해밖에 볼 게 없으니까 전쟁해가지고서는 좋은거는 없으니까, 그러니까 합의해서 인자처럼 어느 한 저기가 물러서서… 양보하는 얘기지요. 길게 해서 통합하면 좋겠어. 사례 38 | 40대 여성

남북한이 서로 군사적으로 대치하면서 전쟁을 통해서는 절대 통일될 수 없다고 힘주어 말하는 사례 39. 북한이 남한에 대해 연일 불바다 운운하며 전쟁 위협 하는 것을 두고 그것은 시기가 지난 것으로 인식하고 있었다.

> 뭐, 군사적으로 싸움해서 통일되는 건 아닌거고. 이제 말은 둘이 으르렁 거리면서, 밤낮 불바다, 불바다 하는데 그거는 시기가 지난 거고… 사례 39 | 50대 남성

정상들도 양심이 있는 사람이니까

사례 50은 전쟁이 남북한 양측 모두에게 재난이 되기에 결코 전쟁이 일어나서는 안된다고 분명히 말한다. 남북한 정상이 양심이 있는 사람이기 때

문에 합의 통일이 가능하다고... 또한 북한체제가 절대 하루아침에 무너지지 않을 것이라는 확신에 찬 답변도 덧붙였다. 북한이 갑작스럽게 붕괴될 것으로 보지 않기 때문에 남북한이 합의해서 이루는 통일이 최선의 방식이라고 사례 50은 말한다.

> 왜기냐면 군사대결을 하게 되면 조선민족한테 재난 된단 말이야. 그러니까네, 전쟁으로 할 수는 없고 기니까 합의. 이 사람들도, 정상들도 양심이 있는 사람이니까네 나중에 합의 통일 해야지. 무력으로 하지 못하니까... 이 체제가 하루 아침에 무너지지 않는단 말이에요. 사례 50 | 60대 남성

순간에 머리가 바뀌지 못하니까 시간을 갖고

통일방식으로 합의 통일을 우선순위로 꼽은 응답자들은 통일의 과정이 다소 시간이 걸릴 것으로 인식했다. 남한이 자본주의 길을 걸었고 지금 경제발전을 이룬 나라로 잘 알고 있지만 아직까지 북한 주민들이 이를 받아들일 준비가 안 되어 있다고 말한다. 북한이 개혁개방 하여 사람들의 눈이 열린 다음에 자본주의를 이해하는 과정을 통해 통일로 갈 수 있다는 것이다.

> 개혁개방 하면은 사람들도 눈이 트이고, 눈트고 그다음에 한국도 인자처럼 자본주의라 하지만은 북한 사람들이 그걸 좀 이해력이 있어가지고 사례 65 | 30대 여성

사례 66은 한국이 자본주의를 통해 발전했다는 사실을 북한에서 모르는 사람들도 있기 때문에 점진적인 북한의 변화를 기대할 수 있다고 말한다. 순간에 머리가 바뀌지 못하기 때문에 시간을 갖고 했으면 좋겠다고 말하는

사례 66. 수십 년 동안 사상교육을 받아온 북한 주민들이 한순간에 바뀔 수는 없겠지만 사례 66을 통해 최소한 북한 주민들의 의식을 바꾸는데 그렇게 많은 시간이 걸리지 않을 수도 있음을 확인할 수 있었다.

> 자본주의를 하면 좀 다르게 생각하는 상태잖아요. 암만, 한국이 지금 잘살고 그렇고 발전했고… 북한엔 아직 이렇게 외부 밖에 상황을 다 모르잖아요. 그니까, 개혁개방부터 해가지고 사람들이 자본 뭐가 들어와서 생산도 하면서… 순간에 머리가 바뀌어서 하지 못하니까 시간을 갖고 하는걸로… 사례 66 | 40대 남성

사례 66은 중국 방문을 통해 남한의 경제발전상을 알게 되었고 자신도 장사를 하면서 자연스럽게 자본주의를 알게 되었다고 한다. 북한 당국으로부터 교육받은 '이기적인 인간, 썩고 병든 자본주의'가 아니라 '자신이 일해서 돈을 벌 수 있고 사유재산이 가능한' 제도가 바로 그가 직접 경험으로 알게 된 자본주의였다. 북한 주민들에게 외부 상황을 알려 주어 스스로 인식하고 변화할 수 있는 힘을 키워주는 것이 어쩌면 합의 통일 이전에 이뤄야 할 더욱 중요한 통일준비임을 새삼 실감하게 하는 대목이다.

남북한이 합의를 통해 통일을 이룬다는 것은 결국 자본주의와 사회주의라는 각기 다른 제도에 살던 사람들의 생각과 사상을 합치는 것이다. 합의를 통해 통일을 이루는 것이 가장 이상적인 방법이지만 결국 어떻게 해야 서로 대결하고 있는 두 제도를 합칠 수 있을지에 대한 근본적인 물음이 제기된다.

> 북조선이 개혁하려면 남조선하고 만나가지고 회담… 회담 가지고서 해야한다. 사례 67 | 50대 남성

아무래도 그쪽 밑에서 사는 자본주의에 살던 사람하고 사회주의 사상과 합치기 힘드니까. 사례 75 | 30대 남성

북한이 점진적으로 남한에 흡수돼 통일된다고 응답한 사례

다음으로 북한이 점진적으로 남한에 흡수되거나 북한체제가 붕괴되어 통일되는 방식을 선택한 북한 주민들의 이야기를 들어보자. 사실 자신이 살고 있는, 그것도 자존심 하나로 살아가고 있다는 북한 주민들이 북한체제 붕괴를 전제로 하는 남한의 흡수통일 과정을 받아들일 수 있을지 염려스러웠다.

이러한 질문은 그들의 마음을 상하게 할 수도 있었고, 어쩌면 인터뷰를 하는 사람으로서 신변의 위협을 느낄 수도 있는 굉장히 민감한 질문이었다. 하지만 그들은 의외로 담담했고 북한체제의 붕괴를 서슴없이 이야기 하는 사람들도 있었다. 그들은 왜 북한체제가 붕괴할 것이라고 생각했을까?

저 배만 부르지 백성들은 뭐 먹고 삽니까?

먼저 사례 33의 경우 한국은 지도자를 백성들이 자유롭게 선출하는데 북한은 한 사람만 계속 통치하고 있다는 점을 들었다. 특히 그 한 사람이 자기 배만 부르려 한다고 말한다. 북한 김정은 정권이 들어서고 연일 3대 세습에 대한 정당성과 정권 지지도를 높이기 위한 사상교양 사업이 이루어지고 있던 때였다. 인민생활 향상과 경제문제를 최우선 과제로 제시한 김정은 정권이지만 북한주민들은 여전히 정권이 자신들의 배만 불린다고 인식하고

있었다.

> 한국은 백성들이 지도자를 뽑으니까... 조선에선 그저, 한 사람만 들자고 하니까네. 저 배만 부르지 백성들은 뭐 먹고 삽니까?
> 사례 33 | 30대 남성

사례 56은 북한체제가 반드시 붕괴될 수밖에 없다고 힘주어 말했다. 앞서 사례 33의 답변과 같이 백성들을 생각하지 않고 심한 통제와 독재를 하기 때문이라고 서슴없이 대답했다.

> 지금은 오래 걸리더라도 난 북한체제가 반드시 붕괴된다고 봐요. 그 나라는 끝까지 가면 망할 수밖에 없어. 계속 통제 심하지 인민들 고저 생각 안하지. 고저 뭐 독재적으로 그렇게 하니까, 법도 그저 법이 무법 천지에요. 죄 없는 사람들 죄 입히고 마구 잽이니까 망할 나라지. 그게 잘 될 나라 같아... 나는 그렇게 생각해.
> 사례 56 | 60대 여성

사례 56의 응답 중 무엇보다 '죄 없는 사람들에게 마음대로 죄를 씌워 잡아가는 국가가 어찌 망하지 않겠느냐'는 말은 실로 충격이었다. 북한 주민과 마주한 인터뷰를 진행하며 가장 떨리는 순간이기도 했다. 정치문제에 대해 어떠한 비난도 할 수 없는 북한이기에 그나마 조금 자유로운 중국에서 자신이 그동안 하고 싶었던 모든 말을 쏟아낼 것처럼 거침없는 그들의 대답이 오히려 필자에게는 두려움으로 다가왔다. 심지어 만약 이 인터뷰 중에 북한 보위부원이 들이닥쳐 녹취 내용을 확인한다면 어떻게 될까 하는 마음까지 들었다.

누구 하나 희생만 하면 통일됩니다.

사례 84는 독일통일의 사례를 언급하며 남북한 중 누구 하나 희생만 하면 통일이 된다고 말한다. 남한 대통령이 통일을 자주 말하는 것에 대해 굉장히 인상적이라고 말하면서 남이든 북이든 누구 하나 희생이 없으면 통일의 다른 방법은 없다고 한다.

> 독일처럼 누가 한쪽이 양보하고, 남이든 북이든 어쨌든… 현재 남과 북은 누구하나 희생만 하면 통일 됩니다. 박근혜가 "통일하자."고 자꾸 말하고 있는데… 하나만 희생하면 되는 거에요. 만약 이게 안 되면 다른 방법은 없습니다. 사례 84 | 50대 남성

남북한 합의 통일을 지지하면서도 사례 92는 중국식 체제를 선호한다는 답변을 했다. 중국과 한국 모두 잘 산다는 말은 들었지만 한국은 아직 경험하지 못했기 때문에 중국이 좋다는 것이다.

> 중국이 살기 좋아요. 한국이 잘산다는 말은 들었는데, 현실은 못 봤으니까 나야 중국이 좋아요. 그래서 중국처럼 되면 좋겠어요. 사례 95 | 50대 여성

현재 중국에 체류하면서 경험한 중국의 경제 발전은 사례 95가 생각하는 하나의 이상적인 국가형태로까지 인식했다. 남북한 어느 체제도 아닌 경제적으로 먹고 살 만한 중국이 좋다는 그의 대답은 현재 북한주민들에게 정치, 사상, 체제보다 먹는 문제 해결이 우선시 됨을 잘 보여주는 사례라 할 수 있다.

북조선이 남한하고 붙어 싸움하면

　남한의 흡수통일이 아닌 북한체제 붕괴 등 급변사태에 따른 통일을 선택한 북한주민들도 있었다. 북한체제의 붕괴에 대한 이유는 한반도에 전쟁이 발발할 경우 남한은 미국의 군사력을 바탕으로 전쟁에서 승리하고 북한은 붕괴될 수밖에 없다는 논리였다. 북한이 아무리 군사적으로 발전해도 미국이 한국을 지원하는 이상 북한은 절대 승리할 수 없다고 말한다.

> 지금 미국이 한국을 다 이렇게 받들고 잘 나가기 때문에... 우리 북조선이 남한하고 붙어 싸움하면 우리 북조선이 기본적으로 군사가 발전해도 미국이 한국 도와주고 그러면 우리가 지잖아요.
> 사례 49 | 60대 남성

　사례 42 역시 전쟁이 발발하면 북한이 남한에 흡수통일 될 것이라고 말한다. 현재 복잡한 한반도 정세를 볼 때 전쟁 가능성도 있고, 전쟁이 나면 북한체제가 붕괴되고 남한이 흡수통일 할 수 밖에 없다는 것이다. 하지만 이런 사태가 나기 전에 남북한이 1대1로 합의 통일 하는 것이 그래도 편한 것이라고 말한다. 그의 말처럼 한반도에서 전쟁이 발발하면 누가 승리 하건 남북한의 희생은 상상조차 어렵다.

> 지금 정세가 복잡해지거든요. 그래서 언제 전쟁이 일어날지 모르는 상황이니까 내 느낌에. 전쟁이 터져서 북조선이 무너지면 그다음에 통일되면 흡수라고 할까 그러니까, 급변 그걸로 봐야겠죠. 그래도 편한건 남북이 합의 통일 하는거... 사례 42 | 30대 남성

북조선 체제 이래가지고 오래 버티기 힘들 것

한반도에서 남북한 전쟁에 의한 남한의 흡수통일보다 북한 내부의 권력 갈등으로 인해 북한체제가 붕괴될 것이라는 인식도 있었다. 사례 79는 북한체제가 오래 버티기는 힘들 것 같다고 했는데 그 이유는 바로 장성택 처형 이후 북한 당 내부가 매우 혼란하기 때문이라는 것이다. 2013년 12월 장성택 처형 이후 약 2개월이 지난 시점에 이루어진 인터뷰이기 때문에 당시 북한 내부 정세는 사례 79의 증언과 같이 매우 복잡했던 것으로 보인다.

> 개인적으로 생각은 북조선 체제 이래가지고 오래 버티기 힘들 것 같습니다. 당내에서도 조금 시끄러워요. 장성택 처형하고 나서... 사례 79 | 40대 남성

북한에 대한 정보가 아무리 공개되지 않는다 해도 장성택의 처형은 당시 매우 충격적인 사건이었다. 북한에서 제2인자의 권력을 누리던 장성택의 처형 이후 북한 정치권력은 요동쳤고 김정은의 취약한 정치기반이 어떻게 될지에 대한 관심이 높아졌던 때이다. 숙청의 칼바람이 불었던 복잡하고 혼란스러운 그 시기가 사례 79에게는 '북한체제가 오래 버티기 힘들 것 같다'는 회의감을 더욱 확증하게 만들었다.

북한의 적화통일은 과연 가능할까?

앞서 통일방식과 관련하여 응답자의 대부분은 남북한의 1대1 합의 통일방식을 선택했다. 그렇다면 주체사상으로 교육받은 북한 주민들에게 과연 북한이 주장하는 한반도의 공산화 통일은 가능한지 질문했다. 적화통일의 실현 가능성은 '매우 그렇다.' 9명, '다소 그렇다.' 8명, '별로 그렇지 않다.' 4명, '전혀 그렇지 않다.' 55명, '잘 모르겠다.' 24명으로 응답했다. 앞서 질문에서 북한 주도의 사회주의 통일 가능성을 8%로 응답하였다는 점과 비교할 때 역시 북한당국이 주장하는 적화통일의 가능성에 대해 응답자의 절반 이상이 실현 불가능한 것으로 인식하고 있음을 알 수 있다.

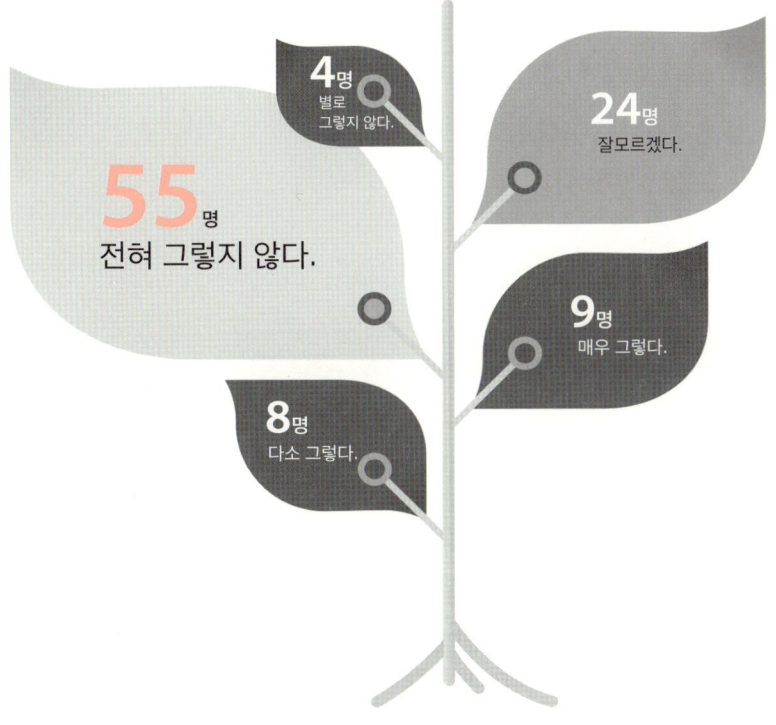

적화통일은 가능한가?

55명 전혀 그렇지 않다.
4명 별로 그렇지 않다.
24명 잘모르겠다.
9명 매우 그렇다.
8명 다소 그렇다.

북한 당국 역시 지난 2014년 헌법 개정을 통해 공산주의라는 표현을 삭제하고 사회주의 국가로 명기하였다. 북한 당국 스스로 한반도에서 공산주의를 달성하는 것이 어렵다고 인식하는 상황에서 북한 주민들은 더더욱 북한이 주도하는 공산주의 통일은 실현 불가능한 것으로 생각했다. 특히, 중국에서 자본주의 행위 양식을 일부 경험한 북한주민들의 경우 적화통일은 불가능하며, 또 그렇게 해서는 안 되는 것으로 인식했다.

지금 배때기 고파 죽겠는데 언제

대부분의 응답자들이 북한정권이 주장하는 적화통일은 불가능하다고 인식했다. 무엇이 그들의 생각을 바꾸어 놓았을까? 한마디로 북한주민들이 생각하는 적화통일은 현재 자신들의 상황과는 너무 먼 이야기였다. 지금 당장 먹고사는 문제도 해결되지 않는 상황에서 남조선을 공산주의로 통일시킨다는 것은 현실적이지 못한 것이라고 말한다. 남한은 자본주의 체제인데 북한의 사회주의를 갑자기 받아들일 수 없다는 것은 당연하다는 인식이다. 또한 사회주의 체제의 한계에 대해서도 말한다.

> 북한이 지금 배때기 고파 죽겠는데, 언제 뭐... 사례 41 | 60대 남성
>
> 저쪽엔 자본주의고, 이쪽은 사회주의니까 갑자기 그렇게 될 수가 없다. 사례 43 | 50대 여성
>
> 공산주의가 될 수 없지요. 한국은 지금 자본주의니까 갑자기 이렇게 사회주의로 돌아설 수는 없으니까. 사례 28 | 40대 여성

배급을 못 주는 사회주의

북한정권이 주장하는 적화통일을 북한주민들이 불가능하다고 인식한 데에는 현재 자신들이 살고 있는 사회주의 체제에 대한 불만에서 비롯된다. 사례 24는 협동농장에 대해 사람들이 시간만 채우려 하고 일을 제대로 하지 않는 문제를 지적한다.

> 지금 조선에서 말하자면 사회주의 체계하면 협동하고 농장에서 다 그런 체계로 일해 보는데 사람들이 일을 안 한단 말이에요. 출근만 하면 되는데 그저 시간 채우면 되니까… 힘들다고 할 수 있지. 사례 24 | 60대 남성

사례 33 역시 공산주의의 핵심인 배급제의 붕괴를 문제점으로 지적한다. '공산주의 때'가 정확히 언제인지 표현하지는 않았지만 그 때와 비교하면 지금은 배급이 전혀 없고 장사를 하지 않으면 굶어 죽는다고 표현한다. 그가 살고 있는 지역은 ○○인데 그곳은 마땅히 장사할 것도 없고 그저 평양에서 이 지역으로 견학 오는 사람들을 대상으로 물건을 판매하며 근근이 살아간다고 한다.

'평양에서 오는 사람마저 없으면 죽는다.'고 표현하는 그 절박함 속에 이미 적화통일에 대한 가능성은 전혀 기대하지 않는 것처럼 보였다. '그 사람들이 안 오면 죽습니다.'

> 공산주의 때 진짜 잘살았죠. 배급은 공산주의 때 배급 줬습니다. 지금 그 배급 다 없습니다. 우리 실제말로 배급 안주면 굶어 죽습니다. ○○지역은 식량 장사할 만한 게 없습니다. 돈벌데가 없습니다. ○○지역은 왜 장사를 못하냐면, 어디에서 타고 오는 사

람들이 없습니다. 그냥 평양 사람들만 오는데, 평양에서 견학 오는 사람들. 그 사람들한테 팔아먹어야지 돈 좀 벌구 식량 사먹는데, 그 사람들이 안오면 죽습니다. 사례 33 | 30대 남성

또한 북한 내부 상황 문제뿐만 아니라 이미 다른 공산주의 국가가 무너졌기 때문에 더 이상 적화통일은 불가능하다고 인식하는 주민도 있었다.

지금 공산국가 다 무너진거 아닙니까? 그래서 불가능 할 것 같습니다. 사례 92 | 40대 여성

통일하자고 한 지 몇 십 년이 흘렸는데

적화통일이 불가능하다고 인식하는 이유 중 하나는 이미 수십 년 전부터 주장해온 것이 아직까지 이루어지지 않기 때문이라고 말한다. 김일성 시대부터 줄곧 강조해 온 연방제도 못하는데 적화통일은 더더욱 불가능한 것으로 인식했다.

인제 뭐 민족해방 뭐 통일하자고 한 지 몇 십 년이 흘렸는데, 아직까지 이루지 못한 걸 이제 와서... 그게 뭐 통일이 이루어지겠어요? 사례 39 | 50대 남성

옛날에 그 김일성 살아있을 때, 연방제 하자고 했는데 그 연방제도 못하는데 이제 그 중국처럼 홍콩이나 대만이나 이런 식으로 제도로 나아가고 있는 상황에서 이런 식으로 해야만 고저, 제일 쉬운 방법이에요. 사례 50 | 60대 남성

> 이건 그 김일성 그 때부터 이렇게 계속 내세운 거 아니에요? 아직도 안 된 거를 사례 64 | 20대 남성

미국에서 도와주고

사례 66은 미국이 한국을 지원하고 있기 때문에 북한의 적화통일은 불가능하다고 말한다. 북한이 남한에 대한 군사공격을 감행해도 미국이 도와주면 북한이 이기지 못한다고 생각했다.

> 한국에는 어쨌든 미국이 이렇게 도와주고 하잖아요. 전쟁이 일어났다, 북조선에서 남조선을 쳤다 해도 미국에서 도와주고 하면은, 북조선이 이렇게 좌우질(좌지우지) 하지 못할 것 같은데... 사례 66 | 40대 남성

북한당국이 주민들에게 미국에 대한 적대감을 고취시키고 사상교양사업으로 '조국해방전쟁'을 가르치고 있음에도 불구하고 정작 주민들은 미국이 있는 한 북한이 승리하지 못할 것이라는 생각을 하고 있었다.

사례 76은 북한이 처한 경제적 어려움 때문에 북한 주도의 적화통일은 불가능한 일이라고 생각했다. 그는 북한을 '세계적으로 제일 낙후한 나라'로 표현했다.

> 북조선은 지금 보는 데는, 경제상이라든가 다 떨어져요. 세계적으로 제일 낙후한 측면이 있기 때문에... 사례 76 | 60대 남성

김정은 동지께서 지금 계속 이랬다 저랬다 하잖아요.

앞서 살펴본 것처럼 북한주민들은 새로운 지도자의 등장에 대한 기대감보다는 정권에 대한 불신이 더 높음을 알 수 있다. 사례 79도 김정은에 대한 호칭을 '우리 김정은 동지께서'라고 표현하는데 문맥을 보면 '계속 이랬다 저랬다'한다는 내용으로 조롱의 대상으로 부르고 있다. 북한에서 생활할 때와 달리 중국에 와서 경험한 바깥세상은 차이가 많았다. 중국이나 한국처럼 한 길만을 가지 못하고 북한의 정책은 우왕좌왕 하는 모습을 보였다고 인식한다. 그는 북한이 중국과 한국, 러시아 등 주변국과의 관계가 좋지 않은 상황에 대해 부정적인 생각을 하고 있었다.

> 뭐 아시다시피, 우리 김정은 동지께서 지금 계속 이랬다 저랬다 하잖아요. 우리가 조국에 있을 때는 그런거 못 느끼지만, 중국 나와 가지고 보니까 어쨌든 중국이든 한국이든 보니까 한 가지 방식으로 계속 밀고 나가는데 여기는 계속 중국하고도 나빠졌다가 한국하고도 나빠졌다가 러시아하고도 나빠졌다가 계속 그렇게 유지되는데... 이래가지고... 사례 79 | 40대 남성

전쟁으로 통일할 수 있다.

지금까지 살펴본 것과 달리 북한주민들 가운데는 전쟁으로 통일을 할 수 있다고 생각하는 사람들도 있었다. 북한 주민들이 적화통일이 가능하다고 주장하는 것은 북한당국의 사상교육체계로 볼 때 그리 놀랄만한 일은 아니다. 정권에 대한 충성도와 지지도가 높은 일부 주민들의 경우 북한정권이 선전하는 '결사 항전 태세'를 그대로 따를 수도 있을 것이다. 또한 적화통일

의 가능성과 함께 사회주의 제도에서 현재 살고 있으니 사회주의를 더 선호한다는 북한 주민들도 있었다.

> 전쟁으로 통일을 할 수 있다고 말하는 사람들도 있다.
> 사례 7 ㅣ 40대 남성

> 아무래도 뭐, 사회주의 제도에서 사니까 백성들이야 사회주의 사회 인민들 해주면, 저는 아무래도 사회주의를 선호할 것 같아요. 사례 75 ㅣ 30대 남성

북한정권이 주장하는 적화통일의 가능성 여부를 떠나 북한 주민들은 북한정권, 특히 영도자가 지시하는 방향으로 그대로 따라가기 때문에 적화통일은 가능할 것이라고 말하기도 했다.

> 정치가 하나라면 자연히 그대로 세력이 어느 정돈가에 따라서 사람들이 머리, 사상이 따라가겠지. 령도자에 따라 다르지. 북조선 사람은 령도자가 어떤 방향으로 가면 거기 따라가는 이런 개념이란 말이야. 사례 29 ㅣ 60대 여성

통일 이후는 어떤 모습일까?

통일 이후 모습

통일이 되면 남북한 출신 주민들이 어떻게 지낼 것이라고 생각하십니까?

통일 이후 언제쯤 남북한이 정신, 문화적 이질감과 소득, 생활수준 격차를 줄여 완전한 사회경제적 통합을 이룰 수 있다고 생각하십니까?

통일이 되면 어느 지역에서 거주할 생각이십니까?

북한의 핵무기는 어떻게 해야 한다고 생각하십니까?

통일이 되면 남북한 주민들은 잘 어울려 지낼 수 있을까?

통일의 과정과 방법도 중요하지만 정작 통일 이후 남북한 주민들은 과연 잘 살 수 있을까? 통일에 대한 막연한 두려움은 바로 통일 이후에 예상되는 문화 차이와 경제 격차 등이다. 통일 이후 남북한 주민들이 잘 어울려 지낼 수 있을까라는 질문에 대해 '매우 잘 어울려 지낼 것이다.' 56명, '그럭저럭 어울려 지낼 것이다.' 14명, '별로 잘 어울려 지내지 못할 것이다.' 25명, '전혀 잘 어울려 지내지 못할 것이다.' 5명으로 응답했다.

남북한의 어울림은?

56명 - 매우 잘 어울려 지낼 것이다.
25명 - 별로 잘 어울려 지내지 못할 것이다.
14명 - 그럭저럭 어울려 지낼 것이다.
5명 - 전혀 잘 어울려 지내지 못할 것이다.

'잘 어울려 지낼 것이다.'라고 응답한 북한 주민들 중에는 '한민족이기 때문에 당연히 잘 어울릴 수 있다.'고 말한다. 같은 민족이자 형제인데 굳이 못 지낼 이유가 없다는 말에서 남북한이 전혀 차이를 느낄 수 없다고 인식하는 듯 했다. 하지만 필자는 정말 우리가 같은 민족이기 때문에 잘 지낼 수 있을까라는 의문이 들었다. 이미 분단 70여년의 시간을 헤어져 살아온 우리들이지 않은가. 그것도 다른 체제와 이념 속에서 각기 다른 길을 걸어왔고 무엇보다 생활방식의 차이는 남북한 '사람간의 통합'을 가로막는 장애물이라 할 수 있다.

그러나 의외로 북한 주민들은 남한사람들과의 차이를 크게 의식하지 않았고 설령 지금 차이가 있다 해도 남북한 사람들이 서로 만나면 잘 살 수 있을 거라는 생각이 더 많았다. 그들의 희망 섞인 이야기를 직접 들어보자.

시간이 지나면 정말 가깝게 똑같은 사람들

먼저 사례 15는 북한의 간부들과 일반주민들을 구분하여 일반 주민들은 잘 어울려 지낼 수 있다고 말한다. 왜 간부들은 안 되고 일반 주민들은 잘 어울릴 수 있다고 생각했을까?

> 간부들은 어떻게 될지 모르겠는데, 백성들은 잘 어울릴 것 같습니다. 사례 15 | 50대 여성

사례 19는 북한에서 어릴 때부터 남한 사람들에 대한 교육을 받으며 자랐다. 남한 사람들은 너무 무서운 사람들이라고... 하지만 그가 중국에서 남한 방송을 통해 본 남한 사람들의 모습은 그냥 같은 풍습을 지닌 자신과 똑같은 사람들이었다. 남한 사람들은 한민족이었고 문화와 수준이 같은 사람

들이었다.

> 나도 거기 있을 때 남한 사람들에 대해 우리가 어렸을 때부터 교육 받은 것이 있으니까… 무서운 사람이라고 생각했단 말이에요. 근데 여기 와서 텔레비전을 보니까 정말 우리와 똑같은 사람들이더라고요. 똑같은 사람들이고… 수준 상태라든가, 또 민족, 문화도 똑같으니까 생각 되는 게 참 많단 말입니다. 이게 아니 됐구나, 남한 사람들이나 북한 사람들이나 사람들은 진짜 한민족이니까 풍습도 같고. 그리고 아침마당 봐도 그래. 그다음에 생생정보통을 봐도… 정말 다른 게 없더란 말입니다. 똑같은게. 사람들도 말하구 하는것도 사람들 마음을 못여는거가 우리 사람들보다… 그러니까 사람들끼리 처음에는 좀 경계할 수도 있지만 조금 시간이 지나면 정말 가깝게 똑같은 사람들… 사례 19 | 50대 여성

그가 시청한 남한 방송은 〈생생정보통〉과 〈아침마당〉이라는 프로그램이었다. 사람들이 살아가는 평범한 이야기를 다루는 그 프로그램은 한 북한 주민의 마음을 움직였다. 무서운 남한 사람들이라는 인식에서 함께 살아갈 수 있는 자신과 똑같은 사람들이라는 것을…

사례 29 역시 중국에 와서 남한 사람들에 대한 인식이 바뀐 경우다. 남한 사람들은 예절이 밝기 때문에 자신들을 이해해 줄 것이라고 말한다. 남북한 주민들이 어울려 지낼 수 있을 것으로 보는가라는 질문에 대해 남한 사람들이 자신들을 포용해 주기를 바란다고 말한다. 그의 말처럼 남한 사람들은 과연 그러한 준비가 지금 되어 있을까…

> 딱 보믄 남한 사람들이 좀 예절이 밝고 그런 거 많단 말이야. 그러니까, 북한 사람들을 좀 리해 해줄 것이다. 이런 생각을 한단 말이에요. 사례 29 | 60대 여성

01_통일의식 107

말이 통하는 형제

　남북한 사람들이 함께 어울리는데 거부감이 없는 것은 바로 같은 언어를 사용한다는 점이다. 북한 주민들은 남북한이 서로 언어가 통하는 같은 민족이기 때문에 잘 어울릴 수 있다고 생각했다. 아직까지 남북한 사람들이 만난 경험은 적어도 같은 민족이라는 이유로 잘 어울릴 수 있다는 것이다.

> 첫째로 언어가 통하니까, 언어가 통하고 또 같은 민족끼리고 앞으로 나아가는 어떻게 되갔는지 모르겠는데, 현재 상태 아무래도 잘 어울리게 되어 있지. 사례 39 | 50대 남성

> 보통, 남조선 사람하고 북한 사람하고 사람들이 만난적이 없으니까, 적으니까 만나면 형제 아니에요? 50, 60년 떨어져 있다가 만나니까네 반갑지 않아요? 난 반가울 것 같아요.
> 사례 80 | 40대 남성

　수십 년을 떨어져 살다 만나게 되니 얼마나 반갑겠냐고 반문하는 사례 80의 이야기를 들으며 남한 사람들도 그들과의 만남을 반가움과 기대로 채울 수 있을까 조심스럽게 돌아보았다. 하루 빨리 헤어진 가족들이 다시 만나고 남북한 주민들이 하나 되어 이루는 통일의 꿈을 그들은 그렇게 바라고 기다렸다.

　사례 96도 남북한이 같은 말을 사용하기 때문에 금세 친해질 수 있다고 생각했다. 그의 확신은 그가 젊었을 때 경험했던 생애 처음의 남한 사람과의 만남을 통해 더욱 굳어졌다. 지난 1989년 평양에서 개최된 제13차 세계학생축전에 비밀리에 참가한 임수경을 직접 보았다는 그는 그때의 기억으로 남한 사람에 대한 적개심은 없었다고 말한다.

우리 평양에서는 통일이 되었으면 하는데, 말도 다 통하고 하니까네 괜찮죠. 근데, 임수경이 왔을 때 그때 대학생들 고저 한마음 한뜻으로 해가지고… 그때 스물넷 그 쯤 되지요. 13차 축전할 때니까. 그때만 해도 평양은 괜찮았어요. 전기도 잘 오구. 그러니까, 장군님 서거 하신 다음부터 좀 힘들었지. 그 전에는 평양이야 잘살았지요. 사례 96 | 40대 여성

지금까지 이야기를 들어보면 남북한 주민들은 같은 언어를 쓰는 한민족으로 헤어져 살아온 시간은 문제가 되지 않을 것처럼 보인다. 이에 반에 남북한 주민들이 잘 어울려 지내지 못할 것이라고 부정적으로 본 북한 주민들도 있다. 그들은 왜 그런 생각을 갖게 되었을까?

조선 사람들 수준이 낮단 말이야

북한 주민들이 인식하기에 자신들은 너무 통제 속에서 살아서 말 한마디 제대로 못하는 사람들이었다. 남북한의 경제, 생활 격차가 많이 나기 때문에 남북한 주민들이 어울려 지내는 데는 분명히 어려움이 있을 것이라고 말한다. 사례 35는 북한 사람들이 배운 게 없어서 수준이 낮다고 스스로를 폄하했다. 한국 사람들은 기술도 뛰어난데 자신들은 그냥 악으로 하루하루를 버티는 정도라고… 남북한 주민들이 함께 어울리지 못하는 가장 큰 이유는 무엇보다 남북한의 경제, 의식 수준의 차이 때문이라고 말한다. 이미 70년이라는 각기 다른 시간이 흘렀기 때문에 이제 어울려 살기는 힘들다는 자조 섞인 대답도 있었다.

북한사람들은 너무 통제 속에서 살아서 말을 제대로 못하니까 적극적으로 할려고 해도 잘 안 될 것이다. 또 생활상 차이가 북

한하고 너무 차이가 난다. 사례 7 | 40대 남성

수준이 안 되니까. 조선 사람들 수준이 낮다 말이야. 조선 사람들 악으로 사는데... 한국 사람들 기술도 얼마나 뛰어나. 통일되면 아무래도 수준이 배운 게 없으니까... 사례 35 | 30대 여성

하나는 발전 못하고, 하나는 발전 했으니까 좀 시간이 걸려야 될 것 같습니다. 사례 76 | 60대 남성

북한에는 잘 살지 못하고, 한국은 아무래도 발전 빠르고, 북한은 아무래도 안됩니다. 사례 77 | 60대 여성

각기 다른 시간을 살아온 남북한 사람들

앞서 남북한이 같은 언어를 사용하는 한민족, 한형제라는 인식과는 달리 분단의 세월이 너무나 길기 때문에 함께 살기는 어렵다는 응답도 많았다. 이념과 배우는 방식이 다르고 정치, 문화 역량도 다 달라졌다는 것이다. 특히, 남한은 자유가 있고 북한은 자유가 없다는 게 큰 차이점이었다. 남북한이 서로 어울리는 것보다 '싸움질'할 가능성을 더 높게 봤다.

리념이 서로 다르기 때문에, 벌써 몇 년 되었어. 70년 남앗지? 요게 어울려 살기는 힘들거다. 사례 84 | 50대 남성

그니까 배우는 것도 다르고 사는 방식도 다르고. 사례 97 | 10대 여성

50년, 60년 동안 갈라져 있기 때문에 정치, 문화 역량이 다 달라져 있으니까요. 사례 50 | 60대 남성

남한하고 북조선하고 다르니까. 서로. 남한은 고저 자유고, 북조선은 자유가 없으니까 서로 갈등 있으면서 싸움질도 할 수 있고. 사례 67 | 50대 남성

통일 되어봤자 너 못살고 나 잘사는데

사례 47은 통일이 되어도 남북한 주민들이 서로 화합하는 건 기대하기 힘들다고 말한다. 무엇이 그에게 이런 생각을 갖게 했을까? 무엇보다 남북한의 경제적 격차가 가장 큰 걸림돌이었다. 누구는 잘 살고, 누구는 못 사는데 어떻게 화합할 수 있느냐고 말한다. 그런데 사례 47의 응답에서 더 의미 있게 다가온 말은 바로 잘 살고 못 사는 차이보다 그것을 받아들이는 북한 당국의 인식이었다.

> 내가 힘이 없기 때문에 그 사람한테 내가 말하자면 심부름 식으로... 말하자면 그런 경우가 될 것 같습니다. 인차(곧) 화합이 안 돼요. 통일 인차(방금) 되었다고 해서 사람들이 친해지고 그런 건 없을 것 같습니다. 토대가 있고, 경제적 자립을 쥐가지고 서로 리해관계 속에서 서로 친분을 가져야지, 통일 되어봤자 너 못살고 나 잘사는데... 한국 국민들은 그렇지 않습니다. 서로 자꾸 도와줄라 그래요. 수해났을 때도 그렇고, 받아먹은... 아버님이 말씀을 하는데, 내가 받았으면 줄줄도 알아야 되지 않나. 그런 식으로 이렇게 받으면 조선에 쌀이 들어오는데, 우리 인민들은 몰라요. 쌀 얼만큼 들어오는지... 개성공단으로 통과하는 건 일체 비밀이라 말이죠. 그러니까 남한의 주민들은 북한 못사는 것 뻔히 아니까 지원하려고 애쓰는데 북한에선 그걸 이만큼 안주면 싫다, 이만큼 주면 좋다. 이런 풍토가 좀 있어요. 사례 47 | 40대 남성

사례 47은 자신의 아버지로부터 남한의 대북지원 이야기를 들었다. 내가 받으면 되돌려 줄줄도 알아야 한다고... 하지만 북한은 그렇지 않았다고 말한다. 오히려 남한의 대북지원과 같은 도움에 대해 자신들이 원하는 양을 제시하고 그에 따라 좋고 나쁨을 표현했다는 것이다. 결국 남한 사람들은 잘 살기 때문에 도움을 주려 하겠지만 그것을 받아들이는 북한의 입장은 다르다고 말한다.

없는 사람들이 자존심 더 강하잖아요.

사례 64의 응답도 앞서 사례 47이 말한 내용과 같은 맥락으로 이해된다. 사례 64는 '없는 사람들이 자존심이 더 강하다.'고 표현하며, 한국 사람들이 도와주려고 해도 북한 사람들이 오히려 그것을 나쁘게 인식하기 때문에 문제라고 말한다. 도움을 주려는 자의 순수한 의도가 왜곡되어서일까, 아니면 도움을 받는 자들의 마음이 상처를 입어서일까...

> 없는 사람들이 자존심 더 강하잖아요? 그니까, 아무래도 한국분들은 힘든 거 보면 도와주구 그런 게 있잖아요? 조선에는 없단 말이에요. 도와줄라 그래도, 이게 뻔뻔한 사람들은요. 도와주면, 좋다고 받는데 어떤 사람들은 또 도와주면 더 고깝지 않다고 생각한단 말이에요. 그런 게 있어서 힘들어 같아요.
>
> 사례 64 | 20대 남성

🌿 몇 년이 지나면 남북한이 하나가 될 수 있을까?

남북한이 완전한 통합에 어느 정도 시간이 걸릴 것으로 예상하는가라는 질문에 '5년 이내' 63명, '10년 이내' 33명, '20년 이내' 4명으로 응답했다. 북한 주민들은 현재 남북한 주민간의 가치관, 생활양식의 차이는 인정하지만 통일이 되었을 때 5년이라는 단기간에 남북한 주민들의 완전한 통합이 이루어질 것으로 인식했다. 남북한이 통일과정에서 실제 차이를 극복하는 데는 어려움이 없을 것으로 인식하고 있음을 알 수 있다. 5년 이내면 통합을 이룰 수 있다고 응답한 북한 주민들의 이야기를 들어보자.

5년 이내면 통합을 이룰 수 있다고 응답한 사례

통일만 되면 마음 합치는 건 빠르겠더라구요.

사례 19는 중국에서 생활한 몇 달 동안 벌써 남한 사람에 대한 파악이 다 되었다고 자신 있게 말한다. 만나서 잠깐이면 서로 친해질 수 있다고 말이다. 중국에서의 어떤 경험이 그에게 남북한 사람간의 차이점을 극복하게 했을까 몹시 궁금했다.

> 글쎄 내 생각 같으면 내가 여기 와서 몇 달 동안 벌써 이렇게 사람들에 대한 파악이 됐는데, 만나면 잠깐이면 사람들이 이렇게 융합이 될 것 같더라구. 사례 19 | 50대 여성

북한 주민들은 처음 만날 때는 당연히 서먹한 관계지만 말이 통하고 같은 민족이라는 정서 때문에 금방 친해질 수 있다고 말한다. '대화가 통하고

뜻이 같아지면' 적이 될 수 없다고 표현했다. 사례 38은 중국에서 생활하며 만난 조선족들과도 같은 조상이라는 인식 때문에 스스럼없이 친해질 수 있다고 말하면서 통일만 되면 마음 합치는 것은 빠를 것이라고 큰소리 쳤다.

> 처음이니까 말하자면 생 남남으로 만나는 거랑 같다는 거죠. 생판 모르는 사람이랑 만나니까, 나두 저사람 주시하고 저사람은 나를 또 주시하고 서로서로 서먹서먹하기도 하고 서로 주시하기도 하다가 그다음에 차차 말을 한마디, 두 마디, 세 마디, 네 마디하면서 서로 대화가 통하고 그다음에 뜻이 같아지고 하니까 서로 말하자면 적이 되는 게 없단 말이죠. 사례 37 ㅣ 40대 남성

통일 과정에서 남북한 주민들의 '마음의 통합'을 위한 논의가 이루어지고 있는 상황에서 통일만 되면 금세 마음이 합쳐질 수 있다는 북한 주민의 말은 일면 안심이 되기도 했다. 정치, 경제, 군사 등 제도와 법적 통일이 이루어진다 해도 실제 함께 살아가야 할 대상으로서 남북한 주민들의 마음이 서로 통하지 않으면 통일은 껍데기에 불과한 것일지도 모른다.

> 조국은 한 조국이니까 같은 조국이니까, 나도 처음 들어와서 한족? 본토 뭐 이렇게 많이들 이야기 얘기하더만요. 근데 인자처럼, 중국 사람들하고 한족 대상해보면 처음에는 좀 인자처럼 좀 서먹서먹하더라도 실지 며칠 있으면서 생활 지내보면 그 사람도 조선민족이니까 같은 말하자면 조상을 가지고 태어난 사람이니까 마음은 통하더라고요. 기니까, 통일만 되면 마음 합치는 거는 빠르겠더라구요. 사례 38 ㅣ 40대 여성

> 서로 말을 하고 금방 될 수 있을 거 같다. 사례 5 ㅣ 50대 남성

마음이 한 1년은 고생할 겁니다.

통합에 5년이라는 비교적 단기간이 걸린다 해도 그 시간 안에서 남북한이 갈등을 겪을 수밖에 없다고도 말한다. 북한이 개방한다고 해도 서로 마음이 맞지 않기 때문에 처음 1~2년은 고생할 것이라는 의견도 있었다. 독일 통일이 20여년이 지난 시점에서도 동서독간 마음의 통합이 이루어지지 않고, 서로 동독 출신과 서독 출신을 따지는 상황에서 5년 안에 완전한 통합을 기대하고 있는 북한주민들의 인식이 놀라울 따름이었다. 아직까지 남북한의 경제, 문화, 생활수준의 차이를 직접 경험해 보지 못해서일까, 아니면 그러한 차이는 정말 그들의 말처럼 같은 민족이라는 울타리 안에서 전혀 문제되지 않는 것인가...

> 왜근가, 사상적으로 지금 좀 어떻단 말이야. 옛날처럼 그런 시대가 아니되서, 머리가 빨리 튼단 말이야. 그러기 때문에 좀 빨리 될 것 같아. 사례 29 | 60대 여성

> 처음엔 어울리지 않습니다. 잘 어울리지 않나. 조선은 조선대로 자기네 주장이 있으니까... 서로 마음이 맞지 않지 않습니까 한국하고... 이제 개방와도 마음이 한 1년은 고생할 겁니다.
> 사례 33 | 30대 남성

▌10년 이내면 통합을 이룰 수 있다고 응답한 사례

머리 속에 있는 사상들이 뿌리를 빼지 못하니까

다음으로 10년 이내라고 응답한 북한 주민들의 이야기를 들어보자. 무

엇보다 북한 주민들의 사상이 바뀌지 않으면 완전히 통합되는데 시간이 오래 걸릴 것으로 인식했다. '머릿속에 깊이 뿌리박힌 사상을 어떻게 교양하느냐'에 따라 달라질 수 있지만 최소한 10년 정도는 걸릴 것으로 보았다. 사례 56은 북한주민들이 완고한 사상교양을 받기 때문에 교양을 통해 다시 생각을 바꾸는 데는 시간이 오래 걸릴 것 같다고 말한다.

> 가까이 제창은 안되니까, 안착 되지도 않고 나부터도 장마당에 가는데, 자리 옮겨도 잘 안된단 말이에요. 그러니까 머리 속에 있는 사상들이 뿌리를 빼지 못하니까. 5년 이상 되어야 풀린다고 봐요. 사례 17 | 50대 여성

> 그거는 나라에 하긴 탓인데, 뭐야 북조선에선 지금 완고한 사상교양을 받았기 때문에 저기 뭐야, 인민들이 다 지금 다 그렇게 됐으니까 교양하기가 어려울 것 같아요. 사례 56 | 60대 여성

우리는 나라가 좁고, 작고…

북한주민들은 통일되면 남북한 주민들간 통합도 중요하지만 경제적인 부분도 오랜 시간이 걸릴 것으로 생각했다. 현재 북한경제가 너무 낙후되어 있어서 남북한이 통일되더라도 10년은 족히 걸려야 어느 정도 회복될 수 있다고 말한다. 사례 39는 중국처럼 큰 나라도 개혁개방해서 30년 이상의 시간이 걸렸는데 남북한처럼 작은 나라는 더 시간이 걸릴 수밖에 없다고 했다.

> 첫째는 나라가 작잖아요. 중국은 지금 나라가 큰 나라가 한 개 혁개방해서 30,40년 됐는데 우리는 나라가 좁고, 작고 인제 또 나라가 작은데 첫째로 그게 방점이 있지요. 사례 39 | 50대 남성

> 아무래도 통일 되서 이것저것, 북한이 아무래도 경제가 너무 떨어지고 공장이야 뭐야, 다 회복할려면 한 10년은 걸려야 되지 않나... 사례 66 | 40대 남성

■ 20년 이내면 통합을 이룰 수 있다고 응답한 사례

마지막으로 20년 이내로 응답한 이야기를 들어보자. 사례 75는 남북한이 통일 이후에도 20년 정도는 되어야 생각이 같아질 수 있다고 말한다. 북한과 같은 사회주의로 중국과 같다고 생각했지만 막상 중국에서 생활해 보니 차이가 많았다고 한다. 중국과도 차이가 있다면 70년 동안이나 각기 다른 체제를 살아온 남북한은 더더욱 같지 않다는 생각을 했다. 다른 집이 갑자기 합쳐 살면... 어떤 일이 벌어질까?

> 솔직히 말해서 우리 조국에서 살던 것이 사회주의인데 여기와서 보니 중국과도 차이가 많은 것 같더라고. 대충 생각에 뭐 당장 아무 집이나, 간단하지요 뭐. 이집이나 저 집이나 다 다른 생활을 했는데 다른 집이 갑자기 합쳐 살면, 무조건 한집으로 만들어서 산다고 하면 당장 뭐 똑같이 생각이 같아질 수는 없으니까. 사례 17 | 50대 여성

사례 75의 이야기를 들어보면 각각 다르게 살던 사람이 무조건 한 집으로 만들어 살면 당장은 불편할 것으로 보인다. 어떻게 보면 통일은 반드시 하나의 집을 만드는 것에 연연할 필요는 없을 것 같다. 각기 다른 두 집이 싸우지 않고 서로 너, 나 하며 허물없이 지내다 보면 어느 순간 너와 나의 집이라는 명확한 구분 보다는 함께 공동으로 관리하는 물건도 생겨날 것이다. 이러한 형태를 우리는 '민족공동체통일방안'에서 말하는 '남북연합' 단

계로 볼 수 있지 않을까. 완전한 통일국가의 형성으로써 하나의 집을 만드는 것이 최종목적이지만 화해협력과 남북연합 단계 역시 통일의 한 과정이자 결과로 받아들이면 어떨까 싶다.

🌿 통일이 되면 어느 지역에서 살고 싶은가?

분단하면 가장 먼저 떠오르는 단어는 아마 남북한을 가로막고 있는 155마일 철책선이지 않을까 싶다. 남북한은 정치적 분단, 경제적 분단, 문화적 분단을 겪고 있지만 가장 기본적인 분단은 서로 자유롭게 왕래할 수 없는 지리적 분단이다. 독일 통일의 그 감격스러운 날 독일 사람들이 베를린 장벽으로 몰려나와 스스로 분단을 허물었듯이, 남북한 통일 역시 철책선이 걷혀지는 지리적 통일을 기대할 수 있다.

그런데 통일이 되면 북한 주민들은 어느 지역에 살고 싶어 할까? 북한 주민들의 통일 이후 거주지에 대한 인식은 '북한에서 살 것이다.' 41명, '남한에서 살 것이다.' 32명, '남쪽이든 북쪽이든 처한 상황에 따라 선택할 것이다.' 23명, '외국에 나가 살 것이다.' 3명, '모르겠다.' 1명으로 조사되었다.

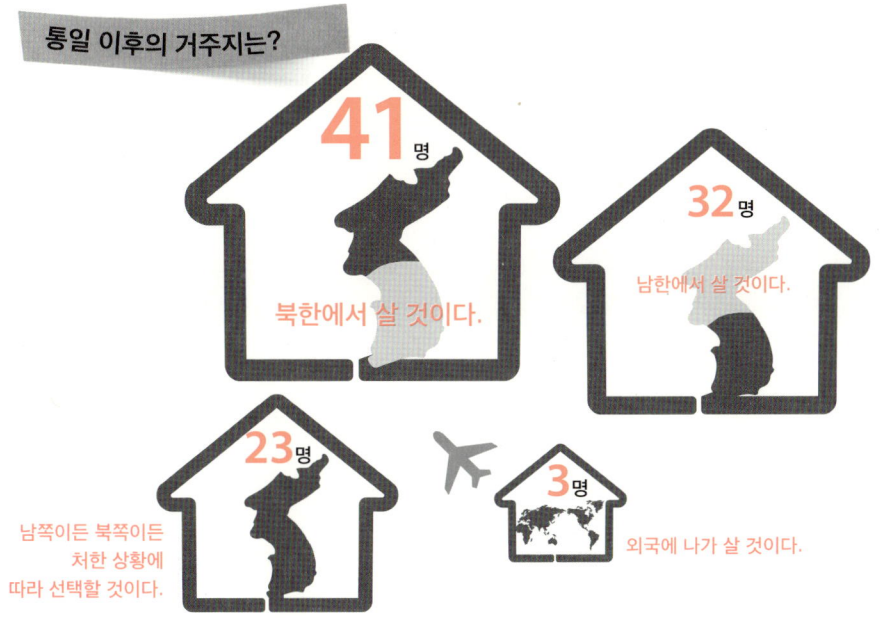

통일 이후의 거주지는?

41명 북한에서 살 것이다.
32명 남한에서 살 것이다.
23명 남쪽이든 북쪽이든 처한 상황에 따라 선택할 것이다.
3명 외국에 나가 살 것이다.

1 북한에서 살고 싶다고 응답한 사례

북한에서 살고 싶은 사람들 : 통일만 되면 고향이 최고지

통일이 되면 어디에서 살고 싶은가라는 질문에 북한에서 살겠다고 응답한 북한주민들은 대부분 고향이라는 이유 때문이라고 말한다. 통일이 되면 한국처럼 북한도 잘 살 수 있는데 굳이 고향을 버리고 다른 곳에서 살 필요가 있냐는 것이다. 사람은 자기가 태어난 고향이 최고라고 말하는 북한주민들… 통일 되면 당연히 자기가 원하는 곳 어디에든 마음대로 갈 수 있는데 굳이 고향을 버리고 다른 곳에서 살 필요는 없다고 말한다.

그들에게 고향은 어떤 의미일지 사뭇 궁금해 졌다. 통일되면 다 좋아질텐데 왜 고향을 떠나느냐고 반문하는 그들의 말은 필자에게는 지금 북한의 경제사정이 그만큼 좋지 않다는 말로 들렸다. 통일이 되면 지금보다는 더 좋아질 것으로 기대되는 상황이기에…

> 통일만 되면 뭐 북한에 사는 게 낫지… 사례 1 ㅣ 50대 여성

> 사람은 고향이 최곱니다. 사례 47 ㅣ 40대 남성

> 자유죠. 자유… 평화통일인데, 고향에서 살면 다 평화적인데. 여기도 갈 수 있고, 저기도 갈 수 있고. 다른데 가서 살 필요 있습니까. 사례 45 ㅣ 40대 여성

통일되면 그저 고향을 더 멋있게 꾸리고프다.

응답자들 가운데 나이가 많은 사람들은 오랜기간 고향을 지켜왔기 때문에 굳이 다른 곳에 가서 살 필요는 없다고 말한다. 태어나고 자란 고향을 등지고 다른 곳에 가서 살고 싶지 않다는 말이 계속 귓가에 맴돌았다. 사례 100은 '통일되면 자신의 고향을 더 멋지게 꾸미고 싶다.'는 말도 덧붙였다.

가고 싶어도 마음대로 갈 수 없는 고향을 잃어버린 실향민들이 남한에는 많이 살고 있다. 매년 명절 때면 임진각 망배단에 올라 철조망 너머로 아스라이 보이는 고향 땅을 먼발치에서 바라보는 이들…

그렇게 우리는 분단 70년의 시간동안 고향을 잃어버린 채 살아가고 있다. 북한 주민들의 고향에 대한 마음을 어떻게 이해해야 할지 막막했다. 도회지로 나가는 것이 일상이 되어 버린 현대사회에서 고향은 우리의 가슴을 아릴만큼 깊고 큰 의미는 아니다. 마음대로 갈 수 있어도 일상의 바쁨으로 인해 명절에나 겨우 찾아가는 고향집…

그러나 북한 주민들에게, 또 실향민들에게 고향은 시간 내서 잠시 찾아가는 곳이 아니었다. 그들에게 고향은 태어나고 자란, 그래서 더욱 아름답게 꾸미고 싶은 삶의 터전이었다. 그들의 이야기를 들으며 새삼 놀랐던 것은 통일이 되면 북한에 살고 싶은 이유가 단지 고향이라는 이유 그 자체였기 때문이라는 점이다.

한편으로는 그들이 그토록 지키고 싶어 하는 고향이라는 정서가 어릴 때부터 받아온 사상교육의 영향 때문인지도 모른다는 생각도 했다. 자고 나란 고향은 곧 조국이고 조국을 떠나 살 수 없다는 북한의 선전 말이다. 필자는 진정으로 그들에게 다시 한 번 묻고 싶었다. 고향은 어떤 의미인지…돌이켜 나 자신에게도 묻고 싶었다. 혹 그들의 이야기를 있는 그대로 받아들이지 못하고 사상의 색깔을 입히고 있는건 아닌지 말이다.

사례 37도 통일이 되면 장사를 하기 위해 한국에 가겠지만 거기서 발전된 것을 배워 다시 고향땅에 와서 살겠다고 말한다. 조선은 경치가 좋은데 외국에 살면 경치가 좋지 않다는 말도 했다. 한국의 발전된 것을 배워서 고향에 와서 '써먹겠다'는 그의 말...

> 조선은 경치가 좋은데 외국에 살면 경치가 좋지 않습니다. 통일이 되면 장사해서 돈 좀 벌러 한국에 나갈겁니다. 한국에 갔다가, 가서보고 한국가서 보고 그거를 내 고향 땅에 그거를... 말하자면 발전된 거를 내 고향 땅에다가 또 펴고 생활을 펴면서...한국 가서 배워 내 고향에다가 배운 거를 써먹도록. 고향에 말하자면 써먹는다고... 사례 37 | 40대 남성

고향은 태어나고 자란 곳

특별한 이유가 아니더라도 북한에서 살고 싶은 이유로 태어나서 자란 고향이기 때문이라는 응답이 많았다. 태어나고 자란 곳, 동무들이 있는 곳. 북한 주민들에게 고향은 그런 곳이었다.

> 너무나 오래 거기서 살아서... 사례 73 | 50대 남성

> 우리 같은 사람들은 나이든 사람들은 거기 가서 뭘 할거야... 고향이나 지켜야지. 사례 50 | 60대 남성

> 아무래도 아이 때부터 거기서 컸으니까, 거기야 주변 동네 사람이요. 동창들이 거기 있으니까... 사례 75 | 30대 남성

> 거기서 태어났으니까. 사례 98 | 10대 남성

사례 38에게도 고향은 사십 평생을 살아온 정든 땅이었다. 한국에 가

서 굳이 살 필요 없이 자신이 지금 중국에 왔다 갔다 하며 생활하는 것처럼 한국에는 그냥 장사를 위해 오가며 살면 된다고 말한다.

> 40대라면 반세기 산 곳은 저기니까, 그만큼 살면서 정은 들었고 그카고 인자처럼 한국에 왔다갔다 한 다음에 장사도 하매…
> 사례 38 | 40대 여성

통일 되면 우리가 휴전선 밑으로 막 내려 갈 거라고 하는데

우리 사회에서는 통일이 되면 북한 주민들이 한꺼번에 휴전선을 넘어 남한으로 밀려 올 것이라는 우려도 있다. 통일이 되면 과연 북한 주민들은 물밀 듯이 남한으로 내려올까? 사례 64의 이야기를 들어보면 그것은 순전히 남한 사람들의 기우에 불과하다고 느껴진다.

사례 64는 자신이 살고 있는 지역이 서울과 가깝기 때문에 굳이 옮길 필요는 없다고 말한다. 통일이 되면 휴전선 밑으로 내려가지는 않을 것이라고 했다. 그는 편하게 국경을 열어놓고 왔다 갔다 하면 좋겠지만 통일이 되어도 그렇게 갑자기 휴전선이 열릴 것이라고는 생각하지 않는다고 한다. 특별한 이유가 아니더라도 북한에서 살고 싶은 이유로 태어나서 자란 고향이기 때문이라는 응답이 많았다. 태어나고 자란 곳, 동무들이 있는 곳. 북한 주민들에게 고향은 그런 곳이었다.

> 어차피 뭐, OO지역이 서울이랑 별로 멀지도 않단 말이에요. 기니까, 굳이 옮길 필요도 없구… 통일 되면 우리가 휴전선 밑으로 막 내려 갈거라고 하는데 그건 안 될거 같아요. 그건 안되고, 통일 된다 그래도 내 생각엔 신의주처럼 그렇게 될 것 같아요. 막고 이제 만들어놓고 그렇게… 일단 통일이 되면, 그래도 아예 열

> 어놓고 편안하게 왔다 갔다 할 수 있게 이렇게 되기를 원하죠. 근데, 내가 생각할 때는 통일 돼도 갑자기 그렇게는 안될 것 같아요. 사례 64 | 20대 남성

남한에서 살고 싶다고 응답한 사례

생활방식이 좀 더 나으니까

통일이 되면 북한이 아닌 남한에 가서 살고 싶다고 말한 북한 주민들의 이야기를 들어보자. 남한에 살고 싶은 가장 큰 이유는 생활수준과 방식이 북한보다 더 좋기 때문이라는 응답이 많았다. 사례 17과 40은 날씨 이야기도 했다. 자신들이 살고 있는 지역은 너무 추운데 남쪽은 날씨도 좋고 생활수준도 높기 때문에 남한에 가서 살고 싶다고 말한다.

> 거기는 기온 날씨 차이도 좋고, 아무래도 생활방식이 거기가 좀 더 나으니까. 생활방식이 잘 사니까. 사례 17 | 50대 여성

> 그쪽이 남방이고, 이쪽이야 추운 데니까 남방에서 한국 사람들 사는거 보구, 건설한 것도 좀 보구 바닷가에 나가서 그렇게 고기 잡는 것 보니까 우리하고는 완전히 달라... 차이가 많지.
> 사례 40 | 60대 여성

사례 25와 26은 중국에 와서 한국 드라마를 보며 남한의 발전상을 알게 된 사례다. 중국 식당에서 일하며 사람들에게 전해들은 이야기, 또 식당에서 남한 사람들이 서로 말하는 것을 혼자 몰래 훔쳐보면서 호감을 갖게 되었다고 한다. 말이 통하는 남한... 비록 경제적 차이가 나더라도 말이 통하

는 한국은 통일되면 꼭 가서 한번 살아보고 싶은 곳이었다.

> 여기 와서 드라마도 보구 하니까, 그런게 아마 차이가 나지만 말도 통하니까... 전 그래서 한국가서 살았으면 좋겠습니다.
> 사례 25 | 50대 여성

사례 26은 남한을 정말 좋은 나라로 생각했다. 어디를 가기 위해 증명서를 발급받지 않아도 되고 차표 한 장만 있으면 어디든 갈 수 있는 나라... 단지 그 이유 하나만으로도 남한은 그에게 꼭 가서 살고 싶은 나라였다.

> 거기는 증명서도 없고 뭐 차표 한장 가지고 다 돌아다닐 수 있구. 통제 없이 다 차타고 마음대로 댕길 수 있고. 여기 중국에 와서 식당 일하면서 들었어요. 드라마도 보구, 기다음에 한국사람들이 말하는 거 들으매 정말 좋더라구요... 사례 26 | 40대 남성

사례 26이 한국에 가서 살고 싶은 이유는 한국사람에 대한 호감 때문이기도 했다. 그는 드라마를 통해서도 한국사람의 친절한 모습을 봤고, 실제로 한국사람들이 서로 이야기 하는 것도 들어보았다. 식당에서 일하며 한국 사람들이 식당에 와서 하는 행동을 관심 있게 지켜봤다는 그의 말을 들으며 최소한 북중접경지역에서의 행동거지가 남한 사람 전체에 대한 이미지가 될 수도 있다는 생각이 들었다.

북중접경지역에서 만난 재중동포들 역시 한국사람은 친절하다고 말한다. 그렇게 생각하게 된 이유는 단순했다. 식당에 들어온 한국사람들은 자신이 돈을 내고 밥을 먹고 가면서도 '잘 먹고 간다.'는 인사말을 항상 덧붙였다. 음식이 배달될 때도 '감사합니다.'라는 말이 연신 입에서 떠나지 않았

고, 항상 먼저 '안녕하세요, 안녕히 계세요.'라는 인사를 건넸다는 것이다.

당연히 그 식당을 찾는 모든 한국사람들이 그렇게 행동하지는 않았을 것이다. 하지만 '감사합니다.'라는 그 인사 한 마디는 최소한 '친절하고 예의 바른 한국사람'의 이미지를 만들어 놓았다. 그와의 인터뷰를 마치고 난 후 식당을 가도, 택시를 타도, 호텔에서 누구를 만나도 먼저 인사를 하려 했다. 나의 작은 행동 하나하나를 유심히 지켜볼 북한 사람들이 어딘가에 있을 거라 생각하고 말이다.

사람 사는 맛이 더 좋으니까.

북한보다 더 잘사는 한국은 북한주민들이 꼭 가서 살아봤으면 하는 곳이었다. 서로 말이 통하는 한국이라 좋았지만 남한이나 북한이나 다 한 고향 같아서 남한에 살아 보고 싶다고 말한다. 남한은 사람 사는 맛이 더 좋다고…

> 한국이 아무래도 북한보다 발전이 빨랐으니까 거기가면 좀 잘 살 것 같아서 그럽니다. 사례 31 | 60대 남성

> 한국이 더 좋아서. 뭐든 발전된 입장이니까. 한국하고 우리하고 말이 통하니까. 첫째 적으로. 다 이거 한 고향과 같으니까, 그렇게 또 사람 사는 맛이 더 좋으니까. 사례 53 | 40대 여성

사례 77은 한국이 북한보다 더 나은 곳인데 사람이 당연히 더 좋은 곳에서 살고 싶어 하는 것이 아니냐고 반문했다. 남한이 돈 벌기 좋은 곳이라

서 남한에 가서 살고 싶다는 사례 87의 대답은 현재 북한에서 자본주의 확산의 단면을 보여주는 표현으로 이해되었다. 돈 벌기 좋은 곳 남한... 그것이 북한 주민들에게 통일이 되면 남한에 가서 살고 싶은 이유였다.

> 거기 아무래도 뭐, 여기보다 낫잖아요. 나은데서 살고 싶지 한참 못사는데 잘 못먹고 그런데서 살고 싶겠어요? 사례 77 | 60대 여성
>
> 남한이 살기 좋잖아요... 돈 벌기도 좋고. 사례 87 | 30대 남성
>
> 남한이 아무래도 발전됐지. 그 다음에 정책이 좋지, 아무래도 그러니까 남한이 저, 북조선은 통제하니까 아무래도... 통일 된후에 정책이 같아지겠지. 같아지면 일없는데 그 정책 그대로 있다면야... 남한 정책이 좋지요. 사례 56 | 60대 여성

한국 남자랑 결혼했으면 좋겠습니다.

면접 시작 전부터 환한 웃음을 지으며 남한 사람을 만난다는 긴장감 보다는 호기심으로 가득 찬 눈빛으로 바라보던 사례 27의 모습이 지금도 생생히 기억난다. 한국 영화를 보며 배우 송승헌에게 첫눈에 반했다는(?) 사례 27은 마치 송승헌이 자신의 눈앞에 있는 것처럼 격앙된 목소리로 한국 남자에 대한 호감을 이야기했다. 한국 남자들은 다 수준 있어 보인다는 말... 한국 남자랑 결혼은 못해도 단 하루만이라도 같이 있으면 좋겠다고 말하는 그녀였다.

> 한국 남자랑 결혼했으면 좋겠습니다. 멋있습니다. 영화보구. 진짜 그러는지 진짜 멋있습니다. 사람들 장동건 멋있다고 하는데,

나는 아닙니다. 나는 가을동화 남자? (송승헌) 예. 한시간만이라도 그 사람 품에 안겼으면 좋겠습니다. 한국 남자들 그렇게 멋있는지. 생긴 건 없어도 남자들 다 멋있습니다. 다 수준 있어 보입니다. 양복입어서 멋있는지, 말하는 게 진짜 수준이 있는지 진짜 멋있습니다. 야 저 한국 남자하고 결혼 못해도 하루만이라도 같이 있으면 좋겠다 그런 생각 들었습니다. 사례 27 | 30대 여성

한국 남자는 마치 자신과는 다른 세상의 사람처럼 여기는 그녀의 말을 들으며 왜 북한남자와 한국남자가 서로 비교 되어야 하는지 한편으로는 씁쓸했다. 한국 남성들이 모두 송승헌 같은 외모에 영화 주인공처럼 다정다감한 사람들이 아님을 분명하게 말해 주고 싶었지만 차마 그의 환상을 깨고 싶지는 않았다. 한국 남성에 대한 그녀의 호감은 비록 영화와 드라마를 통해 인식된 것이지만 그런 환상마저 없다면 지금 무슨 기대감으로 살아갈까 하는 마음이 들었기 때문이다.

면접이 끝나고 살며시 그녀의 손을 잡았다. 그러면서 통일 되면 꼭 송승헌 같은 남자 만나서 행복한 삶을 살라고 덧붙였다. 그것이 먼 훗날, 아니 그의 생애에 어쩌면 오지 않을 꿈과 같을지라도 그의 얼굴에 활짝 웃음꽃 핀 그 순간의 행복을 절대 깨고 싶지는 않았다.

생활상 보면 한국 가고픈데...

북한 주민들은 한국의 생활수준이 분명 자신들이 사는 북한보다 좋다는 것을 확실히 인식했다. 경제적으로도 잘 사는 남한은 문화나 생활수준도 높아 보였고 그런 남한에 가서 살고 싶은 마음이 간절하다고 말한다. 같은 한민족이기 때문에 남한에 가서 살아도 별로 어려움이 없다고 생각했다.

문화적으로 봐서도, 좀 틀리구... 생활수준이 아무래도 한국이 높지 뭐. 생활 보면 저거 한국 가보고픈데 그런 생각 많이 들어요.
사례 53 | 40대 여성

한민족이고 경제적으로도 그렇고 모든 게 다... 거기서 배우고도 싶고 생활도 해보고 싶고... 사례 65 | 30대 여성

지금이라도 갈 수 있으면 가고 싶다.

사례 21은 통일이 되었을 때가 아닌 지금이라도 갈 수만 있다면 남한에 가고 싶다고 필자에게 그 방법을 물어보았다. 할 수만 있다면 자신을 데려가라고 말할 정도로 진심으로 그는 남한행을 원하고 있었다. 탈북자의 신분도 아닌 합법적으로 중국에 친척 방문을 온 그녀이기에 필자는 우선 북한에 있는 가족들을 두고 남한에 갈 수 있는지를 재차 물어보았다. 그녀와의 대화를 그대로 옮겨본다.

연구자 지금 진짜로 남한에 가보고 싶은 생각이 있으신거에요?
응답자 있지요. 데려 갈래요?
연구자 근데, 북에 가족들이 있지 않나요?
응답자 있지요.
연구자 가족이 있는데, 어떻게?
　　　　진짜로 그렇게 생각하시는거에요?
응답자 정말이에요. 갈 수 있으면야 가야지. 뭐.
연구자 근데, 북에 가족들이 있잖아요? 지금?
응답자 있는데 뭐, 벌어서 보내줘야지.
연구자 남한에 가보려고 알아 보셨어요?
응답자 알아보지도 못해요. 누가 뭐, 알아야지 그것도 따라서 움

직이지. 아는 사람도 없는데 어떻게 가요.
연구자 그렇게 가서 남한에 가면 잘 사실 것 같아요?
응답자 아이고, 북한사람들은 북한에서 막 일하는 습성이 있어서 일들은 다 잘해요.
연구자 혹시 주변에 남쪽으로 간 탈북민 가족들이 돈을 보내주고 있는 그런 소식은 들어보셨어요? 주변에서?
응답자 아직은 못들어 봤시유.
연구자 중국에서 한국 텔레비전 보면 탈북자 이야기도 나오잖아요. 그런거 보면서 어떤 영향이 있으셨어요?
응답자 뭐 이따금씩 일반적인 영화나 텔레비전에서 탈북자들도 나와서 잘 사는 거를 말하는 거니. 영화, 드라마에서도 그렇고 일반적으로도 나오잖아요. 탈북자인데 나와서 보니까 학생아이 넘어간지 얼마 안되었는데 텔레비에 나왔더라고요. 보니까, 많이 도와줘서 자기 혼자서 잘사는걸로 되어 있더라고요. 가면 부지런하게 다 잘 사니까 그래서 가면은 다 부지런히 일하고 잘 살고…
연구자 가는길에 잡히면 북송될 수도 있다는 얘기는 들어봤습니까?
응답자 그건 뭐, 텔레비에서도 봤으니까.
연구자 그런 것을 각오하고 가실 마음이 진짜 있으신거에요? 그냥 하시는 말씀이에요?
응답자 있지요 뭐. 집에 가서도 못 살갔는데… 사례 21 | 40대 여성

그녀는 지금이라도 한국에 갈 수 있으면 당장 떠날 채비였다. 하지만 그녀를 위해서 필자가 할 수 있는 일은 아니 행동을 떠나 아무 말도 해 줄 수가 없었다. 중국에 체류하는 그녀를 남한에 보내는 일은 필자의 역할이 아니었기 때문이다. 그녀에게 불필요한 오해를 받고 싶지 않았고 애써 '나는 그런 일을 하는 사람이 아니다.'라고 강조했다.

중국에서 북한주민에게 남한으로 보내달라는 말을 듣고 사실 두렵고 무서운 마음도 들었다. 솔직한 심정으로 그의 신변에 대한 문제는 물론 무엇보다 나 자신의 신변에 대한 위협이 걱정되었다. 어쩌면 그녀는 인터뷰를 올 때부터 한국행을 위한 방법을 찾고자 왔을지도 모른다는 생각이 들었다. 그러나 필자는 그녀에게 또 한번의 실망감만을 안겨주었을 뿐이다. "나는 그런 일 모른다고, 할 수 없다."고 말이다.

외국에 나가서 살겠다고 응답한 사례

이쪽 저쪽도 아닌 다른곳에서

사례 39는 남북한이 아닌 다른 제3국을 선택한 사례다. 그는 왜 남한도 북한도 아닌 제3국에서 사는 것이 좋다고 생각했을까? 그에게 남한은 적응하기 힘든 곳이었고, 북한은 경제적으로 생활이 너무 어려운 곳이었다. 사례 39가 왜 남한 생활이 적응하기 어려운 곳으로 인식하게 되었는지 궁금했지만 더 이상 질문하지 않았다.

> 글쎄 뭐, 내가 인제 남한으로 간다면 아직 그쪽으로 잘 적응이 안 되기 때문에... 이쪽에서 살자니, 이쪽에는 뭐 아직 생활이 어려우니까 갑자기 풀리지 않으니까 그런 측면으로 보면 아예 다른 곳에서 사는 것도... 사례 39 | 50대 남성

벌지 못하는 사람이 가서 살기 곤란하고

앞서 사례 39가 남한 생활의 적응이 어려울 것이라고 한 이유는 다음

의 사례 57의 응답을 통해 그 답을 찾을 수 있을 것 같다. 사례 57에게 남한은 늙은 사람이 가서 돈 벌고 살기에는 너무 힘들고 어려운 곳이었다. 스스로 벌어서 자력갱생 해야 하는데 늙어서 먹고 살기에 곤란하다고 말한다. 차라리 중국이 물가가 저렴하기 때문에 중국에서 사는 게 더 좋다고… 남한에 노양원도 있다는 사실까지 알고 있었지만 사례 57에게는 돈이 없으면 아무 소용이 없는 곳으로 인식되었다.

> 남한이 제 생각에 그래요. 벌지 못하는 사람이 가서 살기 곤란하고. 젊은 사람들 남한에 가서 살면 좋은데. 이리 늙은 사람들은 벌지 못하니, 돈 경제가 적게 드니까 중국에 사는게 더 나을 것 같아요. 한국에 살면 좋지만, 경제가 안 따라가게 되면 더 곤란합니다. 먹고 살기에. 내가 벌어서 자력갱생해야 되는데, 자력갱생 못하고 자식들 볼라면 여기서 경제가 적게 쓰는데서, 뭐 이든지 물가가 눅우니까(싸니까). 중국에 사는게 좋습니다. 그래 살기 좋다지만, 노인들 정말 노양원도 좋고 정말 경치도 좋다고 그렇다는데, 돈이 있어야 그것도 좋지. 돈이 없으면 안돼요.
> 사례 57 | 70대 여성

통일조국은 어떤 체제일까?

　분단 70년을 각기 다른 체제로 살아온 우리이기에 통일조국은 과연 어떤 체제가 되어야 할까? 북한주민들에게 통일조국은 어떤 체제가 되어야 하는지 질문했다. 이에 대해 '남한체제(자본주의)로 단일화한다.'는 34명, '남북한의 체제를 절충한다.(중국식 시장 사회주의)' 26명, '통일이 이루어지기만 하면 어떤 체제든 상관없다.' 24명, '통일 이후에도 남북한 두 체제를 각기 유지한다.' 8명, '북한체제(사회주의)로 단일화한다.' 7명, '모름' 1명으로 나타났다.

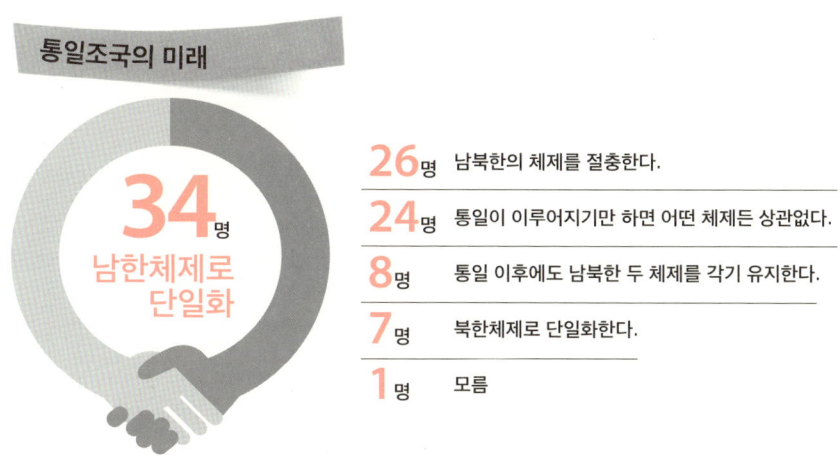

통일조국의 미래

- **34**명 남한체제로 단일화
- **26**명 남북한의 체제를 절충한다.
- **24**명 통일이 이루어지기만 하면 어떤 체제든 상관없다.
- **8**명 통일 이후에도 남북한 두 체제를 각기 유지한다.
- **7**명 북한체제로 단일화한다.
- **1**명 모름

■ 남한체제(자본주의)로 단일화한다고 응답한 사례

　통일은 각기 다른 길을 가고 있는 남북한이 하나의 제도와 체제로 단일화 되는 과정이다. 북한주민들은 통일된 조국이 어떠한 체제가 되기를 희망하고 있을까? 먼저 통일조국이 남한체제(자본주의)로 단일화 되어야 한다고 응답한 북한주민들의 이야기를 들어보자.

자본주의 되면 그래도 인권이 좀 세지지 않을까

북한주민들에게 남한체제는 인권이 보장되는 체제라는 점이 중요하게 다가왔다. 자신들이 사는 북한에서는 '힘 쎈 사람'만이 잘 살고 나머지 사람들은 사람 취급도 못 받는다고 말한다. 사례 64에게 북한은 '높은 사람이 시키면 죽는 시늉도 해야만 하는' 그런 나라였다. 하지만 남한의 자본주의체제로 통일되면 그러한 현상은 없어질 것이라고 기대했다.

> 아무래도 자본주의 되면 그래도 인권이 좀 세지지 않을까? 그니까, 보게 되면 조선에선 그 힘이 좀 없거나 그러면...돈 있거나 높은 사람들이 마음대로 가지고 논단 말이에요. 뭐 죽으라면 죽는 시늉도 해야 되고. 너무 차이가 심해요 조선에서는...내가 만약에 힘이 쎄면 사람으로 보지 않는단 말이에요. 그래서 자본주의가 되면 아무래도 그런 게 좀 없어지지 않을까? 사례 64 | 20대 남성

사례 26도 자본주의체제로 단일화 되어야 한다고 말한다. 최소한 물건을 사고 팔 수 있는데다 무엇보다 아무 사람이나 단속을 하지 않는 것이 좋다고 한다. 사례 83에게 비친 북한은 자신의 조국임에도 불구하고 '백성들이 마음대로 살 수 없는 체제'로 표현했다. 한국이나 중국은 그래도 하고 싶은 말은 마음대로 할 수 있는 나라였다.

> 자본주의는 뭐 아무사람 단속도 아니구, 그저 물건 주고 팔고 단속도 안하고 사례 26 | 40대 남성

> 북조선은 왜그냐, 우리 조국이지만 백성들이 마음대로 살지를 못하니까네. 우리 한국이나 중국은 백성들이 마음대로 해고픈말 다 하구, 자기 마음대로 자유를 대주고 사는 나라 아닙니까? 그

래서 조선은 그거이 없으니까나 항상 죽어 살아야 되고, 나쁘고 부정해도 죽고 이렇게 살아야 하니까, 이런대 살고 싶지 않습니다. 사례 83 | 60대 여성

자유가 있는 나라로써 한국의 자본주의체제를 선호하기 때문에 통일조국은 당연히 남한의 자본주의체제가 되어야 한다고 말한다. 절대 이렇게 살고 싶지 않다는 그의 말이 아직도 귓가에 맴돈다. 남한의 자본주의체제로 통일된 조국에서 과연 그를 다시 만날 수 있을지…

사회주의는 발전 없지요.

북한정권이 선전하는 주요 내용은 자신들이 사는 사회주의체제를 '지상락원'으로 표현한다. 기존의 사회주의체제가 붕괴되었어도 '우리식사회주의'를 지켜가며 혁명을 완수하자는 사상교양사업을 펼치곤 한다. 하지만 정작 북한주민은 사회주의체제는 낙후 되었고 발전이 없다고 인식했다.

북중접경지역 어느 도시의 모습 : "우리나라사회주의제도만세"라는 대형 선전구호

북한체제(사회주의)로 단일화 한다고 응답한 사례

남한체제가 아닌 북한체제로 단일화 해야 한다는 입장도 있었다. 그들의 이야기를 들어보자.

우월한 사회주의 제도

사회주의체제의 핵심요인을 꼽으라 한다면 무엇보다 무상배급, 무상교육, 무상치료 등의 복지를 들 수 있다. 북한 당국이 선전하는 '내 나라 제일로 좋아'의 논리도 국가가 인민의 생활과 관련한 모든 것을 책임진다는 것이다. 실제로 사례 81에게 북한은 무상치료, 무상교육이 여전히 가능한 지상낙원으로 인식되었다. 그래서 통일조국도 당연히 북한체제인 사회주의로 단일화 하는 것 말고는 다른 방안은 없다고 말한다. 지금 자신들이 겪는 경제적 어려움은 '미국놈들' 때문이었고, 이 고비만 지나면 사회주의의 우월성으로 더 잘 살 수 있다고 생각했다.

> 글쎄 우리가 사회주의 사회에서 많이 살아봐서 그런지 모르갔지만, 우선 사회주의라는게 좋아요. 자본주의는 뭐 복잡하더라구요 드라마나 보면... 사회주의 길로 나가는 게 좋을 것 같아.
> 사례 18 | 50대 남성

> 조선이 지금 수령님 나오는 제도고, 우월성은 좋지 않습니까? 무상치료, 무상교육 다하고 지금은 고난이고. 고난도 지금 미국놈들 때문에 그런다는데 군사에 지금 치우치니까네. 기니까네 지금... 사례 81 | 50대 남성

사례 75도 어릴 때부터 사회주의가 좋다고 교육받았고 병원에 가서 무상치료를 받을 수 있기 때문에 사회주의체제가 더 좋다고 말한다. 하지만 그의 말을 들으며 과연 북한에서 현재 무상치료가 제대로 이루어지고 있는지 반문하지 않을 수 없었다. 경제난으로 인해 의료체계가 거의 붕괴된 상황에서 기초의약품마저 구할 수 없고, 병원이나 진료소에서는 뇌물을 주지 않으면 진료조차 할 수 없는 것이 현재 북한의 보건의료 현실이라 할 수 있다.

물론 평양에 사는 일부 계층들에게는 무상치료가 잘 지켜지고 있겠지만 일반 북한 주민들에게 무상치료는 이미 붕괴된 상황이라 해도 과언은 아니다. 그럼에도 사례 75는 여전히 병원에 가면 돈 한 푼 안들이고 치료받을 수 있다고 하며 그러한 사회주의체제가 더 좋다고 말했다. "제가 알기로는 북한에서 무상치료는 거의 안 되는 것으로 알고 있는데요? 아닙니다, 지금도 잘 되고 있어요..."

> 아무래도 난 거기 있으니까, 사회주의 우리 아이 때부터 배려 많이 받고 살았으니까... 병원에 가서 급한 일 있으면...
> 사례 75 | 30대 남성

남북한의 체제를 절충한다고 응답한 사례

남한도 북한도 아닌 남북한의 체제를 절충하는 것이 더 좋다는 입장도 있었다. 중국에서 생활하고 있는 그들이기에 어쩌면 중국식 시장 사회주의에 대한 호감을 더 갖고 있을지도 모르겠다. 하지만 북한주민의 입을 통해 남북한 그 어느 체제도 아닌 중국식으로 절충해야 한다는 말을 들었을 때 왠지 모를 서운함과 아쉬움이 느껴졌다. 어느 한쪽의 일방적인 주장만을 강요할 수 없음은 당연하지만 그렇다고 남한과 북한이 중국식 사회주의로 절충해야 한다고 생각하는 북한주민들에게 우리는 같은 한민족이지 않느냐고 반문하고 싶었다. 하지만 연구대상으로서 만난 그들이었기에 면접자의 주관적 인식을 최소한 드러내지 않고 그들의 이야기를 묵묵히 들어보았다.

특색있는 자본주의 중국식으로…

통일조국의 모습에서 남한도 북한이 아닌 남북한의 체제를 절충하면 좋겠다는 의견은 중국에서 생활하고 있는 현재 상황이 많이 반영된 것으로 볼 수 있다. 사례 17은 자본주의가 좋은 이유를 중국에 와서 경험으로 알게 되었다. 자본주의가 좋기는 하지만 북한의 사회주의체제를 버릴 수 없다는 생각에 중국식으로 절충하면 좋겠다는 생각이었다. 그가 경험한 중국은 '특색 있는 자본주의'로 표현되었다.

> 고저 자본주의 식으로 하되 지금 여기 중국 와 보니까네 중국처럼 되어야지… 뭐 전화기도 다 들고 다니고. 그거 좋단 말야. 그니까네 그 특색있는 자본주의 그걸로 나가야죠. 사례 17 | 50대 남성

사례 29도 중국식으로 나가는 게 나쁘지 않다고 말한다. 하나로 통일된 조국에서 '북한은 북한대로, 남한은 남한대로' 갈 수 없기 때문에 함께 정치하는 절충된 방안이 더 좋다는 것이다. 재미있는 것은 사례 29는 자신의 생각이 아니라 '다른 사람들이 그렇게 생각하더라'는 표현으로 자신의 생각을 간접적으로 이야기했다는 점이다. 홍콩과 중국의 사례를 비유하는 북한주민도 있었다.

> 글쎄, 고저 무슨 갈라지면 북대로, 남은 남대로 하믄 이건 또 다 나와야 된단 말이야. 어쨌든 하나의 통일되었으니까, 함께 정치 하구 그저 개방하고 사람들이 좀 고저 현재 보믄 중국 형태로 나가는게 나쁘지 않다는 생각 같댔어요. 사례 29 I 60대 여성

> 나는 편안하고 좋아요. 한국 사람하고, 조선 사람 이렇게 합해서 그 누구도 형제를 꺾지 못한다. 그러니까, 홍콩하고 중국이 결합 되는 것처럼 둘이 문제를 풀었으면 좋겠습니다. 대통령을 욕하 지 말구... 사례 27 I 30대 여성

사례 37은 중국식으로 해야 하는 이유로 '개인업'을 할 수 있다는 점을 꼽았다. 그가 말한 개인업이란 과연 무엇일까?

> 중국식으로 하게 되면 뭐라고 해야될까. 내가 와서 보고, 조선에 가서 살면서 보고 하니까. 이 개인업을 하게되면, 한국도 거의 개인업이잖아요? 개인업을 한다하면, 발전 속도가 빠르고 국가 에 리득(이득)이 들어가니까 좋구, 개인 사람들이 머리 생각수 준이 빨라진단 말이죠. 예를 들어서, 내가 사장이라면 "너 이제 부터 무슨 하나를 만들라." 뒤에서 후원금을 대주니까 "만들라." 이러면, 예를 들어서 차를 만들라 이러면 차를 지금 나온 차보 다 더 좋게 만들어야 돼. 사례 37 I 40대 남성

사례 37은 중국에 와서 자본주의를 경험했다. 개인이 장사를 하고 싶 으면 마음대로 하고, 더 좋은 제품을 생산해서 비싼 가격에 판매할 수 있다 는 것도 인상적이었다. 북한에 있을 때는 개인이 아무리 일을 해도 자신의 소유가 될 수 없었다. 하지만 자본주의는 남들보다 더 뛰어난 '생각수준'으 로 상품을 만들고 그것을 통해 돈을 벌 수 있는 그런 사회였다.

중국식으로 하면 우리도 발전이 빨라질 것

통일조국이 중국식으로 절충되어야 하는 이유로 북한도 중국과 같이 경제적으로 발전할 수 있다는 생각이 많았다. 사회주의 제도가 우월하지만 북한은 고난의 행군을 겪는 등 경제적으로 어려움에 처해 있다고 인정한다. 하지만 사례 38은 중국식으로 통일되면 자신들도 발전할 수 있다고 자신 있게 말했다. 사례 67과 71은 중국이 개혁개방을 했기 때문에 잘 살 수 있게 되었다고 인식하고 있었다.

> 인자처럼 제도는 현재 사회주의 제도가 좋은데 지금 상태에서 우리 사회주의 제도... 말하자면, 발전한 상태에서 굳건함이 통일되가지고 우리 북이 남조선의 주변에.. 말하자면 통일되는 조건에는 다 혼합이기 때문에. 사회주의 사회 들어가면야. 백성들도 좋단 말이에요. 지금 상태에서는 우리 지금 백성자체가 고난의 행군하면서 사람들이 머리 상태가 저기 되었다고 봐죠. 지금 상태는 중국식으로 하면 우리도 발전이 빨라질 것은 사실이에요. 사례 38 | 40대 여성

> 중국이 잘 살잖아요? 장사도 하고, 개혁개방도 하고.
> 사례 67 | 50대 남성

> 중국체제로 가야죠. 중국도 개방하고 잘 살잖아요.
> 사례 71 | 40대 남성

노는 사람들 보다 일하는 사람들이 많아야지...

사례 42는 중국의 경제 성장이 짧은 기간에 이루어졌다는 점을 잘 알고 있었다. 중국체제를 '절반의 자본주의'로 표현한 그는 '노는 사람보다 일하는 사람이 많아야 사회가 발전할 수 있다.'고 말했다. 북한에서 심각한 경제난으로 인해 공장 가동이 중단되고 출근하지 못하는 사람들이 많다는 사실을 그의 대답을 통해 다시한번 확인할 수 있었다. 노는 사람이 아닌 일하는 사람이 많은 사회가 발전한다는 것, 그리고 중국은 지금 그렇게 발전해가고 있다는 점 때문에 통일조국도 중국식으로 절충되어야 한다는 게 사례 42의 생각이었다.

> 현재 보믄 중국의 발전으로 상태보게 되면 짧은 기간에 빠른 성장했거든요. 중국보면, 한쪽으로는 자본주의고, 절반은 자본주의라고 일반 사람들이 그러거든요. 그거 볼 때 어쨌든 아무 사회나 보게 되면 노는 사람들 보다 일하는 사람들이 많아야지 사회가 발전할 수 있다고 생각하거든요. 자본주의, 현재 볼 때 중국이 클거라고 생각하거든요. 사례 42 ㅣ 30대 남성

자본주의 사상이 접수가 그렇게 빨리하지 못하니까

사례 46은 자본주의가 사회주의보다 더 우월하다고 분명히 인식했다. 하지만 수십 년 사회주의체제에서 사상교육을 받아온 북한주민들이 자본주의를 받아들이기에는 한계가 있다고 생각했다. 자본주의 사상이 그렇게 빨리 북한주민들을 바꿀 수 없기 때문에 당분간은 남북한 체제를 절충하는 것이 필요하다는 것이다.

> 이거 실지 자본주의, 사회주의 종합적으로. 왜기냐면, 이 북조선에서 한 50년 동안. 그 사회주의 그런 사상 교육하니까, 자본주

의 사상이 접수가 그렇게 빨리하지 못하니까. 그래가지고, 남조선에서도 사회주의 그렇게 사상도 이건 오랜 시간 걸린다.

사례 46 | 70대 남성

대통령 되려고 싸우는 남한 VS 체제에 얽매인 사람들의 북한

통일조국이 시장경제를 바탕으로 하는 자유민주주의 체제가 되어야 함은 당연해 보인다. 하지만 통일은 남한체제가 그대로 북한에 이식되는 것이 아니라 남한 사회도 분명히 고치고 변화해야 할 모습이 있다. 사례 79가 본 남한의 모습은 정당이 많아 서로 대통령 되려고 싸우는 모습이었다. 그러면서 북한에 대해서는 체제에 얽매여 사람들이 힘들어하는 나라로 묘사했다.

한국은 보니까는 당이 많기 때문에, 당끼리 서로 대통령이 되기 위해서 싸움이 많고. 우리 조국 같은 나라에서는 체제에 얽매여서 사람들이 힘들어요. 그래서 두 개를 절충해야 해요.

사례 79 | 40대 남성

한쪽은 너무 많은 정당이 서로 싸우고, 한쪽은 한 개의 당이 전체를 대표하고... 그래서 두 개를 절충해야 한다는 사례 79의 주장. 그의 말을 들으며 우리가 지금 누리는 자유의 의미를 다시 한번 생각하게 되었다. 자유로운 정당 활동을 보장하고 다양한 정치의견을 주장할 수 있는 민주주의와 인권, 자유가 보장된 나라지만 북한주민의 눈에는 그것이 한낱 대통령이 되기 위한 싸움으로 밖에 보이지 않았다.

독재정권의 통치 아래 백성들이 힘들어하는 북한으로 표현하면서도 남한에 존재하는 다수의 정당이 진정 자유가 아닌 권력을 잡기 위한 하나의 수단으로 인식되는 것은 분명 우리 정치의 현주소를 여실히 보여주는 것이 아닐까.

통일 이후에도 남북한 두 체제를 각기 유지한다고 응답한 사례

너도 조금 양보하고, 나도 조금 양보하고...

통일 이후에도 남북한 두 체제를 각기 유지한다는 의견은 무엇보다 통일이 되어도 빠른 시일 내에 서로 다른 체제를 받아들이기 어렵다는 인식 때문이다. 사례 24는 통일이 되어도 당분간은 두 체제를 유지하면서 '인민들이 선정'하여 만들어 가자는 주장을 한다.

> 너는 너구, 나는 나대로 하면은 불공평하기 때문에 너도 조금 양보하고, 나도 조금 양보하고, 우선 통일이 되도 이렇게 양측을 유지해간다. 사례 20 | 50대 여성

> 통일이 된다하면 하루아침에 이거 말하자면. 북한 사람들도 남조선 식으로 하래도 힘들 거구, 한국에 있는 사람들도 북조선 사회주의식으로 하기 힘들것 같으니께, 당분간 그대로 유지하면 시간을 봐서 뭐든지 원할 것 같으면, 인민이 선정하구.
> 사례 24 | 60대 남성

지금까지 북한주민 100명을 대상으로 통일의식에 대해 살펴보았다. 본 조사에서 응답한 북한주민들이 북중접경지역을 적게는 1회에서 수회 넘나들면서 중국 내 생활과 외부정보를 접하고 있다는 점에서 이러한 경험이 전혀 없는 북한주민들 모두를 대변한다고 보기에 분명 한계를 지닌다. 그럼에도 100명의 북한주민과 면대면 조사를 실시하였다는 것, 응답자 중 북한 내 거주지역 분포가 평양(16명)은 물론 평안남북도 내륙지역(58명)이 과반수라는 점, 본 조사에 응답한 북한 주민 외에 주변 북한주민들에 대한 인식 추정 질문 시도 등으로써 최대한 연구의 한계를 극복해보고자 노력했다.

본 조사에서 응답한 북한 주민 100명은 통일을 바라고 통일에 대한 기대도 큰 것으로 나타났다. 이러한 통일에 대한 기대는 북한 내부의 선전선동에 의한 결과일 가능성이 크나 예상 통일시기, 통일을 경제적 이익으로 바라보는 관점, 북한에 주는 편익 등으로 인식하고 있다는 점은 북한 당국이 내세우는 민족 논리의 통일론과는 차이가 있다는 점에서 주목할 필요가 있다.

통일시기에 있어서도 10년 이내를 그 이상에 비해 단기로 설정했을 때 10년 이내의 단기로 예측한 북한주민들이 과반수를 차지했다. 그럼에도 통일을 이루기 위해서 시급히 해결할 사항 1순위로 미군 철수/국가보안법 폐지가 다른 답항에 비해 높은 응답률을 보이고 있어 북한당국의 논리와 유사한 흐름을 보이고 있다. 한편 2순위로 북한의 개혁개방과 경제교류가 높게 나타났다는 점은 통일을 경제적 이익, 편익 관점에서 바라보는 인식과 종합할 때, 북한주민들의 통일의식이 경제적 논의로 향하고 있다는 점을 파악하게 된다.

더욱이 통일한국의 체제로 '남한체제(자본주의)로 단일화 한다.'가 34

명으로 가장 높은 응답률을 보이고 있다는 점은 북한주민들이 오랜 경제위기 가운데 통일이 경제적 돌파구가 될 것이라는 기대가 커지고 있다는 점을 유추하게 한다. "좀 배불렀으면 좋겠다.", "새처럼 다니고 싶은 곳을 마음대로 왔다 갔다." 할 수 있는 통일이라는 심층면담 결과처럼 통일이 경제적 난관 극복과 자유를 줄 수 있을 것이라는 기대도 엿볼 수 있었다.

그럼에도 통일 방식에서 남한에 의한 북한의 흡수통일(22명) 보다 북한이 개혁·개방한 뒤 남한과 1대1 합의 통일이 59명으로 두 배 이상을 차지한 과반수라는 점도 더불어 고려되어야 할 부분이다. 통일에 대한 기대는 크지만 그 과정이 흡수통일이 아닌 북한의 개혁개방 과정과 남북한 1대1 합의를 지향한다는 것이다.

또한 북한주민들이 남북한 통일 이후 남북한 주민간의 가치관, 생활양식의 차이는 인정하지만 통일이 되었을 때 5년이라는 단기간 안에 남북한 주민들의 완전한 통합이 이루어질 것으로 응답하여 실제 차이를 극복하는 데 큰 어려움을 예상하지 않고 있었다. 이는 국내 통일의식 조사결과와 비교해 볼 때 남북한 주민 간 통일 이후 통합과정에 대한 인식 차를 보여주고 있다. 즉, 남한 내 조사 결과들에서 보이는 통일 이후 주민간 통합과정에 대한 우려가 크다는 점과는 차이를 보이는 것이다.

이는 응답한 북한주민들이 통일 이후 경제적 상황에 대한 기대가 크게 나타나고 있다는 점과 연결 지어 볼 때, 경제, 사회적으로 통일에 대한 북한주민들의 기대가 남한 내 대국민 의식조사 결과에 비해 더 크다는 점이다. 통일과정에서 나타날 남북한 주민의 인식차를 어떻게 대비해야 할 것인지, 그리고 통일 이후 오히려 북한 지역 주민들의 경제, 사회심리적 실망감 내지

회의감이 커질 수 있다는 점을 대비해야 할 정책적 필요성을 제기한다.

이렇게 통일에 대한 기대가 지배적이면서도 통일에 대한 회의적 인식도 간과할 수 없는 흐름을 형성하고 있었다. 특히 개성공단이 난관에 부딪치고 합의가 원만히 이뤄지지 못하는 과정들을 알게 되면서 통일이 쉽지 않음을 예견하고 있었다. 또한 북한 당국이 통일을 계속 부르짖어 왔던 것에 비해 통일이 요원하게 느껴짐으로 통일에 대한 회의감이 커질 수 있다는 점도 파악할 수 있었다. 즉, 북한당국이 통일을 강조한 만큼 이에 대한 실망감도 커지고 있으며 이는 남북한 통일에 대한 기대를 상쇄시키는 만큼 '차라리 전쟁'이라는 극단적 인식을 양산하고 있었다.

통일 이후 한국처럼 경제적으로 발전한 나라에서 살고 싶은 기대 섞인 목소리를 통해 우리는 진정 통일의 당위성에 대해 다시 한번 생각하게 되었다. 우리에게 통일에 대한 논의는 사회적 관심도가 점점 낮아지고 부정적 의견이 많지만, 북한 주민들은 통일에 대한 긍정적 인식과 기대감을 갖고 있음을 알 수 있다. 통일을 준비하는 과정에서 바람직한 대북, 통일정책을 추진하기 위해서는 통일의 대상자인 북한주민들이 어떠한 인식을 갖고 있는지 파악하는 것은 정책추진의 효율성을 높이는 주요한 요인이라 할 수 있다.

기존의 인식처럼 북한주민들이 북한당국이 주장하는 적화통일의 가능성과 북한 주도의 사회주의 통일국가가 가능하다고 여전히 인식하고 있다면 우리의 대북, 통일정책은 그들의 의식을 바꾸는 작업부터 시작해야 할 것이다. 하지만 본 조사결과를 통해서 본 북한주민들은 남한의 경제적 발전상에 대해 인지하고 있었고, 그러한 경제적 발전을 이룬 한국과 같은 통일조국을 기대하고 있는 것을 알 수 있었다. 이는 향후 우리의 통일정책 방향의 시사점을 제공한다. 즉, 북한주민들이 남한의 발전상을 동경하고 통일조국으로써 한국을 선택할 수 있는 기본적 인지력을 더욱 높여나가야 한다는 점이다. 체제선택의 순간이 왔을 때 북한 주민들 스스로 한국의 자본주의와 자유민주주의 체제를 선택할 수 있는 북한체제 변화의 주역이 될 수 있도록 해야 한다는 점이다.

아울러 우리 사회에서는 남북한의 경제적 격차로 인해 통일의 점진적 추진을 주장하는 의견들이 많다. 지금 당장 통일하기보다는 북한경제를 발전시킨 이후 남북한 통합을 이뤄야 한다는 전제이다. 하지만 본 연구 결과 최소한 북한주민들에게 통일은 지금 현재 상황을 변화시킬 수 있는 유일한 출구라는 점을 기억할 필요가 있다. 북한주민의 증언 중에 '전쟁을 해서라도 지금의 이 상황을 바꿀 수만 있다면'이라는 인식은 남북한 통일이 북한주민들에게는 시급하고 절박한 일이라는 점을 잘 말해준다. 통일에 대한 북한주민들의 의식조사는 우리 사회에서 통일을 우리의 시각으로만 정의하고 있지 않은가라는 성찰의 기회를 제공했다고 본다. 북한주민의 현재 상황을 공감할 수 있는 마음의 이해가 필요한 시점이다.

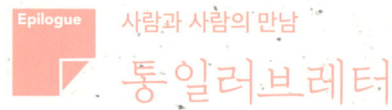

Epilogue 사람과 사람의 만남
통일러브레터

남북한 사람들이 서로 편지를 교환할 수 있을까요? 분단의 장막으로 인해 만날 수는 없더라도 편지를 통해 서로의 안부만이라도 물을 수 있다면 얼마나 좋을런지… 간절히 원하면 진정 이루어질 수 있다고 했던가요. 남북한 사람들이 서로 편지를 주고 받으면 좋겠다는 꿈이 현실이 되었습니다. 분단의 장벽을 부수고 서로의 마음을 교환한 감동어린 사연은 이렇습니다.

지난여름 학생들과 함께 6박 7일간의 일정으로 북·중접경지역 답사를 다녀왔습니다. 단둥(丹东)에서부터 시작하여 훈춘에 이르는 1,600킬로미터, 오천리길을 달리며 분단의 현장을 고스란히 가슴에 담았지요. 평소 필자가 자주 가며 친분을 쌓아 두었던 북한접대원 동무들을 만나기 위해 우리 모두는 북한식당에 들렀습니다. 처음으로 북한사람을 만난다는 어색함과 두려움도 잠시 남북한 또래의 청년들은 금세 친구, 언니, 오빠가 되었지요. 함께 셀카도 찍고 자신의 모습이 멋있게 나왔는지 머리를 맞대고 사진도 함께 보았습니다. 때로는 장난도 치며 그렇게 남북한 청년들이 하나 되는 정겨운 시간들을 보냈지요.

한국으로 떠나기 전날 다시 찾아간 그 식당에서 우리는 무대에 올라 북한 동무들과 함께 〈다시 만납시다〉와 〈홀로아리랑〉을 눈물로 얼싸안고 불렀습니다. 스무 명의 남북한 청년들이 동그란 원을 그리며 맞잡은 손 위로 서로의 눈물을 떨구었습니다. 작은 통일이 이루어지는 순간이었습니다. 통일을 노래하며 마음을 나눈 우리는 헤어짐이 아쉬워 문 앞에서 한참이나 발길을 떼지 못했습니다. 하염없이 흐르는 눈물을 서로 닦아주는가 하면, 포옹한 어깨를 토닥토닥 쓰다듬으며 다시 만날 날을 기약했습니다. "다시 만날 때까지 앓지(아프지) 말고 건강하라."는 말을 수없이 되풀이 하면서 말입니다.

그렇게 그리움의 시간이 흐르고 서로가 보고 싶은 마음만 간직한 채 연락할 길이 전혀 없었습니다. 그러던 중 필자의 중국 출장길에 우리 학생들이 쓴 편지를 그들에게 전달하게 되었습니다. 사실 평소에 아무리 친분이 있다 해도 그들에게 답신은 기대하지도 않았고 이 편지조차 받아 주지 않으면 어쩌나 하는 걱정이 앞섰습니다. 그런데 놀랍게도 그들로부터 한 글자 한 글자 정성스럽게 써 내려간 답장을 받을 수 있었습니다. 그날의 감동을 회상하며 보고픔과 그리움을 온전히 담아낸 그 한 통의 편지들은 말 그대로 통일러브레터입니다.

그날 밤 편지를 받아들고 호텔에 돌아와 얼마나 많은 눈물을 흘렸는지 모릅니다. 그들의 마음이 오롯이 담겨 있는 그 한줄 한줄의 사연들은 어쩌면 분단을 살고 있는 우리 모두의 아픈 기록이라는 생각이 들었습니다. 한국으로 돌아오는 비행기 안에서 누가 볼까 애써 참으려 했지만 주체할 수 없는 슬픔은 결국 한 움큼의 눈물을 쏟아내게 했습니다.

그들도 우리의 청춘들과 같이 자유롭게 사랑을 노래하고, 입고 싶은 옷을 입으며 자신이 원하는 개성대로 머리모양을 하고픈 꿈 많은 청춘들일 것입니다. 하지만 우리는 누군가의 감시를 의식해야 했고, 혹여나 정치적으로 민감한 내용이 편지에 담기지 않았는지 조심하고 또 조심해야 했습니다. 말 한마디 글자 하나 제대로 전달하지 못하는 우리네 모습들...왜 우린 이런 반쪽짜리 조국에 살아야 하는지... 편지 한 통 조차 제대로 오가지 못하는 그런 슬픈 분단의 시간을 살고 있습니다.

하루 이틀의 만남이 이러할진대 70년 원한 맺힌 이산가족들의 한 맺힌 그리움을 어떻게 달랠 수 있을까요. 이제 지체할 시간이 없다고 했습니다. 이산가족들의 서신왕래만이라도 하루빨리 이루어지기를 간절히 바라며 남북한 대학생들이 함께 나눈 통일러브레터를 소개합니다. 이 땅의 청춘들이 맞이할 그 찬란한 통일의 순간을 기대해 봅니다.

다시 만납시다

1절
백두에서 한라로 우리 하나의 겨레
헤어져서 얼마나 눈물 또한 얼마였던가

2절
부모형제 애타게 서로 찾고 부르며
통일아 오너라 불러 또한 몇 해 였던가

3절
꿈과 같이 만났다 우리 헤어져 가도
해와 별이 찬란한 통일의 날 다시만나요

후렴
잘있으라 다시 만나요 잘가시라 다시 만나요
목메어 소리칩니다 안녕히 다시 만나요

남한의 동생과 북한의 언니가 주고받은 편지 01

* 아래의 편지 원본은 뒷면 페이지로 읽으시면 됩니다.

2015. 8. 7 금.

보고싶은 언니에게.

중국을 다녀온 뒤로 계속 언니 생각이 났는데 때마침 표에 편지를 전할수 있게 되어 너무나 기뻤습니다. 나를 많이 좋아해 준 언니이고 또 나도 많이 좋아했기에 그리운 마음이 더 컸던것 같습니다. 한가지 마음을 계속 아프게 하는 건 보고 싶을 때 바로 볼수 없는 우리의 현보 입니다. 서로 보고 싶을 때 당장 볼 수 있는 것은 아니지만 그래도 내 마음을 이렇게 글로 전달할 수 있다는 것 만으로도 감사합니다.

언니와 함께 ~ '홀로아리랑' 그 노래가 너무나 그립습니다. 그런데 이 (살리부른)
편지가 '보고 그리워하는' 편지가 되어가네요. 언니가 또 많이따 하지는 않을까 생각 드네요. 아참! 가장 중요한 안부 묻는걸 깜빡 했네요. 반가운 마음에 편지 시작 부터 보고싶다는 얘기만 계속 했으므로 "언니, 잘 지내죠?" 여름이라 기운 없고 더워도 참고 아프진데 이 편지가 언니의 무더위를 이기게 할 특효약가 되었으면 좋겠어요. 저도 곧 개학을 해서 학교 갈 준비를 하고 있습니다. 저는 저 자리에서 언니는 언니의 자리에서 서로를 응원해 주기로 하여 곧 다시 볼그날을 쫌만 기다리도록 하겠습니다. 함께 아름다운 추억을 나눌 수 있어 참 행복합니다. 곧 또 봐요 V

— 하나 —

152

저 멀리 북녘 땅에 있는 하나 동생을 생각하며...

하나 동생의 편지를 정말 반갑게 받아 보았어요.
꿈과 같이 만났던 날들이 어제였듯 했는데, 벌써 1월이라는 새해의 날들이 돌려하고
하나 동생의 편지를 받아보리라고는 꿈에도 생각못했는데, 어제 갑작한 고두 학생님을 통해 받는 순간
얼마나 기뻤고 눈물이 어쩌지 쪼개 있는 동생의 편지를 받아본 나의 기쁜 마음을 달랠길 없었답니다.
그 누구보다 경쾌운 혈명육, 한피붙이 멀리 떨어져 있어도 서로부터 수 없는 하나인듯 못합니다.
하나! 하나라도 동생의 이름은 북과 남의 우리의 통일을 념원하는 하나인듯 합니다.
그래서 동생의 이름은 그 누구의 이름보다 우리에 새려뉴에서 지울래야 지울수 없는 귀중한
북과도 자랑스럽고 있습니다.

짧은 시간이 였지만, 동생과 함께 한 그 시간들은 아름다운 추억으로 남아 잊을수 없는 기쁨
을 주어 됩니다.

통일 말겠네요. 우리가 서로 보고싶은 마다마 계속 볼수는 없지만, 그리는 마음은 하나임과
같네요. 날씨도 닥쳐 더 걱정이 어쩌지? 여기 날씨도 만만치 않아요.

그에 지는 우리 하나지에서 축복의 느개를 부르던 1순이 다시 오기를 바라고
또 가시에 그날까지 아없도록 건강관 몸으로 공부도 같이해요. 어린 나는 바래요.
- 우리 함께 손을 잡고 부르던 노래 -
꿈과 같이 만났다 우리 헤어져 가도
하나 땅이 환하게 통일의 날 다시 만나요.   2015년 8월 18일
꽃잎으로 다시만나요. 금강산 다시만나요
뒤에서 뿌리잘나다 안녕히 다시만나요

보고싶은 언니에게.

　　중국을 다녀온 뒤로 계속 언니 생각이 났는데 교수님 편에 편지를 전할수 있게 되어서 너무나 기뻤습니다. 나를 많이 좋아해 준 언니이고 또 나도 많이 좋아했기에 그리운 마음이 더 컸던 것 같습니다. 한가지 마음을 계속 아프게 하는 것은 보고 싶을 때 바로 볼 수 없는 우리의 현실입니다. 서로 보고 싶을 때 당장 볼 수 있는 것은 아니지만 그래도 내 마음을 이렇게 글로 전달할 수 있다는 것만으로도 감사합니다. 언니와 함께 다 같이 부른 '홀로아리랑' 그 노래가 너무나 그립습니다. 그런데 이 편지가 보고프고 그리워하는 편지가 되어가네요. 언니가 또 마음아파 하지는 않을까 생각드네요. 아참! 가장 중요한 안부 묻는 걸 깜빡 했네요. 반가운 마음에 편지 시작부터 보고 싶다는 얘기만 계속 했어요. '언니, 잘 지내죠?' 여름이라 기운 없고 더위도 장난아닐 텐데 이 편지가 언니의 무더위를 이기게 할 활력소가 되었으면 좋겠어요. 저도 곧 개학을 해서 학교 갈 준비를 하고 있습니다. 저는 저 자리에서 언니는 언니의 자리에서 서로를 응원해 주기로 하며 곧 다시 볼 그날을 손꼽아 기다리도록 하겠습니다.

　　함께 아름다운 추억을 나눌 수 있어 참 행복합니다.

　　곧 또 봐요.　하나가.

저 멀리 남녘 땅에 있는 하나 동생을 생각하며...

하나 동생의 편지를 정말 반갑게 받아 보았어요. 꿈과 같이 만났던 날들이 어제인 듯 싶은데, 벌써 1달이라는 그리움의 날들이 흘렀군요. 하나 동생의 편지를 받아보리라고는 꿈에도 생각 못했는데, 어제 강동완 교수 선생님을 통해 받는 순간, 얼마나 기쁘고 눈물이 나던지 조국에 있는 동생의 편지를 받는 듯 나의 기쁜 마음을 달랠길 없었습니다. 피는 물보다 진하듯이 한민족, 한핏줄은 멀리 떨어져 있어도 자를수가 없는 하나인듯 싶습니다. 하나! 하나라는 동생의 이름은 북과 남의 하나의 통일을 염원하는 우리 민족의 숙원인듯합니다. 그래서 동생의 이름은 그 누구의 이름보다도 다르게 내머리 속에서 지울래야 지울 수 없는 가장 소중한 하나로 자리잡고 있습니다. 짧은 시간이였지만, 동생과 함께한 그 시간들은 아름다운 추억으로 남아 참을 수 없는 그리움을 가져옵니다. 동생말처럼, 우리가 서로 보고 싶을 때마다 계속 볼수는 없지만 그리운 마음은 하나동생과 같습니다. 날씨도 덥다는 데 건강은 어떤지? 여기 OO 날씨도 만만치 않군요. 그때처럼 우리 하나가되어 통일의 노래를 부르던 그날이 다시 오기를 바라고 또 바라며 그날까지 아무쪼록 건강한 몸으로 공부를 잘하기를 이 언니는 바래요.

- 우리 함께 손을 잡고 부르던 노래 -
꿈과 같이 만났다 우리 헤어져 가도
해와 별이 찬란한 통일의 날 다시만나요.
잘있으라 다시만나요 잘가시라 다시만나요.
목메어 소리칩니다. 안녕히 다시 만나요.

2015년 8월 18일

북한주민이
생각하는 남한은?

02

2부

대 남 인 식

북한주민이
생각하는 남한은?

　서로의 가슴에 총부리를 겨누고 각기 걸어온 그 길이 옳다 외치며 적으로 살던 남북한이 지금 통일을 말하고 있다. 70년이라는 시간동안 얼굴도 보지 못한 채 그렇게 살아온 사람들은 서로를 어떻게 인식하고 있을까?

　한쪽에서는 키가 145cm만 되어도 무조건 군대에 입대해야 할 만큼 신체발육 상태가 낮고, 다른 한쪽에서는 뚱뚱하면 현역병 입영이 제한될 만큼 영양 불균형이 심각하다.[3] 한쪽은 너무 많은 먹거리에 음식쓰레기를 치우는 데에 돈을 써야 하고, 또 다른 한쪽에서는 먹을 것이 없어 죽어가는 사람을 치워야만 했던 이 기묘한 상황을 어떻게 이해해야 할까?

　남북한은 같은 민족이지만 지금까지 너무 다른 길을 걸어왔다. 지금도 영원히 만날 수 없는 두 개의 평행선처럼 그 끝을 알 수 없다. 하늘길, 땅길, 바닷길이 모두 막혀 자유로이 넘나들 수 없는 남북한 70년의 분단 세월은 통일에 대한 기대마저 시들게 한다. 분단 너머에 있는 북한 주민들은 남한 사람들을 어떻게 인식하고 있을까?

　북한 당국은 철저한 사상학습과 통제를 통해 북한주민들에게 남한은

'거지, 노숙자가 넘쳐나는 굶주린 나라, 미제국주의의 식민지'라고 교육한다. 북한주민들에게 남한은 정말 '해방시켜야 할 대상'일까? 통일을 위해서는 남북한이 서로에 대한 알아가기가 필요하다. 우리는 북한 주민들에 대해 얼마나 알고 있을까?

제2부 대남인식 부분은 크게 5가지 주제로 구분된다. 첫 번째는 남북한 격차에 대한 내용으로 남북한의 생활 및 경제적 격차에 대한 인식과 가치관, 생활풍습, 언어, 역사인식 등이 얼마나 차이가 있는지 질문했다. 두 번째는 남한 호감도에 대한 내용으로 북한 주민들은 과연 남한 사람을 어떻게 인식하는지, 남한에 대해서는 어떻게 생각하는지에 대한 질문이다. 세 번째는 남북한 군사수준에 대한 내용으로 남한이 무력으로 북한을 침공할 가능성이 있는지, 북한의 핵무기는 어느 정도 위협인지에 대한 질문이다. 네 번째 정치수준에 대한 내용은 북한 주민들이 생각하는 남한 대통령의 호감도와 정당 선호도 등을 질문했다. 마지막으로 대북지원 및 투자에 대한 부분은 우리 사회에서 논쟁이 되는 대북지원 문제에 대해 과연 북한 주민들은 남한의 대북지원을 사실을 알고 있는지, 대북지원과 투자를 어떻게 인식하는지 등에 대해 질문했다.

북한주민이 생각하는 남한은?

남북한 격차

남한이 북한에게 어떤 대상이라고 생각하십니까?

남한의 경제력과 생활수준이 북한에 비해 어느 정도 수준이라고 생각하십니까?

남한에 대한 정보를 어디서 얻게 되었습니까?

가치관, 생활풍습, 언어, 역사인식, 생활수준, 선거방식의 차이는?

남한 호감도

남한 주민들이 얼마나 친근하게 느껴지십니까?

남한사람들이 북한주민이나 탈북자에 대해 얼마나 포용적이라고 생각하십니까?

북한에서 안전하게 나갈 수 있다면 가족들을 데리고 남한으로 갈 생각이 있으십니까?

군사력 수준

남한이 북한을 무력으로 침공할 가능성이 얼마나 있다고 생각하십니까?

남한의 군사력 수준이 북한에 비해 어느 정도 수준이라고 생각하십니까?

북한의 핵무기가 남한에 얼마나 위협적일 것이라고 생각하십니까?

정치수준	남한의 대통령 중 누구에게 가장 호감을 느끼십니까?
	남한의 어떤 정당을 선호하십니까?
대북지원 및 투자	북한 주민들이 남한이 쌀, 비료 등을 북한에 지원한 적이 있다는 것을 얼마나 알고 있다고 생각하십니까?
	남한의 대북지원 규모에 대해 어떻게 생각하십니까?
	북한에 대한 남한의 경제 투자에 대해 어떻게 생각하십니까?
	북한에 대한 남한의 경제 투자를 북한 주민들이 어떻게 받아들일 것이라고 생각하십니까?

남북한 격차에 대한 인식은?

남북한 격차

남한이 북한에게 어떤 대상이라고 생각하십니까?

남한의 경제력과 생활수준이 북한에 비해 어느 정도 수준이라고 생각하십니까?

남한에 대한 정보를 어디서 얻게 되었습니까?

가치관, 생활풍습, 언어, 역사인식, 생활수준, 선거방식의 차이는?

남한은 북한에게 어떤 대상인가?

남한은 북한에게 어떤 대상인가라는 물음에 대해,
'남한은 북한에게 경제적으로 도움을 줄 나라다.' 55명,
'서로 힘을 합쳐 협력해야 할 대상이다.' 41명,
'남한은 북한으로부터 도움을 받아야 할 나라다.' 2명,
'안전을 위협하는 적대 대상이다.' 2명으로 인식하고 있었다.

남한과 북한과의 관계

2명 안전을 위협하는 적대 대상이다.

41명 서로 힘을 합쳐 협력해야 할 대상이다.

2명 남한은 북한으로부터 도움을 받아야 할 나라다.

55명 남한은 북한에게 경제적으로 도움을 줄 나라다.

'남한은 북한에게 도움을 줄 나라'로 응답한 사례

남조선에 대해 아예 몰랐습니다.

북한당국은 사상학습을 통해 북한주민들로 하여금 남한과 남한사람에 대한 적대감을 갖도록 만든다. 그러나 우리가 만난 북한주민은 남한이 경제적으로 잘 사는 나라임을 알고 있었다. 북한 당국의 선전이 거짓이라는 점도 분명히 깨달았다. "남한이 북한보다 경제적으로 앞서 있기 때문에…"(사례 12) 당연히 남한은 북한에게 도움을 줄 나라로 인식했다.

특히, 중국에 와서 직접 정보를 얻고 눈으로 확인하면서 남한에 대한 그동안의 사상교육이 잘못되었다는 것을 알았다고 말한다. 사례 43은 북한에서 교육을 받아도 남한 실정에 대해 전혀 몰랐던 현실을 한탄한다. 북한에 있을 때는 노래도 못 듣고, 말도 제대로 못하게 하는데 중국에 와서 마음대로 편하게 하고 싶은 일을 다 할 수 있는게 너무 좋았다. 중국에 와서 경험한 남한은 경제적으로 발전하여 충분히 북한에게 도움을 줄 나라로 인식되었다.

> 여기 와보니까, 자기 생각하는거 뭐인가. 조선에선 많은 교육을 받아도 말하자면 실정을 모릅니다. 남조선 텔레비도 많이 보니까, 생각하는건 뭐인가 조선에서는 교육을 많이 받아도 이런 남조선에 대해서 아예 모릅니다. 노래도 못듣고, 말도 못하고, 또 못듣게 맘대로 듣지도 못해요. 중국에 오니까 마음대로 편하게 다하지 않습니까. 사례 43 | 50대 여성

사례 47은 남한이 북한에게 도움을 주고 있다는 것을 본인은 잘 알고

있지만 다른 북한 주민들은 잘 모르고 있을 거라고 말한다. 남한이 북한을 도와준다는 사실을 북한주민들이 알게 되면 "각성이 되어서 남한을 좋아할 것"이라고 한다. 지금은 남한이 북한을 도와주면서도 정작 북한주민들은 잘 모르고 있다는 사실이 안타깝다는 말도 덧붙였다.

우리 사회에서는 대북지원을 둘러싸고 많은 갈등과 논쟁을 벌이고 있다. 북한주민과 북한정권을 분리하여 인도적 지원은 지속하되 퍼주기와 같이 북한정권에게 유리한 지원은 중단해야 한다는 주장이다. 다른 한쪽에서는 인도적 차원에서 정치와 무관하게 중단 없는 지원이 이루어져야 한다고 말한다.

사례 47의 말처럼 남한이 북한에 대해 지원을 하고도 북한주민들이 알지 못하는 상황은 대북지원의 효과성에 대해 다시 생각하게 한다. 북한의 인도적 사안을 외면할 수 없기에 인도적 차원의 대북지원은 추진되어야 한다. 이제는 '왜 주는가'에 대한 논쟁보다는 '잘 주는 방안'을 찾아야 하지 않을까...

> 그거를 도와줌으로해서, 인민들의 각성이 남한에 대한 이걸, 말하자면 좋은 점을 알아 갈 때 그거가 사람 말이 "아 남한 좋구나" 이거를 느껴야지. 느끼지 못하게 맨들기 때문에 도와 주고도 모르고 사는거죠. 사례 47 | 40대 남성

어차피 한 형제고 한민족이니까...

사례 78은 남한은 당연히 북한을 도와줄 나라로 인식했다. 그 이유는 한마디로 남북한이 한 형제라는 단순하면서도 명쾌한 대답이었다. 남북한은 한 형제니까... 그러니까 남한은 북한을 많이 도와줄 것이라고, 남북한이

'한 혈통', '한민족'이기 때문에...

> 어차피 한 형제고 그러니까, 남한이 많이 도움을 줄 것 같아요.
> 사례 78 | 50대 여성

> 어쨌든 다 한 혈통이니까. 사례 79 | 40대 남성

> 다 한민족이니까. 사례 98 | 10대 남성

▍'서로 힘을 합쳐 협력해야 할 대상'으로 응답한 사례

서로 협력하면 잘 살 것 같다.

'서로 힘을 합쳐 협력해야 할 대상'으로 인식하는 경우는 남북한이 갖고 있는 장점을 살려 협력하면 경제적으로 함께 잘 살 수 있기 때문이라는 응답이 많았다. 사례 17에게 남북한은 힘을 합쳐 협력해야 할 대상이었다. 그는 북한의 지하자원과 남한의 기술력을 결합하여 서로 협력하면 잘 살 수 있을 거라는 확신이 있다고 말한다.

> 서로 협력해야디. 우리 조선에서는 지하자원이 많고, 저 한국에는 기술개발 좋구 하니까 서로 협력하면 잘 살 것 같다.
> 사례 17 | 50대 여성

우리 사회에서 가장 많이 이야기되는 통일편익 중 하나는 바로 '북한의 지하자원과 값싼 노동력 그리고 남한의 기술력과 자본'을 결합하여 새로운 경제력을 창출한다는 논리다. 통일은 분명 우리에게 새로운 기회를 만들어 줄 것이다. 하지만 막연히 통일의 경제적 이익만을 부각해서는 설득력이 떨

어진다. 지금 당장 먹고 살기 힘든 북한주민들에게 통일 이후 부강한 나라를 건설할 수 있다는 말… 또한 청년들이 일자리를 찾지 못하고 취업과 학업, 결혼을 포기하는 이른바 3포 세대가 된 실정에서 통일이 기회가 된다는 말은 때로는 공허한 구호처럼 들린다.

자신이 살고 있는 친숙한 공간에서 분단과 통일의 의미를 재해석하여, 생활에서 공감할 수 있는 통일을 이야기해야 한다. '서로 협력해서 잘 살 수 있다'는 사례 17의 말에 전적으로 동감한다. 하지만 북한의 지하자원과 남한의 기술력을 결합하는 협력이 아니라 남북한 사람이 만나 마음을 나눌 수 있는 그런 협력이 이뤄져야 하지 않을까라는 생각이 들었다. 자칫 북한의 값싼 노동력이라는 말은 통일 이후 북한출신 사람들을 '이등국민'으로 보게 되는 우려도 있다. 경제적 관점에서의 남북한 통합은 물론 사람과 사람으로 마음의 통합을 위한 걸음이 필요하지 않을까… 사례 17의 응답이 전혀 틀린 것은 아니지만 왠지 그의 대답에 반박을 하고 싶은 것을 꾹 참았다.

사례 54는 남한이 북한을 도와주는 것도 중요하지만 무엇보다 한 쪽만 자꾸 도움을 받는 방식은 좋지 않다고 말한다. 남한이 북한에 주는 것도 한계가 있기 때문에 서로 합의해서 함께 도움을 주고받아야 발전해 갈 수 있다는 것이다.

> 그래야 발전해 나가지. 한 개 짝만 도와 달라 그러면 안 되지 뭐. 서로 합의해서 해야지… 한 가정이 사회생활 하는 거 같단 말이야. 주는 것도 계속 끝까지 도와주나. 사례 54 | 40대 여성

남북한의 경제 및 생활 격차는?

　북한당국의 사상교양은 북한주민들에게 남한에 대한 왜곡된 이미지를 갖게한다. 북한주민들은 '미제국주의로부터 고통 받는 불쌍한 남조선 인민들을 해방'시키는 것이 자신들의 삶의 목적이라 생각한다. 그러나 북한의 사상교육이 제대로 이루어지지 않고 북한 주민들 역시 외부정보에 노출되면서 북한당국의 교육에 대해 반감을 가지는 사례가 늘고 있다.

　실제로 남한과 북한의 경제 및 생활 격차는 '남한이 조금 더 잘 산다.'는 응답이 7명, '북한이 따라가기 힘들 정도로 잘 산다.' 91명, '모르겠다.' 2명으로 90%이상의 응답자가 북한이 따라가기 힘들 정도로 남한이 잘 살고 있다고 인식했다. 그들의 이야기를 직접 들어보자.

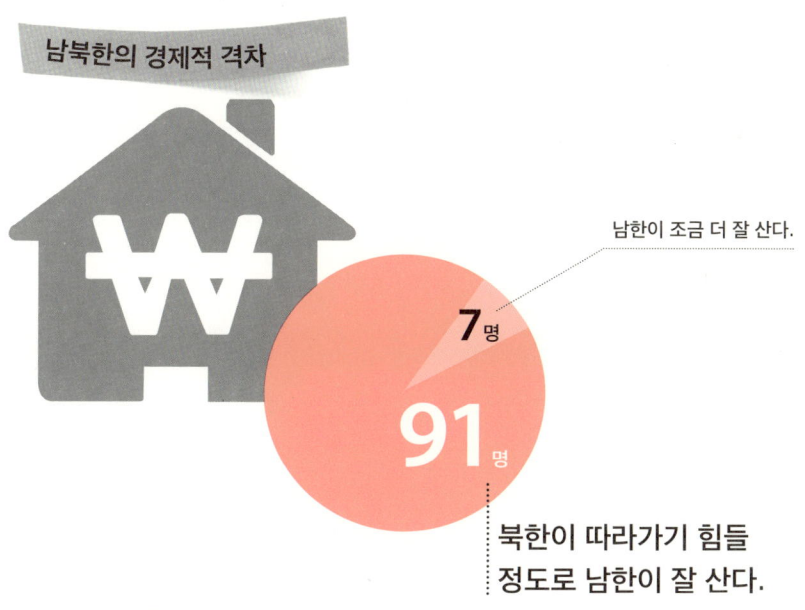

잘못 말했다가 큰일 납니다.

사례 27은 중국도 따라가기 힘들 만큼 남한의 경제력이 발전했다는 말을 한다. 남한이 발전했다는 점은 이미 북한에 있을 때부터 알고 있던 사실이었다. 하지만 중요한 것은 그러한 사실을 절대 다른 사람에게 말하지 못한다는 점이다. 정세에 대해 잘못 말했다가는 '큰일난다.'는 그의 말에서 북한 내부의 사상통제와 규율이 어떻게 이루어지고 있는지 짐작할 수 있었다. 분명 자신들보다 남한이 잘 산다는 것을 인식하고 있었다. 하지만 북한이 잘못되었다고 생각하더라도 절대 다른 누군가에게 말해서는 안된다고 생각했다.

> 중국 못 따라갑니다. 남조선이 조국보다 잘 산다는 얘기를 조선에 있을 때부터 알고 있었어요. 그래도 말은 못합니다. 큰일납니다. 앉아서 같이 술 먹으면서도 여기 정세에 대한 거 일체 말을 못해요. 사례 27 | 30대 여성

사례 43이 '한국은 이등으로 가는 것 같다.'는 말을 했을 때 그 말이 무슨 뜻인지 처음에는 알아듣지 못했다. 세계적으로 2등이나 될 만큼 남한의 경제력이 발전했다고 인식한 그만의 표현이었음을 한참 이야기를 나누고서야 알게 되었다. 남한의 경제력이 발전했다고는 하지만 분명 세계 2위의 수준까지는 아니다. 한국이 세계 2위 수준의 경제력이 있는 나라라고 그가 인식하게 된 계기는 무엇이었을까? 그리고 그가 생각하는 세계 1위의 경제대국은 과연 어디였을까 궁금해진다.

> 제가 여기 와 보니까, 한국은 내 생각엔 이등으로 가는 것 같습니다. 세계적으로... 세계적으로 2등이나 될 만큼 남한이 잘사는 것 같아요. 사례 43 | 50대 여성

남한에 대한 정보를 어디서 얻게 되었는가?

　인터뷰를 통해 만난 북한주민들은 대부분 남한이 경제적으로 잘 살고 있다는 사실은 충분히 인지하고 있었다. 그렇다면 그들은 어디에서 이러한 정보를 얻게 되었을까? '남한이 잘 살고 있다는 정보를 어디에서 알게 되었는가?'라는 질문에 대해 '북한에서 주변 사람들로부터 들었다.'는 응답이 11명, '중국에 와서 주변 사람들로부터 들었다.'가 45명, '북한에서 남한 영상물, 방송을 통해 알게 되었다.'가 32명, '기타' 10명으로 나타났다.

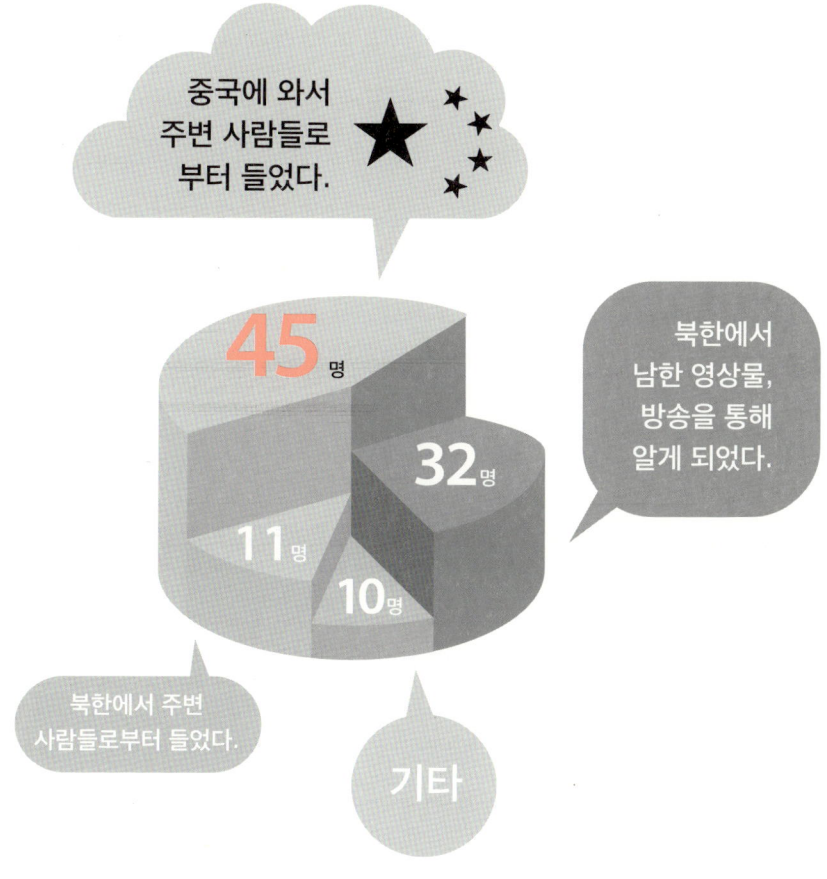

북한에서 주변 사람들로부터 들었다고 응답한 사례

북한주민들은 정치적 이야기를 솔직히 나누지는 못하지만 가까운 친구나 믿을만한 사람끼리는 서로 이야기를 나눈다고 한다. 중국에 와서 소식을 알게 된 것이 아니라 북한에 있을 때부터 주변 사람들과 서로 이야기를 나누며 남한에 대한 발전상을 알고 있었다는 그들의 이야기를 들어보자.

자기 속에 있는 거 확 표현을 못하고

앞서 사례 27은 남한이 경제적으로 발전했다는 사실을 알고 있어도 정세에 대한 이야기를 나눌 수는 없다고 했다. '잘못 말했다가 큰일 난다.'는 두려움까지 갖고 있었다. 하지만 사례 27과 같이 다른 사람에게 이런 이야기를 전달하지 못했다고 해도 분명 주변의 다른 사람들로부터 남한의 경제적 발전상을 전해 들은 사람들은 있었다.

사례 13은 남한의 정세나 경제적 발전상과 같은 정치적 이야기를 친구들과 함께 나눈다고 말한다. 하지만 그 역시 가장 가까운 친구들과 이야기를 나눈다 해도 '속에 있는 깊은 이야기까지 모두 털어놓고' 말할 수 있는 수준은 아니었다고 한다. 술 한 잔 같이 기울일 수 있는 친한 사이라도 솔직한 이야기를 직접적으로는 말을 못하고 에둘러서 표현한다고...

> 친구들하고 이런 이야기를 나누기는 해요. 지금 뭐, 뭐랄까 막 터놓고 말 못하고요. 보위부가 있으니까네 기정도 말 못하고 제일 가까운 사람인데요. 제일 가까운 사람이지만 노골적으로 말 못하고, 술을 먹으면서도 뭐랄까 자기 속에 있는거 확 표현을 못하고, 돌려서 말하죠. 친구들끼리도 대부분 아닌게 아니라 너무

속에 있는걸 다 표현했다는 잡히기도 하고, 길다가도 또 이제 어느정도 속은 있으니까... 사례 13 | 40대 남성

사례 19도 북한에 있을 때 남한이 잘 산다는 사실을 잘 알고 있었다. 자신뿐만 아니라 주변의 사람들도 한국이 세계수준을 따라서 잘 산다는 것을 알고 있다고 인식했다. 하지만 누군가 선뜻 나서 말할 수 있는 처지는 아니었다.

김정은 시대에 강조되는 정치적 구호 중 하나는 '세계적 수준'과 '인민의 수준 높은 요구를 반영하라는 것'이다. 북한이 주장하는 세계적 수준의 기준은 무엇인지 사뭇 궁금해진다. 사례 19는 '한국이 세계적 수준을 따르기 때문에 잘 산다.'고 말한다. 사례 19가 인식하는 세계적 수준과 북한당국이 인민들에게 강조하는 세계적 수준은 어떠한 차이가 있을까?

근데, 지금 북한 사람들 생각은 다 한국이 세계적 수준을 따라서 잘산다. 인식은 누구나 하고 있지만, 말은 못하구 있어요. 생각들은 다 그렇게 하고 있어요. 북쪽에 있을 때도 남조선 잘 산다는 것은 알았어요. 사례 19 | 50대 여성

한국산 쿠쿠 밥가마를 쓰는 사람들

북한에서 주변사람들과 이야기를 나누면서 한국의 발전상을 듣는다 해도 자신이 직접 눈으로 보지 않고는 쉽게 믿겨지지 않는다는 사례도 있었다. 주변사람들로부터 남한이 잘 산다는 이야기를 듣고 직접 질 좋은 한국산 제품을 보고나서야 그 말을 믿게 되었다고 한다.

사례 79는 한국산 '쿠쿠 전기밥솥(북한에서는 '말하는 밥가마'로 통한

다)'을 간접적으로 보았다. 재중동포들이 한국을 방문했다가 중국으로 돌아갈 때 가장 많이 가져가는 선물이 바로 한국산 밥솥이다. 실제로 중국공항에 도착하여 수하물을 찾으려 하면 포장된 밥솥을 너도나도 하나씩 들고 있음을 쉽게 볼 수 있다. 아마도 우리네 어머니 세대들이 예전에 일본산 '코끼리밥솥'을 그렇게 좋아했던 것과 비슷한 모습인 것 같다.

또한 북중접경지역 도시의 국경세관 앞 상점에 가면 한국산 제품을 구매하는 북한 무역상들을 볼 수 있다. 그중에서도 인기있는 제품이 바로 한국산 밥솥이다. 북한에서 '말하는 밥가마'로 불리는 한국산 밥솥에 대해 우리의 선입견으로는 쌀도 없고 전기도 없는 곳에서 어떻게 전기밥솥을 사용할까라는 생각도 든다. 하지만 이 또한 우리의 머릿속에 각인된 고정된 북한의 이미지라고 말하고 싶다. 이미 북한에서 장사를 통해 신흥 자본가 계층이 형성되고 있으며 체면 문화에 의해서도 한국산 전기제품 하나쯤은 집에 전시해 두어야 한다고 북한주민들은 말한다.

> 한국제품이 그쪽으로도 많이 나오거든요. 한국의 쿠쿠밥솥? 우리 동네도 50세대가 되는데 10세대 정도 그런거 들고 있는 사람이 많대요. 전기는 있을 때만 씁니다. 없을 때는 안씁니다. 쌀은 다 옥수수지만... 그래도 잘사는 사람들이 있거든요. 대체적으로 쌀구경을 못한다고 하지만, 그래도 그런거 들고 있는 사람이 있어요. 집에 냉장고도 못써도 집에 그런 것도 있어요. 그리고 중국에 친척 있는 사람 있으면 왔다 갔다 하면서 돈도 좀 벌기 때문에 어쨌든 쌀구경은 잘합니다. 뭐 장마당에도 그래서 쌀이 없는 것이 아니거든요. 쌀은 많아요. 우리가 돈을 못 벌어서 그렇지. 중국에 거의 친척 있는 사람들은 도움 받아서 밥가마 살 수 있어요. 아니면, 전부 간부들이 쓰지요. 사례 79 | 40대 남성

■ 중국에 와서 주변 사람들로부터 들었다고 응답한 사례

북한에서는 남한의 소식을 전혀 몰랐는데 중국에 와서 알게 되었다고 증언하는 사례도 있다. 그들의 이야기를 직접 들어보자.

남조선은 제일 못산다고 선전하니까

사례 24는 북한에 있을 때 남한 영화를 보기는 했지만 시대 배경이 일제 강점기를 다룬 '장군의 아들'을 봤기 때문에 영화를 통해 남한이 잘 산다는 사실은 잘 인식하지 못했다. 중국에 와서 주변사람들로부터 이야기를 듣고서야 남한이 잘 산다는 사실을 알게 되었다고 한다.

> 그저 환상적으로 좀 자기 혼자 속으로 잘산다 그러는데, 실제적으로 여기 들어와서 본거 보면 좀 차이 많대요. 대충은 아는데 구체적으로는 잘 몰랐지. 대부분 사회 드라마 같은건 안보구 뭐 장군의 아들 같은 거... 옛날 이야기니까... 일제시대 이야기니까 남한이 잘 산다는 건 그거 보고서는 몰랐고 중국에 와서 알았지
> 사례 24 | 60대 남성

사례 44도 북한에 있을 때 '남조선은 제일 못사는 나라'로 교육받았다. "거기서야 제일 못 산다고, 남조선은 제일 못 산다고 선전하니까"(사례 44)... 사례 49는 중국에 와서 재중동포와 한국 사람을 직접 만나보면서 남한의 발전상을 알게 된 경우였다. 특히, 재중동포들로부터 한국에 다녀온 이야기를 많이 전해 들으며 한국의 발전상을 알게 되었다고 한다.

> 텔레비도 보구, 이렇게 다 이제 여기와서 보니까 조선족들이 한국에 다니면서 많이 듣고 있고. 그리고 한국 손님들이 려행올 때... 사례 49 | 60대 남성

북한주민들은 중국에 체류하는 동안 주로 친척집에 머물게 된다. 만약 그 친척이 한국에 다녀온 사람이라면 가장 확실하게 남한에 대한 정보를 얻게 된다. 친척이기 때문에 그 말을 믿을 수 있고 서로 마음 놓고 오랜 시간 이야기 할 수 있기 때문이다. 사례 77은 중국에 있는 친척들이 한국에 다녀온 이야기를 자신에게 해 주었다고 한다.

북한에서 남한 영상물, 방송을 통해 알게 되었다는 사례

북한에 있을 때부터 남한에 대한 소식을 알고 있었는데 남한 영상물과 방송을 보며 그 사실을 알게 되었다고 말하는 사례들의 이야기를 들어보자.

남조선에는 봉사가 많습니다.

외부로부터 철저히 폐쇄된 북한사회에서 외부소식을 알 수 있는 방법은 사람간의 정보전달과 남한 영상물을 통해서 간접적으로 알게되는 경우다. 북한에 있을 때 남한 영상물과 방송을 통해 남한의 모습을 알게 되었다는 사례 57은 남한은 '돈 없는 사람 집을 수리 해주고, 아픈사람 병을 고쳐주는 봉사가 많은 나라'로 인식했다. 중국이 아직 한국을 따라가려면 멀었다는 말도 덧붙였다.

> 드라마를 보니까네, 남조선에서 돈 없는 사람에게 집이랑 수리 해주고, 아픈사람 병 고쳐주지, 봉사가 많습니다. 그걸 봐서 우리 느낀 게 한국사람 모범이라는 걸 생각하고 좋다는 걸 생각했습니다. 언제 중국도 좀 그렇게 따라가면 좋겠는데 아직 중국은 못따라가지요. 사례 57 | 70대 여성

북한주민들이 남한 영상물을 통해 인식하는 남한의 모습은 실로 다양했다. 사실 우리는 영화나 드라마에서 할아버지, 할머니들이 옷을 화려하게 입는 것을 보며 '아 우리나라 참 잘 산다.'라는 생각은 잘 하지 않는다. 그것은 그냥 우리의 실생활이기 때문에 당연한 듯 보인다. 어쩌면 드라마를 보면서 할아버지, 할머니 들이 입은 화려한 옷을 기억하는 사람조차 없을지도 모른다.

그런데 북한주민이 바라보는 한국 드라마는 달랐다. 그들은 할아버지, 할머니가 차려 입고 나온 화려한 옷을 보면서 자신들의 모습과 비교했다. 이전에 드라마를 보기 전에는 한국이 발전했다는 사실을 전혀 몰랐다고 말한다.

> 텔레비전 보면 느끼는 거 많아요. 드라마 보게 되면, 할머니 할아버지들도 옷을 화려하게 입고... 근데 우리는 그거가 없잖아요. 그런거 보면, 살아보고 그랬으면 좋겠다. 이런 생각이 들면서 너무 발전했다 그런 생각이 들더라고요. 이전에 드라마 보기 전에는 그런거 몰랐죠. 드라마 보기 전엔 몰랐고. 사례 78 | 50대 여성

남한 방송을 통해 보게 된 남한 선거방식도 신기한 모습이었다. 자신들이 사는 북한은 오로지 '위에서부터 아래까지 유일선거'인데 한국은 그런 게 아니라는 점을 알게 되었다.

> (선거방식) 조선에는 유일 선거, 위에서부터 아래에서까지 유일 선거. 근데 한국은 또 그렇게 아니고... 사례 81 | 50대 남성

남북한에서 다른 사람들로부터 전해 들은 소식과 함께 텔레비전을 통해 바라본 남한은 경제적으로 너무나 잘 사는 나라였다. 사례 93에 따르면

'남한이 잘 산다는 사실은 사람들이 거의 다 알고 있다.'고 말한다.

　　북한주민들이 남한 방송을 통해 경험하게 되는 남한의 모습은 우리가 보고 느끼는 영상과는 전혀 달랐다. 북한의 조선중앙TV를 통해 가끔 나오는 남한의 시위 장면을 보면서도 남한의 발전된 모습을 느낄 수 있었다고 말한다. 시위하는 장면에서 한국 사람들이 입은 옷을 보면서 남한이 잘 산다는 것을 알게 된 사례 21은 사람들이 전해준 한국산 제품을 통해서 자신들과는 비교할 수 없는 남한의 경제발전상을 알게 되었다.

> 텔레비에서 보면 보도에 이렇게 꼭 나오는거 있잖아요. 보도 보면 투쟁, 시위하는거... 조선중앙방송에서 보도 나오는데, 옷 입은것두 보면 잘 입구. 잘 산다고 생각하지. 한국 제품들도 이렇게 보면 라면 같은 것도 나와 있구... 이렇게 사람들 왔다갔다 하니까 아무래도 나오는 물건이 있으니까. 사례 21 | 40대 여성

　　사례 21이 한국의 경제발전상을 알게 된 계기 중 하나는 한국산 라면을 직접 먹어본 경험 때문이었다. 개성공단에 근무하는 북한 근로자들에게 초코파이와 라면이 지급되면서 상당한 인기를 끈 것으로 알려져 있다. 북한 당국은 이러한 제품이 북한 내 장마당에서 거래되는 현상을 막기 위해 북한산 라면(즉석국수)을 직접 생산하여 우리측 기업이 구매하도록 하고 있다. 북한에서는 라면을 '꼬부랑국수'라고 하여 자체적으로 생산하며, 중국을 통해 수입되는 한국산 제품도 인기를 끌고 있다.

　　필자에게도 라면에 대한 일화가 하나 있다. 중국의 어느 북한식당을 갔을 때의 일이다. 평소 친하게 지내던 복무원으로부터 한국산 라면을 선물 받은 적이 있다. 남한 사람이 북한사람으로부터 한국산 라면을 선물 받았다는 게 의아할지도 모를 일이다.

아침은 무엇을 먹었느냐는 질문에 필자는 호텔 음식이 입에 맞지 않아 밥을 제대로 못 먹었다고 말했다. 그러자 그 복무원은 잠시 어디론가 다녀오더니 검정색 비닐봉투 하나를 주섬주섬 건네주었다. 봉투에는 다름 아닌 한국산 컵라면이 몇 개 들어 있었다. 중국산 컵라면이 아닌 분명 한글이 쓰여 있는 한국산 라면이었다. 자기도 간식시간에 많이 먹는다며 아침 거르지 말고 꼭 챙겨먹으라는 말도 잊지 않았다. 중국에서 일하며 체류하는 약 3년간의 시간 동안 그는 간식으로 한국산 라면을 즐겨 먹을 것이다. 3년의 복무기한을 마치고 북한에 돌아가서 그는 한국산 라면의 맛을 기억할까? 한국 라면의 그 매운 국물 맛을…

사례 64도 품질 좋은 한국산 제품을 통해 남한의 발전된 모습을 알게 된 경우였다. 한국이 잘 산다는 것 정도는 이제 거의 알고 있다고 말한다. "돈이 있는 사람은 한국꺼를 찾게 된다고…"

> 아니 조선에 있으면서도 한국이 잘 산다는 거는 안단 말입니다. 그니까, 중국 상품하고 한국 상품 비교할 때 한국 상품이 질도 좋고 뭐… 하니깐, 돈이 있는 사람은 한국꺼를 찾는다는 말입니다. 조선에서도. 그니까, 한국이 잘 살고 이자(지금) 처럼.
>
> 사례 64 | 20대 남성

가치관, 생활풍습, 언어, 역사인식, 생활수준, 선거방식의 차이는?

남북한 간의 분야별 차이에 대한 질문을 항목별로 나누어 질문했다. 가치관, 생활풍습, 언어, 역사인식, 생활수준, 선거방식 등은 남북한이 어떠한 차이가 있을까?

먼저 가치관의 경우 차이가,
'많이 있다' 65명,
'다소 있다' 17명,
'별로 없다' 11명,
'전혀 없다'가 4명으로 82명이 차이가 있는 것으로 인식했다.

언어사용의 경우 차이가,
'많이 있다' 65명,
'다소 있다' 16명,
'별로 없다' 16명,
'전혀 없다' 3명으로 언어사용 역시 81명이 차이가 많은 것으로 인식했다.

생활수준과 선거방식의 경우
'차이가 있다'는 응답이 각각 99명과 95명으로 나타나
남북한 차이가 가장 많은 분야로 인식하고 있음을 알 수 있다.

생활풍습의 경우 차이가,
'많이 있다' 49명,
'다소 있다' 10명,
'별로 없다' 29명,
'전혀 없다' 12명으로 59명이 남북한 차이가 크지 않은 것으로 인식했다.

역사인식의 경우 차이가,

'많이 있다' 52명,

'다소 있다' 25명,

'별로 없다' 15명,

'전혀 없다' 4명으로 77명이 남북한 차이가 있는 것으로 인식했다.

남북한의 〈역사인식〉이나 〈생활풍습〉은 차이가 "별로 없다."는 인식과 "많이 있다."는 인식이 비슷한 응답률을 보였다. 하지만 〈생활수준〉과 〈선거방식〉에서는 남북한이 명확한 차이가 있다고 인식했다. 남북한의 생활수준은 응답자 중 단 한 명을 제외하고 나머지 모두 차이가 "많이 있다."고 대답했다.

　북한 주민들은 분단 70년이라는 오랜 시간에도 불구하고 남북한 생활풍습의 차이는 없을 것으로 인식했다. "차이가 있다."는 응답이 59명, "차이가 없다."는 응답이 41명으로 생활수준이나 선거방식과 같이 확연한 차이를 보일 것으로 인식하는 것과는 다소 대조되는 모습을 보였다. 북한주민들은 남북한이 같은 민족으로 아직까지 한민족의 생활풍습은 그대로 간직하고 있는 것으로 생각하고 있을까?

남북한이 가장 큰 차이점을 보이는 것 중 하나는 당연히 가치관이었다. 면접 중에 응답자들은 '가치관'이라는 단어조차 처음에는 잘 이해하지 못했다. '가치관'이 무엇이냐는 말에 한참이나 설명해 준 기억도 난다. 또한 남북한의 차이점을 한마디로 표현한다면 '남한은 세계를 잘 아는데 북한 사람은 세계가 어떻게 돌아가는지 모르고 있다는 것'이라고 했다.

무엇보다 남북한의 큰 차이는 선거제도에서도 명확히 구분되었다. 사례 39는 "한국의 선거방식은 자기가 내세울 사람한테 투표하는데, 조선은 그렇지 않다."고 말했다. 한국은 선거를 할 때 투표율에 따라 당락 여부가 바뀌기도 한다. 하지만 북한은 100% 투표에 참여한다고 선전하기 때문에 남북한의 선거제도야 말로 가장 큰 차이점으로 인식했다.

> 한국은 자유지만, 조선은 딱 규정된 대로. 그저 100프로 선거하니까네, 투표자가 누군지 알던 모르던 무조건 투표해야 되는 건 공식적이니까. 사례 56 ㅣ 60대 여성
> 조선에서는 그저 한사람이 웅하면 그저 다 100프로 웅하잖아요. 한국은 자기 할 말도 하고, 내가 반대하면 반대하고 그런...
> 사례 65 ㅣ 30대 여성

남북한의 역사인식에서도 '북한은 이제 혁명역사와 빨치산 역사만 남았기 때문에 차이가 있다.'고 말한다(사례 50). 조선왕조를 세운 조선에 대한 역사인식이 남북한의 큰 차이점이라고 말한다.

> 학교 저희가 다니면서 역사를 쎄게 공부해요. 그렇게 완전히 다른거는 180도가 달라요. 이성계를 봐도 조선에서는 이성계가 나쁘게 나온단 말이에요. 근데, 한국에서는 이성계가 조선 세웠다고 좋게 나오잖아요. 드라마 보면 주몽은 비슷하게 나오더라구요. 조선에서 배운거랑. 사례 64 ㅣ 20대 남성

남한 사람들에 대한 친근함 여부는?

남한 호감도

남한 주민들이 얼마나 친근하게 느껴지십니까?

남한사람들이 북한주민이나 탈북자에 대해 얼마나 포용적이라고 생각하십니까?

북한에서 안전하게 나갈 수 있다면 가족들을 데리고 남한으로 갈 생각이 있으십니까?

우리와 똑같은 사람이네

통일은 남북한이 제도와 법적으로 하나가 되는 것도 중요하지만 가장 고려해야 할 부분은 남북한 주민들이 함께 살아갈 수 있는 마음의 통합을 이루는 것이다. 필자가 가르치는 학생들이 북한이탈주민 초청강의 때 북한출신 사람을 처음 보거나, 북중접경지역에서 북한주민을 직접 만났을 때의 첫 마디는 한결같이 "우리와 똑같은 사람이네"라는 말이었다. 분단 70년의 시간은 남북한 사람들의 마음에도 분단의 장벽을 만들어 놓았다. 우리에게 북한 사람은 '같은 사람'이 아니라 정치와 이념으로 대립된 '만나서는 안 될', '어딘가 다른', '적개심 가득한' 그런 사람들로 각인되어 있다.

생애 처음으로 북한 출신 사람을 만나고 나서 "우리와 똑같네"라는 말을 하는 학생들을 보며 사람이라 할지라도 이념과 체제가 다르면 결코 '같은 사람'으로 인식되지 않는다는 점을 새삼 느끼게 되었다. 지금의 기성세대들은 철저한 반공교육을 통해 북한 사람을 '머리에 뿔 달린 악마'의 이미지로 교육받은 적도 있다. 하지만 현재 대학생들과 청소년들까지도 북한 출신 사람을 "우리와 똑같네"라고 표현하는 것은 그만큼 분단의 골이 깊다는 것을 의미한다. 누군가 가르쳐 주지 않았음에도 불구하고 북한 사람은 그저 우리와는 다른 사람으로 인식되었다.

그렇다면 북한 주민들은 과연 남한사람을 어떻게 인식하고 있을까? 북한 주민들은 지금 이 순간에도 북한 당국으로부터 남한에 대한 적개심과 남한 사람에 대한 부정적인 인식을 강요받고 있다. 북한당국의 사상학습교양을 받은 북한주민들에게 남한사람은 어떻게 인식되는지 직접 들어보자.

남한 사람들이 친근하게 느껴지는가?

　　북한 주민들은 남한 주민들이 '매우 친근하게 느껴진다.' 84명, '다소 친근하게 느껴진다.' 12명, '별로 친근하게 느껴지지 않는다.' 2명, '전혀 친근하게 느껴지지 않는다.' 2명으로 응답하였다.

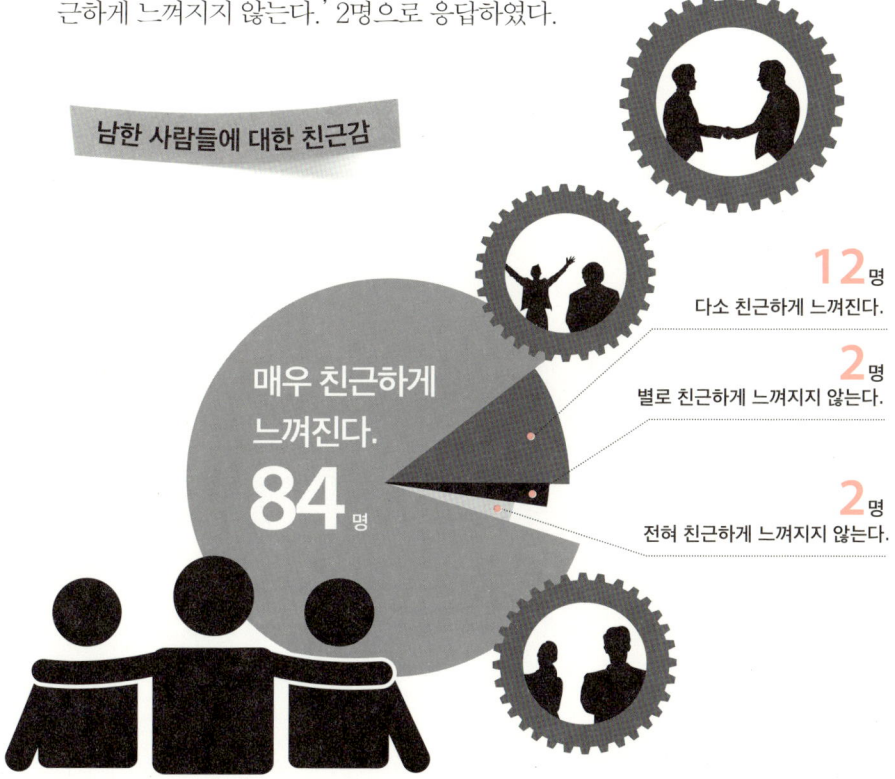

남한 사람들에 대한 친근감

　　남한주민들이 '매우 친근하게 느껴진다.'는 응답은 무려 84명이나 되었다. 남한 사람을 '매우 친근하게 느낀다.'고 말하는 북한주민들의 생각이 사뭇 궁금해진다. 눈만 뜨면 사상교육을 통해 '남조선 괴뢰'라 교육 받았을 그들에게 남한사람이 그토록 친근하게 느껴진 이유는 무엇이었을까?

02_대남인식 **185**

같은 조선 사람이고 혈육이니까

북한주민들이 남한사람에 대해 친근함을 갖는 첫 번째 이유는 '같은 조선사람이고, 한민족'이기 때문이었다. 특별한 이유가 없어도 그저 같은 동포라는 마음에서 남한 사람이 친근하게 느껴진다고 말한다.

> 같은 조선사람이구 다 기니까네. 만나면 다 친하고 질것 같구, 그리고… 어쨌든간 한 지도에서 같이 사는 민족이니까 친근하다.
> 사례 15 | 50대 여성
>
> 같은 민족이니까네. 사례 21 | 40대 여성
>
> 혈육이니까네. 그또 그저 민족 혈육 감이 생기면서 말이야 그저. 한국에서 가도가도, 그 살면 뭐 좋갔는가 그런 생각한다고.
> 사례 41 | 60대 남성
>
> 우리 한민족이니까, 한 동포고 다. 사례 45 | 40대 여성
>
> 우리 한민족이고, 언어가 통하고… 처음 중국 오니간 언어가 안 통해서 답답하고. 사례 65 | 30대 여성
>
> 미국놈들 때문에 갈라져서 그렇지, 다 한 동포지.
> 사례 81 | 50대 남성

식당에서, 택시 탈 때 만난 남조선 사람

한민족이라는 막연한 감정보다는 생활에서 실제 남한 사람을 접하면서 친근함이 생긴 경우도 있다. 중국을 방문하는 북한 주민들의 경우

몇 개월씩 체류하기 때문에 식당에서 일을 하는 경우가 자주 있다. 주로 조선말이 통하는 한식당에서 일을 하는데, 그러다 보니 식당을 찾는 한국 손님들을 멀리서나마 볼 수 있는 기회가 생긴다. 사례 26은 식당에서 일을 하면서 한국 사람을 직접 보게 되었다. 그는 식당에 올 때마다 항상 먼저 인사 하며 친절하게 대해주는 한국 사람의 모습이 인상적이었다고 기억한다.

> 만나면 먼저 인사하구. 식당일하면 무슨 일하나, 뭘하나 물어보지 않고 먼저 인사하구. 친절하니까. 사례 26 | 40대 남성

사례 27도 남한 사람을 친절하다고 표현했다. 그는 직접 말을 나누지는 못했지만 택시를 탈 때 먼저 양보하는 남한 사람의 모습을 보며 그런 마음을 갖게 되었다고 한다. 아무리 '수수한 옷차림'이라도 척보면 남한 사람인 줄을 단번에 알게 된다고…

중국 단둥(丹东)에서 택시를 타면 작은 통일을 체험할 수 있는 이색적인 경험을 하게 된다. 이 지역의 택시는 합승을 한다. 중국 한족 운전수가 운전하는 택시를 타고 앞자리에 앉아 가다보면 재중동포, 북한주민이 한 차에 합승하는 경우가 종종 있다. 그럼 한 택시 안에 중국사람, 남한사람, 북한사람, 재중동포까지 네 명의 사람들이 한 차를 타고 가게 된다. 북한사람과 남한사람이 동행하여 택시를 타는 경우는 거의 드물지만 북한사람과 재중동포는 단둥(丹东) 지역에서 무역 등으로 같이 일을 하기 때문에 동행하는 경우가 많다. 각자의 목적지는 달라도 한 차 안에서 잠시 동안이라도 같은 방향으로 가는 차에 몸을 맡긴 사람들… 통일은 어쩌면 그 택시 안에 있을지도 모를 일이다.

항상 친절합니다 말이... 친절하니까 미안합니다. 말을 나누지 못하니깐. 우리는 딱딱한 경계에 있으니까. 지나가는 사람들마다 친절합니다. 택시탈 때 먼저 타시오. 이거는 우리 조국에서는 난 못봤단 말이에요. 수수한 옷차림이라도 척 보면 남한 사람인줄 다 압니다. 사례 27 | 30대 여성

사례 38은 길을 가다가 같은 조선말을 쓰는 사람을 보기만 해도 반가운 맘이 들었다고 한다. 낯선 타국에서 같은 말을 쓰는 사람을 길에서 만난다는 것은 신기하고 반가운 일일게다. 자신과 다른 남한에서 온 사람들을 보면 같은 조선 사람이라는 동질감을 갖게 되었다고...

나도 뭐 들어와서 들어온 지 얼마 안되고 나도 처음인데, 사람들 자체가 길세 말하자면 같은 동포라 그런지 어쨌든 이 사람들 마음이 친근해요. 통해요. 영화를 봐도 그래. 여기와서도 시장에 나가보면 한국사람 만나면 같은 저기니까 반가운 그런 맘이 있어서 우리 지나가다 가도 조선말을 하는 사람이면 그 사람은 뭐라고 안해도, 내 마음 상태는 '아 이거 같은 조선사람이로구나' 이런 느낌이 가기 때문에 좋더라고요. 사례 38 | 40대 여성

말씨도 곱고, 말 한마디도 사근사근히...

북한 주민들은 같은 조선말이라 할지라도 남한 사람들이 사용하는 말씨는 왠지 더 친절하고 곱게 느껴졌다고 말한다. 사례 58은 남한 사람을 만나고 '인사성이 바르고 배려하는 게 있었다.'고 느꼈다. '말 한마디라도 사근사근히'해 주고 노인들을 대하는 친근한 모습이 기억에 남는다고... 북중접경지역에서 남북한 사람들이 우연히 만나 깊은 이야기를 나누지는 못하더라도 서로 같은 말을 쓰고 친절한 말 한마디 건네는 것이

분단의 경계를 허무는 작은 손짓이라는 생각이 든다. 거창한 구호와 아름다운 말로 포장하지 않더라도 같은 사람으로서 따스한 말 한마디와 마음을 나누는 것, 그것이 바로 통일의 시작이지 않을까...

> 그저 여기서도 만나보면 조선 민족은 이렇게 인사성이 바르고, 사람을 이렇게 배려하는게 있고 말한마디라도 사근사근히, 난 늙은이들 대하는거 보면 참 친근한거 같아. 사례 58 | 60대 여성
>
> 말이 통하니까, 편안하고... 사례 34 | 50대 남성
>
> 사람들 말씨가 듣기도 좋고, 말씨가 부드럽고 북조선 사람하고 말하는거 아주 차이가 있다고. 감정이 있고 사례 43 | 50대 여성
>
> 남쪽 사람들은 마음씨 좋구, 아주 그 배울 거 있어요. 친절하고 그런거... 말씨도 고우니까네, 서울사람 말씨도 그러니까네.
> 사례 50 | 60대 여성

사례 14에게 비쳐진 남한 사람은 예절이 밝은 사람들이었다. 사례 14는 중국에 와서 방송에 나오는 한국 사람들의 대화를 보며 인사성과 예절이 밝은 사람들로 인식했다. 물론 북한사람들도 예절은 밝지만 남한 사람에 비하면 수준이 낮다고 말한다. 사례 14의 경험은 남한 사람을 직접 만나서 이야기를 나누고 알게 된 모습이 아닌 한국 텔레비전을 통해 비쳐진 모습이라는 점이 흥미롭다. 그가 텔레비전을 통해 본 남한사람의 예절바른 모습은 어떤 장면이었을까?

> 그러니까네. 내가 와서 텔레비 보면 한국 사람은 서로 대화 하는게 사람을 끌게끔 간수하고, 인사성이 밝게끔 예절도 밝아. 우리 조선 사람들도 예절은 밝지만 아직까지 이 수준까진 못따라 갔어. 사례 14 | 60대 남성

> 그 봉사하고 이런거 봐서 다 모범적이기 때문에 좀 한국이… 정말 친근하게 느껴진다. 사례 57 | 70대 여성

> 인자 이야기 하는 것도 같게 이야기하고, 서로 통하고 마음이 같아요. 사례 54 | 40대 여성

도와주려고 애쓰는 마음

사례 70은 남한을 친근하게 생각하는 이유로 북한에 대해 도움을 주기 때문이라고 했다. 중국에 있는 우리 동포들이 한국에 가서 돈을 벌어서 잘 사는 모습을 보면 긍지를 느끼게 된다고 말한다. 남한을 욕하는 사람이 있는데도 불구하고 북한을 도와주는 것을 보면 한국 사람들의 마음이 좋다는 것을 알 수 있다고…

> 중국에 있는 이런 조선 동포들은 한국가서 돈 벌어가지고, 사는데 정말 많은 도움이 됩니다. 집 없어서 집사구, 생활수준이 좀 좋아지고 이거 봐서도 좋고 그다음에 정말 부모네 존경하고… 남한에 대해서 욕하는 사람 있는데도 쌀 많이 지원해주고 각 방면으로 지원해주니까, 남한 사람의 마음이 더 좋은 걸 느끼지요. 사례 70 | 60대 남성

> 겸손합니다. 첫째. 도덕이 좋고. 그리고, 북한에 왔다고 하면 도와주려고 하고 애쓰는 마음. 사례 47 | 40대 남성

> 많이 접해 못해봤어도, 여기 와서 보니까 많이 이렇게 눈으로 보니까 알겠더라고요. 사례 49 | 60대 남성
>
> 조선 사람들은 교육을 잘 받았기 때문에 사람들이 다 좋잖아요? 사례 56 | 60대 여성
>
> 왜기냐면, 우리 솔직히 말해서 북한에선 뭐 어드매 지원을 해봅니까? 근데, 남한은 고저 못사는 사람 뭐 돈도 투자해주고, 다 기런거 보면 좀 아무래도 좀 친절하게 하는 것 같습니다. 사례 62 | 60대 여성
>
> 아무래도 남북이 갈라져가지고 삼팔선이 있어가지고 남북으로 있었으니까, 원래 솔직히 말해서 먹는거야 풍습이나 다 같으니까... 사례 75 | 30대 남성
>
> 어차피 여기 와서 보니까, 조국에서 왔다고 그러면 반가워하고 더욱 많이 받아요. 사례 78 | 50대 여성

사례 29에게 비친 남한사람은 부모님에게 효도하는 예절 바른 사람으로 기억된다. 직접 만나지는 못하기 때문에 확실히 알 수는 없지만 한국 드라마를 통해서 본 남한 사람은 친근하고 예절이 밝은 사람들이었다.

> 좀 친근하구, 사람이 서로 도와주는 그런 정신도 많고. 가서 사람 직접 보지 못하니까 잘 모르겠는데 드라마 보면 좀 그런... 친근한 그런 느낌이 제일 이상적인 거는 예절이 밝고... 부모에게 효도 그런거 보면 따라 배울 점 많다고요. 사례 29 | 60대 여성

그는 한국 사람들이 부모님께 효도하는 모습을 보면 따라 배울 점이

많다고 했다. 재미있는 것은 사람들이 서로 도와주고 그런 정신이 많다고 표현하는 점이다. 북한 당국은 사상교양을 통해 '남조선 사람들은 자본주의 사회에서 이기적 인간'이라고 교육을 시킨다. 분명 '이기적 인간'이라고 교육받았는데 드라마를 통해 본 한국사람들은 남을 도와주는 사람들이었다.

남한사람들이 북한주민 및 탈북자에 대해 포용적이라 생각하는가?

북한주민들은 남한 사람들이 자신들을 어떻게 대할 것이라고 생각할까? 남한주민들이 북한주민 및 탈북자에 대해 '매우 포용적이다.'라는 응답은 65명, '약간 포용적이다.'는 17명, '별로 포용적이지 못하다.'는 18명으로 나타났다. 전반적으로 정도의 차이는 있지만 82명의 응답자들이 남한 사람들은 북한사람과 탈북자를 포용할 것으로 인식했다.

북한주민들에게 탈북자라는 용어를 사용하는 것이 다소 조심스러웠다. 현재 북한주민인 그들에게 탈북자는 어떤 이미지로 기억되는지 궁금하기도 했지만, 탈북이라는 말 자체가 굉장히 민감한 사안이었기 때문이다.

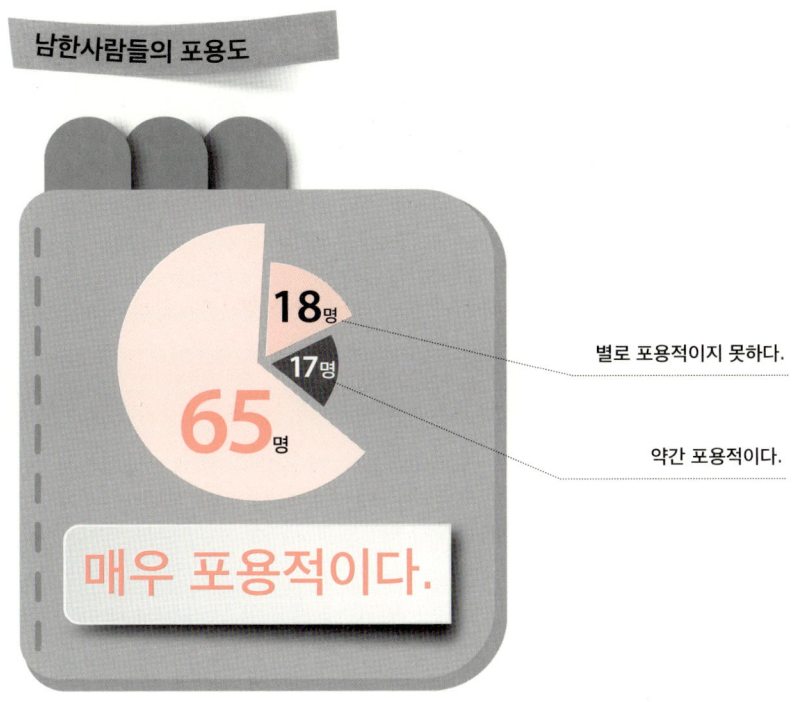

남한사람들의 포용도

■ 매우 포용적으로 대할 것이라고 응답한 사례

남한 사람들은 국내에 입국한 탈북자를 '매우 포용적으로 대할 것이다.'라고 응답한 사례들의 이야기를 들어보자.

탈북자에 대해서 대우를 높여주겠다.

사례 19는 한국에 입국한 탈북자에 대해 한국 정부가 대우를 잘 해주는 것으로 알고 있었다. 북한에 있을 때는 그러한 사실을 몰랐는데 중국에 와서 텔레비전을 통해 한국정부의 탈북자 지원에 대한 내용을 알게 된 것이다.

> 이때까진 뭘 하나도 몰랐 댔는데, 여기 와서 보니까 한국에서 북한 탈북자에 대해서 이렇게 대우를 높여주겠다 이런거 나오디만요. 기런거 보니까네. 북한에서 나온 사람들을, 탈북자들을 저렇게 잘 대해주니까… 그래서 좀 더 생각해보니까, 남한 사람들은 북한 사람들을 매우 불쌍히 여긴다고 할까. 사례 19 | 50대 여성

사례 45 역시 중국에 와서 한국 정부의 탈북자에 대한 지원 내용을 알게 되었다. 특히, 박근혜 대통령이 '탈북자를 한국 사람과 같이 잘 대해주라'고 한 말을 보도를 통해 듣게 되었다. 현 박근혜 정부의 국정과제를 보면 '북한이탈주민 정착지원'에 대한 내용을 많이 강조하고 있다. 사례 45는 보도를 보고 그 내용을 알게 되었다.

> 지금 대통령 박근혜가 말하는 거 듣는데, 북조선에서 온 탈북자들을 한국 사람 같이 더 잘 대해주라고 똑같이 대해주라고, 보

> 도를 들었습니다. 그래서 가고파고 그러는데... 글지 않으면 빨리
> 통일되든가. 사례 45 | 40대 여성

탈북자에 대한 이야기를 중국이 아닌 북한에 있을 때부터 알았다는 경우도 있다. 사례 87은 북한에 있을 때 이미 한국에 간 탈북자들이 많고 한국에서 잘 살고 있다는 이야기를 들었다고 말한다.

> 한국에 많이 살잖아요? 많이 살고 있습니다. 조국에서 들었죠.
> 많이 들었죠. 한국가서 잘 살고 있다? 그런얘기를 들었고.
> 사례 87 | 30대 여성

이처럼 북한주민들은 한국 사람들이 탈북자에 대해 매우 포용적일 것이라고 생각하고 있었다. 그렇다면 우리 사회는 정말 탈북자에 대해 포용적일까?

먼저 이런 질문을 하고 싶다. 여러분들은 국내에 입국한 북한이탈주민과의 결혼을 생각해 본적이 있는가? 그들과 함께 동업을 할 수 있는가? 내 자녀를 북한이탈주민이 교사로 일하는 어린이집이나 학교에 보낼 수 있는가?

아직까지 이런 질문에 선뜻 '그렇다'는 답변보다는 아마도 '아니요'라는 응답이 훨씬 더 많을 것 같다. 실제로 필자가 일반인을 대상으로 한 외부강의에서 이같은 질문을 해 보면 선뜻 그렇다고 대답하는 경우는 거의 없었다.

우리는 '먼저 온 미래'로 표현되는 북한이탈주민들을 향해서 우리라는 정체성보다는 '탈북민', '그들'이라는 구별짓기를 한다. 분명 대한민국의 품에 안겨 엄연히 한국국민으로서 주민등록번호를 부여받은 한국국적자이지만 그들은 제도와 법률상으로만 한국 국민인것 같다. 우리의 인식 속에서 그들은 여전히 우리와는 구별되는 다른 사람으로 여겨지는 것은 아닌지... 북한이탈주민들은 남한 정착과정에서 힘겨워 하는 이유

로 제도와 법률의 문제보다는 우리 사회가 자신들을 바라보는 차가운 시선과 냉대 때문이라고 말한다.

국내에 입국한 북한이탈주민의 수는 2015년 7월 현재 3만 명에 이르고 있다. 북한 인구를 약 2,500만 명 정도로 추정한다면 북한이탈주민의 수는 이제 0.1%를 조금 넘는 수치다. 0.1%의 사람들에 대한 마음 나누기도 제대로 못하면서 우리는 지금 2,500만 북한 주민들과의 통일을 이야기 하고 있다. 우리가 인식하는 그 '다름의 사람들'이 아직 99.9%나 존재하고 있는데...

▍포용적이지 않을 것이라고 응답한 사례

조국을 배반한 사람들

앞서 한국 사람들이 탈북자를 포용적으로 대해 줄 것이라는 의견과 정반대로 포용적이지 않을 것이라 생각하는 사례도 많았다. 사례 14는 텔레비전을 통해 탈북자들의 안 좋은 모습을 본 경우다. 한국 사람들보다 자신 스스로가 탈북민을 별로 안 좋게 생각한다고 말한다. 한국에서 "똑똑히 못 놀기 때문에" 자신은 그들을 별로 안 좋아한다고

> 텔레비를 보니까네, 탈북자들이 가서는 똑똑이 못노니까네. 칭찬을 못받고 살아요. 탈북자의 인식은 별로에요. 사례 14 | 60대 남성

사례 17이 중국에서 전해들은 이야기와 한국영화를 통해 알게 된 내용은 한국사람들이 탈북자에 대해 매우 포용적이지 않다는 점이었다. 그는 한국에서 탈북자를 '천대'하는 것으로 들었다. 중국에서 전해 들은 간접적인

이야기와 더불어 자신이 직접 한국 영화를 통해 본 모습이 교차되면서 더욱 그러한 인식이 확증되었다.

> 뭐, 탈북자 하면 천대하고 기런다고 하대요. 여기 중국에서… 아니 그니까 영화봤대요. 영화봤는데, 탈북자들을 업신 여기구 길더라구. 사례 17 | 50대 여성

사례 27은 탈북자를 '조국을 버리고 간 사람들'로 표현했다. 앞서 사례 27은 '안전하게 나갈 수 있으면 한국에 가겠느냐'는 질문에 "거기 가서 살고 싶은 생각은 없고 그저 구경했으면 좋겠다."라고 대답한 사람이다. 기회가 있어도 남한에 가서 살지는 않고 구경만 하고 돌아와서 고향땅에 살겠다는 그였기에 어쩌면 탈북자들에 대해 '조국을 버리고 간 사람들'이라고 표현할 수도 있을 것 같다. 그는 사상에 결함이 있으면 조국에서 항상 이끌어 준다는 말을 덧붙였다. 결국 그의 표현에 따른다면 탈북자들은 '조국을 배반한 사상에 결함이 있는 사람들'이라는 것이다.

그런데 참 흥미로운 것은 사례 27이 다른 질문에서 응답한 내용이다. 그는 사실 남한 드라마를 보고 배우 송승헌을 너무 좋아한다고 말한 인물이다. 탈북자를 '사상에 결함이 있어 조국을 배반한 사람들'로 표현하지만 정작 자신도 '한국 남성과 하루만이라도 살아봤으면 좋겠다.'고 불과 몇 분 전에 말하기도 했다. 그의 생각을 어떻게 정리하고 받아들여야 할까… 왜 면접 당시에는 이런 대답에 대해 다시 질문하지 못했는지 아쉬움이 남는다. 지금이라도 다시 만날 수 있다면 물어보고 싶지만 사례 27과의 인연은 더 이상 이어지지 않는다. 그와 난 '남한사람, 북한사람'이기 때문에…

> 조국을 버리고 갔습니다. 이전에는 불쌍해서 돼지고기, 이밥에 못 먹어서 불쌍했지만... 자간 배반하지 않았습니까? 높은 곳을 바라보느라 떠났는데... 항상 우리 사상운동 결함 있으면 조국에서 이끌어준다 이런말 있습니다. 그 다시 온 사람들도 있는데.
>
> 사례 27 | 30대 여성

사례 33도 탈북자에 대한 강한 비판을 쏟아냈다. 사실 그의 대답을 듣고 있으면서 불쾌하기도 하고 겁도 났다. 중국에서 북한주민을 만나는 것도 민감한 사안인데 그들과 같이 탈북에 대한 이야기를 하고 있으니 말이다. 그 역시 탈북이라는 말에 민감해졌기 때문일까, 그는 탈북자를 "탈북자놈들"이라 부르며 '나라를 버리고 간 사람들'이라 표현했다.

그의 이야기를 들으며 국내에 입국한 탈북민들을 떠올렸다. 평소 형, 동생하며 친구처럼 지내는 탈북민들을 보며 한번도 그들이 '조국을 버리고 온 사람들'이라 생각해 본 적은 없었다. 그들은 늘 두고 온 고향과 가족들을 그리워했고 하루빨리 통일이 되어 자신이 어릴 적 뛰어 놀던 그 고향땅에 가고 싶어 했다. 고향이라는 말만 들어도 금세 눈물이 그렁그렁 맺혔고, 명절이면 어김없이 북녘 땅이 조금이라도 가까이 보이는 곳에 가서 그렇게 마음의 한을 토해냈던 그들이다.

그들은 '조국을 버리고 온 것'이 아니라 '북한체제'를 버리고 온 사람들이기에 고향과 가족을 버린 비정한 배반자로 낙인찍는 것은 그들을 또 한 번 분단의 비참한 피해자로 만드는 것이라는 생각이 든다. 탈북과정에서 몇 번이나 죽음의 고비를 넘기며 힘들게 찾아 온 한국에서도 탈북자라는 또 다른 신분으로 살아야 한다. 그렇다고 북한으로 돌아갈 수도 없다. 남한에서는 탈북자로, 북한에서는 배반자로 낙인찍혀 이도 저도 갈 데가 없어진 사람들… 그래서 이제는 남한과 북한이 아닌 하나의 조국이 되어야 하는 것이 아닌지…

> 지금 반대로 하믄, 탈북자 보니까네. 탈북자들 일자리 갖기 힘들다고 하는데 지금 탈북자들 미웁다고 합니다. 조선 사람들 한국으로 도망가지 않습니까? 탈북자놈들 못써먹을 새끼들이라고. 왜 그러냐면, 조선 사람들은 일 할 때는 하는데, 조선 사람들이 도둑질이 번번합니다. 그건 사실입니다. 먹기 힘드니까, 조선에서 도둑질 해야지. 한국 간 사람들도 도둑질은 할 겁니다. 나라 놔두고 탈북했나. 사례 33 | 30대 남성

우리가 남조선 가면 간첩이라 하겠지

사례 35는 남한 사람들은 자신들을 절대 포용하지 않고 경계할 것이라고 말한다. 오히려 자신들을 믿지 못하고 간첩이라 생각할 수도 있을 거라고…

> 우리가 남조선에 가면 남조선 사람들이 우리 포용 안하고, 아무래도 경계좀 하겠죠? 간첩이나 그런가 해서… 가면 간첩일까 생각을 하겠죠. 그 사람하고, 그 사람하고 지식수준이 다르니까 경계하고. 사례 35 | 30대 여성

> 의심할 수 있고, 100프로죠. 사람이 믿지 못하니까
> 사례 36 | 30대 여성

탈북했다 다시 돌아온 사람들을 보며

사례 64는 한국에서 탈북자들의 삶이 힘들다고 알고 있었다. 방송에 나오는 것을 잘 믿지 않는다는 그는 오히려 탈북 했다가 다시 북한으로 돌아온 사람들을 보면 정말 한국에서의 생활이 힘들었다는 것을 증명하는 것이라고 말한다.

> 방송에서 나오는건 잘 안 믿는단 말이에요. 왜 그러면, 탈북자들이요 갔다가 다시 온 사람들도 있고, 친구들도 있고 한데, 기렇게 뭐 한국 가서 사니까네 그렇게 생각만큼 좋지는 않대요. 아무래도 차별하는 것도 있고, 주변 사람들이. 그런게 있다고 그러더라고요. 사례 64 | 20대 남성

김정은 시대에 들어서서 국내에 입국한 탈북자 중 북한에 재입북하는 사건이 발생하고 있다. 북한 당국이 선전에 활용하는 것처럼 그들이 정말 남한이 싫어서 다시 '조국의 품에 안긴' 자발적 입북인지, 아니면 북한에 남아 있는 가족들에 대한 북한당국의 위협과 공작으로 인해 유인 납북되었는지 명확히 알 수 없다. 분명한 것은 재입북 한 탈북자들을 북한당국이 정치적 선전선동 수단으로 활용하고 있다는 점이다.

2012년 11월 김광혁, 고경남 부부의 기자회견문 내용을 보면 이들이 남한으로 탈북하게 된 계기는 '남조선 TV극과 색정적인 노래를 들으며' 남한에 대한 호기심과 환상 때문이라고 한다. 또한 남한의 정보원으로부터 남한에 가면 돈을 많이 벌 수 있다는 말에 현혹되었다고 증언한다. 하지만 막상 남한에 가보니 거기는 사람이 살 수 없는 참혹하고 비정한 나라였다고 말한다.

이 증언을 보면 결국 북한 당국은 현재 북한내부에 확산되고 있는 남한 영상물의 폐해를 인지하고 있으며, 남한이 돈만 아는 썩고 병든 자본주의라는 사실을 일반 주민들에게 선전하고자 하는 의도를 알 수 있다. 재입북 사건이 한 두 번이 아니라 지속적으로 이루어지면서 최소한 사례 64의 증언을 보면 일단 북한 당국의 정치선전의 효과는 달성된 듯하다. 사례 64는 평소 방송을 통해 탈북자들이 한국에 가서 잘 살아가는 모습을 믿지 않았다고 한다. 그런데 정말 한국에 갔다가 다시 돌아온 탈북자들을 보면서 이러한 생각은 더욱 확실히 굳어졌다고...

김광혁, 고경남 부부 기자회견문 내용

그동안 나는 그자가 안내해준 집에 숨어 있으면서 남조선TV극과 색정적인 노래들을 보고 들었다. 그 과정에서 남조선에 대한 호기심과 환상이 싹트게 되었고 또 안호근은 남조선에 가면 많은 돈을 벌 수 있다고 계속 나발을 불어댔다.

안전하게 나갈 수 있다면 남한에 갈 것인가?

북한에서 안전하게 나갈 수만 있다면, 북한 주민들은 '남한이 훨씬 살기 좋으므로 적극적으로 나갈 것이다.' 66명, '북한보다는 남한이 비교적 나을 것 같기 때문에 기회가 된다면 나갈 생각이 있다.' 21명, '남북한의 차이를 잘 못 느끼기 때문에 별로 나갈 필요성을 느끼지 못한다.' 8명, '남한에서 살기가 더 힘들기 때문에 전혀 나갈 생각이 없다.' 5명으로 조사되었다. 정도의 차이는 있지만 전체 응답자 중 87명이 남한으로 가기를 희망하고 있는 것으로 나타났다.

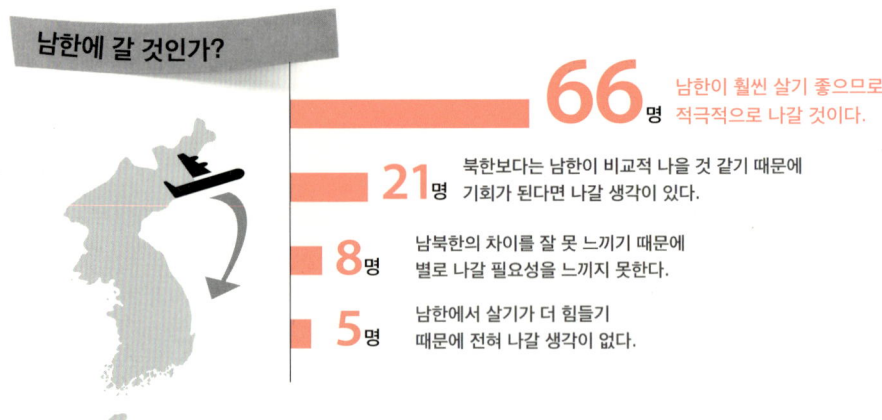

중국 현지에서 북한 주민들과 면접을 하면서 남한에 가보고 싶은가라는 질문 역시 매우 민감한 내용이었다. 경우에 따라서는 마치 탈북을 권유하는 것으로도 들릴 수 있기 때문이다. 우리는 '북한에서 안전하게 나갈 수 있다면'이라는 조건을 붙여 질문했다. 북한주민들이 '북한에서 안전하게 나갈 수 있다.'는 조건을 어떻게 받아들였는지는 응답자들 마다 다소 차이가 있었다. 남한이 훨씬 살기 좋으므로 적극적으로 나갈 것이라고 응답한 사례를 들어보자.

남한이 살기 좋으므로 나갈 것이라고 응답한 사례

자기 일한 거 만큼 돈벌구 하니까

사례 15는 한국에 가서 식당을 운영하고 싶다고 했다. 평소에 음식 만들기를 좋아하기 때문에 한국에 가서 식당을 하면 잘 할 자신이 있다고 말한다. 한국 텔레비전을 보면서 조선음식과 한국음식이 비슷하다고 느꼈다. 사례 15가 한국에 와서 개업할 식당에는 어떤 메뉴의 음식이 차려질지 궁금해 진다.

> 나는 남한에 가면 식당을 운영하고파요. 내가 이렇게 찬을 하기 좋아하니까네. 거기가서 하면 잘될 것 같아요. 어쨌든 조선음식이나 한국 보니까네 한국음식이나 비슷하니까네. (질문자 : 뭘 보니까?) 한국 텔레비를 보니깐요. 사례 15 | 50대 여성

국내에 입국한 북한이탈주민 가운데 북한음식점을 실제로 운영한 사례가 많다. 평양냉면, 함흥냉면으로 대표되는 북한음식점은 사실 한국 사람들에게 큰 인기를 얻지는 못했다. 반세기가 넘는 분단의 시간은 남북한 사람들의 입맛도 바꾸어 놓았다. 사례 15가 한국음식과 조선음식이 비슷하다고 말하지만 정작 북한이탈주민들이 국내에 입국하여 초기에는 한국 음식이 입에 잘 맞지 않아 고생하는 사례도 많다. 북한음식 전문 식당이 한국에서 성공하지 못하는 이유는 무엇일까? 사례 15가 만약 한국에 온다면 그가 운영하는 북한음식 전문 식당은 성공할 수 있을까?

사례 16에게 한국은 자신이 하고 싶은 일을 마음대로 할 수 있는 나라

로 인식되었다. 사는 것도 재미나고 무엇보다 자기가 일한 만큼 돈을 벌 수 있다는 점이 좋다고 말한다. 지금 북한에서는 '장마당에서 장사를 해도 회수 당하는데 남한은 자기가 할 수 있는 일을 자유롭게 하고 돈을 벌 수 있다는 점이 좋다.'고 말한다.

> 살기도 재미나구 자기 일한거 만큼 돈벌구 하니까… 돈 많이 보다도, 일할 수 있으면 하고픈 거 하잖아요. 거기는 가서. 우리 조선에서는 내가 뭘 좀 하려면 단속하고 또 잡아 뺏들이구. 장마당도 조금 미리 가면 다 뺏들이고, 회수하고 그런단 말이에요.
> 사례 16 | 50대 여성

사례 17도 한국에 가면 마음대로 장사를 하고 싶은 게 꿈이라고 말한다. 지금은 어떤 장사를 어떻게 해야 할지 모르지만 남새(채소)를 비롯해 무엇이든 팔아서 돈을 벌고 싶다고 말한다.

> 난 고저 아무것도 없고, 그저 장사하고 파요. 남새를 나가팔든, 고저 뭐든 팔고 파요. 사례 17 | 50대 여성

남한에 자유가 있지 않습니까

북한 주민들은 남한에 가서 장사를 하든 일을 하든 무엇보다 남한에 가보고 싶은 이유로 자유가 있다는 점을 제일 큰 이유로 꼽았다. 사례 43역시 남한이 자유롭기 때문에 가보고 싶다고 말했다. 그에게 자유란 어떤 의미인지 질문해 보았다.

> 자기가 힘든거 일하면, 다 자기꺼고 조선에 들어오면 말도 뭐 이렇게 단속하는 것도 없고. 평가를 마음대로 하지 못하잖아요. 거기서는 보면 보는대로 말을 할 수 있거든요. 우리 북조선에서는 보구도 말을 못하게 하니까. 사례 43 | 50대 여성

사례 43이 생각하는 자유는 '사람이 말을 마음대로 할 수 있는 것'이었다. 자신이 보고 느낀 것을 마음대로 말하지 못하는 북한과 비교해 보면 말 한마디라도 마음대로 할 수 있는 게 바로 자유였다. 한국에 살고 있는 우리들은 '말을 마음대로 할 수 있다.'는 점이 누군가에게는 부러움의 대상이 된다는 사실을 알고 있을까? 자유란 바로 '말을 마음대로 하는 것'이라는 북한 주민들…

남한에 가보고 싶은 이유 중에는 남한의 경제적 발전이나 자유 때문이라는 이유도 있었지만 지금까지 북한에서 태어나 살았으니 남은 생은 한국에 가서 한번 살고 싶다는 사례도 있었다.

> 같은 조선이니까, 우리가 조선에 태어났으니까 한국에 가서 한번 살아가고파서… 사례 49 | 60대 남성

조선에서는 아무리 노력해도 안되잖아요.

사례 35는 남한에 가면 자유롭게 돈을 벌 수 있다는 점이 좋다고 말한다. 너무나 확신에 찬 목소리로 대답하기에 남한에 가면 돈 많이 벌 자신이 있냐고 되물어 보았다.

> 많이 벌어야지요. 조선에서는 아무리 노력해도 안되잖아요. 그래서 우린 통일을 바라지요. 잘살기를 바라고. 여기 주구 저기

> 주구하믄 남는거 없단 말이에요. 하도 뜯어 먹어서... 중국에 갔다 올래면, 뭘해달라 뭘해달라... 사례 35 | 30대 여성

돈을 많이 벌 자신도 있지만 무엇보다 북한에서는 아무리 노력해도 안 된다는 사실이 더욱 그로 하여금 남한에 가보고 싶은 생각을 갖게 했다. 중국에 한번 방문하려 해도 여기저기 뇌물을 주고 또 요구하는 것도 많으니 제대로 살아갈 수가 없다고 한다.

그런데 최소한 한국에 가면 자신이 일한 만큼 벌 수 있고 또 지금의 노력으로 남한에 가서 일하면 충분히 잘 먹고 잘 살 수 있을 거라 확신했다. 사례 35의 바램처럼 한국은 아니 통일된 한국은 정말 기회의 땅이 될까? 자신이 일한 만큼 돈을 벌고 잘 먹고 잘 살 수 있는 그런 나라가 될까?

남북한의 차이가 없기 때문에 별로 나갈 필요성을 느끼지 못한다고 응답한 사례

중국에서 남한 사람과 면접을 하는 자리라 그랬을까, 아니면 진심으로 그들의 생각이었는지 지금도 여전히 궁금하지만 "남북한의 차이가 없기 때문에 별로 나갈 필요성을 느끼지 못한다."라고 응답한 북한 주민들도 있었다. 분명 그들도 남한이 경제적으로 잘 살고 있다는 점을 알고 있었을 텐데 남북한의 차이가 없다고 단호히 대답했다. 그들의 이야기를 들어보자.

우리 제도는 좋은데 지금 당장 먹고 살기가 힘들어서

남북한의 제도와 사상을 비교하면서 북한의 제도가 좋은데 지금 당장

먹는 문제로 인해 어려울 뿐이라고 말하는 북한주민도 분명 있었다. 사례 19의 고향은 평양이었다. 그래서였을까, 평양에 사는 자신과 지방사람들을 분명히 비교했다. 북한이 경제적으로 어려운건 사실이지만 제도와 사상이 좋기 때문에 평양사람들은 절대 나가지 않을 거라고 말했다.

> 조선 사람들은 사상적으로 그렇게 제도가 좋다는 게 많이 느꼈기 때문에 지금 먹고살기가 힘들어서 그렇지. 다르고 하는건... 지방사람들은 조금 힘드니까, 먹고살기 힘드니까 나갈거라 그러지. 우리는 그러진 않습니다. 나가는건. 사례 19 | 50대 여성

그는 지방사람들의 경우 먹고살기 힘들기 때문에 나갈 수도 있을 거라고 말했다. 한가지 흥미로운 사실은 사례 19에게는 '남한사람, 북한사람'이라는 구별보다 오히려 '지방사람과 평양사람'이라는 구분이 더 강한 것처럼 느껴졌다는 점이다.

'평양사람'과 '지방사람'에 대한 구분은 북한주민과의 면접은 물론 국내에 입국한 북한이탈주민들과 이야기를 나누면서도 많이 들을 수 있다. 평양에 대한 자부심은 북한이탈주민들이 하나원 수료[4] 후 주거지를 배정받을 때 잘 드러난다. 한국에 왔으면 '지방이 아닌 반드시 서울에 살아야 한다.'고 생각하여 거주지로 서울을 신청하는 경우가 대부분이다.

어느 북한이탈주민 담당 형사로부터 들은 재미있는 일화를 하나 소개한다. 하나원을 수료하고 수도권 지역을 거주지로 배정받은 한 북한이탈주민을 집까지 데려다 주기 위해 자신의 자동차로 태워 가던 중이었다. 서울을 벗어나자 그 북한이탈주민이 '지금 어디로 가느냐?'고 묻길래 '안산'으로 배정되어 가는 길이라고 말했주었다. 그랬더니 그분이 하는 말이 "차 세우라. 나를 어떻게 보고 말이야"였다고... 북한에 있을 때 평양에서 살았던 그 북한이탈주민은 당연히 자신은 서울에서 살아야 한다고 생각한 것이다.

필자가 직접 겪은 사례에서도 평양에 대한 자부심을 확인할 수 있는 일화가 있다. 어느 한국영화에 나온 대사 중에 "나 이대 나온 여자야"라는 말이 화제가 된 적이 있다. 평양출신의 어느 북한이탈주민을 만났을 때 "정말 평양에 대한 자부심이 있나?"고 묻자 그녀가 하는 말...

"선생님. 한국에 '나 이대 나온 여자야'라는 말 있지요. '나 평양에서 온 여자야...'였다.

그러면서 그녀가 덧붙인 말은 한국에는 서울사람이나 그 어느 지방사람도 주민등록증이 다 똑같지 않냐고... 하지만 북한에서는 공민증(한국의 주민등록증과 같은 신분증을 의미)색깔부터 평양사람과 지방사람이 달랐다고 말했다. 또한 지역 이동에 대한 허가를 받을 때 국경여행증에는 한 줄만 표시되지만 평양을 방문할 때는 여행증에 두 줄이 표시될 정도로 차이가 있었다고 한다. 그것도 개인의 사적인 용무로 지방 사람들이 평양에 들어오는 경우는 매우 어려웠다고...

제 고향이 낫지요.

남한에 가기보다 북한에서 사는 것이 더 좋다고 응답한 사례의 경우 남북한의 수준 차이로 인해 남한에 가면 훨씬 더 살기 어렵다고 말하는 경우도 있었다. 남한에 갔을 때 일자리도 주고 고생 안하면 남한에 가는 것이 좋지만 지금과 같아서는 남한에서의 생활이 더 어려울 것으로 인식했다. 중국에 잠시 왔다가 북한에 돌아가는 것처럼 설령 남한에 간다고 해도 돈을 번 다음 고향으로 돌아가서 살겠다고 한다. 사례 28은 아무래도 제 고향이 낫다고 했다.

가서 직업도 다시 적응해야 되고, 모든 거 다시 또 시작해야 되니까. 가서 뭐, 고생안하고 일자리 다 해주고 뭐 한다면 갈수야 있지. 그렇지만 다시 가서도 중국처럼 갔다 돌아 와가지고 다시 혼자서 시작을 하게되면, 제 고향이 낫지요. 사례28 | 40대 여성

사례 27은 한국이든 북한이든 수준에 맞게 안전한 곳에서 일자리만 있으면 된다는 생각이다. 그에게도 한국은 안정된 일자리를 통해 돈을 벌 수 있는 곳이지 계속 살고 싶은 마음은 없었다. 그저 구경하고 돈 벌고 다시 북한에 돌아가서 살겠다는 사례 27의 대답을 통해서 보면 자신이 태어난 고향의 남다른 의미를 또 한번 찾을 수 있을 것 같다.

나는 그저 한국가도 편안하구, 조선에서 있어도 자간 모든 조건이 좋으면 됩니다. 직업이나, 내 맞는 수준에 따라. 사발까시든, 빨래하든 조건 따라서 수준 맞으면 이게 있겠습니다. 그저 안전한 곳에서 일자리만 있으면 됩니다. 저는 거기 가서 살고 싶은 생각은 없고 그저 구경했으면 좋겠습니다. 사례 27 | 30대 여성

사례 12도 자신이 태어난 고향집에서 사는 것이 훨씬 좋다고 말한다. 호기심으로 한번 정도는 남한에 가볼 수 있지만 거기서 살고 싶은 마음은 없다고 딱 잘라 말한다.

아무리 좋은 집이라도... 자기가 살던 집이 더 좋고 그러니까... 살기 힘들어서 가는 사람도 있고 안가는 사람도 있고 호기심으로 가고 싶은 사람도 있고 나는 그냥 한번 가보고 싶을 뿐이다.
사례 12 | 50대 여성

사례 84에게도 북한은 고향이자 자기가 원래부터 닦아온 터였다. 자기가 살아온 터에 남아 있는 게 더 좋을 것 같다고 말하는 사람들...

> 자기 터가 있기 때문에, 원래부터 닦은 터가 있기 때문에, 거기 남아있는 게 좋을 것 같습니다. 사례 84 I 50대 남성

흔히 국내에 입국한 북한이탈주민들을 향해 고향을 버리고 온 사람들이라 비난하는 경우가 종종 있다. 이번에 북한주민을 면접하며 북한 사람들 역시 자신이 태어나고 자란 고향을 얼마나 소중하게 생각하는지 새삼 알 수 있었다. 그런 고향을 등지고 온 북한이탈주민들이기에 그 마음이야 오죽 안타까울까.

"북한체제가 싫어서 남한에 왔지, 고향을 버리고 온 것은 아니다."라는 어느 북한이탈주민의 말처럼 그들이 다시 고향으로 돌아갈 수 있는 유일한 길은 통일뿐 임을... 우리가 만난 북한주민 역시 통일이 되면 남한에 가서 돈도 벌고 자유롭게 생활하는 것이 좋지만 결국 자신의 고향으로 돌아가서 살겠다는 생각이 강했다. 고향을 떠나와 돌아가지 못하는 사람들, 그 사람들이 바로 분단의 가장 큰 피해자이지 않을까...

젊은 사람들이야 가고 싶어 하겠지

사례 29도 자기가 태어난 제 땅에서 사는 것이 좋다고 말한다. 나이가 든 사람들은 남한에 가기보다 고향에 머물러 있는 것이 좋지만, 젊은 사람들은 당연히 한국에 가고 싶어 할 것이라고 말한다. 세대간 차이를 뚜렷하게 보여주고 있는 그의 대답을 통해 현재 북한의 이른바 새세대들과 기성세대들의 분명한 인식차이가 있음을 알 수 있었다.

좀 젊은 사람들이 그런 생각이 있다고요. 사실대로, 우리 같은 나이 있는 사람들은 제 땅에 고저 주저앉고 싶은 생각인데, 젊은 사람들은 나가고 싶어한다고 그래요. 사례 29 I 60대 여성

**남한에서 살기가 더 힘들기 때문에
전혀 나갈 생각이 없다고 응답한 사례**

거기 가서 우리가 견뎌내기 힘들 것 같아

남한에 안전하게 갈 수 있다 해도 절대 가지 않을 것이라 말하는 주된 이유는 남한에서의 삶이 결코 녹록치 않다는 점을 잘 알고 있기 때문이라고 말한다. 중국에 와서 경험한 중국의 경제발전 현실만 보더라도 지금의 북한과는 비교조차 할 수 없는데, 중국보다 수준이 더 높은 남한에 가면 견뎌내기 힘들 것 같다고 말한다. 사례 24는 특히 젊은 나이면 모르겠지만 자신과 같이 나이 든 사람이 한국에 가면 오히려 지금보다 더 힘든 생활을 할 것이라고 말했다.

중국이 북한보다 생활수준이 낫지 않습니까? 높은데, 여기에 실지 와서 보니까 살아가는 게 간단치 않더라고요. 하여튼, 우리가 이 상태에서 한국은 중국보다 좀 더 높은 걸로 본다구. 거기가서 우리가 견뎌내기는 더 힘들 것 같기 때문에... 내 수준으로 가서는 이거이 융합되지 못하겠다. 젊어서는 모르죠. 이제는 나이가 들었기 때문에 사례 24 I 60대 남성

중국도 아마 절반은 사회주의나 같은데 처음부터 마지막까지 저이가 신경을 써야 하니까, 조선에서야 뭐 아이낳고 아프고 병나면 병원가서 돈 쓰고 그럴 일이 없으니까. 지금이야 경제가 어

렵지만 뭐 앞으로 풀릴 겁니다. 나라 경제가 좀 나아졌으면서리 우리 조국에서도 백성들 경제를 많이 풀갔다 하니까.

사례 75 | 30대 남성

사실 사례 75의 대답을 들으면서 내심 화도 나고 안타까운 마음이 들었다. 남북한의 수준차이가 난다는 것을 분명히 인식하고 있었지만 그렇기 때문에 남한보다 오히려 북한에서 사는 것이 더 좋다는 말은 남한 사람으로서는 잘 이해가 되지 않았다. 아무리 수준차이가 나더라도 자유를 억압당하는 북한 사회에서 사는 게 어떻게 남한에서 사는 것보다 더 좋을 수 있을까 라는 생각이 먼저 앞섰다. 무상치료, 무상교육을 강조하는 북한이지만 이미 북한의 의료체계는 열악한 경제사정으로 인해 붕괴되었다고 해도 과언은 아니다. 제대로 된 약 하나 없이 병원 자체가 제대로 가동되지 않는 북한으로 알고 있는데 사례 75는 자신이 살고 있는 체제를 자랑하기에 바빴다.

면접자가 주관적인 의지를 배제하고 철저히 중립적인 입장에서 인터뷰 하는 것이 당연하지만 사례 75의 이야기를 계속 들으면서 나도 모르게 목소리를 높였던 기억이 난다. 정말 무상치료를 아직도 해줘요? 아프면 병원에 갈 수나 있어요? 하며 재차 질문을 거듭했다. 마치 거짓말을 하는 범죄자를 심문하듯이 말이다. 지금 돌이켜 보면 사례 75 역시 자신이 거짓말을 하고 있을지라도 남한 사람에게는 평소 학습 받은 내용대로 대답할 수밖에 없었을 것이라는 생각도 든다. 아니면 정말 그의 말처럼 무상교육과 무상치료가 제대로 이루어지고 있을지도 모를 일이다. 그의 고향이 평양이었다면 그가 지금 자랑하고 있는 곳은 북한이 아닌 평양일지도 모르겠다. 사례 80도 남한에서의 생활이 오히려 더 힘들다고 인식했다. 아는 사람도 없는 곳에 가서 낯선 사람들과 부딪히며 잘 적응하지 못할 것 같다고 말한다.

우리가 힘들단 말이야. 왜그러냐면, 거기 사람들이 내가 척 왔는데 잘 살지 못하는 이상은 여기가 낫지. 거기가서 사람을 잘 모르니까 적응을 못한단 말이야. 그렇지 않아요. 사례 80 | 40대 남성

남북한 군사력의 차이는?

군사 수준

남한이 북한을 무력으로 침공할 가능성이 얼마나 있다고 생각하십니까?

남한의 군사력 수준이 북한에 비해 어느 정도 수준이라고 생각하십니까?

북한의 핵무기가 남한에 얼마나 위협적일 것이라고 생각하십니까?

남한이 무력으로 북한을 침공할 가능성은?

북한 주민은 남한이 무력으로 북한을 침공할 가능성에 대해 '많이 있다.' 7명, '다소 있다.' 14명, '별로 없다.' 13명, '전혀 없다.' 65명으로 응답했다. 전체적으로 볼 때 78명이 남한이 북한을 무력으로 침공할 가능성은 낮은 것으로 인식했다.

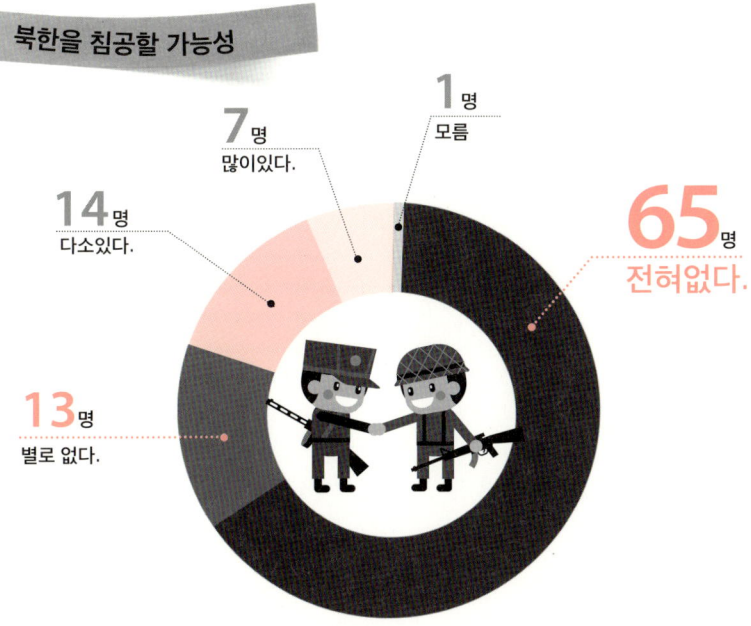

북한을 침공할 가능성

- 1명 모름
- 7명 많이있다.
- 14명 다소있다.
- 13명 별로 없다.
- 65명 전혀없다.

▮ 북한을 무력으로 침공할 가능성이 없다고 응답한 사례

남한이 북한을 무력으로 침공할 것 같지는 않다고 생각하는 북한주민들의 이야기를 직접 들어보자. 미국의 '대조선적대시정책'에 맞서기 위해 늘 전쟁준비를 하며 적대감을 높이는 북한당국의 사상학습에도 불구하고 왜 그들은 남한의 침공 가능성을 낮게 보고 있을까?

잘 사는 사람이 못사는 사람을 도와줄려고 하지

남한이 북한을 군사적으로 먼저 침공하지 않을 것이라는 인식은 무엇보다 남한의 발전된 경제력 때문이라고 한다. 한국이 북한보다 훨씬 더 잘 사는데 굳이 무력으로 침공할 이유는 없다는 것이다. 오히려 잘 사는 사람이 못 사는 사람을 도와 줄려고 하지 나쁘게 할 것 같지는 않다고 말한다.

> 잘 사는 사람이 못사는 사람을 도와줄라 그러디. 칠라고 하겠나
> 사례 35 ㅣ 30대 여성

사례 37도 한국은 북한보다 훨씬 더 잘사는 나라로 인식했다. 그런 한국이 굳이 북한이 도발을 감행하지 않는 이상 먼저 전쟁을 일으킬 거라고는 생각지 않았다.

> 남조선은 잘 살고 우리는 못살잖아요. 그러니까 한국은 실제 조선에서 도발을 걸지 않는 이상 전쟁을 일으키지는 않을 것 같아요. 사례 37 ㅣ 40대 남성

사례 78에게도 남한은 북한을 도와 줄 나라였지 무력으로 침공할 나라로 인식되지는 않았다.

> 그저 도와줬으면 도와줬지 그런건 없을 것 같습니다.
> 사례78 ㅣ 50대 여성

북조선이 한국 치면 쳤지

　잘 살고 힘 있는 나라가 전쟁을 일으키면 어떻게 될까? 더 잘 살게 될 수 있을까? 사례 66은 분명히 아니라고 말한다. 왜냐하면 잘 사는 나라가 전쟁을 일으키면 다 같이 힘들어지기 때문이라는 것이다. 한국이 잘 살기 때문에 북한이 공격하면 했지, 남한이 먼저 공격할 일은 없다고 자신 있게 말했다. 북한은 자포자기 마음으로 전쟁을 일으킬 가능성이 있지만 남한은 절대 그러지 않을 것이라는 생각이었다.

> 한마디로 말해서, 북조선이 한국 치면 쳤지 한국이 북조선을 치진 않을 것 같아. 아무래도 잘사는 나라가 인자처럼 전쟁 일으키면 그렇게 다 힘들어지잖아요? 북조선에서는 없는 나라라서 '에라 모르갔다' 하고 치면 쳤지. 사례 66 | 40대 남성

　남한이 경제적으로 잘 살기 때문에 북한을 공격하기보다 오히려 북한이 자포자기의 심정으로 남한을 공격할 수도 있을 것이라 생각하는 북한주민들... 그들의 이야기를 들으며 남한의 경제적 발전상을 잘 알고 있다는 점도 인상적이었지만 발전된 나라가 전쟁을 일으키면 함께 힘들어 질 수 밖에 없을 거라고 생각하는 것도 놀라웠다.
　사례 14도 남한이 북한을 먼저 공격하지는 않을 것으로 인식했다. 흥미로운 점은 앞서 다른 사례들처럼 남한이 경제적으로 발전한 것도 있지만 북한보다 "수준이 높기 때문에" 먼저 침략할 가능성은 낮다는 것이다. 또한 적대국으로 교육받은 남조선의 대통령을 직접 언급하며 남북정상회담을 하려는 모습을 보면서 절대로 남한이 먼저 북한을 공격하지는 않을 것이라 확신하고 있었다.

> 지금 자본주의 나라고 어디까지나 한국 수준이 보면 높아요. 박근혜도 지금 뭐 정치를 잘하고 있더만요. 어떻게 해서 남북이 또 정상회담도 하려하고, 그렇기 때문에 절대 남조선에서 북조선을 먼저 치진 않아요. 사례 14 | 60대 남성

우리가 한민족인데

남한이 북한을 무력으로 공격할 가능성을 묻는 질문에 일부 응답자들은 다소 어이없는 질문이라 생각하는 것 같았다. 질문을 하는 필자나 자신은 같은 한민족인데 무력으로 서로를 침략할 가능성을 묻는 질문이 다소 생뚱맞게 들렸을 수도 있다. 하지만 아무리 한민족이라 해도 우리는 엄연히 민족상잔의 비극을 한번 경험했기에 한민족이라는 이유만으로 전쟁의 가능성이 낮다고 보기는 어렵지 않을까…

특히 '남한과 미국의 대조선적대시 정책에 대항하기 위해 밤낮으로 전쟁 준비를 하고 있다.'는 북한의 사상학습 내용을 생각하면 남한의 무력 침략에 의한 전쟁 가능성의 질문은 그리 이상한 것도 아니었다. 그럼에도 북한 주민의 생각은 필자와 달랐다.

> 한민족인데, 군사로 그렇게 할 가능성은 없을 것 같습니다.
> 사례 30 | 50대 남성

사례 52 역시 남한이 먼저 무력으로 침략할 가능성은 없고 오히려 북한이 그럴 수 있다고 말했다. "한국 사람들은 안 그래…"라는 말을 북한 주민에게 들으면서 가슴이 먹먹해 졌다. 적대와 증오감으로 가득 차 '미제국주의의 식민지인 남조선 인민을 해방시켜야 한다.'고 교육 받는다는 북한주

민의 입에서 "한국 사람들은 안 그래."라는 말은 그동안 우리가 서로에 대해 얼마나 잘못된 선입견을 갖고 있는지 여실히 보여주었다. 필자와 마주한 북한 주민은 그의 말처럼 "우리가 한민족인데…"라는 단 한마디 말로 정의될 수 있는 사이였는데 말이다.

> 그건 북한에서 기래. 북한에서 남한을 칠라고 그러지. 한국사람들은 안그래. 그럴 수 없다고. 우린 항상 한국 사람들을 좋게 보니까. 한민족과 같으니까 사례 52 | 60대 여성

"우리가 한민족인데…"라는 말은 사례 76을 통해 다시 한 번 들을 수 있었다. 남북한이 한민족이고 또 한국이 선진국이기 때문에 굳이 북한을 공격할 이유는 없다고 분명히 말한다.

> 우리가 한민족인데, 그리고 또 본래 한국이 선진국이고 문명국인데 왜 북조선을 치겠어요. 실체가 있어요? 저는 절대 칠 가능성이 없다고 봅니다. 사례 76 | 60대 남성

조선에 핵이 있으니까 함부로 치지 못해

앞서 만난 북한주민들은 남한의 경제 발전을 잘 알고 있었고 "발전된 나라가 굳이 전쟁을 일으킬 이유는 없다."는 인식이었다. 또한 "우리는 한민족"이기 때문에 남한이 북한을 공격할 가능성은 낮다고 말했다. 하지만 이와는 정반대의 생각을 가진 북한주민들도 있었다. 한국이 북한을 공격하지 못하는 이유는 바로 북한이 보유하고 있는 핵무기 때문이라는 것이다. 북한 당국이 그토록 강조해 온 "핵 억제력" 주장이 그대로 드러나는 순간이었

다. 사례 36의 증언은 '미국놈들도 함부로 하지 못하는 나라, 핵을 보유한 나라'에 살고 있다는 자부심이 그의 목소리에 마치 그대로 드러나는 듯 했다.

> 왜기냐면, 조선에 핵이 있으니까. 함부로 치지 못할 거라 절대로. 사례 36 | 30대 여성

남북한이 한민족이기 때문에 남한은 북한을 절대 무력으로 침략하지 않을 것이라고 말하는 북한 주민이 있는가 하면, 북한이 핵을 보유하고 있기 때문에 남한이 공격을 못할 것이라고 생각하는 북한주민도 있었다. 핵무기를 포함하여 북한이 "더 쎄기 때문에" 남한은 절대 공격하지 못할 것이라고 한다.

> 우리 조선이 더 세니까. 사례 85 | 20대 남성

북조선에서 무기 쏘면 남조선 다 없어져

심지어 남한이 무력으로 북한을 침략할 경우 북한이 갖고 있는 무기를 통해 남한도 결코 무사하지는 못할 것이라고 말했다. 사례 46과의 대화는 처음에는 서로 웃음도 지으며 분위기 좋게 시작했다. 그 역시 지금까지 인터뷰한 북한 주민들과 별반 다르지 않았고 중국에 와서 한국산 제품도 사용해 보며 한국에 대한 호감을 갖고 있었다.

그런데 남한이 무력으로 북한을 침략할 가능성이 있는가라는 질문을 받았을 때 그의 표정은 굳어졌다. 잠시간의 정적이 흘렀고 사실 그 짧은 순간 말로 표현할 수 없는 그 분위기는 공포감 그 자체였다 해도 과언은 아니다. 금세 친구처럼 지낼 것만 같았는데 정작 정치적으로 민감한 질문 앞에

서 여지없이 필자와 그는 남한사람과 북한사람으로 확연히 구분되었다.

> 만약에 그렇게 하면 남조선도 다 없어져. 북조선에서 고저 무기 다 쏘면. 사례 46 | 70대 남성

사례 86도 남한이 무력으로 북한을 침략할 가능성을 낮게 보았는데 그 이유는 역시 북한이 더 힘이 세기 때문이라고 한다. 국가에 대한 자부심이 었을까, 아니면 흔히 북한 사람을 두고 말하는 '마지막 자존심' 때문이었을까 굳은 결의에 찬 그의 목소리가 떨리고 있었다.

> 만약에 일어나게 되면, 우리 조국이 더 셀 것 같습니다. 그래서 못 칠 것 같습니다. 사례 86 | 50대 남성

사례 43의 증언은 사실 필자를 더 긴장하게 하는 대목이었다. 남북한이 전쟁이 나면 비록 북한이 진다고 해도 '같이 죽자'는 그런 마음으로 끝까지 싸우겠다고 한다.

> 만약 너하고, 나하고 싸움해서 내가 진다 해도 같이 죽자. 이런 생각이. 사례 43 | 50대 여성

그의 말을 들으며 내가 왜 이 중국에 와서 그들을 만나고 있어야 하는지에 대한 의미를 다시 한번 되새기게 되었다. 남북한이 함께 잘 살 수 있는 길을 찾고자 북한주민들을 직접 만나고자 한 것이다. '죽기를 각오하고 싸우되 설령 진다해도 같이 죽겠다.'는 그들의 마음을 돌려 함께 잘 살기를 바라는 마음이 그들에게 그대로 전달되었으면 좋겠다고 소원했다. 사례 43과의 인터뷰를 마치고 다른 사람들 보다 더 뜨겁게 포옹하며 정말 남북한이 전

쟁이 나는 일은 절대 없도록 함께 노력하자는 말을 전했다. 마주잡은 두 손으로 결코 서로를 해치지 말자고 말이다.

제3차 세계대전이 날 수도 있으니까

사례 80의 대답도 매우 흥미롭다. 그는 남한이 북한을 무력으로 침략하게 되면 제3차 세계대전이 발생할 수 있기 때문에 절대 남한이 그렇게 하지 않을 것이라고 했다. 미국과 중국의 패권 경쟁이라는 세계정세에서 한반도의 전쟁은 그의 말처럼 세계대전으로 확산될 가능성이 충분하다. 주변 강대국들의 힘겨루기 속에서 남북한이 함께 잘 살아갈 수 있는 방법은 무엇일까? 사례 80의 증언으로 미루어 보면 최소한 전쟁은 남북한 모두의 공멸임은 분명해 보인다.

> 기렇게 하게 되면, 통일될 가능성이 힘들고 어차피 세계 3차 대전으로 넘어가니까. 사례 80 | 40대 남성

■ 북한을 무력으로 침공할 가능성이 있다고 응답한 사례

지금까지의 사례와 달리 남한이 북한을 무력으로 침공할 가능성이 있다는 의견도 있었다. 앞서 만나본 북한주민들의 증언과는 전혀 다른 관점에서의 이야기를 들어보자.

조선이 독재주의 아닙니까

먼저 사례 25는 북한이 독재주의라는 표현을 썼다. 북한주민의 입에서

자신이 살고 있는 나라를 '독재주의'라 말한 것에 대해 순간 놀라지 않을 수 없었다. 그러나 더욱 놀라운 것은 그 독재주의 때문에 남한이 북한을 무력으로 침공할 가능성이 있다고 본다는 점이었다.

> 조선이 독재주의 아닙니까. 그러니까 남조선이 조선을 무력으로 침공할 가능성 약간 있다고 봅니다. 사례 25 | 50대 여성

미국놈들 북조선에 전쟁 일으키면

남한이 북한을 무력으로 침공할 가능성이 높은 것은 미국의 지원 때문이라고 생각하는 경우도 있었다. 인터뷰 당시 한미군사훈련이 진행되는 시기여서 중국에서 뉴스를 통해 이러한 소식을 접한 북한주민들은 한국과 미국이 훈련을 하면서 정세가 긴장되면 전쟁 가능성도 있다고 봤다.

> 자간 뭐, 조선에서야 듣는 거야 자꾸 서해안이나 동해안에 와서 한국하구, 미국하고 인제 지금도 훈련 중에 있잖아요. 훈련 시작하지 않았어요? 훈련하면 정세가 긴장되니까 쳐들어 올 그런 상태니까 이 전쟁이 터지지 안칸나, 그런 말하고 있지요.
> 사례 39 | 50대 남성

사례 42와 97도 미군이 한국에 들어와서 훈련하는 것이 한반도 정세를 긴장시키는 요인으로 인식했다. 무기를 계속 개발하기 때문에 남한이 무력으로 북한을 침공할 가능성은 충분히 있다는 인식이었다.

> 우선 미군이 많이 들어오잖아요. 현재 보면, 무기들이 계속 만들어지니까. 사례 42 | 30대 남성

> 침공할 가능성 있죠. 미사일 개발하구... 미국에서 도와주고 그래서 사례 97 | 10대 여성

아이들도 총 가지고 싸울 수 있단 말이에요.

사례 51은 다소 격앙된 목소리로 "미국놈들"이라고 표현했다. 남한이 무력으로 북한을 침공할 가능성에 대해 질문했는데 그의 대답은 '미국놈들이 북조선에 전쟁을 일으키면…'으로 시작했다. 아이들도 총을 들고 싸울 준비가 되어 있다는 그의 말에 또 한 번 분단의 현실을 실감하게 되었다.

처음 만남에 많은 것을 기대하면 안 되지만 그래도 섭섭한 감정은 지워지지 않았다. 다소 어색하기는 해도 그저 사람과 사람으로 만나 두 시간 가량을 이야기 했는데 막상 정치적 이야기가 나오자 그의 목소리는 격앙되었고 적개심 가득한 얼굴은 방금까지 함께 웃음을 나누던 모습이 분명 아니었다.

> 만약에 미국놈들 북조선에 전쟁 일으키면 우리 북조선 사람들은 아이들도 총 가지고 싸울 수 있단 말이에요. 전국적으로. 그런 정신이 있습니다. 사례 51 | 50대 여성

남북한 군사력의 수준은?

남한의 군사력 수준은 '북한이 남한보다 압도적으로 강하다.' 35명, '북한이 남한보다 약간 더 강하다.' 20명, '남한이 북한보다 약간 더 강하다.' 10명, '남한이 북한보다 훨씬 더 강하다.'는 27명이었으며 '모른다.'고 응답한 수는 8명으로 나타났다. 종합해 보면 정도의 차이는 있지만 북한이 강하다는 의견이 55명인데 비해 남한이 강하다는 의견은 37명으로 북한주민들은 북한의 군사력이 남한보다 강한 것으로 인식하고 있었다.

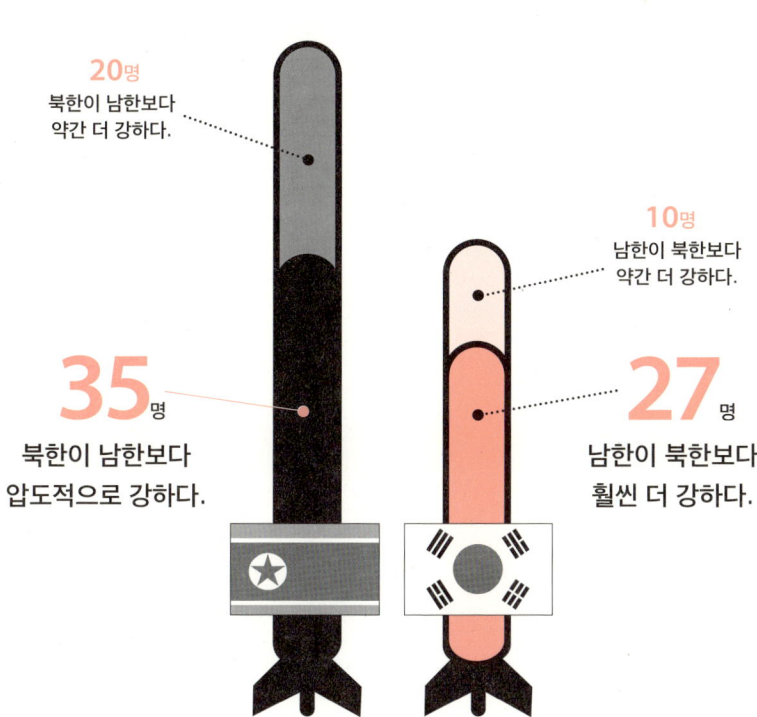

남북한 군사력 비교

20명 - 북한이 남한보다 약간 더 강하다.
35명 - 북한이 남한보다 압도적으로 강하다.
10명 - 남한이 북한보다 약간 더 강하다.
27명 - 남한이 북한보다 훨씬 더 강하다.

북한이 남한보다 더 강하다고 응답한 사례

수령을 위해서 한목숨 바치겠다.

북한이 남한보다 군사력이 더 강하다고 응답한 사례를 직접 들어보자. 무엇보다 군사력 수준에서 무기와 함께 사상적인 측면에서 북한이 훨씬 더 강하다고 말한다. 사례 28은 "쪼그만 때부터 다 단련된 사람들인데 당연히 조선이 쎄지요."라고 했다. 사례 29 역시 "머리 속에 배길 대로 배겼기 때문에" 북한의 군사력이 훨씬 더 강하다는 입장이다. 남한과 북한의 군사력을 비교하면서 남한의 무기가 훨씬 더 강하겠지만 '정신 상태'만큼은 한국이 따라가려면 멀었다는 응답자도 있었다.

> 무력이 한국이 쎄다 그래도 실제 사람들 정신 상태는 한국이 아직 따라갈려면 멀다고 봐요. 무기는 남한이 쎄지만... 단결력이나 조국과 인민을 위해, 수령을 위해서 이거 한목숨 바치갔다 이거는 아직 우리가 쎄지요. 사례 24 | 60대 남성

사례 39도 무기보다 북한의 정신력이 남한보다 훨씬 더 강할 것이라고 말한다. 그런데 김일성 때와 김정일 시기에 차이가 있다는 말을 덧붙였다. 지금은 과거와 달리 조금은 변했는데 사람들이 돈 밖에 모르게 되었다고...

> 군사력도 있지만, 사상통일 이런 측면으로 보면 쎈거 같아요. 김일성 수령님 살아있을 때하고는 조금 좀 느낌이 좀 다르지만... 다 그게 살기 힘드니까, 그런 느낌이란 거 같아요. 수령님 때는 사람들이 이러지 않았는데, 이거 수령님 때 지나가고 이제 김정일 장군님 정치 때 지금 보면 사람들이 다 좀 달라졌다고. 뭐, 살기가 힘들어서 그러는데 돈 밖에 모르고. 사례 39 | 50대 남성

조선에는 핵무기가 있잖아요.

　　북한주민들이 남한보다 북한의 군사력이 훨씬 더 강하다고 인식하는 데는 북한이 보유하고 있는 핵무기 때문이라고 말한다. 핵강국을 자부하는 북한 당국의 선전이 그대로 작용한 결과일까, 북한주민들에게 '조선의 핵'은 자부심이자 자랑이었다. 사례 66은 남한이 미국으로부터 무기를 수입한다면, 북한은 중국과 소련으로부터 무기를 사오는 것으로 알고 있었다. 비밀무기인 '핵을 보유하고 있는 조선'이 남한보다 군사력은 더 강할 것으로 봤다.

> 근데 듣기에는 한국이 미군 무기 수입 많이 하는데 조선에서는 그저 중국하고 소련하고 거기서 들어온다는 소리 들었단 말입니다. 근데... 그게 내놓고 있는 무기가 아니고 비밀 적으로 있는 거라 하면 우리가 아직까지 그런건 모르니까. 지금 상태 그저 내눈으로 보면 평균 보면... 조선에는 핵이 있어서 좀 강할 것이다. 사례 66 | 40대 남성

> 조선에는 핵무기가 있잖아요. 사례 73 | 50대 남성

▮ 남한이 북한보다 더 강하다고 응답한 사례

조선에 핵무기 실지로 없어. 다 가짜야

　　지금까지 응답과는 달리 남한이 북한보다 군사력이 더 강하다고 응답한 사례들의 이야기를 들어보자. 앞서 사례를 보면 북한이 자랑하는 유일한 무기는 핵을 보유했다는 사실이다. 그런데 다른 사례들은 북한이 핵을 가지

고 있지 않으며, 설사 있다고 해도 그것을 절대 사용하지 못하기 때문에 남한보다 군사력이 약하다고 말한다.

> 제가 북조선에 있으면서 그리 쎈 군대를 보지 못했단 말입니다. 말로는 무슨 뭐, 특수부대도 있고 어디다 무슨 무기 있고 다 했다는데 그걸 못 봤어요. 사례 64 | 20대 남성
>
> 조선에는 뭐인가 하면 오직 핵이 마지막 카드거든요. 그러나 지금은 뭐 나도 그 교도대 생활도 해봤지만 군대 쓰는 무기는 다 재래식 썩어 낡은 무기들. 지금 쓰거든요. 사례 14 | 60대 남성
>
> 조선이 말로만 쎄지 뭐. 핵쓰면 자기도 죽는거라고. 백성들 그저
> 사례 41 | 60대 남성
>
> 제가 생각하는건 조선에 핵무기 실지로 없어. 다 가짜야. 왜 기냐면, 핵무기가 그 기술 핵무기는 그 또 어떻게 그 나라 쏘는거 다 같이 있어야 쓰지. 사례 46 | 70대 남성

과학 발전한 남한이 훨씬 강할꺼야

북한 주민들 사이에서도 북한의 핵 보유 여부는 의견이 갈렸다. 굳이 핵이 아니더라도 재래식 무기 역시 남북한이 비교가 안 되는 수준이라고 말한다. 북한은 무기를 외국에서 사와야 하는데, 남한은 자체 기술로 만들 수도 있고, 남한은 무엇보다 과학이 발전하고 돈이 많다고 말한다. 그래서 남한의 군사력이 북한보다 훨씬 더 강할 것이라고…

조선 배는 한번 쪼개면 구멍 뻐끔 뻐끔 들어오는데, 중국, 한국 배는 몇 번 짜야지 떨어집니다. 조선 배는 질이 약합니다. 속도도 약하고... 그러니 전투력이 높다고 볼 수 없지. 사례 33 l 30대 남성

우리는 무기 그저 쏘면. 이번에 그 쏜 것도 외국에서 사오지 않았어요. 남조선이야 자기 자체로 다 만들 수 있고, 다 있지 않아요? 그렇게 때문에 안돼요. 사례 70 l 60대 남성

과학 발전하고 돈이 많아서 사례 74 l 60대 남성

기름도 없어. 기름창고에 기름이 없어. 사례 84 l 50대 남성

북한 핵무기 위협은 어느정도일까?

북한 핵무기 위협 정도에 관하여는 '남한에 매우 위협적이다.'는 응답이 53명, '다소 위협적이다.' 13명, '별로 위협적이지 않다.' 9명, '전혀 위협적이지 않다.' 21명, '모름' 4명으로 응답자 100명 가운데 66명이 북한의 핵무기가 남한에 위협이 되는 것으로 인식했다.

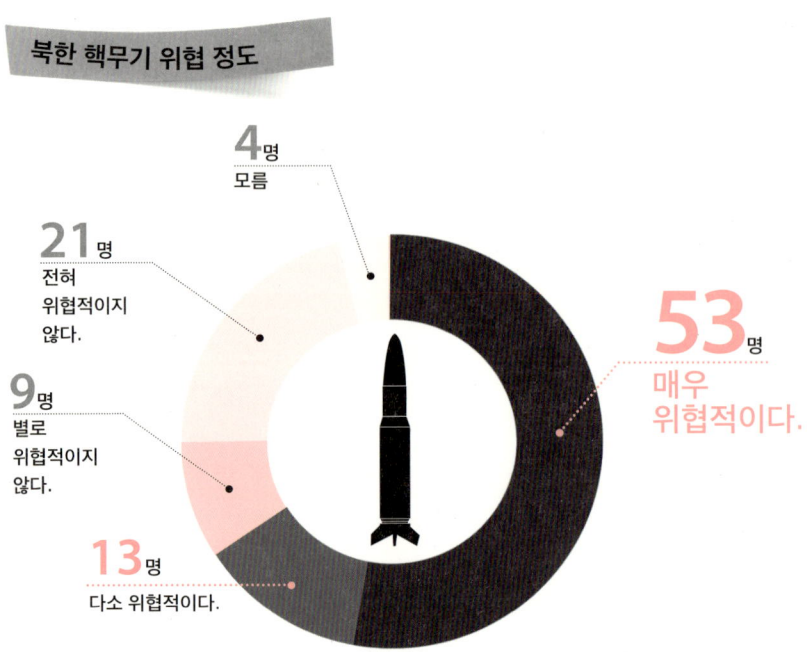

북한 핵무기 위협 정도

- 4명 모름
- 21명 전혀 위협적이지 않다.
- 9명 별로 위협적이지 않다.
- 13명 다소 위협적이다.
- 53명 매우 위협적이다.

단추 하나만 누르면 불바다로

북한의 핵무기가 남한에 매우 위협적이라고 생각하는 이유는 '북한이 핵무기를 발사하는 버튼 하나면 누르면 바로 한국을 불바다로 만들 수 있기 때문'이라고 한다. '한번 터트리면 모든 것이 없어지는' 무서운 무기로써 핵무기를 인식하고 있는 북한주민들은 그런 핵무기를 지도자의 명령 한마디면 무조건 쏠 수 있을 것이라 생각했다.

> 단추 하나만 눌러버리면 불바다로 만들어버리니까 매우 위협적이지 사례 1 | 50대 여성

> 한마디 하믄, 그 자리에서 쏠 것 같습니다. 한마디만 하면 고저... 핵무기가 무서운 거잖아요. 한번 터트리면 다 없어지는데
> 사례 36 | 30대 여성

한국 전지역을 몰살 시킬 수 있는

사례 39는 핵무기가 사용되면 인구밀도가 높은 한국은 많은 사람들이 다칠 수밖에 없다고 말한다. 그래서 한국에 위협적이 될 수밖에 없다고... 사례 37은 북한 핵무기가 한국 전지역을 몰살 시킬 수 있는 매우 위협적인 무기로 인식하고 있었다.

> 그건 뭐 한국이 인구밀도도 높고, 건설도 많이 됐는데 인제 핵이 하나 떨어지게 되면 숱한 사람들이 다치갔는데 당연히 위협적이지요. 사례 39 | 50대 남성

> 북과 남이 한 민족 아니에요? 매우 위험하다고 하는건 그만큼 핵을 많이 쓰면 많이 손실 볼 것이고 작게 쓰면 작게 쓴다는 자체는 군사 요충지로만 쓴단 소리 아니에요. 매우 위협적이다라는 건 한국 전지역을 몰살 시킬 수 있는 그런 매우 위험적인 것이라 하는데 사례 37 | 40대 남성

사례 50은 북한이 핵 밖에 믿을게 없기 때문에 그것을 통해 한국을 위협할 수 있다고 말한다. 또 핵무기보다 화학무기를 많이 보유하고 있다고도 했다. 화학무기를 5천 톤이나 보유하고 있다는 사례 14의 대답을 물론 그대로 받아들일 수는 없다. 북한의 화학무기 보유는 사실이지만 그 양이 얼마인지는 명확히 알 수 없음은 당연하다. 그의 증언은 북한 주민들이 북한이 보유한 무기로 충분히 남한을 위협할 수 있다고 생각하는 것을 확인하는 정도로 받아들이면 되지 않을까…

> 조선이 그거 밖에 쥔게 없으니까네. 그렇게 생각합니다.
> 사례 50 | 60대 남성

> 핵무기하게 되면 다 가스 쏘고 하니까 위험하죠. 사례 64 | 20대 남성

> 핵보다도 화학무기 그게 많거든요. 그게 5천톤 있는 걸로 알고 있는데 지금 사례 14 | 60대 남성

> 조선에는 일단 핵이 있잖아요. 전자포 그런것들 사례 79 | 40대 남성

매년 3월이 되면 한국에서는 한미합동군사훈련을 시행한다. 그 때마다 북한은 전쟁위협을 강조하며 북한주민들에게 전시 상태에 대한 대응훈련을 한다. 북한 당국은 "한미합동군사연습이 벌어지는 속에서는 그 어떤 대화나

협상도 북남관계개선도 있을 수 없다."는 입장이다. 북한 당국은 이 훈련을 북침전쟁 연습으로 간주하고 매년 훈련 때마다 도발의 수위를 높이고 있다. 그래서일까, 사례 96은 매년마다 반복되는 훈련 때문에 항상 전쟁의 위협을 느낀다고 말한다.

> 그 때 쯔음에 3월달 되면 항상 긴장하잖아요? 고저 방공호 훈련. 평양에 있을 때 그저 방공호 "와-" 하고 맨날 하니까
> 사례 96 | 40대 여성

조선도 강한 나라다.

사례 43은 북한 핵무기가 당연히 한국에 위협이 될 것이라고 말한다. 군대 옆에서 살아서 군 실정을 잘 알고 있다는 그는 '조선도 강한 나라다.'라고 힘주어 말했다. 지금이야 먹는 문제가 해결되지 않아서 어려움을 겪고 있지만 '배불리만 먹으면 조선은 진짜 강한 나라'라고…

> 조선에서 보믄 계속 교양해구 그런걸 많이 받아서 그런지 몰라도 어쨌든 조선도 강한 나라다. 나도 군대 옆에서 살았으니까, 배불리만 먹으면 조선은 진짜 강한나라다. 사례 43 | 50대 여성

실제로 쏠 것 같지는 않습니다.

지금까지 증언과는 정반대로 북한의 핵무기가 한국에 위협이 되지 않는다고 인식하는 북한주민들도 있었다. '핵무기 하나 믿고 자존심으로 버틴다'는 북한주민들이 있는가 하면 북한에는 아예 핵무기가 없다고 말하는 북한주민들도 있었다. 사례 46은 북한이 돈과 기술이 없기 때문에 핵무기를

만들 수 없다고 인식했다. 돈이 없으면 아무것도 만들지 못한다는 그의 말.

> 북조선 무기가, 옛날에 다 힘도 없고 뭐. 돈이 있어야 돼. 돈. 돈 없으면... 돈이 없으면 아무것도 맨들지 못해요. 기술도 돈을 만들고 사례 46 | 70대 남성

우리 사회에서는 북한 핵 문제를 둘러싸고 다양한 논쟁이 있다. 북핵문제 해결 과정에서 북한 핵개발 의도를 '보상을 위한 협상용'으로 보느냐, '체제 보장의 군사용'으로 보느냐에 따라 접근이 달라진다. 사례 76의 대답을 들어보면 북한의 핵무기는 실제로 사용하기 위한 목적보다는 보상을 위한 협상용에 더 가깝다고 인식하고 있음을 알 수 있다. 북한이 핵을 사용하면 남북한 모두가 공멸하기 때문에 '자기 나라 자기 땅'에서 누가 감히 핵무기를 쏠 수 있을까 반문한다.

> 그렇게 말뿐이지, 위협이. 실제로 쏠 것 같지 않습니다. 누가 감히 핵무기를 씁니까 사례 76 | 60대 남성

북한 핵무기가 남한에 위협이 안될 것이라고 인식하는 북한 주민들은 북한이 개발하는 핵무기를 절대 군사용으로 사용하지는 못할 것이라고 생각했다. '같은 민족인데 과연 핵무기를 쓸 수 있겠느냐'는 것이다.

> 제 땅인데 제나라 제민족인데 그건 위협이 안되지
> 사례 18 | 50대 남성

> 같은 민족이기 때문에 사례 80 | 40대 남성

> 그 한민족간에 핵무기를 쓸 수가 있나? 사례 92 | 40대 여성

정치수준

남한의 정치를 얼마나 알고 있을까?

남한의 대통령 중 누구에게 가장 호감을 느끼십니까?

남한의 어떤 정당을 선호하십니까?

북한주민들이 남한의 정치수준을 얼마나 잘 알고 있는지 알아보기 위해 남한 대통령 중 가장 호감을 느끼는 대통령과 선호하는 정당에 대해 질문해 보았다.

북한주민들이 가장 호감을 느낀 남한 대통령은 종합순위로 볼 때 1순위 김대중(2.7), 2순위 노무현(2.5), 3순위 박정희(2.2) 대통령 순으로 나타났다.

이를 다시 1순위부터 3순위까지의 순차적 순위로 세분화하여 분석한 결과는 아래 그림과 같다. 김대중, 노무현 대통령이 각각 1순위, 2순위에 절대적 수치를 차지한 것과 비교할 때 3순위로 박근혜 대통령이 높은 응답률을 보인 것도 주목할 만하다. 대략 40%대의 응답자들이 1순위 김대중, 2순위 노무현, 3순위 박근혜 대통령 순으로 꼽았다.

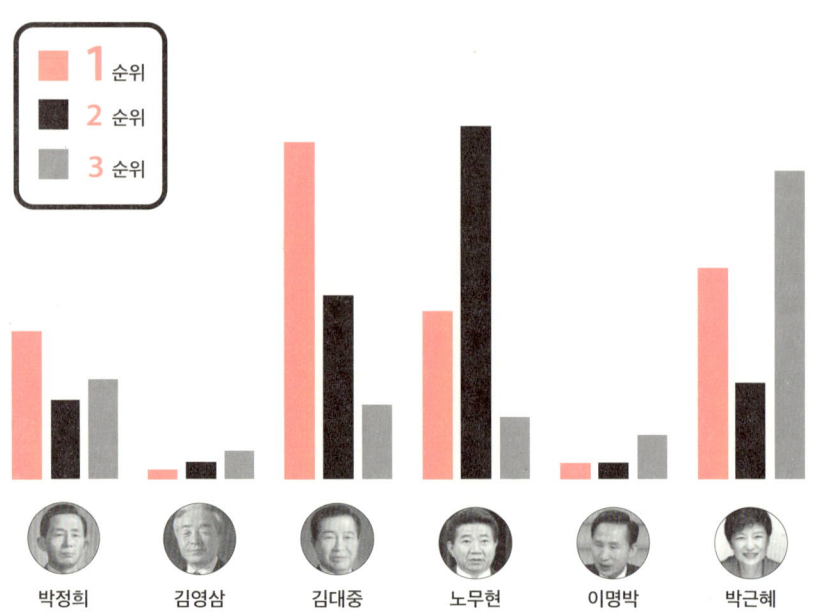

1 김대중 대통령에 대한 호감

1순위로 가장 많은 응답을 보인 김대중 대통령에 대해 호감을 갖고 있다는 북한 주민들의 이야기를 들어보자.

조선을 왔다 간 사람

북한주민들에게 김대중 대통령은 '조선을 왔다 간 사람'으로 기억되고 있었다. 사례 24는 김대중 대통령이 북한에 왔다는 점을 굉장히 높게 평가했다. '대통령으로서 자존심이 있을 텐데' 북한을 먼저 방문했다는 점이 인상적이었다는 것이다. 또한 북한에 대해서 나쁜 말을 많이 안 한 것도 호감을 갖게 된 계기가 되었다.

> 우린 정치적으로는 실지 잘 모르는데 그 사람들이 통일을 하자구 그래도 조선을... 뭐 솔직히 그 사람들도 자존심이 있갔디유 대통령으로서. 그래서 조선을 방문했다는 점에 저 사람이 무슨 일로 방문했는지 우리 같은 사람들은 모르지만 조선을 방문했다 이점에 쪼금 하고 이게... 북조선에 대해서 그다지 나쁜말을 많이 안한 것 같구 사례 24 ㅣ 60대 남성

사례 11과 12도 김대중 대통령에 대해 호감을 갖게 된 이유로 북한을 방문했기 때문이라고 대답했다. 남북한의 대화가 이루어진 것도 좋았다고 말한다. 김대중, 노무현 대통령 당시 '조선과 관계가 제일 좋았다.(사례 9)'고 말하는 북한주민도 있었다.

> 김대중은 조선에 왔다 갔기 때문이다. 사례 11 ㅣ 60대 남성

> 보지는 못했지만 그 때 당시 조선하고 김대중 때는 대화도 있었
> 고 했기 때문에. 사례 12 | 50대 여성

통일하기 위해 노력했던 사람

북한주민들은 김대중 대통령을 '통일하기 위해 노력했던 사람'으로 표현했다. 북한을 방문하여 정상회담을 하고 통일하기 위해 노력했기 때문에 '그 사람 밖에 머릿속에 남는 사람이 없다.'고 말할 정도로 큰 호감을 보이기도 했다.

> 글쎄 우리 북한사람들은 다 조선에 와서 수령님하고 북한 통일
> 하기 위해서 노력했던 사람들. 그 사람들밖에 머릿속에 남는 사
> 람이 없습니다. 사례 19 | 50대 여성

사례 23도 김대중 대통령을 통일을 이루는데 도움이 되었기 때문에 좋게 생각하게 되었다고 말한다.

> 김대중도 북조선에서 와계시구 통일을 이루는데 그저 많이 도
> 움 되구 해서 기 사람에 대해서는 좋게 생각하지요.
> 사례 23 | 50대 여성

조국에서 남북한 문 열었기에

사례 30은 김대중 대통령에 대한 호감을 '조국에서 남북한 문을 열었기 때문'이라고 표현하고 있다. 김대중을 1순위로 노무현을 2순위로 꼽은 그는 이산가족 상봉과 개성공단을 두고 '조선의 문을 열었다.'고 평가했다.

> 첫 번째는 김대중은 함께 조선민족이다. 김정일 장군하구 첫 번째 조국에서 평양으로... 조국에서 남북한 문 열었기에.
> 사례 30 | 50대 남성

사례 26 역시 김대중, 노무현 대통령이 이산가족 상봉과 개성공단을 추진한 점을 높이 평가했다. 흥미로운 점은 그가 3순위로 꼽은 박근혜 대통령 역시 이산가족 상봉을 추진했기 때문에 호감을 갖게 되었다고 말한 점이다.

> 김대중이 들어와서 이산가족 들어오구 기다음에 노무현 들어와서 이산가족 다 들어가구. 조선에 문 닫고 했던거 다 되고. 그거, 개성공단 해서. 세 번째로 박근혜를 꼽은 이유는 이번에 떼레비로 이산가족 상봉하는 것 보면서. 사례 26 | 40대 남성

민주화를 했으니까요.

사례 14는 김대중 대통령을 1순위로 꼽은 이유로 남북대화와 함께 민주화를 했기 때문이라고 말한다. 3순위를 묻는 질문에 박근혜 대통령을 꼽은 그는 이명박 대통령 시기에는 남북대화가 끊겼는데 박근혜 대통령은 정치를 잘하고 있다고 평가했다. 그는 김대중, 노무현 대통령에 대해서는 북한에 있을 때 알았으나 박근혜 대통령에 대한 내용은 중국에 와서 텔레비전을 보고 알았다고 한다.

> 김대중, 노무현이 아무래도 저 민주화를 했으니까요. 이 사람들은 그래도 대통령 올라서 그랬고 어떻게 되든 남북대화를 많이 했거든요. 그런데, 리명박이 와갔고는 남북대화가 끊겼잖아. 박근혜가 보믄 정치를 좀 잘하는 것 같아요. 지금 박근혜 보믄 대

> 한민국이 이제 그 일자리도 그렇고 모든 그 면에서도 그렇고, 정말 잘하고 있어요. 텔레비전 보니까 느끼겠더라구요.
> 사례 14 | 60대 남성

그런데 사례 14의 응답 중에서 흥미로운 점은 그가 김대중 대통령에 대해 호감을 갖는 이유로 표현한 '민주화를 이루었다.'는 말이었다. 북한 주민의 입에서 민주화라는 말을 들으며 과연 그들은 민주화를 어떻게 이해하고 있는지 궁금했다. 사례 14에게 민주화는 무엇을 의미하는지 다시 질문했다. 그는 민주화는 말 그대로 '백성이 바라는대로 하는거'라고 대답했다. 백성들이 바라는 대로 하는거...

> 말 자체가 민주라면 백성들이 바라는대로... 백성들이 바라는대로 하는거... 로동신문 보면 남조선 실태에 대해서 말하는데 다른 사람(대통령)에 대해서는 별로 호감이 없다. 사례 13 | 40대 남성

조선을 많이 도와주신거

김대중 대통령에 대해 호감을 갖는 또 다른 이유로 북한을 많이 도와주었다는 점도 중요한 이유였다. 사례 35는 김대중 대통령 서거 소식을 듣고 눈물까지 흘렸다고 고백한다.

> 조선을 많이 도와 준거, 김대중 대통령. 처음 왔을 때 우리 얼마나 울었어. 조선에 왔을 때... 조선에서 있을 때 김대중 죽었다는 소리 들었을 때도 난 울었다고. 아무래도 조선에 많이 지원해주구, 갑자기 돌아갔으니까요. 사례 35 | 30대 여성

사례 47 역시 김대중, 노무현 대통령 당시 북한에 도움을 준 것 때문에 두 사람에 대해 호감을 갖고 있었다. 당시 두 사람에 대한 '적대식 구호도 다 내렸었다.'고 말한다. 북한을 도와준 거에 대해서 감동까지 받았다는 사례 47. 대북지원은 북한주민들의 마음을 사로잡았던 것일까…

> 두 사람 대통령은 북한에다 돈을 많이 보냈잖아요. 노무현 대통령, 김대중 대통령 돈 주니까요 적대식 구호도 다 내렸댔어요. 그래서 이정도로 주면 좋다 이런걸 느꼈죠. 그걸 해서 감동 되었어요. 사례 47 | 40대 남성

> 일단 많이 도와줬잖아요. 경제적으로 사례 79 | 40대 남성

사례 89의 대답을 보면 최소한 북한 주민들에게 김대중 대통령은 매우 호감 있는 사람으로 기억되고 있음을 알 수 있다. 북한에 쌀을 주고 도움을 주었다는 사실을 기억했고, 그 이유로 북한 주민들이 호감을 갖고 있다고 말한다.

> 김대중은 조국에 쌀도 많이 주고 많이 도와줬잖아요. 그래서 조국 사람들 다 좋아하지요. 노무현하고. 박근혜도 지금 백성들한테 잘하잖아요. 외교도 잘하고, 여자니까. 사례 89 | 40대 여성

그런데 사례 89는 김대중, 노무현에 이어 3순위로 박근혜 대통령을 꼽았다. 그는 박근혜 대통령이 '지금 백성들을 잘 대하고 외교도 잘 하고 있다.'고 말한다. 그는 여성이 대통령이 된 것이 '우리에게도 뿌듯하다.'고 덧붙였다. 중국에 와서 뉴스를 통해 박근혜 대통령이 해외 순방 가는 장면을 보면서 그렇게 생각하게 되었다고 한다.

> (박근혜 대통령이 외교도 잘한다 이런 생각은 어떻게 알게 되셨어요?) 중국, 미국을 자주 오가는 것을 봤는데... 여기 중국 와서 보도 자주 보고 알았지요. 사례 89 | 40대 여성

사례 92도 김대중 시대에 남북관계가 많이 좋아졌다고 평가했다. 이산가족 상봉과 쌀 지원을 해 준 김대중, 노무현 대통령에게 호감을 갖는 것은 당연한 듯 보였다.

> 김대중 시대에 많이 좋아졌잖아요. 이산가족 많이 하고. 분위기도 좋았어요. 노무현도 쌀 많이 주구, 지원도 많이 해주고.
> 사례 92 | 40대 여성

노무현 대통령에 대한 호감

지금까지 1순위로 김대중 대통령을 꼽은 북한주민들의 이야기를 들어보았다. 100명의 응답자 가운데 대략 40%의 응답자들이 1순위로 김대중, 2순위로 노무현 대통령을 꼽았다. 노무현 대통령에 대해 호감을 갖는다는 북한 주민들의 이야기를 들어보자.

농민들하고 같이 농사도 짓구

노무현 대통령에 대해 호감을 갖는 이유는 앞서 살펴본 것처럼 김대중 대통령과 같이 통일을 위해 일하고 북한에 대해 도움을 주었기 때문이라고 한다. 그런데 사례 21의 경우 좀 특별한 이유로 노무현 대통령에 대한 호감을 표시했다. 노무현 대통령이 서거하기 전에 '농촌에서 인민들하고 농사 짓는 것'이 너무나 인상적이었다는 것이다.

더욱 흥미로운 것은 노태우, 전두환 대통령을 비교하며 이전에는 그렇게 하지 못했는데 노무현 대통령은 백성들과 함께 지냈다는 점을 강조했다. 북한주민이 노무현 대통령의 친서민적인 모습에 호감을 갖는다는 것도 흥미로웠지만 노태우, 전두환 대통령 등을 언급하며 비교하는 것도 매우 인상적이었다.

> 노무현이 죽기 전에 농촌에 나가서 인민들하고 같이 일하구 인민들 마음도 다 알아보는 것 같아서… 이전 대통령들 보면 노태우나 전두환이나 그런 사람이 없단 말이야. 인민들하구 그저 백성들, 농민들하고도 같이 농사도 짓구 하는거 사례 56 | 60대 여성

노무현 대통령의 이미지를 김일성과 비교하는 응답자도 있었다. 사례 28의 경우 노무현 대통령이 김일성과 비슷한 이미지라고 표현했다. 그는 왜 두 사람이 비슷하다고 생각했을까?

> 노무현 어딘가 모르게 김일성 좀 이렇게 비슷한 감이 어디에 있게, 인민들하고… 그런 감이 있어가지고 어쨌든 그런 감이 있어요. 김일성 동지 있을 때는 인민들한테 저거 했잖아요. 선물도 주고, 막 이렇게 우리들 잘할 때 선물들을 해가지고 걱정 없이 살았잖아요. 사례 28 | 40대 여성

앞서 김대중 대통령에 대한 호감과 마찬가지로 노무현 대통령 역시 북한을 방문하는 등 남북관계를 좋게 만들었기 때문에 긍정적으로 평가하고 있음을 알 수 있다. 사례 39는 '그때가 제일 괜찮았다.'고 말한다.

> 김대중 대통령, 노무현 대통령 시기에 북한과의 관계가 잘 이루어졌잖아요. 다 한번 평양도 오구, 지금 현재 뭐 박근혜 대통령

도 그때 북한에 방문하지 않았어요? 그러니까, 그때가 제일 고저 대통령 할 때가 괜찮았지요. 사례 39 | 50대 남성

사례 42는 노무현 대통령 당시에 북한을 많이 도와 준 것으로 기억하고 있었다. 노무현 정부가 추진한 대북정책의 기본 방향인 대화와 협력의 원칙을 잘 알고 있었다는 점도 놀라웠다. 그는 노무현 정부가 추진한 '싸움의 방식이 아닌 대화'를 통해 남북관계를 개선했다는 점을 긍정적으로 평가했다.

이 사람들 보게 되면, 이 사람들 대통령 때 조선에 많은 도움을 준 걸로 알고 있거든요. 조선이 많은 도움을 받았다. 그런 면에서 볼 때, 싸움의 방식이 아니고 평화적으로 같은 우리 민족이 아니냐, 대화의 방법으로 이렇게 하자 해서 이런식으로 알고 있든요. 그러기 때문에, 이 사람을 보게 된거구. 사례 42 | 30대 남성

■ 박정희 대통령에 대한 호감

박정희 대통령을 1순위로 꼽은 사람들의 이야기를 들어보자.

남조선을 꽃동산으로 만들었다.

앞서 살펴본 사례들이 김대중, 노무현 대통령을 각각 1, 2순위로 꼽았다면 사례 56은 1순위로 박정희, 2순위로 박근혜, 3순위로 이명박 대통령을 꼽았다. 김대중, 노무현 정부 10년의 대북정책과 이명박, 박근혜 대북정책이 확연히 구별되면서 우리 사회에서는 대북정책을 둘러싼 남남갈등이 있다. 그런데 북한 주민들도 김대중, 노무현 대통령에 대한 호감을 갖는 사람

과 박정희, 박근혜 대통령에 호감을 갖는 사람들로 구분된다는 것이 그저 신기할 뿐이었다. 사례 56은 왜 박정희, 박근혜 대통령에 대해 호감을 가지는지 직접 들어보자.

> 박정희 대통령은 나 어렸을 때 우리 북조선에서 계속 봤어도, 북조선 사람들은 박정희가 남조선을 꽃동산으로 만들었다 이래요. 인민을 위해서... 아랫동네 꽃동산 이렇게 불렀단 말이에요. 그러니까 박정희가 한국을 발전시킨 것 같고 박정희의 딸 박근혜는 지금 이렇게 외국과 교섭하고, 미국에만 치우쳐 지지도 않고 중국하고도 손잡고... 중국에서도 오랜 친구로 대상하고 세계적으로 이렇게 하는거 보구서는 난 정말 박근혜 대통령을 막 존경해요. 사례 56 | 60대 여성

북한 주민이 한국의 현 대통령을 존경한다고 표현한 것에 대해 사실 필자 역시 현장에서 좀 당황스럽기 까지 했다. 혹자는 중국에 나와 있는 북한 주민들이 남한 사람을 자주 상대하다 보니 만나는 사람이 원하는 대답을 눈치껏 말해주는 경우도 있다고 조언해 주었다. 그러나 그의 말이 설령 진정성이 없다 하더라도 집필 과정에서 이러한 대답을 필자 임의대로 삭제하거나 의도적으로 누락시키고 싶지는 않았다. 분명한 것은 북한주민의 입으로 증언한 내용이며, 그 진정성은 우리가 섣불리 판단할 수 있는게 아니기 때문이다. 면접과정에서 그가 왜 그러한 생각을 갖게 되었는지 또한 박근혜 대통령이 해외를 순방하는 사실을 어떻게 알게 되었는지 그 사실 여부를 파악하기 위해 질문은 꼬리를 이었다.

> (박근혜 대통령이 외국에 나간다는 사실은 어떻게 아셨습니까?) 텔레비에 다 나왔잖아요. 뉴스에도 나오고. 뭐 통일 대박이라는 게 외국에서 지금 전쟁할까봐 다 남북조선에 투자를 못하잖아

요. 근데, 이제 통일되면 나라가 안정된다면 세계에서 투자하는 사람들이 많고 난 그렇기 때문에 그 대박이라 그렇게 생각하는데 사례 56 | 60대 여성

그는 중국에서 뉴스를 통해 박근혜 대통령의 해외 순방 내용을 알게 되었다. 박근혜 대통령이 광복절 기념사에서 언급한 '통일대박'이라는 용어도 분명히 알고 있을 정도였다. 해외에서 투자하고 싶어도 전쟁위험때문에 투자하지 못한다는 이른바 '코리안 리스크'도 정확히 인식했다. 그의 이야기를 들으면 들을수록 그의 한반도 정세 인식에 놀라울 뿐이었다.

인민들 생각해서 버스도 다니게 하고

북한주민의 박정희 대통령에 대한 호감도는 새마을운동에 대한 이야기로 이어진다. 사례 39는 박정희 대통령 때 일어난 새마을운동을 이야기하며 농촌 버스화를 시행한 사실을 말했다. 비록 '독재라도 인민들 생활을 생각해서 버스도 다니게 해주었다.'는 점이 기억에 남는다고 말한다.

박정희 대통령은 새마을운동, 그러니까 암만 독재래도 인민들 생활, 생각을 해서 거리에 인제 버스도 다니게 하고, 집 없는 사람들 인제 집도 지어주고, 이런 거 조선에서도 많이 얘기를 해요. 뭐 우리는 방송이나 텔레비전에선 말 안했지만, 인제 여러 사람들이 모여서 말하는기 조선에도 그때 박정희 대통령이 되고 하면서, 우리 조선에도 농촌 버스가 그때 했댔단 말이에요. 70년대 그걸 농촌 버스화를 했으니까, 그 때는 고저 농촌버스화로 했대는데 중국와서나 인제 오랜 시간 흘러서 지나가면서 우리도 생각해보면 그기 박정희 대통령이 되고 했던 그거다, 새마을운동이 우리 농촌 버스와 어떻게 된거지만, 한국에선 새마

을운동으로 했다 이렇게 얘기하더라고요. 사례 39 | 50대 남성

박정희 대통령, 인민들 생활을 박정희 대통령으로 해서 한국이 잘살게 되지 않았어요? 사례 34 | 50대 남성

미국 정보부가 조작해서 박정희 대통령을 암살

새마을운동에 대해 잘 알고 있는 사례 39의 증언 중에 더 흥미로운 점은 박정희의 암살에 대한 내용이다. 그는 미국의 중앙정보부에 의해 박정희 대통령이 암살당했다고 교육을 받았다. 또한 북한 영화 '민족과 운명'을 보며 실제로 그렇게 믿었다고 한다.

> 그저 솔직히, 박정희 대통령이야 북한에서 사진에서는 봤단 말이에요. 이 신문에 나오는거, 박정희 대통령을 북한 사람들은 미국 미중앙정보부가 조작에 의해서 박정희 대통령을 암살한거로 다 생각해요… 근데, 그 영화(민족과 운명) 보면서리. 또 우리한테 뭐, 교육을 길케 했으니까 그때 당시에는 교육을 길케했으니까. 암살. 미국, 그러니까 정보부가 조작해서 그렇게 한거로 알고 있단 말이에요. 사례 39 | 50대 남성

미국 중앙정보부가 박정희 대통령을 암살했다는 내용은 사례 66을 통해서 다시 한 번 확인된다. 사례 66 역시 박정희 대통령은 미국에 의해 암살된 것으로 알고 있었다. 그가 알고 있는 사실은 '통일이 가까워 오니까 미국에서 제거했다.'는 내용이었다.

> 박정희는 글쎄 70년대 대통령할 때 내가 그저 조선에서 들은 소리인데. 박정희가 조선에 이렇게 공부를 뭐 많이 하댔다는 둥. 무슨 통일로 가까워졌다는 소리를 내가 들었단 말입니다. 뭐 이렇게 미국에서 박정희 암살 한걸로. 그니깐, 통일 되니깐 미국에서 제거했다 하는거.
> 사례 66 l 40대 남성

사례 44는 호감 가는 남한의 대통령으로 김대중 대통령을 꼽았다. 역시 2000년 평양을 방문하였다는 점이 긍정적 평가로 작용했다. 그런데 흥미로운 것은 그를 통해서도 박정희 대통령의 암살에 대한 이야기를 들을 수 있었다는 점이다.

> 김대중이 2000년에 조선에 방문해서... 박정희는 당시 미국이 암살했잖소, 미국 말을 안들어서... 죽었디 뭐. 미국 말 안들어서.
> 사례 66 l 40대 남성

사례 36도 영화 '민족과 운명'을 통해 박정희를 알게 되었다. 그 역시 박정희 대통령이 미국의 암살에 의해 죽은 것이 아니냐고 질문했다.

> 그전에 영화를 봤거든요. 박정희를. 그 민족과 운명에서 나오잖아요 박정희는 일본 사람들한테 머리 숙이지 않았잖아요. 일본 사람들인가, 미국 사람들인가 머리를 숙이지 않았어요. 그러니까, 자존심이 넓은 사람이잖아요. 그니까네, 미국에서 시켜서 죽였잖아요. 암살하는거 그거 미국에서 시킨거 아니에요?
> 사례 36 l 30대 여성

사회가 발전하게 된 동기가 그 사람의 정치 때문에

북한 주민들은 박정희 대통령 시절에 남한이 경제적으로 발전했다는 사실 때문에 그에 대한 호감을 나타냈다. 비록 정치적으로 혼란스러웠다 해도 잘 살게 되면 좋다고 말한다. 북한 당국이 영화 '민족과 운명'을 통해 박정희에 대한 부정적인 인식을 교육시켰다 해도 실상 북한 주민들은 박정희 때 경제적으로 발전했다는 그 사실을 높게 평가하고 있었다.

> 박정희는 이 사람을 볼 때 한국도 이전에 보게 되면 우리 조선보다도 못살았죠. 힘들게 살은거구, 이 사람이 할 때 당시 그 사람들이 뭐 정치를 어떻게 했던지 간에 사회가 많이 경제적으로 많이 그 발전하게 된 동기가 그 사람의 정치라고 봐야죠. 거기에 역할을 놓았다고. 그거 보믄 어쨌든 영화니까, 어쨌든 조선이 그래도 사람들 교양하자고 만들어 놓은 거니까, 거기서 보면 박정희가 그런 거로 나오잖아요. 방탕하게... 그래도 정치하는 사람들끼리 뭐 어케하든지 간에 밑에 사람들이 잘살게 되면, 백성들이 잘살도록 먹고 배려하고 그렇다면 난 그런 사람이 그저 필요하다고 난 그렇게 생각하거든요. 사례42 | 30대 남성

사례 15는 박정희, 김대중, 박근혜 대통령을 각각 1순위부터 3순위까지 꼽았다. 박정희 대통령에 대해서는 역시 북한 보다 경제적으로 발전할 수 있는 상황을 만들었기 때문에 호감이 있다고 말한다. 박정희에 대한 긍정적인 평가는 그의 딸인 박근혜 대통령에게로 그대로 이어진다. '아버지가 잘 했으니 그 딸도 잘 할 것'이라고 생각했다.

> 그때는 내가 꽤나 어렸을 때란 말이에요. 근데, 박정희는 고향이 정주다 그랬다고요. 난 그렇게 들었기 때문에. 박정희 정주 사람

> 이로구나. 그래서 이렇게 대통령. 어쨌든 그때도 남조선에서 생활이 좀 우리 조선보단 좋아졌으니까네. 박근혜는 최근에 선거 됐지 않았어요? 그래서 박근혜 할 때는 "아- 박정희가 아버지 해댔으니까네. 딸이 잘할 것이다." 라고 생각했어요.
> 사례 15 | 50대 여성

사례 29는 1순위로 박정희, 2순위로 노무현, 3순위로 박근혜 대통령을 꼽았다. 그의 인식 속에 박정희 대통령은 인민들 생활을 향상시켰고, 노무현 대통령은 통일의 길을 이끌어 나갔고, 박근혜 대통령은 아버지의 길을 따라가는 것으로 알고 있었다.

> 박정희 때는 나라가 잘 이끌어 나가고, 인민들 생활을 향상시키는 개념이 좀 많이 있으니까, 로무현은 남북관계 좋기 해주는거 우리 말해주면 통일의 리념, 통일의 길 이끌어 나가는 그런 생각을 좀 가지고. 지금 박근혜 놓고 보믄, 아버지 길을 따라가지 않는가
> 사례 29 | 60대 여성

조선에서 제일 욕하는 것도 박정희, 발전시킨 것도 박정희

사례 31은 1순위로 박정희, 2순위로 김대중, 3순위로 박근혜 대통령을 꼽았다. 그가 생각하는 박정희 대통령 역시 경제를 발전시켜 백성들을 살기 좋게 만든 대통령이었다. 중국에 와서 친척들에게서도 박정희 대통령의 경제발전에 대한 이야기를 듣게 되었다고 말한다. 2순위로 꼽은 김대중 대통령은 역시 평양을 방문하여 통일을 위해서 노력했기 때문이었다. 3순위로 꼽은 박근혜 대통령에 대한 호감도 역시 중국에 와서 친구들을 통해 통일을 위해 노력하고 있다는 말을 많이 들었기 때문이라고 한다.

> 박정희는 내래 말 들었는데, 이전에 경제발전을 많이 했다는 말을 들었습니다. 여기 중국 와서도 친척네들이 말했습니다. 숱하게 들었습니다. 그래서, 그 인상이 있습니다. 김대중 그때 올라갔다 내래 건너와서 친구네 들어보니까 남북통일을 위해서 많이 노력했다는 말을 들었습니다. 박근혜도 이번에 이거 자주 건너와서 친구네 말 들으니까 남한 통일에 힘을 노력 하고 있다는 말 들어봤습니다. 사례 31 | 60대 남성

박정희, 박근혜 대통령을 각각 1, 2순위로 응답한 사례 33은 박정희와 그 딸이 괜찮다고 표현했다. 흥미로운 점은 전두환 대통령 당시 '사람이 많이 죽었다.'는 응답이다.

> 박정희 괜찮습니다. 지금도 보면 박정희 딸이 괜찮습니다. 전두환 때는 사람 많이 죽고... 좋아하는 순서가 박정희, 박근혜 김대중. 김대중 때 한국에서 좀 숨차게 살았지 않았습니까 백성들도 좀 괜찮게 살았고요. 사례 33 | 30대 남성

우리 사회에서도 박정희 대통령에 대한 평가는 극과 극으로 양분된다. '독재'냐 '개발'이냐 라는 두 개의 명제로 극명하게 구분되는 박정희 대통령에 대한 평가는 사례 40의 증언에서도 알 수 있다. 그는 "제일 욕하는 것도 박정희고 발전 시킨것도 박정희"라고 표현한다. 1순위부터 3순위까지 세 명의 남한 대통령에 대한 호감도 질문에서 그는 '박정희 대통령 밖에 모른다.'고 대답했다.

> 조선에서 그래요. 박정희가... 조선에서 제일 욕하는 것도 박정희고 발전시킨 것도 박정희고. 난 박정희 밖에 몰라요. 사례 40 | 60대 여성

사례 76은 1순위로 박정희, 2순위로 노무현, 3순위로 박근혜 대통령을 꼽았다. 박정희 대통령은 역시 경제를 크게 발전시켰고, 노무현 대통령은 북한에 원조를 많이 해서 북한과 친하게 되었고, 박근혜 대통령은 전향적이었다고 표현한다. 그가 표현한 '전향적'이라는 의미는 무엇이었을까?

> 박정희를 볼 때 한국 경제를 크게 발전 시켰다고 합니다. 노무현은 북한에 원조 많이하고 북한에 이렇게 친하게 지내자고 많은 노력을 했다고 그럽니다. 박근혜는 지금 뗼레비로 보면 전향적으로 사례 76 | 60대 남성

> 우리 학생 때 박정희 그거 모자 씌으고 쥐처럼 끓여가지고 박정희 타도하자 암만 불렀어도, 우리 속으로는 박정희 그 후에 보니까 박정희가 한국을 다 살리고 그런 사람으로 봐요.
> 사례 56 | 60대 여성

박근혜 대통령에 대한 호감

박근혜 대통령에 대해 호감도를 높게 표시한 사람들의 이야기를 들어보자. 남한의 현직 대통령에 대해 북한주민들은 과연 어떤 평가를 하고 있을까? 박근혜 대통령에 대한 호감도는 김대중, 노무현 대통령 다음으로 3순위에서 가장 많이 언급 되었다. 김대중, 노무현 대통령은 북한에 다녀갔기 때문에 대부분의 북한주민들이 잘 알고 있었다. 그래서 두 대통령을 1, 2순위로 주로 응답했고, 3순위로 한 명 더 꼽으라 하면 대부분 박근혜 대통령을 언급하는 경우가 많았다. 한국의 현직 대통령에 대해 호감을 갖는 이유는 무엇인지 그들의 이야기를 직접 들어보자.

본 때 보여줄 때는 보여주고, 교양할 때는 교양해 주고

사례 27은 박근혜 대통령을 '대견하고 멋있다.'고 표현했다. 왜 그렇게 느꼈는지 이유가 궁금했다.

> 대견스럽습니다. 딸이 남자보다 멋있습니다. 그 태도가. 왜 그런가. 다른 대통령은 조선 말 들었습니다. 참아주자. 아버지가 철 없는 아들 참아주는 것처럼. 그러나 완강합니다. 이 여자는 본때 보여줄 땐 보여주고, 교양할 때는 교양해주고. 난 그러니까, 자식이 없는데 인민들을 생각할까. 좀 그랬습니다. 박정희 딸이었으니까는 인민들을 이끌어주겠는데 진짜 멋있습니다.
> 사례 27 | 30대 여성

그는 박근혜 대통령과 이전 대통령의 북한에 대한 태도를 비교했다. 이전의 다른 대통령은 북한에 대해서 무조건 참아주자라는 입장이었는데 반해, 박근혜 대통령은 완강하게 대처한다고 평가했다. 물론 처음에는 '자식이 없으니 인민들을 잘 대할 수 있을까?'라고 의문을 가지기도 했다고 한다. 그녀의 말을 계속 들어보자.

> 자식 낳은 여자만이 자식을 아는데, 설마 인민들을 그럴까? 그러나 박정희 딸이어서 믿어보자. 진짜 멋있습니다. 중국에 와서 들었습니다. 글쎄 아버지처럼 하겠다. 근데, 자식이 없다는 소리도 설마 자식 없는 사람이 인민들을 생각할까 했는데, 그 아버지 딸. 꼭 아버지의 대를 이어줬으면 좋겠습니다.
> 사례 27 | 30대 여성

사례 27이 박근혜 대통령에 대해 호감을 갖게 된 것은 박정희 대통령의 딸이라는 점 때문에 믿을 수 있었다고 말한다. 사실 한국에서 우리 국민이 이러한 대답을 했다고 해도 '보수'라는 명확한 이념적 스펙트럼으로 규정할 것이다. 그런데 이러한 응답이 북한주민에게서 나왔다는 점이 사실 지금도 잘 믿겨지지 않는다. 우리가 알고 있던 북한 주민들에 대한 선입견 때문일까? 그들은 '남조선 사람'을 만나면 적개심 가득 찬 눈으로 자신들의 체제선전에 급급할 것이라 생각했다. 그런데 정작 그의 입에서 한국의 어떤 보수주의자 보다 훨씬 더 강한 발언을 들을 수 있었다. 그가 살고 있는 북한정권에 대해 눈치 보지 않고 완강하게 대하는 박 대통령의 정책을 잘했다고 평가하는 북한 주민. 그의 말을 어떻게 받아들여야 하는지…

그 여자 여우처럼 막 허물만 내지르고

사례57은 박근혜 대통령을 '인민들을 진심으로 생각하고 허영과 탐욕이 없다.'고 표현했다. 사례 57은 대선 당시 TV 토론을 봤던 기억을 회상했다. 당시 이정희 후보의 모습을 보며 미웠다고 말하는 사례 57. 그의 대답을 직접 들어보자.

> 박근혜 뭐 좋은가하면, 그렇게 저기 독신이니까 정말 진심으로 다 자식도 다 제 자식 같고, 인민들도 다 진심으로 생각하고 허영이 없고 탐욕도 아니한거 같고… 그리고 각나라 댕기며 선전하고 참관하는거 봐도 그렇고 박근혜가 좋고, 그 사람을 해 할라고 그 여자(이정희) 그럴 때 우리는 막 보면서, 저거 뭐야 여우라고 막 박근혜 되면 좋겠다, 그렇게 해서 끝내 박근혜 됐지. 이정희라는 그 여자 여우처럼 그저 막 허물만 내지르고, 그거보고 밉더라. 텔레비 보면서 사례 57 | 70대 여성

박근혜 괜찮아 보이더라고

사례 16과 17은 두 사람을 함께 면접을 한 경우다. 사례 16은 박근혜 대통령이 '통일하자'고 말하는 것을 보며 호감을 가졌다고 한다. 옆에서 이 말을 듣고 있던 사례 17 역시 자신도 박근혜 대통령이 괜찮아 보였다고 말한다. 중국에 온지 며칠 되지 않은 그녀였지만 텔레비전을 보면서 박근혜 대통령에게 호감을 갖게 되었다고 한다.

> 박근혜는 지금 이렇게 들어보면 통일하자. 뭐 이런 말을 해서
> 사례 16 | 50대 여성

> 내가 보기에도 난 박근혜 괜찮아 보이더라고. 우리 상관은 없어도. 나는 척봐도 요새 보믄, 난 요새 (중국에 온 지)며칠 안 되었어도 텔레비 보면 저 호감이 가고 아무튼 사례 17 | 50대 여성

백성들 잘 이끌어 주는 것 같습니다.

사례 25 역시 박근혜 대통령에 대한 소식을 중국에 와서 텔레비전을 통해 알게 된 경우다. 김대중, 노무현 대통령이 북한에서 남북정상회담 한 것을 높이 평가했고, 이어서 박근혜 대통령은 국민들을 위한 정책을 잘 펼치고 있다고 말했다. 그가 북한주민이라는 사실을 잊을 만큼 텔레비전을 통해 박근혜 대통령의 국내정책에 대한 부분을 상세히 알고 있었다는 점에 또 한 번 놀랐다.

> 지금에 와서 텔레비 나오는 거 보니까 박근혜가 잘하는 것 같습니다. 한국 텔레비 보니까 백성들 잘 이끌어 주는 것 같습니다.

> 김대중이는 통일을 하기 위해서 6.15공동성명을 수표한 첫 인물이기 때문에 조국통일을 위해서... 그 뒤에 노무현이 10.4선언을 발표했고, 조국통일을 위해서 많이 갈망하고 있기 때문에 우리 조선서 북한 사람들도 김대중이하고 노무현을 많이 찬양하더라구. 사례 25 | 50대 여성

> 박근혜는 말하자면 잘살고 못살고 차이를 줄이고 일자리 문제 많이 내세워서 모든 사람들이 일자리를 찾아서 자기의 희망에 맞게 일을 해서 다같이 누구나 똑같이 살게끔... 특히, 노인들에 대해서 생활비 많이 올려주고 그 사람들이 마지막 인생을 마무리 잘 짓게끔 생활을 돌봐주고 이렇게 하는게 많이 나오더라고. 여기서 한국 방송을 보고 알게 된거에요. 사례 25 | 50대 여성

어머니다운 그런 심정으로써 제 공민들을 아끼고

사례 25의 응답은 필자가 정말 북한사람과 인터뷰를 하고 있는 것이 맞는가 할 정도로 박근혜 대통령에 대한 칭찬 일색이었다. 이 책을 집필하는 중 녹취록을 정리하면서도 의도적으로 이 부분은 삭제해야 하는 것이 아닌가 거듭 고민하기도 했다. 마치 용비어천가와 같은 수준의 현직 대통령에 대한 칭찬의 글들이 필자가 의도적으로 가감한 것이 아닌가 하는 오해를 받을 수도 있을 것 같았다. 지금 이 글을 읽고 있는 독자들의 반응이 너무 궁금했다. 박근혜 대통령에 대한 각자의 정치적 지지와 호감도를 떠나 북한주민의 입을 통해 남한의 현직 대통령에 대한 이같은 평가를 과연 우리는 어떻게 받아들이고 이해해야 하는지 혼란스러웠다. 지금까지 우리가 알고 있던 북한주민들의 인식과는 너무나 대조적이었기 때문이다. 분명한 것은 필자의 가감없이 그녀의 대답을 그대로 여기에 옮겨 놓았다는 점이다. 그녀의 진정성

에 대한 부분은 이 글을 읽고 있는 독자 개개인의 평가로 남겨 두기로 한다.
　　이어서 그녀에게 여성 대통령을 어떻게 생각하는지 물어보았다. 그녀는 어떤 대답으로 또 필자를 놀라게 했을까?

> 여자가 대통령을 한다는게... 그러니까, 조선말도 있잖아요. 여자들이란게 그저 어머니, 제 자식을 품에 안아서 미운자식 고운자식 없이 밀다가도 한 대 때리고도 가슴 아파하는게 어머니란 말이야. 어머니다운 그런 심정으로서 제 공민들을 아끼고 귀하게 여기고 그걸 잘살게 하기 위해서 노력하는게 많이 보이기 때문에, 박근혜가 이형태로 나가면 인민들의 지지를 받으면 대통령 2기, 3기까지 할 수 있겠구나 이런 생각이 좀 들긴했어.
> 사례 25 | 50대 여성

　　박근혜 대통령이 여성이기 때문에 어머니와 같은 심정으로 국민들을 잘 돌볼 수 있을 것이라는 그의 대답이었다. 하지만 그는 남한의 정치 체제에 대해서는 잘 모르는 것 같았다. '인민들의 지지를 받으면 대통령 2기, 3기까지 할 수 있다.'는 그의 말은 5년 단임제인 남한의 대통령 제도를 잘 몰랐기 때문에 할 수 있는 말이었다.

다른 나라에 가서도 자기네 사람들을 잘 살게 하고

　　사례 19도 김대중, 노무현 대통령을 각각 1, 2순위로 꼽고 세 번째로 박근혜 대통령에 호감이 있다고 했다. 김대중, 노무현을 통일을 위해 노력한 사람들로 표현하는 그는 3순위를 묻는 질문에 지금까지 두 사람(김대중, 노무현) 외에 생각해 본적이 없는데 중국에 와서 보니 박근혜 대통령에 대해 호감을 갖게 되었다고 말한다.

세 번째는 이때까지 생각 못해봤는데, 여기와서 인자 박근혜를 보니까 진짜 정이 가고 저 사람이 남한에서 계속 대통령을 했으면 하는 이런 감정이 많이 나더라고요. 그니까 다른 나라에 가서도 자기네 사람들을 잘살게 하고 북에 이렇게 하고.
사례 19 | 50대 여성

여자가 대통령 된 거 좋게 생각해요.

북한 주민들은 여성이 대통령이라는 점을 어떻게 생각하고 있을까? 박근혜 대통령에 호감을 보인 응답자들에게 여성이 대통령이 된 것에 대해 어떻게 생각하느냐고 질문해 보았다.

'민족과 운명' 그거 보면 나이가 많으신 분들이 그렇게 얘기 하더라고요. 박정희 대통령 그래도 괜찮은 친구다. 그니까 오래했고 오래한거는 그만큼 인민들 지지가 많으니까 그만큼 받았다는 소리 아니에요. 박근혜를 꼽은 것은 여자고 첫째로, 여자니까 그런 편에서 좀 나을 것 같아요. 여자가 대통령 된 거 좋게 생각해요. 그니깐 여지니까, 모든 구석구석 남자보다 잘하잖아요 같은 여자니까. 사례 65 | 30대 여성

사례 65는 '박정희 대통령이 오래 집권할 수 있었던 것은 그만큼 인민의 지지를 받았기 때문인 것'으로 생각했다. 그의 딸인 박근혜 대통령에 대해서도 호감을 가졌는데 여성이기 때문에 오히려 같은 여성으로서 더 좋다는 평가를 했다.

여자든 남자든 백성만 잘 살게끔 해주면 좋다.

여성이 대통령 된 것에 대해서 어떻게 생각하느냐는 필자의 질문이 무색할 정도로 응답자들은 여성이든 남성이든 그것은 별로 중요하지 않다고 말했다. '나라를 잘 이끌고', '백성들만 잘 살게 해 준다.'면 남성이든 여성이든 중요치 않다는 것이다.

> 여자가 대통령을 하든, 남자가 대통령을 하든 그 나라를 잘 끌구 나가면 된단 말이에요. 여자가 대통령 못한다 그런거는 없어야 된다고 생각해요. 사례 37 | 40대 남성

북한에서 여성을 '혁명의 수레바퀴'로 부르며 혁명정신을 강조하기 때문에 여성이 대통령이 되는 것이 낯선 일은 아니었을까? 사례 38은 '여자라서 못하는 것은 없다.'고 자신있게 말했다. 나라만 잘 이끌면 여성이든 남성이든 다른게 없다고…

> 뭐 이자(지금)처럼 백성들은 여자든 남자든, 백성만 잘 살게끔 해주면 좋다. 그러니까 한 가족이나 같지요. 남자가 하든 여자가 하든 여자라 그래서 가정유지를 못한다는 우리 조선 속담에도 이제는 장군님 저게 있다고, 여자들을 혁명의 수레바퀴라는 구호가 있듯이, 여자라고 못하는 건 없단 말이야. 하여튼, 나라만 잘 이끌구 이 굳건한 저거만 하면 다른거 없지요.
> 사례 38 | 40대 여성

독일도 여자 대통령 아닌가요.

사례 46은 여성이 대통령인 것에 대해 어떻게 생각하는가라는 질문에 독일 같이 큰 나라도 여성 대통령이 있는데 한국에서 여성이 대통령이 된 것

에 자긍심을 갖는다고 말했다. 중국, 미국, 러시아 같이 큰 나라들과 관계를 더 잘 할 수 있을 것이라는 기대도 있었다.

> 세계에서 여자 대통령이면 독일이 그렇잖아요. 현재 다 같으니까. 자긍심을 가지지요. 큰 나라 관계가 중국, 미국, 러시아 관계가 아주 잘 될 것 같아요. 사례 46 | 70대 남성

사례 46의 대답을 들으며 독일이 여성 대통령이라는 사실을 알고 있다는 점도 인상적이었다. 어쩌면 그것이 필자의 선입견일 수도 있을 거라는 생각이 또 들었다. 북한 주민이라고 해서 세계정세에 대해 전혀 모른다고 미리 전제하는 반공교육의 산물에서 비롯된 선입견 말이다. 독일과 같이 큰 나라에서도 여성 대통령이 나왔는데 한국에서도 여성이 대통령을 하니 자긍심을 가진다는 그의 말을 들으며 과연 한국 국민들은 그러한 자긍심을 갖고 있는지 의문이 들었다.

북한 주민들에게 자유란 '할 말을 마음대로 할 수 있는 것'인데 우리 사회는 그 할말을 너무 마음대로 해서 문제이지 않은가. 비록 대통령에 대한 지지를 떠나서 나라의 지도자인 대통령을 욕하는 나라. 적대적 관계에 있는 북한 주민이 오히려 여성이 대통령이 된 것에 자긍심을 갖는 상황에 우리는 우리의 대통령을 어떻게 인식하고 있는지 새삼 궁금해진다.

남한 대통령에 대한 선호도 조사를 진행하면서 의외로 북한주민들이 남한 대통령에 대해 많은 내용을 알고 있다는 느낌을 받았다. 북한당국의 사상교양으로 '남조선 괴뢰도당의 수뇌'로 학습 되었을 남한 대통령에 대해 나름대로 개인적인 평가를 하고 있다는 점도 새삼 놀라웠다.

그들에게 만약 남한 대통령이 이 자리에 있다면 어떤 말을 하고 싶은지 물어보았다. 자유롭게 말하는 것이 소원이라고 말하는 그들이기에 북한의 최고지도자에 대한 이야기는 마음대로 못하더라도 남한 대통령에 대한 말은 자유롭게 할 수 있을 것이라 기대했다. 칭찬이든 욕이든 또는 소원이든 무엇이든 좋으니 남한의 대통령이 이 자리에 있다 여기고 하고 싶은 말을 모두 해보라고 말했다.

과연 북한주민들은 어떤 대답을 했을까? 100명의 응답자들에게 동일한 질문을 던졌지만 응답한 사람은 그리 많지 않았다. 북한이든 남한이든 최고지도자에 대해 언급한다는 것이 꺼려졌기 때문일까? 아니면 앞에 있지도 않은 대통령에게 무슨 말을 한들 실현되지 않을 것이라 생각했기 때문일까?

실제로 어떤 응답자는 자신이 한 말을 그대로 대통령에게 전해 줄 수 있느냐고 필자에게 묻기도 했다. 직접 전달하지는 못하지만 나중에 책을 통해 알 수도 있을 거라고 말했지만, "전해주지도 못할 말을 왜 쓸데없이 하라고 하느냐"며 핀잔을 주기도 했다. 필자는 그의 핀잔이 어쩌면 절박한 심정에서 비롯된 하소연으로 들렸다. 그만큼 자신들의 소원이나 바라는 마음들이 간절했던 것은 아닐까. 북한주민이 남조선 대통령에게 하고 싶은 말은 무엇이었을까?

소원을 말해봐 : 북한주민이 남조선 대통령에게 전하는 메시지

내가 50나이에 이런 대통령 직접 보진 못했지만, 중국에서 텔레비로 많이 보니까 어떻게 여자 대통령으로서 남북관계 하루빨리 통일 할라고, 이렇게 힘쓰고 애쓰고 하는거 보면 나도 한국에 가서 살고프다고. 실지 속마음이다고. 통일된다고 하면, 대통령 옆에서 살겠다고... 대통령을 직접 만나서 담화한다면, 내가 지금 중국에 와서 텔레비 많이 보니까 한국에 자유가 있다고. 자기가 마음대로 벌고. 맘대로 자기 힘껏 벌면 자기 버는 것만큼 자기꺼 아닙니까. 또 평등 생활하고... 박근혜 대통령이 역할이 크니까 노동자, 농민들이 다 잘살 수 있고 그렇게 해주니까 야. 이렇게 좋은 나라도 있나, 큰 감정을 느낍니다. 대한민국에 가면 있는 힘껏 기꺼이 일 해보겠다는 자부심이 있습니다.
사례 43 | 50대 여성

박근혜 대통령은 아주 남자 같고 성질이. 북조선과 통일을 좀 하기 위해서 노력하고. 우리 도와줄려고 하고. 한국에 가고픈데 어떻게 해야 가는지 그런 말 좀 하고 싶습니다. 가서 좀 잘 해보겠다는 그런 자존심도 있고 사례 45 | 40대 여성

경제 더 빨리 발전하고 중국 그다음에 미국하고 관계 잘해서 빨리 남북통일을 이루라 그런 말 하고 싶어요. 사례 46 | 70대 남성

빨리 우리 조선에 박근혜 대통령 올라와서, 북한이 통일 되어서 인민들 배불리 밥 먹게 해달라고. 고저 그게 소원이죠. 그러면 백성들이... 사례 49 | 60대 남성

빨리 정상회담 가져서 이거 남북 긴장 좀 풀고 그렇게 해서 조국 통일 실현 못해서도 이 긴장상태를 완화 시켜야 된다고. 이걸 좀 부탁한다고. 사례 50 | 60대 남성

저는 그저 될 수 있는대로 평화통일로 해버리면 좋습니다.
사례 51 | 50대 여성

솔직히 말해서, 박근혜 대통령께서 우리 북조선 인민들 못살고 그러니까 빨리 좀 어떻게 해서라도 잘살게 해주고 통일만 해줬음 좋겠어. 사례 54 | 40대 여성

우리 조국 통일 빨리해서 우리도 인민들 다 잘살게 해주는거 좋고, 고저 소원입니다. 사례 62 | 60대 여성

글쎄 고저 박근혜 대통령한테 빨리 통일되야죠. 잘사니까, 지금 늙은 사람은 잘사는 거 밖에 없지 뭐 사례.63 | 60대 여성

통일 대박이라는게 외국에서 지금 전쟁할까봐 다 남북조선에 투자를 못하잖아요. 근데, 이제 통일되면 나라가 안정된다면 세계에서 다 투자하는 사람들이 많고 난 그렇기 때문에 그 대박이라 그렇게 생각하는데... 아니, 통일만 되면 북한이야 자본이 많잖아. 산속에 묻혀 있는거 저기 묘향산만해도 묘향산 거기가 몽땅 금이야, 금이 얼마나 많게? 지금 거기 별장으로 되어 있다고.
사례 56 | 60대 여성

남한의 정당을 알고 있는가?

정당 선호도는 '새누리당' 8%, '민주당' 6%, 기타 34%, '남한 정당에 대해 들어본 적이 없다.' 51%, '선호하지는 않음' 1% 순으로 나타났다. 앞서 남한의 대통령에 대한 북한주민들의 인식은 놀라울 정도로 다양한 내용을 알고 있었지만 정당에 대해서는 응답자의 절반 이상이 잘 모르는 것으로 대답했다.

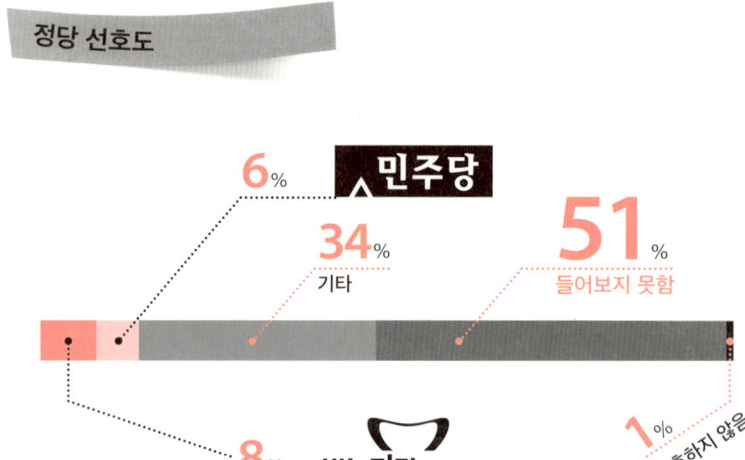

대북지원 및 투자

대북지원과 투자에 대한 생각은?

북한 주민들이 남한이 쌀, 비료 등을 북한에 지원한 적이 있다는 것을 얼마나 알고 있다고 생각하십니까?

남한의 대북지원 규모에 대해 어떻게 생각하십니까?

북한에 대한 남한의 경제 투자에 대해 어떻게 생각하십니까?

북한에 대한 남한의 경제 투자를 북한 주민들이 어떻게 받아들일 것이라고 생각하십니까?

남한의 대북지원을 알고 있는가?

남한의 대북지원에 대해 북한 주민들은 '매우 잘 알고 있다.' 39명, '조금 알고 있다.' 28명, '별로 잘 알지 못하고 있다.' 14명, '전혀 알지 못하고 있다.'는 응답이 19명으로 나타났다. 종합해 보면 남한의 대북지원 사실을 '알고 있다.'는 응답이 67명, '모르고 있다.'는 응답이 33명이었다.

대북지원 문제는 현재 우리 사회에서 남남갈등의 핵심적 이슈라 해도 과언은 아니다. 한쪽에서는 퍼주기 논란으로 대북지원의 실효성에 의문을 제기하고, 한쪽에서는 지속적인 지원을 통해 북한주민의 인도적 상황을 개선해야 한다고 주장한다. 대북지원 사실을 '알고 있다.' 또는 '모르고 있다.' 라는 편향적인 답변을 통해 북한 주민 전체의 입장으로 보는 것은 당연히 무리다. 양측의 엇갈리는 주장에 대해 서로 이것이 옳다 저것이 옳다 하면 대북지원정책은 표류할 수밖에 없다.

이번 조사에서 대북지원에 대해 질문한 것은 북한주민들이 남한의 대북지원에 대해 어떠한 인식을 갖고 있는지, 이에 우리의 대북지원정책은 어떠한 방향으로 추진되어야 하는지에 대한 시사점을 찾고자 했다. 대북지원에 대해 효과가 있다 없다 논쟁보다는 이제 어떻게 하면 잘 줄 수 있는지 그 방법을 고민해야 하지 않을까. 대북지원을 받았다는 북한주민의 이야기를 직접 들어보자.

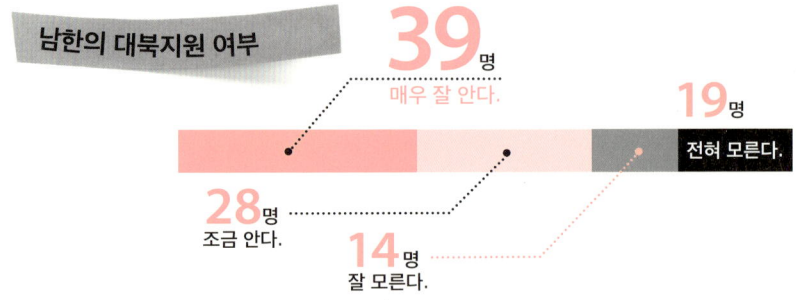

남한의 대북지원 여부

39명 매우 잘 안다.
28명 조금 안다.
14명 잘 모른다.
19명 전혀 모른다.

먼저 남한의 대북지원 사실을 매우 잘 알고 있다는 응답자들이다. 그들은 남한의 대북지원 사실을 어떻게 알게 되었을까?

마대자루에 선명히 새겨진 '대한민국'

사례 14의 대답을 들어보면 한국에서 보내온 비료 자루에 '대한민국' 이라고 쓰인 글자를 보고 한국에서 지원했다는 사실을 알게 되었다고 한다. 한국에서 북한에 지원한 쌀과 비료 자루에는 '대한민국'이라는 글자가 선명하게 새겨져 있다. 북한주민들은 이 글자를 보고 대한민국에서 보낸 것이라고 생각한 것이다.

> 어떻게 아는가 하면, 비료가 나오게 되면 우리가 농사할 때는 농촌지원 나가요. 인민반에서도 나가고, 학생도 나가고. 그러니까 네 어떻게 해서 아는가 하면 비료에 대한민국이라고 썼어요. 자루, 자루보구 "남조선에서 지원했구나!" 이렇게 알고 있어요.
> 사례 14 | 60대 남성

사례 17도 신의주에서 장사를 다닐 때 비료 자루에 새겨진 대한민국이라는 글자를 보았다고 한다. 한국산 제품이 질이 좋기 때문에 쌀이나 비료는 배급이 안되더라도 시장에서 마대자루만 별도로 판매하기도 했다고 한다.

> 그거를 보믄 나도 신의주 좀 장사댕길라고 보믄. 비료있디요? 대한민국 비료. 뭐 이딴거. 기 다음에 쌀자루 대한민국 몽땅 그게 쌀자루니까, 그거만 보니까 방조를 많이 받는걸로 알지요.
> 사례 17 | 50대 여성

> 쌀이 오면 마대에 표시가 되어 있단 말입니다. 대한민국 뭐 이렇게. 사례 38 | 40대 여성

> 농촌 사람들이 비료고 쌀이고 다 들어오니까, 그거 보게되면 마대 자체가 대한민국 써놨으니까 그거 보면 알죠. 사례 80 | 40대 남성

> 쌀, 비료 다 한국 쌀이가 포대도 장마당에서 쓰는데 그거 좀 좋으니까. 사례 84 | 50대 남성

사례 67은 한국에서 지원한 쌀을 배급 받았다고 증언한다. 자신이 받은 쌀 포대에는 선명하게 '대한민국'이라는 글자가 쓰여 있었다고 한다.

> 쌀 준거 왜냐하면 배급준거, 대한민국 이렇게 써져 있더만. 포대에. 내가 그건 봤습니다. 배급준거. 사례 67 | 50대 남성

사례 50의 대답을 통해 한국에서 지원한 쌀, 비료를 담았던 마대자루가 장마당에서 공식적으로 판매된다는 사실을 다시 한 번 확인할 수 있다. 대북지원 쌀도 장마당에서 거래된다는 것은 이미 잘 알려진 사실이다. 대북지원 쌀이 군사용으로 전용되어 일반 주민들은 배급을 받지도 못한다는 비판도 있지만, 최소한 한국산 쌀이 북한으로 들어오면 장마당에서 쌀값을 낮춘다는 긍정적 효과도 있다. 그런데 쌀이 거래되기도 하지만 이처럼 쌀을 담았던 마대자루가 인기리에 거래된다는 사실도 주목할 만하다.

> 근데, 그 장마당에 가보니까네 대한민국이라고 쓴 마대가 돌아다니더라고요. 돌아다녀요. 쌀, 비료들도 많이 대한민국이라고 쓰고. 그니까, 남조선에서 지원해줬다는 사실 아닙니까.
> 사례 50 | 60대 남성

지원 들어온 거 보도를 통해서

사례 37은 보도(뉴스)를 통해 한국의 지원 사실을 알게 된 경우다. 어느 나라에서 식량이 얼마나 지원되었는지 보도를 통해 다 알고 있다고 말한다. 사례 52는 유엔이 지원한 밀가루를 알고 있었는데 한국산이 더 질이 좋았다고 덧붙였다.

> 지원 들어오는 거를 보도로 해서 통하기 때문에 내용적으로 다 알고 있어요. 그니까 식량이라 하믄 식량 어느 나라에서 얼마 지원했는지. 사례 37 | 40대 남성

> 밀가루도 유엔으로 보내줘서 중국 밀가루하고, 한국 밀가루하고 남조선치가 이렇게 좋았단 말이에요. 다 좋아서. 사례 52 | 60대 여성

마대자루에 새겨진 '대한민국' 글자나, 보도를 통해서가 아니라 사람들 사이의 소문으로 알게 된 경우도 있었다. 사례 82는 사람들이 개인적으로 전하는 소식으로 알게 되었다고 한다. 대북지원 쌀과 비료를 하역하는 부두에서 사람들의 입을 통해 흘러나오는 소식들이 있다고...

> 그거는 다 개인적으로 부두에서 흘러나오는 소식도 있고.
> 사례82 | 50대 남성

> 근데, 너무 조선에서는 무슨 소식이 있으면 잘 감춘단 말이에요. 그래서 조금 알겠죠. 사례64 | 20대 남성

02_대남인식

포장을 바꾸기 때문에 잘 모른다.

앞서 대답을 들어보면 마대자루에 새겨진 글자를 보고 한국에서 보낸 사실을 알게 되었다고 말한다. 하지만 사례 44의 증언은 마대 자루의 포장을 다 바꾸기 때문에 한국에서 지원했다는 사실을 잘 몰랐다는 엇갈리는 대답을 한다.

> 지원 받은 거는 포장해는거 명시 다 바꾸디요. 잘 몰라요.
> 사례 44 | 60대 남성

사례 75는 북한에 있을 때만 하더라도 한국에서 지원한 사실을 전혀 몰랐다고 한다. 중국을 오가며 사람들로부터 전해 들으며 알게 되었다고…

> 그전에 내가 몇 년 전에 와서 중국 신문을 봤으니까, 들었지 그쪽에서는 몰랐습니다. 일년에 들락날락해서, 어떨땐 장사 해가지고 돈벌어서 나가니까. 사례 75 | 30대 남성

사례 43 역시 중국에 와서 한국의 대북지원 사실을 알게 되었다고 한다. 거기(북한) 있을때는 전혀 알지 못했다고 말한다.

> 원래 모릅니다. 모르는데, 여기와서 지원사업이 아주 많습니다. 중국에 와서 알게 되었어요. 보장해 주는거, 1년에 많은 걸 지원해주면 우린 고기서 모릅니다. 사례 43 | 50대 여성

우리한테 들어오는게 있나

북한에 들어간 쌀과 비료를 직접 배급을 받은 북한주민들은 그것이 한국에서 지원했다는 사실을 알게 되었다. 또한 쌀, 비료 자루를 직접 장마당에서 구입할 경우에도 한국의 대북지원 사실을 알게 되었다. 하지만 본인이 배급을 받지 못한 경우에는 전혀 사실을 몰랐다고도 증언한다.

> 뭐, 한국에서 쌀, 비료 들어왔다고 해도 우리한테 들어오는 게 있나…직접 받지 못했기 때문에 아무것도 없습니다
> 사례 79 | 40대 남성

사례 83의 경우 유엔에서 지원한 약품과 중국의 밀가루 지원에 대한 내용은 알아도 한국이 북한에 지원했다는 사실은 전혀 모르고 있었다. 북한 당국이 남한에 대한 적대심을 학습시키고 탈북자들에 대한 처벌을 강화하면서 남한에서 지원을 했다는 사실은 전혀 알려주지 않았다고 말한다.

> 북한에서 간부들이랑 남한을 계속 반대하고, 못된 놈으로 보고 아예 접근을 못하게 하고 이게 탈북으로 갔다오는 놈들은 3대를 보구, 아야 씨를 못나오는 대로 추방시키고 다 이리기 때문에 무서워서, 남한에서 뭐 줬다, 줬다 하는걸 못들었슈. 유엔에서 약 줬다는거, 중국에서 밀가루 줬다는거 다 들었어도…
> 사례 83 | 60대 여성

대북지원을 어떻게 생각할까?

　북한 주민들은 남한의 대북 지원을 '매우 긍정적으로 생각하고 있다.' 78명, '약간 긍정적으로 생각하고 있다.' 11명, '부정적으로도 긍정적으로도 생각하지 않는다.' 1명, '약간 부정적으로 생각하고 있다.' 3명, '매우 부정적으로 생각하고 있다.' 3명, '잘 모름' 3명으로 나타났다. 전체 응답자 100명 가운데 89명이 남한의 대북지원에 대해 긍정적으로 생각하고 있음을 알 수 있다.

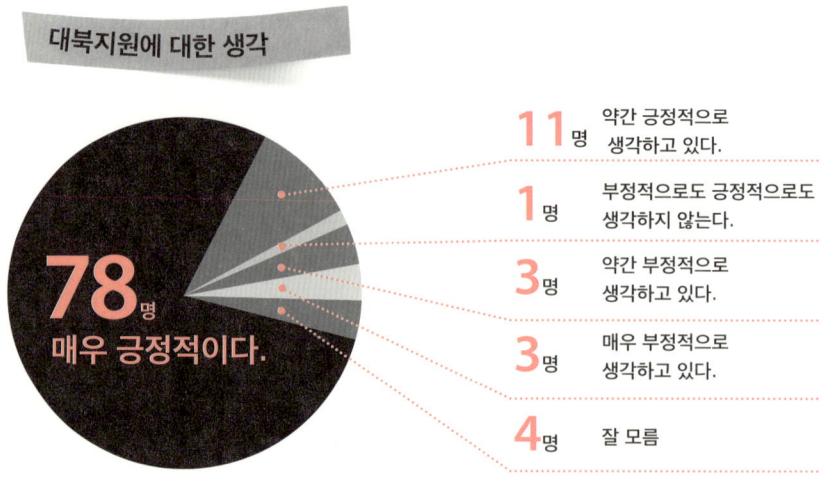

　한국의 대북지원을 '매우 긍정적으로 생각하고 있다.'는 북한주민의 대답을 들어보자. 인도적 지원이 그들의 마음을 사로잡게 된 계기는 무엇이었을까?

한국 쌀이 맛있더만

사례14는 한국이 지원한 비료와 쌀을 보면서 '조국이 빨리 통일되었으면 좋겠다.'는 생각을 했다. 쌀 자루에 큼지막하게 쓰여 있는 대한민국이라는 글자를 보면서 한국에서 지원했다는 사실을 알게 되었다. 직접 먹어본 한국 쌀은 너무 맛도 좋았다고...

> 이 비료를 보면서도 "야, 우리 빨리 조국 통일이 되었으면 좋갔다." 또 한국에서 쌀 들어오면 쌀 자루에도 대한민국이 있으니끼니. 야 쌀이 또, 한국 쌀이 또 맛있더만. 나도 먹어봤지.
> 사례 14 | 60대 남성

한국 쌀만 맛있던 것은 아니었다. 대한민국에서 지원한 비료 자루가 곳곳에 사용되었다. 사례 14는 집에 몇 개나 갖고 있을 정도였다. 원래 포장 마대는 유통이 안되지만 장사하는 사람들은 돈을 주고 마대를 별도로 사기도 했다. 한국 쌀과 비료를 직접 보고 마대자루까지 사용한 그는 뒤에서 다 한국이 좋다고 말할 정도라고 한다. 단지 앞에서는 절대 말을 못할 뿐이라고...

> 매 집에 대한민국 비료 자루가 없는 자리가 없으니까... 대한민국이라고 쓰여진 비료포대 글씨 보고... 대한민국 쌀자루가 제일 좋더만. 집에도 몇 개 있어요. 원래는 포장 마대를 못나오게 하는데. 그건 도로 들어가는데. 우리 장사꾼들은 고거 다 있단 말이에요. 고저 쌀사면 그거 채로 달래면, 돈주고 사면되니까. 비료자루도 비닐포대 대한민국 몽땅 썼더만. 뭐. 비료다. 아이고, 뒤에서야 다 지지하디요. 뭐- 앞에서 못하고, 일반 백성들이야 다 지지하디요.
> 사례 14 | 60대 남성

배급은 못받았어요.

한국에서 지원한 쌀을 일반 북한 주민들은 배급을 받았을까? 이 질문의 정답은 황당한 듯 들리지만 '받은 사람도 있고, 못 받은 사람도 있다.'는 것이다. 한국에서 북한에 지원한 쌀을 두고 일반 주민들은 보지도 못하고 다 군대로 흘러가기 때문에 절대 지원해서는 안 된다는 주장도 있다. 이에 반해 배급을 받은 탈북자들의 대답을 근거로 충분히 배급이 이뤄지고 있다는 주장도 한다. 한 쪽의 주장만 강조해서는 안 되는 이유는 당연히 지역과 계층에 따라 배급 여부가 다르기 때문이다.

사례 17의 경우는 한국에서 지원한 쌀을 전혀 배급받지 못한 경우다. 자신과 같이 노동자는 배급을 받을 수 없었고 모두 2경제위원회나 산하 군대로 흘러 들어갔다고 말한다. 하지만 사례 17과 같은 증언 내용만 듣고 대북지원 쌀이 모두 군사용으로 전용되었다고 표현하는 것은 무리가 있다. 왜냐하면 다른 주민의 경우 배급을 받고 먹어본 경우도 있기 때문이다.

> 배급은 못 받아 봤디요. 배급은 일반 노동자는 못 받고 2경제위원회들, 2경제산하들하구 군대들 주니까 노동자들은 그거 구경 못해요. 장마당 산거죠. 사례 17 | 50대 여성

> 근데, 우린 먹어보지 못해요. 보지도 못하고, 고저 듣기만 했지. 사례 40 | 60대 여성

한 30%나 도착하겠죠.

사례 64도 한국에서 지원한 쌀을 직접 배급받지는 못한 경우다. 그는

장마당에서 사먹은 경험은 있었다. 그의 표현을 빌리면 지원한 양 중에 한 30% 정도는 북한 주민들에게 배급된다고 한다.

> 그 오다가, 한 30%나 도착하겠죠. 오기는 와요. 들어왔다, 소문 나면은 주민들한테 조금씩은 와요. 저희는 그렇게 지원오는 쌀 받아먹고 그러지 못했지요. 샀죠. 시장에서 사먹었죠.
> 사례 64 | 20대 남성

나는 한번도 받아보질 못해서

한국의 대북지원을 어떻게 생각하느냐는 질문에 긍정도 부정도 안한다는 사례도 있었다. 사례 24는 자신이 한 번도 한국에서 지원한 쌀을 받아본 적이 없기 때문에 그것을 두고 할 말이 없다는 입장이다. 자신에게는 '쌀 한 톨 돌아온 것이 없어서' 한국의 대북지원에 대해 평가할 수 없다고…

> 아니 그걸, 내가 그걸 받아봤다면 표현을 하갔는데 나는 한 번도 받아보질 못했기 때문에 그걸 뭐 고맙다. 안 받은 거를… 상대 입장에 봐서는 고맙다고 봐야죠. 한데, 나한테는 무슨 뭐 쌀 한 톨 차례 된 것도 없구. 사례 24 | 60대 남성

또 간부들 손에 들어가겠지

직접 배급을 받지 못한 경우 앞서 사례 24처럼 할 말이 없다는 입장도 있지만, 사례 27은 자신이 한 번도 배급을 받지 못했기 때문에 한국의 대북지원을 매우 부정적으로 인식하고 있었다. 한국에서 지원이 오면 자신과 같

이 노동자들은 받을 수 없고 당연히 군대나 간부들의 손에 들어가기 때문에 부정적으로 생각했다고 한다.

> 어떤 사람도 대부분 모릅니다. 우리 손에 안 들어오기 때문에. 또 간부들 손에 들어가겠지. 군대든 가겠지 하니까.
> 사례 27 | 30대 여성

간부놈들이 다 처먹지

한국에서 들어온 쌀이 자신들에게 배급되지 않고 간부들에게만 간다고 생각한 북한 주민들은 한국의 대북지원에 대해 매우 부정적인 평가를 했다. 한마디로 쌀이 들어와도 자신들과는 아무 상관없는 일이라는 것이다

> 대북지원을 받아도 받는 사람들은 따로 있으니까 백성들은 못 받으니까 부정적이다. 사례 7 | 40대 남성

> 우리가 못 받았는데 뭐 사례 73 | 50대 남성

> 주민들이 그거 볼때에 간부놈들이 다 처먹지. 암만 주면 뭘하갔나. 그거지요. 뭐 사례 83 | 60대 여성

북한주민들은 한국의 대북지원에 대해 상반된 입장을 보였다. 어쩌면 너무나 당연한 결과 일 수 있지만 지원된 쌀을 배급받거나 마대자루라도 시장에서 사서 사용해 본 주민들은 지원에 대해 긍정적인 평가를 했다. 이에 반해 한 번도 배급을 받지 못하고 오히려 '간부들의 배만 불린다.'고 생각한 주민들은 대북지원을 부정적으로 생각했다.

희망하는 대북지원의 규모는?

이러한 질문에 이어 앞으로 대북지원 규모를 어떻게 해야 하는지 질문해 보았다. 대북지원을 늘려야 할까, 줄여야 할까, 아니면 아예 중단해야 할까? 향후 대북지원에 대한 북한주민의 생각은 어떨까? 대북지원을 '대폭 늘려야 한다.' 86명, '조금 늘려야 한다.' 3명, '조금 줄여야 한다.' 2명, '중단해야 한다.' 9명으로 응답하여 전체 응답자 100명 중 절대다수인 89명이 대북지원의 규모를 늘려야 한다는 입장을 보였다.

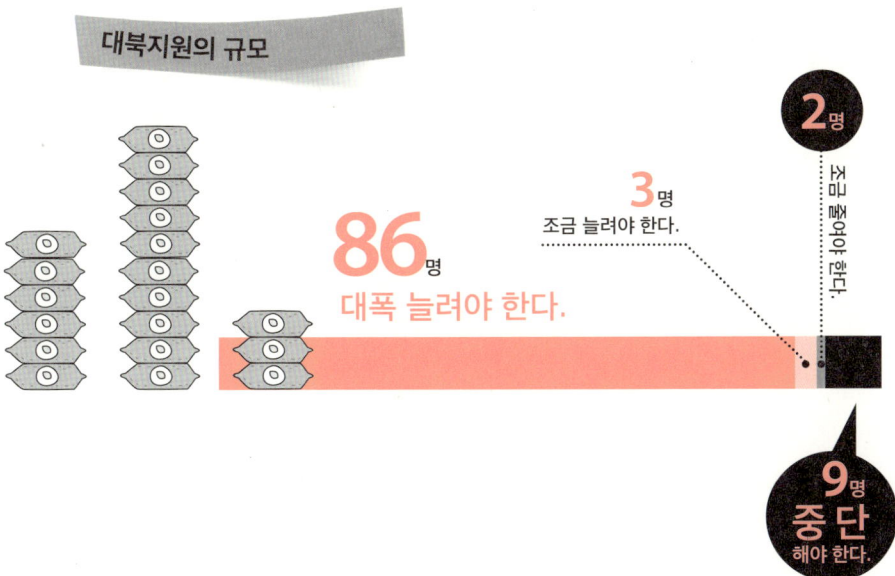

한국이 더 잘사니까 지원해야지

한국의 대북지원 규모를 대폭 늘려야 한다고 주장한 사례를 보면 '한국이 잘살기 때문에 당연히 지원해야 한다.'는 입장이다. 그래야 북한도 잘 살 수 있다고…

> 기래야 북한도 잘 살고 그러니까 그렇지만. 사례 21 | 40대 여성

> 한국에서 뭐… 더 잘 살끼나 지원해야 된다. 사례 30 | 50대 남성

> 적으니까.. 우린 고저 장마당에서 여기 옷티 갖다가 주고, 쌀 사 먹으니까요. 사례 35 | 30대 여성

장마당 가격도 안 오르고 좋지

직접 배급을 받지 못해도 한국에서 쌀이 들어오면 최소한 장마당에서 거래되는 쌀값은 안정이 된다고 말한다. 그래서 더욱 지원 규모를 늘려야 한다는 입장이다. 또한 군부대에 간다고 하더라도 장마당 쌀값은 내려가기 때문에 지원규모는 무조건 늘려야 한다고…

> 늘려야지 장마당 가격도 안오르고 좋지. 사례 8 | 50대 남성

> 좋게 생각하죠. 좋게 생각하는데, 그게 100프로 백성한테 가지 않고 군부대에 간단 말이에요. 그면 군부대에서 또 채다가 백성들한테 파니까, 그 야미 시장은 쌀값이 내려가니까 좋지요. 그래도 타진 못해도 쌀값이 내려가니까 좋지. 사례 56 | 60대 여성

한국에서 지원한 쌀은 장마당에서 쌀값을 안정시키는 역할도 하지만 군부대에서 일반 주민들에게 뺏아가는 양도 줄이게 되는 효과도 있다고 한다. 사례 47은 군부대에 쌀이 들어가면 그 양만큼 일반 주민들이 뺏기는 게 줄어 들 수 있다고 말한다.

> 그래도 군부에 열 알 들어갈 거 인민들한테 한 알 들어오잖아요. 들어가면 그만큼 뺏기는게 줄잖아요. 사례 47 | 40대 남성

마음이 돌아서서 통일 될거에요.

북한주민들의 마음을 사로잡는다는 건 어떤 의미일까? 우리의 통일은 남북한 주민들이 함께 잘 살기 위한 것이기에 북한주민들의 마음을 얻는 것이 중요하다. 사례 70은 북한이 지금 곤란하기 때문에 지원을 계속 하면 북한 주민의 마음이 돌아서서 통일 될 수 있다고 말한다. 곤란한 상황에서 지원을 안 해주면 더 못살게 되고 그러면 결국 싸움할 수밖에 없다는 것이다. 어떻게 생각하면 참 당연하고 쉬운 방법처럼 들리는데 왜 그렇게 할 수 없을까? 북한 주민들의 마음 얻기...

> 북한이 곤란한데 지원 받고서, 마음이 돌아서서 통일 되는 거에요. 그다음에 지원 안주게 되면, 더 못살고 그러니끼니 싸움하갔다고 그러잖아요? 사례 70 | 60대 남성

기런거 계속 주는거 아니라구요.

대북지원에 대한 긍정적 효과로 지원을 계속 해야 한다는 입장과는 정

반대로 북한에 오히려 지원을 해서는 안 된다는 북한주민도 있었다. 사례 40은 한국에서 지원을 할 땐 가만히 있고, 안 주면 또 욕하는 북한의 모습을 보면서 지금과 같이 지원해서는 안 된다고 말한다.

> 기런거 계속 주는거 아니라구요. 주믄 또 고저 가만히 있고, 안 주면 또 미국놈 남조선 뭐 어쩌고 욕하고 긴다고요. 기런데, 뭐 줘야되는지 안 줘야되는지 우리 백성들은 이건 얘기 듣지 못하니까. 사례 40 | 60대 여성

사례 53역시 사례 40과 같이 줄 때는 좋아하고 안 줄때는 나쁜 놈들이라 욕하는 북한의 태도를 오히려 나쁘게 말했다. '버릇돼서 그런다.'는 표현은 마치 한때 우리 사회에서 북한의 나쁜 버릇을 고쳐야 한다는 주장과 같은 내용처럼 들렸다. 북한 주민이 이러한 생각을 한다는 것이 놀라울 따름이다.

> 안주고 이거 합의 다한 다음에, 다 좋게 해서 예 하면 주고 그렇게 얘기하기 전엔 안줘야해. 그건 버릇이야, 그것도 다 버릇되서 그런다. 조선에서 안주면 이거 이 나쁜 놈들이라고 그러고, 주면 또 좋다고 하고. 사례 53 | 40대 여성

> 그래서 안주구, 서로 담화해가지고 서로 예한다음에 줘야지. 그렇게 저기해주면 안돼. 사례 52 | 60대 여성

사례 84는 대북지원을 아예 중단해야 한다는 강경한 입장을 보였다. 일반 백성들에게는 당연히 지원해야 하지만 백성들에게 돌아가는 것이 없고 '주나 안주나 비슷하기 때문에' 차라리 안 주는게 더 낫다고 말한다. 그의 말을 들으며 그래서 우리의 대북지원정책이 일반 북한주민들에게 잘 줄 수 있

는 방법을 찾아야 하는 것이 아닌가 하는 생각이 들었다. 사례 84의 말처럼 '주나 안주나 비슷한 상황'이 되어서는 안되기에...

> 백성들에게는 줘야 하겠지만은, 긍정적으로 국가와 국가사이로 볼 때는 백성들한테 차려지지 않고요. 주나 안주나 비슷한 것 같아서, 차라리 안주는게 더 좋지 않을까. 백성들한테 들어가는 게 없기 때문에. 사례 84 | 50대 남성

사례 7 역시 '군부에게만 가고 백성에게 전해지지 않는다.'는 이유 때문에 대북지원을 중단해야 한다는 입장을 보였다. 하지만 '일반 백성들에게 전해진다면' 오히려 더욱 규모를 늘려야 한다고 덧붙인다.

> 군부한테만 가고 백성들한테는 전해지지 않기 때문이다. 백성들에게 전해진다면 늘려져야한다고 생각한다. 사례 7 | 40대 남성

02_대남인식

북한에 대한 남한의 경제 투자는?

　인도적 차원의 지원이 아닌 북한에 대한 남한의 경제 투자에 관해서 질문했다. 남한이 북한에 투자하는 것에 대해 '매우 긍정적으로 생각할 것이다.' 94명, '약간 긍정적으로 생각할 것이다.' 2명, '부정적으로도 긍정적으로도 생각하지 않을 것이다.' 2명, '약간 부정적으로 생각할 것이다.'라는 응답이 2명이었다.

　앞서 한국이 북한에 대해 지원한 것과 구분하여 무상지원이 아닌 북한에 투자한다는 개념을 사전에 설명해 주었다. 응답자들이 투자와 지원을 명확히 구분했는지는 확신할 수 없지만 일반적인 지원과는 분명히 다른 형태라는 것 정도는 인지했다.

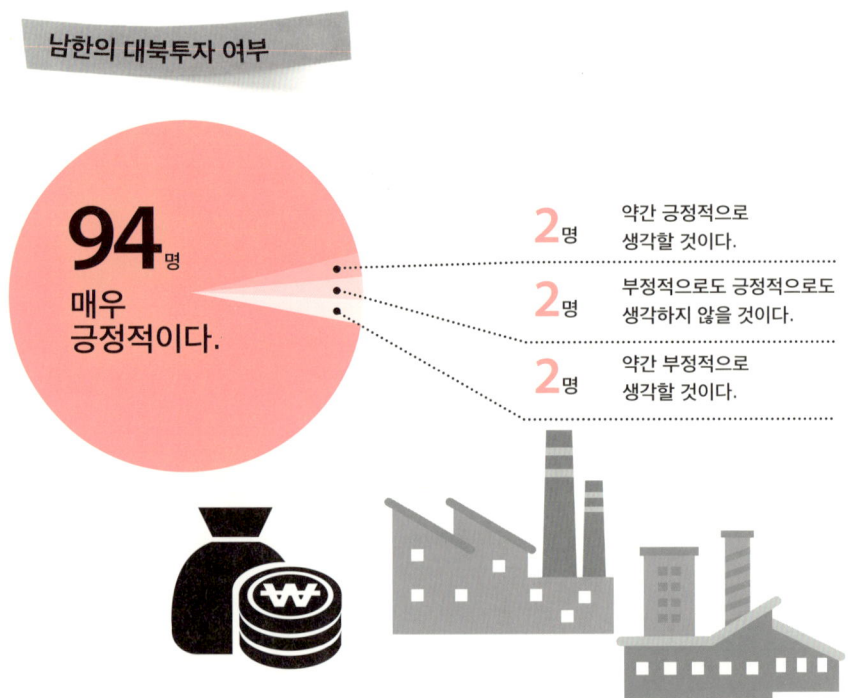

남한의 대북투자 여부

94명 매우 긍정적이다.

2명 약간 긍정적으로 생각할 것이다.

2명 부정적으로도 긍정적으로도 생각하지 않을 것이다.

2명 약간 부정적으로 생각할 것이다.

아니 줘서 싫다는 사람이 있어요?

사례 15는 현재 북한에는 농사도 안되고 먹을 것도 없기 때문에 남한에서 투자하면 당연히 좋아할 것이라고 말한다.

> 북한에는 농사도 안되고, 다 먹을 것도 없으니까네. 다 투자하면 다 좋아하죠. 사례 15 | 50대 여성

한국이 북한에 투자를 하게 되면 장마당에서 팔 거리도 더 늘어나고 돈을 벌게 되어 사먹는 것도 더 편해질 거라는 응답도 있었다. 사례 17은 필자에게 오히려 반문했다. "줘서 싫다는 사람이 있냐고" 말이다.

> 장마당에서 팔 거리도 있으니까, 돈 좀 있으면 사먹기도 편하잖아. 그리구 좀 더 싸구. 아니, 줘서 싫다는 사람이 있어요? 사례 17 | 50대 여성

사례 29도 받으면 나쁘게 생각하는 사람이 누가 있냐는 대답이었다. 한국의 투자를 긍정적으로 생각하며 일반 주민들뿐만 아니라 간부들도 좋아할 것이라고 말한다. 다만, 문제는 받고 난 다음에 어떻게 하는가에 따라 다르다는 말도 덧붙였다.

> 투자하면 좋아하지요. 인민들은 많이 좋아한다구. 간부들도 좋아하지. 받으면 나빠하는 사람이 없다구. 받고난 뒤에 어떻게 하는가에 다르지... 사례 29 | 60대 여성

한국의 투자가 국가를 부유하게 하면 일반 주민들의 삶도 더 나아질 것이라는 기대도 했다. 사례 57은 '개인 손에는 안 들어와도 국가도 조금 부유

해지면 백성들도 다 좋아질 것이다.'라고 말한다. 한국이 투자하면 '경제가 발전되고 다 같이 잘 살 수 있다.'(사례 86)고 기대했다.

개인한테 돌아가는 게 없는데

일부 응답자들은 한국이 투자해도 결국 개인에게 돌아가는 것이 없다는 이유로 부정적으로 생각하기도 했다.

> 경제투자를 할 라고 해도 들어오는 것도 아무것도 없으니까. 개인한테 돌아 가는게 없기 때문에. 사례 79 | 40대 남성

사례 33은 간부들의 경우 남한이 투자 하는 것을 반대할 것이라는 의견도 있었다. 투자를 하게 되면 일반 주민들도 나가서 일을 하고 돈을 벌게 되는데 그러면 간부들 보다 오히려 잘 살게 되기 때문에 간부들이 반대할 것이라는 생각이었다. 사례 33은 국가에서 쌀을 안주기 때문에 장사라도 해야 먹고 살 수 있는데 간부들은 오히려 장사하면 다 뺏어간다고 하소연했다.

> 백성들도 나가서 일하구 돈 벌 수 있으면 간부들보다 더 잘사니까요. 일하는 사람들 더 잘사니까요. 한데, 이런건 고이 바쳐야 되니까요. 근데 백성들은 뭐라고 하냐면..저런 간부새끼들은 때려 죽여야 된다고 해요. 장마당 나가서 뺏들어 갈거 다 뺏들어 가니까네. 근데 장사꾼 없으면 어디서 나서, 어디서 쌀을 삽니까? 국가에서 쌀도 안주는데. 사례 33 | 30대 남성

02 남한의 언니와 북한의 동생이 주고받은 편지

* 아래의 편지 원본은 뒷면 페이지로 읽으시면 됩니다.

동생♥ 챙권지는 동생이 정말 아름답다고 생각했어요. 연구에 집중하는 동생의 모습을 보고 나도 역시 하나 배우고플 마음이 들었어요. 나보다 동생이라는 얘기를 듣고 친동생 같이 이뤄지고 싶었는데. 이틀간의 시간 동안 아쉽지만 함께 좋은 추억 만들 수 있어서 좋았어요. 북도에서 동생과 이런 저런 얘기 나누는데 그날이 여전히 생생하게 기다려요. 또 헤어져 때 부둥켜 울 때에도 얼마나 마음이 아프던지. 곧 볼 수 있을거라 생각했는데 시간은 야속하게 빠르기만 흘러가네요. 그래도 계절이 바뀌고 날이 선선해 질 때쯤 다시 볼 수 있을거라 기대하며 힘내 보려고 합니다. 동생의 첼로 연주가 듣고 싶은 날이네요 ^^ 그것도 날씨가 덥다고 하던데 건강 꼭 챙기고 다시 볼 그날을 희망하고 또 희망해 봅니다. 동생~ 다시 만나 <다시 만납시다>를 부를 그날을 약속하며 각자의 자리에서 서로를 응원하며 '그날'을 기다려 봅시다. 건강하면 꼭 또 볼수 있겠죠~? 그럼 파이팅 하며 웃으며 봐요~

2015. 8. 7 금
- 하나 -

하나언니, 언니의 편지를 아주 반갑게 받아 보았어요.
강동원선생님과 하나언니, 또 그의 동무들을...
하고 생각하느라면 제일 먼저 떠오르는것은 아직 보지 쓸고 몇마디
말 밖에 해보지 못했지만 모두가 함께 손에 손을 잡고
《다시 만납시다》 노래를 울며 부르던 모습,
또 헤여질때에는 그게 아쉬워 정문에서 우와 부등켜 보고
눈물을 흘리며 다시 만날때까지 몸지 보기 건강하라는 인사를
나누던 모습들입니다.
많은 시간이 흘렀지만 그때 그 모습들이 얼마나 나에게
충격적이였고 큰 여운을 남겼는지 아직도 그 얼굴들 하나하나가
생생하게 떠오르곤 해요.
그래서 언니가 더 보고싶고 그리운 마음은 점점 커만
가련 칼해요.
언니 생각 나세요?
내가 언니더 앞으로 미래는 무엇인가고 물었을때 언니는
앞으로 강동원선생님처럼 선생님이 되여 제자들을

동생~ 첼로 치는 동생이 정말 아름답다고 생각했습니다. 연주에 집중하는 동생의 모습을 보고 나도 악기 하나 배우고픈 마음이 들었어요. 나보다 동생이라는 얘기를 듣고 친동생같이 어울리고 싶었는데… 이틀간의 시간 동안 아쉽지만 함께 좋은 추억 만들 수 있어서 좋았어요. 복도에서 동생과 이런 저런 얘기 나누는데 그날이 여전히 생생하게 기억나요. 또 헤어질 때 부둥켜 울 때에도 얼마나 마음이 아프던지. 곧 볼 수 있을꺼라 생각했는데 시간은 야속하게 빠르게만 흘러가네요. 그래도 계절이 바뀌고 날이 선선해 질 때쯤 다시 볼 수 있을거라 기대하며 힘내 보려고 합니다. 동생의 첼로 연주가 듣고 싶은 날이네요. ^^ 그곳도 날씨가 덥다고 하던데 건강 잘 챙기고 다시 볼 그날을 희망하고 또 희망해 봅니다. 동생~ 다시 만나 <다시 만납시다>를 부를 그날을 약속하며 각자의 자리에서 서로를 응원하며 '그날'을 기다려 봅시다. 간절하면 꼭 또 볼 수 있겠죠~? 그럼 파이팅 하며 웃으며 봐요~

2015. 8. 7. 금요일   하나

하나언니, 언니의 편지를 아주 반갑게 받아 보았어요. 강동완선생님과 하나언니, 또 그의 동무들을... 하고 생각하느라면 제일 먼저 떠오르는 것은 아직 낯도 설고 몇마디 말도 많이 해보지 못했지만 모두가 함께 손에 손을 잡고 《다시 만납시다》 노래를 울며 부르던 모습, 또 헤어질 때에는 그게 아쉬워 정문에서 우리와 부둥켜 안고 눈물을 흘리며 다시 만날 때까지 앓지 말고 건강하라는 인사를 나누던 모습들입니다. 많은 시간이 흘렀지만 그때 그 모습들이 얼마나 나에게 충격적이였고 큰 여운을 남겼는지 아직도 그 얼굴들 하나하나가 생생하게 떠오르군 해요. 그래서 언니가 더 보고싶고 그리운 마음은 점점 커만 가는 것 같애요. 언니 생각나세요? 내가 언니의 앞으로의 미래는 무엇인가고 물었을 때 언니는 앞으로 강동완선생님처럼 선생님이 되여 제자들을 가르치고 싶다고 또 그들을 통일을 위한 길로 이끌것이라고...《아무리 훌륭한 생각이라도 실행하지 않는다면 한갓 꿈에 지나지 않는다.》 이런 말도 있잖아요. 약속해요 언니, 나는 여기에서 하나언니는 거기에서 우리 하루빨리 통일의 그날을 앞당기기 위하여 열심히 노력하자는 것을...

내가 좋아하는 노래 한편 보낼게요.

좋은 노래이니 빨리 배워서 다음번 만나서는 꼭 2중창 함께 불러요.

- 백두와 한라는 내 조국입니다 -

해 솟는 백두산은 내 조국입니다.
제주도 한라산도 내 조국입니다.
백두와 한라가 서로 손을 잡으면
삼천리가 하나되는 통일이여라
통일 통일 통일 통일이여라.

상봉의 그날까지 앓지 말고 건강하세요

8월 18일 동생 OO

一

북한주민에게
다른 나라는?

03

3부   주 변 국 에   대 한   인 식

북한주민에게
다른 나라는?

평소 친하게 지내는 북한이탈주민에게 북한에 있을 때 가장 부러웠던 것이 무엇이냐고 물어본 적이 있다. 그의 대답은 뜻밖에도 해외에 나가보는 것이라고 했다. 북한에서는 외교관이나 고위층 간부가 아니면 태어나서 죽을 때까지 해외에 나간다는 것은 상상조차 할 수 없는 일이었다고 한다.

해외에 한 번도 나가보지 못한 북한주민들은 외부세계를 어떻게 인식하고 있을까? 북한 주민들이 제일 가보고 싶은 나라는 어디였을까? 한반도 주변국 중 어느 나라를 가장 가깝게 느끼고 있을까? 남북한 통일은 한반도 주변 강대국들의 복잡한 이해관계가 얽힌 국제문제다. 북한은 '우리민족끼리'를 강조하며 남북한이 자주적으로 통일을 하자고 주장하지만, 미국·일본·중국·러시아라는 강대국의 틈바구니에서 이해관계를 따질 수밖에 없다.

북한 당국은 미국과 일본을 '철천지 원수'로 규정하며 북한주민들에게 사상교육을 시키고 있다. 북한당국은 남한을 식민지로 점령하고 있는 미국을 몰아내고 하루빨리 통일을 이루자고 주장한다. 그렇다면 실제로 북한 주민들은 미국을 비롯한 한반도 주변국들에 대해서 어떻게 생각하고 있을까?

제3부는 크게 다른 국가에 대한 호감도와 주변국에 대한 인식으로 구분한다. 즉, 북한 주민들이 한반도 주변 4국 중 어느 나라를 가장 위협적으로 느끼는지, 이들 국가들이 한반도 통일을 어느 정도 지지할 것으로 인식하는지에 대해 질문했다.

북한 주민에게 다른 나라는?

다른 국가에 대한 호감도

어느 나라를 가장 가깝게 느끼십니까?

어느 나라에 가장 가보고 싶으십니까?

주변국에 대한 인식

어느 나라가 한반도의 평화에 가장 위협적인 나라라고 생각하십니까?

다음 국가들이 북한에게 어떤 대상이라고 생각하십니까?
- 미국, 중국, 일본, 러시아

다음 국가들이 남북한 통일을 얼마나 원한다고 생각하십니까?
- 미국, 중국, 일본, 러시아

좋아하는 나라는 어디인가?

외부정세인식

어느 나라를 가장 가깝게 느끼십니까?

어느 나라에 가장 가보고 싶으십니까?

가장 가까운 나라는 어디일까?

북한 주민들은 가장 가까운 나라로 미국 1명, 일본 1명, 남한 19명, 중국 76명, 러시아 1명, 유럽 2명으로 응답하여 남한(19명)보다 중국(76명)을 더 가까운 나라로 인식했다.

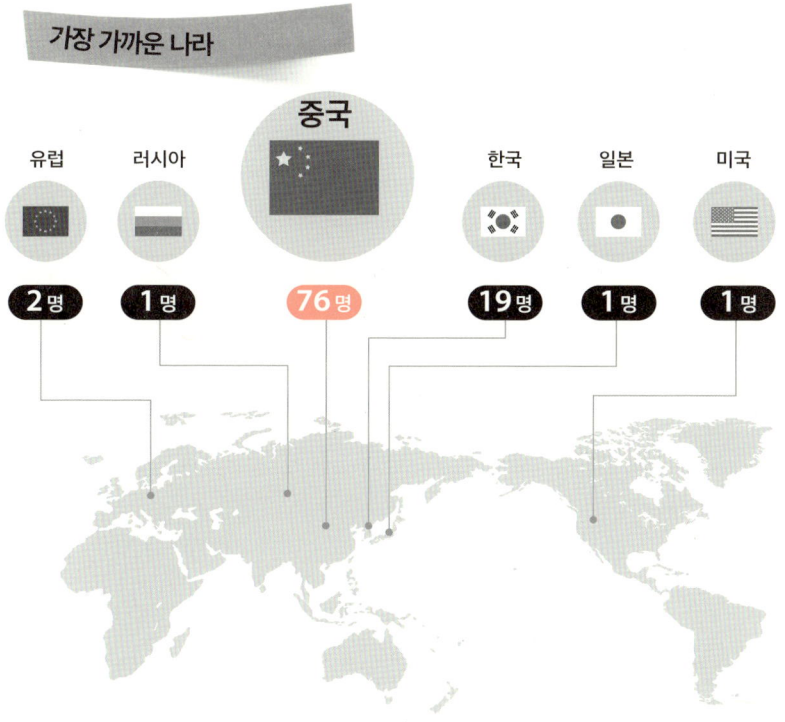

북한 당국의 사상학습으로 인한 결과일까, '철천지 원수'인 미국과 일본을 가까운 나라로 인식하는 북한 주민들은 당연히 많지 않았다. 하지만 지금까지 앞서 내용을 보면 북한 주민들은 분명 남한의 경제적 발전상을 부러워했다. 남한 사람에 대해서도 거부감과 적개심 보다는 한민족이자 함께 살아가야 할 대상으로 인식했다. 통일이 되면 남한에 가서 살고 싶다는 간절한 소망도 이야기했다.

그런데 정작 가장 가까운 나라로 절대다수가 중국을 선택한 결과를 보면 너무나 실망스러울 수밖에 없다. 남한에 대한 호감을 가진다 해도 정작 남한보다 중국을 훨씬 더 가까운 나라로 인식하고 있는 북한주민들이었다.

반세기가 넘는 분단의 시간은 우리를 그렇게 갈라놓았다. 한민족, 한동포라는 마음은 분명히 있지만 현실적으로 남한보다는 중국이 더 가까운 나라였다. 남한을 더 가깝다고 생각한 응답자들은 한겨레, 한민족이기 때문에 라는 응답을 했다.

> 한겨레고, 말도 통하구 그러니까 그렇지만… 사례 20 | 50대 여성

> 다 한민족이니까. 발전된 나라고, 다 한 자기 나라가 똑같으니까 거기를 살아가는거지. 다른 나라보다 사례 53 | 40대 여성

> 그래도 내 핏줄인데 가보고 싶어하는 사람이 많아요.
> 사례 78 | 50대 여성

> 나는 그래요. 내 민족으로 내 사람들인데, 뭐 미국보다도 남조선이 더 가깝게 생각해야죠. 사례 83 | 60대 여성

그나마 한민족이라는 끈끈한 이어짐도 100명 가운데 단 17명에 지나지 않았다. 무려 76명의 사람들이 남한보다 중국을 훨씬 더 가까운 나라로 인식했다. 그들은 한민족 보다는 지금 당장 경제적으로 도움을 주는 중국을 훨씬 더 가까운 나라로 인식했다. 북한 주민들에게 남한은 그저 한민족이라는 막연한 기대감에 의한 '이상'이라면, 중국은 경제적으로 없어서는 안될 '현실'이었던 것이다. 그들의 이야기를 직접 들어보자.

중국 없으면, 솔직히 우리 다 굶어죽고

　북한주민이 중국을 가장 가까운 나라로 인식한 것은 경제적 지원 때문이다. 중국에서 입는 거, 먹는 거 다 갖고 온다는 사례 40의 한마디 증언은 북한과 중국의 관계를 여실히 보여주는 듯 했다. 중국에서 투자와 지원을 많이 하고 사이좋게 지내고 있다는 점은 오히려 남한보다 훨씬 더 호감을 가질 수밖에 없는 이유가 되었다. 사례 79가 "중국에게 도움을 많이 받고 있잖아요." 라고 말할 때 한 동포로서 그저 부끄러운 마음만이 앞섰다.

> 중국 없으면, 솔직히 우리 다 굶어죽고 얼어죽고 그러지요.
> 입는거 먹는거 다 중국에서 갖다 먹으니까 사례 40 | 60대 여성
>
> 중국에서 투자를 많이 해서 사례 71 | 40대 남성
>
> 중국에서 지원하고, 좋게 지내니까 사례 72 | 40대 여성
>
> 친척들이 중국에 많으니까 사례 73 | 50대 남성
>
> 일년에 들락날락하며 장사 해서 돈벌어 나가니까 사례 75 | 30대 남성
>
> 중국과 무역관계도 좋고, 가족도 중국이라서 사례 76 | 60대 남성
>
> 중국한테 도움을 많이 받았잖아요. 사례 79 | 40대 남성

어느 나라를 가장 가보고 싶을까?

이번 면접조사가 중국에서 이루어졌기 때문에 중국을 제외하고 가장 가보고 싶은 나라는 어디인지 질문했다. 이에 대해 남한 85명, 미국 8명, 일본 4명, 유럽 2명, 러시아 1명 순으로 나타났다.

가장 가보고 싶은 나라

85명 한국
8명 미국
4명 일본
2명 유럽
1명 러시아

미국에 가보고 싶은 마음

미국을 가보고 싶다고 응답한 사람들은 "미국이 얼마나 잘 사는지 직접 보고싶다."(사례 5)고 했다. 영화를 통해 발전된 사실을 알게되었고 미국을 '최상의 나라'라고 표현하기도 했다.

일본에 가보고 싶은 마음

일본에 가보고 싶다는 응답자는 "일본이 2차 대전 후에 너무너무 빨리 성장해서, 이 나라 어떻게 빨리 발전되었는지 알고파서 일본에 가고 싶다."(사례 84)고 말한다. 일본을 아시아 중에서 가장 발전한 나라로 인식(사례 93)했다.

유럽에 가보고 싶은 마음

유럽에 가보고 싶다는 응답자는 유럽이 "이 세상의 지상촌이라는 말을 들었다."(사례 47)고 한다. 사례 79 역시 중국이나 유럽에 다녀온 사람들로부터 "유럽이 세계 최고로 잘 산다는 이야기를 들었다."며 자신의 눈으로 꼭 한번 확인해 보고 싶다고 했다.

남한에 가보고 싶은 마음

남한에 가보고 싶다는 응답자는 100명 가운데 무려 85명이나 되었다. 앞서 한국보다 중국을 더 가까운 나라로 인식했지만 중국에는 지금 와 있으니 나머지 국가들 중 한국에 가보고 싶다는 응답자들이 많은 것으로 보인다. 그들은 어떤 이유에서 남한을 가보고 싶어 할까? 무엇보다 말이 통하고 같은 조선 민족이기 때문이라는 응답이 많았다.

> 어쨌든 말이 통해야 하니까 남한으로 가 보고싶다.
> 사례 12 | 50대 여성
>
> 같은 조선 민족이니까네. 지도도 하나잖아요. 조선에 일주 다 가고 싶죠. 사례 15 | 50대 여성
>
> 언어가 통하니까네. 사례 16 | 50대 여성
>
> 거기가믄 말이 통하잖아요. 생활수준도 높구. 거기 생활수준이 높아서 사례 20 | 50대 여성
>
> 말이 통하구 그저 떼레비보니까 먹는것도 좋구 사례 26 | 40대 남성

드라마에서 본 제주도를 가고픈 사람들

응답자들 가운데 한국 드라마를 보고 한국에 가보고 싶은 마음이 들었다는 대답이 많았다. 다른데 가면 말이 안통하기 때문에 그림의 떡이라고 표현한다.

> 우리 드라마 봤으니까, 말이 통하니까 실제로 가고파가지고.. 근데 다른데 가야, 말이 통하지 않으니까 그림의 떡이죠. 한국가서 일해야죠. 뭐. 배우면서... 무슨일을 할 것인지 그것까진 뭐생각 안했어요. 사례 36 | 30대 여성

사례 39 역시 한국에 가보고 싶은 이유로 언어가 통하기 때문이라고 했다. 흥미로운 점은 그가 가장 가보고 싶은 곳은 다름 아닌 제주도였다. 드라마를 통해 제주도를 알게 되었다는 그는 열심히 노력해서 살아야겠다는 말

도 덧붙였다.

> 첫째로 글쎄 언어 때문이지요. 다른 나라에 가면 언어가 안 통하는데, 뭐 돌아갈 수도 없는 거고 또 북한사람들 제일 가고파 하는 게 한국 가고파 이래요. 열심히 노력해서 살아야지요. 뭐. 열심히 노력하면 살 것 같아요. 제일 가보고 싶은 곳은 제주도 가보프지. 제주도 한번 가보고 파요. 드라마에서 봤지요. 뭐. 제주도가 잘 그려놨더라고... 사례 39 | 50대 남성

> 다 통하니까, 가보고픈 마음이 있어요. 못가서 그렇지
> 사례 49 | 60대 남성
>
> 난 같은 민족인데, 남조선에 가서 말도 통하고 사례 57 | 70대 여성
>
> 한번 가봐서 한민족인데. 가봤으면 사례 76 | 60대 남성
>
> 말이 통하니까 사례 77 | 60대 여성
>
> 언어도 통하고, 돈 많이 벌수 있다고 얘기 많이 들었습니다.
> 사례 87 | 30대 여성
>
> 안가봐서 한번 가보고 싶어요. 사례 90 | 40대 여성
>
> 그냥 말이 통하니까 사람들 만나가지고 사례 96 | 40대 여성
>
> 한국 가면 그냥 돌아다니고 싶어. 놀이공원 사례 97 | 10대 여성

잘 사니까 어떻게 잘 사는지 보고 싶어서

한민족으로 말이 통하기 때문이라는 응답과 함께 남한이 경제적으로 발전했기 때문에 한번 가보고 싶다는 응답자도 많았다. 사례 21은 남한이 잘 산다고 들었는데 자신의 눈으로 직접 가서 확인해 보고 싶다고 말했다.

> 잘 사니까. 어떻게 잘사는가 한번 보고 싶어서… 중국에 한번 와 봤으니까 사례 21 | 40대 여성

사례 94 역시 남한을 같은 민족으로 인식했고 잘 사는 남한에 가보고 싶은 마음이 있다고 말한다. 남한의 잘 사는 모습을 자신의 눈으로 직접 확인해 보는 게 소원이라고 말하는 사례 94.

> 한민족인데 남북이 갈라져가지고 지금 뭐 한국이 잘 산다, 잘 산다 그러는데 한민족이… 남한이 도대체 뭐 어떻게 잘 사나 직접 한번 눈으로 봤으면 그게 소원이죠. 사례 94 | 50대 남성

사례 27도 한국의 수준이 높아서 꼭 가보고 싶다고 한다. 북한에서는 일본에서 귀국한 재일동포를 '째포'라고 부른다. '째포'는 일본의 가족들이 물건이나 돈을 보내주기 때문에 상대적으로 일반 북한 주민들에 비해 다소 여유로운 생활을 할 수 있었다. '째포'를 친구로 둔 사례 27은 그 집에 가서 일본산 제품을 직접 만져보고 일본이 발전했다는 것을 알게 되었다. 하지만 막상 자신이 중국에 와서 경험한 한국산 제품은 일본산 제품보다 훨씬 더 질이 좋았다. 한국의 수준이 이 정도로 높구나 생각하며 한국에 가보고 싶은 마음이 들었다고 한다.

나는 일본을 좋아했습니다. 왜 그런가 하면, 어린시절에 귀국 동포 있었습니다. 그 째포(재일동포를 북한에서 부르는 말)가 집에 놀러가면… 우리는 중국에서 왔는데 우리 중국 옷보다 일본 옷이 수준 더 있었습니다. 일본 옷은 아무리 입던 거 와도 한 3년 오는데 중국옷은 아무리 좋아도 질이 나빠서 일본이 좋구나. 그런데 중국 와서 한국꺼 보니까 또 한국이 수준 높아졌구나 생각했어요. 사례 27 | 30대 여성

먹자거리 가서 떡볶이를 먹고 싶다는 북한 주민

사례 64는 한국 방송을 보며 한국의 모습을 속속들이 알고 있었다. 한국에 유독 관심이 많았다는 그는 한국에 자주 오가는 재중동포(조선족)를 통해 한국의 이야기를 들을 수 있었다. 그가 한국에서 제일 가보고 싶은 곳은 '떡볶이를 파는 먹자거리'였다. 사람 붐비는 곳에 가서 술집도 가보고 싶다는 그는 아무래도 중국보다는 훨씬 세련되었을 거라고 한국을 인식했다. 강남역과 홍대도 알고 있었던 사례 64.

사실 필자도 강남역이나 홍대에 가면 낯선 광경에 입을 다물지 못하는 경우가 종종 있다. 휘황찬란한 도시의 네온사인에 비쳐진 강남역과 홍대 앞의 풍경은 마치 지금 우리가 분단국가라는 사실을 조금도 찾아볼 수 없을 만큼 그저 자유롭고 풍요롭게만 보인다. 통일이 되어 북한 주민들이 이곳을 찾았을 때 어떠한 반응을 보일까? 정말 그들이 생각했던 것처럼 한민족 한동포로서 발전된 남한의 모습에 자긍심을 갖게 될까? 필자의 생각에는 오히려 그 풍요로움을 보고 원망의 탄식을 지르지 않을까 걱정이 앞선다. "우리가 그리 힘들게 살 동안 남조선은 무엇을 했느냐?"고 말이다.

방송에서 이렇게 보면 진짜 궁금하기도 하고요. 그다음엔 저희 조선족들 몇 명 아는데, 그 형들이 한국 자주가요. 뭐 이러쿵, 저러쿵 말하는거 보니까 좋더라고요. 가서, 그 먹자거리인가... 떡볶이랑 막 쭉 파는 데 있잖아요? 사람 북적북적한 곳, 거기도 좀 가고프고. 술집도 가고프고. 아무래도 그 좀, 중국보다는 좀 세련되었다고 봐야죠. 중국 술집가면, 뭐 그렇게 뭐 특이한 곳이 없으니까... 강남역, 홍대 그런 곳도 방송으로 봤어요.
사례 64 | 20대 남성

첫째로 언어가 통하고, 저희 민족이니까 한번 다 만나보고 싶고, 그저 인자처럼 어디가도 물어볼 수 있고 물어 갈수 있는... 나라 자체가 잘 사니까 가보고도 싶고 사례 65 | 30대 여성

주변국에 대해 어떻게 생각할까?

주변국에 대한 인식

어느 나라가 한반도의 평화에 가장 위협적인 나라라고 생각하십니까?

다음 국가들이 북한에게 어떤 대상이라고 생각하십니까?
- 미국, 중국, 일본, 러시아

다음 국가들이 남북한 통일을 얼마나 원한다고 생각하십니까?
- 미국, 중국, 일본, 러시아

한반도의 평화에 위협적인 나라는?

한반도의 평화에 위협적인 나라를 물어본 결과 가중치를 부여한 종합 순위로는 1순위 미국(4.6), 2순위 일본(4.4), 3순위 중국(3) 순으로 나타났다.

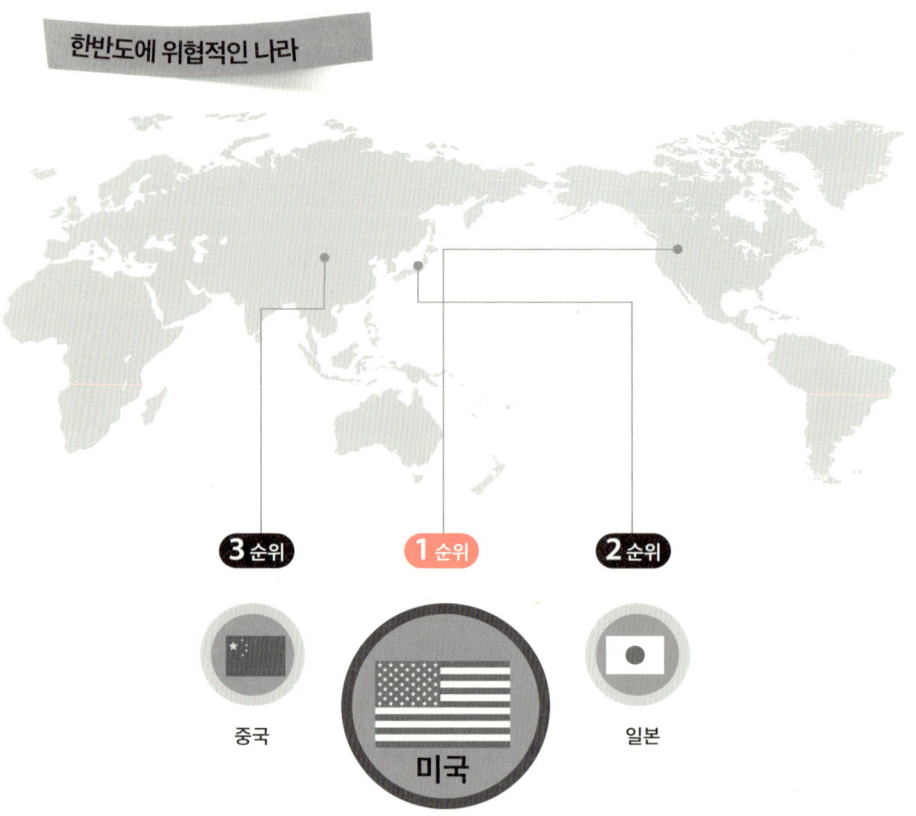

북한 주민들은 미국을 '경쟁자' 2%, '적' 98%로 응답하여 '적대국가'로 인식했다. 중국에 대해서는 '형제' 60%, '친구' 37%, '경쟁자' 2%, '적' 1%로 '형제국가'로 인식하고 있었다. 일본에 대해서는 '친구' 1%, '경쟁자' 6%, '적' 93%로 미국에 이어서 역시 '적대국가'로 인식했다. 러시아는 '형제' 16.2%, '친구' 71.7%, '경쟁자' 11.1%, '적' 1%로 '친구국가'로 인식하고 있었다.

한마디로 북한 주민들에게 미국과 일본은 '적대국가', 중국은 '형제국가', 러시아는 '친구국가'로 표현되었다. 일본과 미국을 비교하면 일본은 100년 숙적이고 미국은 '철천지 원수'라고 표현했다(사례 80).

미국이 조선을 먹을려고 하니까

사례 37은 미국을 침략자라고 말했다. 미국이 세계를 정복하는데 남북한을 이용하고 있다는 입장이다. '조선을 먹으려 하는 미국'에 대항해서 '그러한 발판이 안되기 위해 싸우고 있다.'는 사례 37.

> 미국이 그러니까, 한국과 북조선을 먹어놓게 되면 전 세계를 조선땅덩이 하나 먹어놓으면 거기서 쫙 다 먹을 수 있는 말하자면, 발판이지요. 세계를 먹을 수 있게끔 발을 딛고 나갈 수 있는 발판이라 말이죠. 미국이 조선을 먹을려고 하니까 우리는 배운게 그렇게 배왔으니까, 먹으려 하니까 우리로서는 말하자면 상대방이 나를 딛구 넘어가려고 하니까 내가 발판이 된단 말이죠. 그니까 나는 그 발판이 안되기 위해서 싸우는 거죠. 미국이 한국에서 좌지우지 하면서 저거 하니까 적이다. 사례 37 | 40대 남성

주변국은 남북한 통일을 얼마나 원할까?

남북한의 통일을 주변국이 얼마나 원할 것이라고 생각하는가라는 질문에 대해 미국의 경우 '매우 원한다.' 3.1%, '원하는 편이다.' 5.1%, '원하지 않는 편이다.' 15.3%, '전혀 원하지 않는다.' 76.5%로 응답하였다.

중국의 경우 '매우 원한다.' 38.1%, '원하는 편이다.' 35.8%, '원하지 않는 편이다.' 19.6%, '전혀 원하지 않는다.' 16.5%로 응답하였다.

일본의 경우 '매우 원한다.' 2%, '원하는 편이다.' 3.1%, '원하지 않는 편이다.' 30.6%, '전혀 원하지 않는다.' 63.3%, '잘 모름' 1%로 응답하였다.

러시아의 경우 '매우 원한다.' 16.3%, '원하는 편이다.' 39.8%, '원하지 않는 편이다.' 29.6%, '전혀 원하지 않는다.' 9.2%, '잘 모름' 5.1%로 응답하였다.

종합적으로 볼 때 북한주민들은 한반도 통일에 대한 주변국의 인식과 관련하여 통일을 원하지 않을 것으로 보는 국가는 미국(81.8%)이며, 통일을 원할 것으로 보는 국가는 중국(73.9%)으로 인식하고 있었다.

북한주민들의 주변국 인식

81.8%

통일을 원하지 않는 나라

73.9%

통일을 원하는 나라

구체적인 몇 가지 사례를 살펴보면, 앞서 사례 13은 정치적 이야기를 가까운 친구들과는 조금씩 나눈다고 증언했었다. '젊은 지도자의 등장'으로 10년 내에는 통일이 될 것으로 내다보기도 했던 사례 13은 과연 한반도 주변국들에 대해서는 어떤 생각을 하고 있을까? 미국과 일본은 당연히 남북한의 통일을 '전혀 원하지 않으며', 중국과 러시아는 '원하는 편'이라고 응답했다. 그는 "중국과 러시아가 같은 사회주의 국가로 한동안 잘 지내왔기 때문에 남북한 통일을 원할 것"이라는 입장이었다.

사례 27은 미국은 '전혀 원하지 않으며', 일본과 러시아는 '원하지 않는 편'이나, 중국은 '원하는 편이다.'를 선택했다. 그는 '조선이 통일되면 중국 경제가 떨어진다.'고 말한다. 중국의 경제가 떨어지는데 왜 통일을 원할 것이라고 생각하는지 의아했다. 그의 대답은 "그래도 중국은 조선편, 항상 조선편을 들어줬기 때문입니다."라고 말한다. 중국은 정말 자신들의 경제가 떨어지는데도 불구하고 북한이 원하면 남북한의 통일을 지지해 줄지 의문이 들었다. 하지만 더 이상 그에게 재차 질문하지는 못했다.

한국하고 조선이 개방하면 전체 다 살아납니다.

사례 33의 증언은 사례 27의 생각과는 완전히 상반된 입장이다. 사례 33은 미국, 일본은 물론 중국과 러시아도 남북한의 통일을 '전혀 원하지 않는다.'는 선택을 했다. 그는 "한국하고 조선이 개방하면 전체 다 살아납니다. 그래서 모두가 반대합니다."라고 말한다. "통일이 되면 옛 고구려 땅인 단둥(丹東)도 내 놓으라고 할지 모른다. 그래서 중국은 더욱 반대할 것이다."는 말도 덧붙였다.

통일되면 단둥땅을 다 내놓아 됩니다. 왜그러냐면, 이거 원래 고구려 땅이었으니까 조선은 고구려 땅. 이제 신의주 개방한다고 하는데... 신의주와 중국 개방되면 조선은 꿈쩍 못합니다.
사례 33 | 30대 남성

사례 79역시 사례 33과 똑같이 미국, 일본, 중국과 러시아 모두 남북한의 통일을 '전혀 원하지 않는다.'는 선택을 했다. 사례 33이 통일된 한반도가 중국에 대해 단둥(丹東)땅을 내놓으라고 할 수 있다는 인식과 같이 사례 79도 남북한이 통일되면 '동북3성을 찾으려 하기 때문에' 중국이 반대할 것이라는 입장이다.

중국은 한반도 땅을 본래 남북이 통일되면 우리가 동북3성을 찾아야 한다고 얘기를 할 수 있기 때문에. 사례 79 | 40대 남성

통일되면 경제발전 성장이 빠르기 때문에

사례 39역시 주변4국 모두 남북한의 통일을 '전혀 원하지 않는다.'를 선택했다. 통일된 한반도가 경제적으로 발전할 수 있기 때문에 특히 중국보다 발전속도가 빠르기 때문에 중국이 더욱 반대할 것이라는 입장이다.

한국하고 북조선 인제 통일되면 이 경제 발전 성장이 빠르다고. 북조선이 아무래도 뭐 경제적으로 지금 현재는 안좋지만, 일정한 토대는 있으니까 통일만 돼서 경제 활성화가 되면 중국이 이제 못지않게 속도가 빨리 발전한다고 중국보다. 그러니깐, 통일하는걸 이 사람들이 바라지 않아요. 사례 39 | 50대 남성

사례 67의 생각도 같았다. 그는 주변 4국이 모두 남북한의 통일을 '전혀 원하지 않을 것'이며 특히 중국은 통일한반도가 중국보다 더 잘 살 수 있다는 우려 때문에 통일을 원하지 않을 것이라고 생각했다.

> 조선이 잘 살면, 조선하고 한국하고 통일이 되면 중국보다 잘 산다고 소문 돌더만. 무기도 발전하고 사례 67 | 50대 남성

중국은 절대 원하지 않아

사례 47도 중국이 전혀 원하지 않을 것이라는 생각을 했다. 지금 중국이 북한의 지하자원을 다 갖다 쓰는데 통일이 되면 이익이 다 없어지기 때문에 당연히 반대할 것이라는 인식이다.

> 통일이 되면 한국하고 북조선하고, 북조선이 지금 북조선의 자원을 중국에 다 갖다 쓰고 저거 마음대로 하는데, 통일되면 그런게 다 없어지잖아요. 난 기래서 난 중국은 언제부터 원하지 않는다고 생각해 사례 47 | 40대 남성

일본에게 더 위협적이지

사례 64도 한반도 주변 4국 모두 '전혀 통일을 원하지 않는다.'는 선택을 했다. 그는 필자에게 "과연 남북한 통일을 원하는 나라가 있을까요."하며 오히려 반문했다. 특히, 남북한이 합쳐지면 일본에 가장 위협이 되기 때문에 일본이 반대할 것이라고 말한다.

> 아니 근데 남북간 통일을 원하는 나라가 과연 있을까요? 일본은 뭐 두나라 합쳐지면 아무래도 위협적이기도 하고... 일본한테는 더더욱 그러니까 반대하겠지. 사례 64 | 20대 남성

그런데 앞서 사례 64와 달리 사례 80은 일본이 남북한 통일을 '매우 원한다.'는 선택을 했다. 일본이 남북한의 통일을 매우 원할 것이라는 그의 선택을 보며 다소 의아했다. 그의 대답은 정말 한번도 생각하지 못한 내용이었다. 그는 남북한이 통일되면 일본이 북한에 들어가서 경제투자를 할 것이라는 말을 했다. '경제투자를 한다는 것이 좋은 것이기에 통일한반도가 주변 4국 모두에게 경제적으로 유리한 이득을 주는 것으로 생각 하는구나'라며 필자는 그의 대답을 지레짐작했다.

하지만 그 투자라는 것이 과거 조선의 식민지와 전혀 다르지 않을 것이라는 그의 말을 듣고 일본에 대한 북한주민의 인식을 새삼 알 수 있었다. 조선식민지 역사와 한반도 통일문제까지 연결 짓는 그의 생각이 그저 놀라울 따름이었다.

> 조선에 광산이 많으니까 일본 사람들이 와서 40년 동안 식민지로 있으면서... 그 때 해먹지 못한 것들이 많으니까 통일되게 되면, 북한에 들어와서 경제투자 할라고 하겠습니다. 사례 80 | 40대 남성

미국이 통일을 원한다면 군대를 빼서 철수해야지

사례 42는 미국과 일본은 '전혀 원하지 않는 편'이나 중국과 러시아는 '매우 원한다.'를 선택했다. 미국이 통일을 원하지 않는 것은 지금 분단도 미국 때문에 되었는데 미국이 진정으로 남북한 통일을 원한다면 그들의 군대

를 철수해야 한다는 입장이다.

> 원래 지금 갈려지게 된거, 미국 때문에 갈려지지 않았어요? 그거 통일, 그 사람들이 원한다면 군대를 빼서 철수해야지. 그 사람들이 없게 되면, 우선 대화가 이루어질거고 이게 된다고 생각하는데, 그 사람이 있음으로 해서 이 모든게 현재 많이 지연되고 있다고 생각하거든요. 사례 42 | 30대 남성

자기 마음대로 못하니까 원하지 않죠.

사례 45도 사례 42와 같은 선택을 했다. 미국과 일본은 '전혀 원하지 않는 편'이나 중국과 러시아는 '매우 원한다.'는 것이다. 무엇보다 통일이 되면 미국이 '자기 마음대로 할 수 없기 때문에'당연히 통일을 원하지 않을 것이라고 말한다.

> 남북한 통일하게 되면, 자기 마음대로 군대를 한국 어디에나 둘 수 없으니까... 자기 마음대로 못하니까 원하지 않죠. 남북한이 잘살게 자유 개방되면 사례 45 | 40대 여성

조러 친선이 두텁기 때문에

사례 38은 러시아에 대한 입장을 강조하고 있다. 미국과 일본은 당연히 '전혀 원하지 않는다.'이지만 러시아는 '원하는 편이다.'라는 응답을 했다. 일본은 미국과 같은 편이기 때문에 남북한 통일을 원하지 않는다는 것이다. 하지만 러시아는 김일성 때부터 '조러 친선'을 맺었기 때문에 남북한

통일을 '원하는 편이다.'라는 입장이다.

> 일본은 미국하구 저기하는 편이니까. 그러나, 소련은 우리 장군님께서 수령님 때부터 이 조선 친선 이후로 해서... 글세 거기도 지금 반대파도 있기야 있겠지만 그러나 내용상에서는 아직 조선 친선에 대한 그거는 두터워지기 때문에 바란다고 봐야죠.
> 사례 38 | 40대 여성

조선반도가 발판이니까

사례 80은 주변 4국 모두 '전혀 원하지 않는 편이다.'를 선택했다. 그는 '조선반도가 경제적으로나 군사적으로 발판'이라는 표현을 썼다. 한반도 주변 강대국들 틈바구니에서 분단국가로 살아가는 우리의 모습을 그대로 보여주는 표현 같았다. 미국과 중국의 패권 경쟁속에 놓여 있는 조선반도...

> 경제적으로나 군사적으로 놓고 볼 때는 우리 조선반도가 발판이니까 미국 군대가 안가는데가 없으니까... 북조선 있으니까 북조선 침략하게 되면 중국도 나쁘단 말야. 왜 나쁜가 하면, 조선 앞이 바로 중국인데요. 미국은 고저 무조건 중국을 감시한단 말이에요.
> 사례 80 | 40대 남성

03_주변국에 대한 인식

03 남북한의 동갑내기 친구가 주고 받은 편지

*아래의 편지 원본은 뒷면 페이지로 읽으시면 됩니다.

그리운 동갑내기 친구에게♥

친구~ 잘 지내고 있나요? 8월3일 내 생일에 맞춰 꼭 가고 싶었는데 그렇게 하지 못해 마음이 내내 불편했어요. 하지만, 이렇게 교수님편에 편지를 보낼 수 있어 정말 다행이라는 생각이 들어요. 처음 친구를 만났을 때가 떠오르네요. 정말 애쁜 친구가 동갑이라는 사실이 놀랐어요. 먼 타국 땅에서 동갑내기 친구를 만났다는게 기뻤어요. 그리고 이런 저런 얘기 하는데 우린 참 통하는게 많구나 하는 것도 느낄 수 있어서 좋았어요. 아참! 친구 생일이 언제인가요? 친구는 내 생일 알고 있는데 난 몰라서 갑자기 궁금해지는 생각이 드네요~

중국의 요즘 날씨는 어떤가요? 이곳은 너무 더워 짜증 속에 들어요 기분이 들 정도에요. 친구도 더운 날씨에 힘하느라 수고 많겠지만 그래도 우리 파이팅 해서 이겨내 보도록 해 보요. 아직 큰 나는 개학이어서 이것 저것 준비 하느라 정신 없은데 친구에게 편지쓰며 기분도 좋고 한또 내네요~^^ 친구도 내 편지 보고 행복으면 좋겠다는 작은 소망을 가지게 됩니다. 비록 지금은 이렇게 편지를 통해 안부를 물을 수 밖에 없지만 곧 다시 만나 함께 노래 부를 그날을 위해 인내도 힘내 보려고 합니다. 참... 소감요 함께 애기 나눈 그날이 여전히 가슴 속에 생생하게 추억되고 있습니다. 곧 볼걸 기대하며 오늘 편지 이만 줄일께요. ^^

2015. 8. 7 효요일.
하나♥

318

보고싶은
　　하나 동무에게
　　　　　　　　　　　　　2015. 8. 18 화요일.

하나. 강 교수선생님으로부터 편지를 반갑게 받았어요.
우리가 함께 찍은 사진도 기념으로 잘 건사하고 매일 매일 보면서
추억을 하고 있어요. 아픈데 없이 벗들이랑 다 잘 지내고 있겠지요?
그때 동갑친구를 만나서 정말 반갑고 기뻤어요.
그리고 내 동갑이가 교수선생님이 가장 아끼는 제자라니 나도 무척
기뻐요. 하나도 교수선생님처럼 통일을 위해 열심히 살려라 믿어요.
내 생일이 궁금하다요 했죠?
우린 정말 좋은 친구가 될것 같아요. 태어난 년도 달도 꼭 같으니...
8. 3일 생일은 즐겁게 보냈나요?　　　　나와 함께 보내겠다고
해서 기다렸는데... 늦었지만 〈생일 축하해요!〉
11월 14일 하나의 친구 경렬동무 생일이라고 들었어요. 교수선생님한테서.
그날을 기다리며, 우리가 또 다시 만나 기쁨속에 추억속에 노래부를
그날을 위해 열심히 노력할게요.
그리고 지금 하나에게 보낼 편지를 쓰고 있는데 내 옆에서 손풍금수가
〈통일 렬차 달린다〉 이 음악을 연주하고 있어요.
이 노래가사가 어떻게 되지 아나요?
- 통일렬차 달린다.　　　　마치 하나와 내가 통일 렬차에 몸을 싣고 평양과
　부산행 렬차달린다. -　　　　부산으로 딱 달리는것 같아요.
통일은 누가 가져다주는것이 아니니 우리두 강 교수선생님처럼 열심히
달리고 또 달려 우리의 힘으로 통일의 그날을 맞당기자요
　　　　　　　　　　- 다시 만날때까지 안녕히 //-

그리운 동갑내기 친구에게

　　친구~ 잘 지내고 있나요? 8월 3일 내 생일에 맞춰 꼭 가고 싶었는데 그렇게 하지 못해 마음이 내내 불편했어요. 하지만, 이렇게 교수님 편에 편지를 보낼 수 있어 정말 다행이라는 생각이 들어요. 처음 친구를 만났을 때가 떠오르네요. 정말 이쁜 친구가 동갑이라는 사실이 놀라웠어요. 먼 타국 땅에서 동갑내기 친구를 만났다는게 기뻤어요. 그리고 이런 저런 얘기 하는데 우린 참 통하는게 많구나 하는 것도 느낄 수 있어서 좋았어요. 아 참! 친구 생일이 언제인가요? 친구는 내 생일 알고 있는데 난 몰라서 갑자기 궁금하다는 생각이 드네요~

　　중국의 요즘 날씨는 어떤가요? 이곳은 너무 더워 찜통 속에 들어온 기분이 들 정도에요. 친구도 더운 날씨에 일하느라 수고 많겠지만 그래도 우리 파이팅 해서 이겨내 보도록 해봐요. 이제 곧 나는 개학이어서 이것 저것 준비하느라 정신없었는데 친구에게 편지쓰니 기분도 좋고 힘도 나네요~^^ 친구도 내 편지 받고 힘냈으면 좋겠다는 작은 소망을 가지게 됩니다. 비록 지금은 이렇게 편지를 통해 안부를 물을 수 밖에 없지만 곧 다시 만나 함께 노래 부를 그날을 위해 오늘도 힘내보려고 합니다. 친구... 손잡고 함께 얘기를 나눈 그날이 여전히 가슴 속에 생생하게 추억되고 있습니다. 곧 보길 기대하며 오늘 편지 이만 줄일게요. ^^

2015. 8. 7. 금요일. 하나가

보고싶은 하나 동무에게

하나. 강교수선생님으로부터 편지를 반갑게 받았어요.
　우리가 함께 찍은 사진도 기념으로 잘 건사하고 매일매일 보면서 추억을 하고 있어요. 아픈 데없이 친구들이랑 다 잘 지내고 있겠지요? 그때 동갑친구를 만나서 정말 반갑고 기뻤어요. 그리고 내동갑이 교수선생님이 가장 아끼는 제자라니 나도 무척 기뻐요. 하나도 교수선생님처럼 통일을 위해 열심히 살리라 믿어요. 내 생일이 궁금하다고 했죠? 우린 정말 좋은 친구가 될 것 같아요. 태어난 년도도 달도 꼭 같으니... 8.3일 생일은 즐겁게 보냈나요? 여기서 나와 함께 보내겠다고 해서 기다렸는데... 늦었지만 <생일 축하해요!> 11월 14일 하나의 친구 경렬동무 생일이라고 들었어요. 교수선생님한테서. 그날을 기다리며, 우리가 또 다시 만나 기쁨속에 추억속에 노래부를 그날을 위해 열심히 노력할게요. 그리고 지금 하나에게 보낼 편지를 쓰고 있는데 내 옆에서 손풍금수가 <통일 렬차 달린다> 이 음악을 연주하고 있어요. 이 노래가사가 어떻게 된지 아나요? - 통일렬차 달린다. 부산행 렬차 달린다. - 마치 하나와 내가 통일렬차에 몸을 싣고 평양과 부산으로 막 달리는 것 같아요.

　통일은 누가 가져다주는 것이 아니니 우리모두 강교수선생님처럼 열심히 달리고 또 달려 우리의 힘으로 통일의 그날을 앞당기자요.

- 다시 만날 때까지 안녕히!! -

一

김정은 시대
북한의 모습은?

04

4부　　　　　북 한 실 태

김정은 시대
북한의 모습은?

　　지난 2011년 김정일 사망 이후 김정은이 등장한지 4년차를 지나고 있다. 지난 3년 동안 정치적으로 리영호 숙청과 장성택 처형 그리고 최룡해, 황병서 등 핵심요직들의 잦은 보직 이동과 같이 권력 갈등으로 볼 수 있는 사건들이 발생하기도 했다. 김정은 정권은 경제적으로 '인민생활 향상'을 강조하며 먹는 문제 해결에 집중하고 있다. 현재 김정은 체제를 둘러싸고 권력공고화를 통한 체제안정인지, 아니면 불안한 권력 갈등으로 인해 체제불안정인지 여전히 논란이 되고 있다.

　　김정은 정권의 체제안정성 여부는 정치적 권력관계와 함께 북한주민들의 충성도와 사상통제, 사회경제적 변화 요인 등을 통해 살펴볼 수 있다. 북한 당국의 위로부터 획일화된 명령체계가 아래로까지 이어지고, 외부정보의 엄격한 통제를 통해 폐쇄성을 유지한다면 북한체제의 안정성은 높을 것이다. 그러나 북중 접경지역에서 밀수를 통한 상품과 자본 그리고 이른바 한류로 대변되는 외부정보의 유입 등으로 인해 북한 주민들의 행위양식은 많은 변화가 나타나고 있다.

기존의 북한체제 공고화 시기처럼 북한 당국의 엄격한 사상통제와 교육을 통해 충성도 높은 사회주의형 인간이 만들어지는 것이 아니라, 시장활성화에 따른 균열로 인해 국가영역을 벗어난 사적 영역이 점차 확산되고 있다.

최근 북한당국은 "수준 높은 인민의 요구에 맞는…[5]"이라는 표현을 자주 사용한다. 변화되는 사회상과 북한주민들의 아래로부터의 변화 요구를 과거와 같이 무조건 통제하고 단속만 해서는 효과가 없다는 것을 말한다.

김정은 집권 3년은 지배의 정당성과 지지를 위해 정치, 경제적 부분보다 단기간에 가시적 성과를 제시할 수 있는 문화와 체육 분야에 집중되었다. 사회주의문명강국을 표방하며 '문화강국', '체육강국'을 통해 새로운 지도자의 리더십과 변화의 가능성을 보여주고자 했다. 이러한 성과는 과연 북한주민들에게 어떠한 생각을 갖게 했을까? 새로운 지도자에 대한 기대감으로 인해 정권안정성과 충성도는 더욱 높아졌을까? 아니면 과거와 다를 바 없는 경제난의 지속으로 인해 현상변경에 대한 요구가 높아졌을까?

제4부에서는 김정은 정권의 현 실태를 1) 정치의식 및 사회통제 여부, 2) 경제변화 여부, 3) 계층변화 여부 등으로 나누어 살펴본다. 북한주민들은 주체사상을 어떻게 생각하고 있는지, 북한 당국의 위로부터의 통제는 어떻게 이루어지고 있는지, 경제는 잘 운영되고 있는지, 북한사회에 빈부격차는 어느 정도인지 등이 주요 질문 내용이다.

김정은 시대 북한의 모습은?

정치의식 및 사회통제 여부

북한 주민들이 주체사상에 대해 얼마나 자부심이 있다고 생각하십니까?

공안기관에 의한 사회통제가 어느 정도 유지되고 있다고 생각하십니까?

경제실태

사회주의 경제(계획경제)와 자본주의 경제 (시장경제, 개인소유경제) 중 어느 것을 더 지지하십니까?

북한의 경제가 어렵게 된 이유가 무엇 때문이라고 생각하십니까?

북한 주민들 가운데 시장이나 장마당에서 장사나 개인 사업을 하는 사람들이 얼마나 된다고 보십니까?

직장에서 생산규율이 얼마나 잘 지켜지고 있다고 생각하십니까?

북한 주민들의 핸드폰(손전화) 사용 비율이 어느 정도라고 보십니까?

중국 체류 중 손전화를 사용하고 계십니까?

계층변화 여부

북한사회의 빈부 격차에 대해 어떻게 생각하십니까?

북한에서 가장 잘 살고 힘있는 계층은 누구라고 생각하십니까?

북한에서 특정 일을 해결하기 위해 뇌물을 준 적이 있습니까?

01

**정치의식 및
사회통제 여부**

사상 및 통제는?

북한 주민들이 주체사상에 대해 얼마나 자부심이 있다고 생각하십니까?

공안기관에 의한 사회통제가 어느 정도 유지되고 있다고 생각하십니까?

정치의식 및 사회통제는 어떠한가?

　　세계에서 유래를 찾아볼 수 없는 3대 세습을 통해 최고지도자를 유일신으로 신봉하는 북한체제를 어떻게 이해해야 할까? 북한체제의 내구력, 안정성, 변화 여부 등은 국내외의 주요 관심사가 될 수밖에 없다. 북한체제의 안정성을 평가하는 주요 요인 중 하나는 북한주민들의 사상통제가 얼마나 잘 이루어지고 있는지 여부다. 북한은 사회주의를 실현하기 위한 조건으로 "자연과 사회를 개조하여 생산력을 발전시키고 사회관계를 완성할 뿐 아니라 사람자신을 개조하여 모든 사람들을 전면적으로 발전된 공산주의형 인간으로 만들어야 한다.[6]"고 주장한다.

　　유아기부터 성인기에 이르기까지 조직적이고 체계적인 사상학습과 통제로 인해 북한 주민들은 북한정권을 위해 자기 한 목숨을 바쳐야 한다고 인식한다. 정권과 최고지도자에 대한 무조건적 충성과 복종은 북한체제를 유지하는 근간이 된다. 그런 의미에서 북한 주민들의 정치의식 및 사회통제 여부를 통해 북한체제 안정성을 평가할 수 있다.

　　주체사상에 대해 얼마나 큰 자부심을 갖고 있다고 생각하는가라는 질문에 대해 "주체사상에 대해 매우 큰 자부심을 갖고 있다."가 51명, "약간의 자부심을 갖고 있다." 14명, "별로 자부심을 갖고 있지 않다." 13명, "전혀 자부심을 갖고 있지 않다."가 22명으로 나타났다. 전체 응답자 100명 가운데 65명은 주체사상에 대해 자부심을 갖고 있는 것으로 조사되었다.

주체사상에 대한 자부심

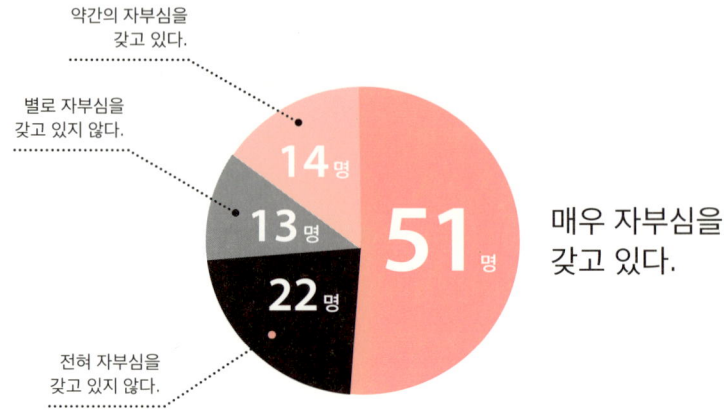

주체사상에 대한 자부심이 있다고 응답한 사례

전체 응답자의 65%가 주체사상에 대해 자부심을 갖고 있는 것으로 나타난 것은 그동안 북한의 경제난으로 인한 북한주민들의 생활고를 감안하면 높은 수치라 할 수 있다. 주체사상으로 다져진 사회주의혁명이 여전히 미완성이지만 그 사상에 대한 자부심은 매우 높게 나타나고 있었다. 주체사상에 대해 여전히 자부심이 강하다는 북한주민들의 이야기를 직접 들어보자.

주체사상 외에 노는 사상은 생각하지도 말라

북한주민들이 주체사상에 자부심을 갖는 것은 유치원 때부터 주체사상에 대해 철저히 교육 받았기 때문이라고 한다. 어릴 때부터 주체사상 외에 다른 것은 보지도 듣지도 못했기 때문에 당연히 자부심이 있다는 것이다.

특히 남한과 중국의 현실을 보지 못한 사람들은 여전히 자부심이 대단하다고 말한다.

> 유치원 때부터 조직생활에 얽매였고 보는 것 듣는 것도 없었기 때문에 주체사상을 가지고 있다. 남한과 중국의 현실을 보지 못한 사람들은 아직까지 자부심이 대단하다. 사례 12 | 50대 여성

사례 14 역시 어릴 때부터 학습되었고 주체사상 외에 노는 사상은 생각지도 말라는 북한 당국의 선전 때문에 자부심이 강할 수밖에 없다고 말한다. 북한하면 의례히 주체사상으로 철저히 무장된 사회주의인간형을 생각한다. 철저한 세뇌교육을 통해 하나의 종교화 되어버린 북한말이다. 실제로 이들의 대답을 들어보면 어릴 때부터 학습된 사상이 한 인간의 유형을 어떻게 바꿀 수 있는지를 여실히 보여주고 있다.

> 계속 교양 주는 게 이것 밖에 없으니까네. 주체사상 외에는 노는 사상은 생각하지 말라. 그니까네, 어린 유치원 아들부터 학습하니까. 사례 14 | 60대 남성

> 우리 학교 때 너무 많이 배웠으니까. 사례 75 | 30대 남성

'계속 교양 주는 게 이것 밖에 없다.'는 북한주민의 말은 사상이 인간의 행동과 의식을 완전히 바꾸어 놓을 수 있음을 잘 보여준다. 남북한이 통일되면 주체사상으로 무장된 북한주민들의 마음을 어떻게 움직일 수 있을까? 그렇기에 더더욱 통일과정에서 북한주민들이 외부정보를 습득하고 스스로 사상의 올무에서 벗어날 수 있도록 해야 하는 것은 아닌지…

위에서 '아' 하면 밑에까지 '아'가 된단 말이죠.

북한체제의 특징은 엄격한 명령과 지휘체계로 위로부터의 지시가 아래에까지 그대로 이어지는 하나의 시스템으로 형성되어 있다고 할 수 있다. 1990년대 말 고난의 행군기를 지나며 북한사회의 전반적 시스템에 균열이 발생한 것으로 평가되지만 북한주민의 증언을 들어보면 주체사상을 통한 위로부터의 명령체계는 여전히 아래에까지 그대로 이어지고 있음을 알 수 있다. 무엇보다 주체사상에 대한 불만을 맘대로 말할 수 없다는 것 자체가 체제 지속의 주요한 요인이 된다.

> 조선에서야 주체사상을 두고 한마디 말도 허투루 못하니까... 그렇게 봅니다. 사례 25 | 50대 여성

사례 37의 응답을 보면 유일사상체계를 바탕으로 이루어진 엄격한 명령체계가 그대로 지속되고 있음을 알 수 있다. '장군님 정치는 인민을 위한 정치'라며 주체사상에 대한 자부심이 강하다는 그에게서 북한체제의 견고함을 느낄 수 있었다. 위에서 '아'하면 밑에까지 '아'가 된다는 이 한마디 표현이야말로 북한체제의 특징을 가장 잘 보여주는 말이 아닐까.

> 유일사상 체계로 되어 있으니까 위에서 '아' 하면 밑에까지 '아'가 된단 말이죠. 그렇기 때문에, 크게 장군님 정치는 인민을 위한 정치란 말이죠. 이 주체사상이라고 되는건, 다 리치에 맞게 주체사상을 내놨다 말이죠. 그니까, 크게 그거에 대해서 크게 자부심을 갖고 있단 말이죠. 사례 37 | 40대 남성

미국 몰아내고 통일만 되면

북한당국의 선전선동은 북한주민들에게 '철천지 원수'로서 미국에 대한 적대감을 갖게 한다. 북한경제가 지금 어려운 이유도 '미제국주의의 대조선압살정책' 때문이라는 논리다. 사례 81은 이러한 북한 당국의 주장을 그대로 대변했다. 주체사상에 대한 자부심이 있으며 '미국을 몰아내고 통일만 되면 잘 살 수 있다고 사람들이 생각한다.'는 것이다.

> 자부심은 갖고 있는데, 미국 몰아내고 통일만 되면... 잘살게 된다 고저 기렇게 하니까네, 백성들이 그렇게 알고 있지.
> 사례 81 | 50대 남성

주체사상에 대한 자부심이 없다고 응답한 사례

지금까지 주체사상에 대한 자부심을 갖고 있다는 의견과는 반대로 주체사상에 대해 자부심이 없다는 응답자도 많았다. 이들의 대답을 들어보면 북한 경제난이 지속될 경우 주체사상이 '먹는 문제'를 해결하는데 실질적인 도움이 되지 않는다는 의견이 확산될 수 있음을 시사한다. 김정은 역시 공식활동에서 인민생활 향상과 먹는 문제 해결을 가장 우선적으로 제시하고 있다는 점도 현재 북한주민들의 사상과 경제의 괴리 가능성을 잘 보여준다.

특히 김일성 수령이 살아 있을 때는 주체사상에 대한 자부심은 매우 높았지만, 그 이후에는 점점 더 경제문제와 연계하여 자부심이 없어졌다는 응답이 많았다. 아울러 '먹는 문제'가 해결되지 않는 상황에서 사상은 아무 의미 없다는 체제에 대한 불만의 목소리도 매우 높았다. 주체사상에 대해 자부심이 없다는 북한 주민들의 사례를 직접 들어보자.

배고픈데 자부심이 크다 해서 그거이 뭐 실현되나요?

어려운 북한경제 상황에서 먹는 문제가 사상보다 우선한다는 북한주민들의 증언이 대부분이었다. '그저 먹고 사는거, 얼마나 잘 살 수 있는가에만 신경 쓰지 사상은 전혀 상관없다.'는 말은 앞서 주체사상으로 일원화된 북한과는 또 다른 북한사회의 모습을 보여준다. 주체사상에 대한 자부심이 아무리 커도 배고프면 아무 필요 없다는 사례 43의 증언은 북한주민들의 결속력이 약화되고 충성도가 낮아졌음을 잘 보여주는 표현이라 할 수 있다. '내일 아침 굶고 있는데 자부심만 있으면 뭐하느냐'는 말...

> 그저 먹고 사는거, 얼마나 잘 살수 있을까에만 신경을 쓰지 사상은 전혀 상관없다. 사례 7 | 40대 남성

> 자부심은 무슨 자부심. 암만 그래도 돌아오는게 뭐 있어요... 자부심 암만 커도 뭐래요? 배고프구 자부심이 크다 해서 그거이 뭐 실현되나요? 내일 아침 굶고 없는데, 자부심이 암만 통달해도 뭐있어. 사례 43 | 50대 여성

체제결속력과 국가 충성도 약화는 사례 10의 대답을 통해 다시한번 확인할 수 있다. 개인적으로 스스로를 책임지는 주체사상은 있어도 나라를 위한 주체사상은 없다고 말하는 사례 10.

> 이제는 개인적으로 나는 내를 책임져야한다는 주체사상을 가지지 나라를 위한 주체사상은 가지고 있지 않다. 개인적인 주체사상만 존재한다. 사례 10 | 50대 남성

북한의 주체사상은 '혁명과 건설의 주인은 인민대중이며 그걸 개척하

는 힘도 인민 대중 자신에게 있다. 즉 다시 말하여 자기운명의 주인은 자기 자신이며 자기운명을 개척하는 힘도 자신에 있다.'라고 주장한다. 사례 10은 주체사상은 말 그대로 이제 '나라를 위한 주체사상은 없다'고 말한다. 주체사상이 주장하는 말 그대로 '개인의 운명은 이제 스스로 개척할 뿐'이라고...

사례 83의 대답을 보면 북한에서 주체사상은 완전히 사상체계로써 기능하지 못할 정도로 불만을 표출하고 있다. 북한에서 주체사상대로 사는 사람은 한명도 없다는 사례 83의 증언. 그가 주체사상에 대해 불만을 갖게 된 이유는 역시 백성들을 다 못살게 만들었다는 이유 때문이었다.

> 조선에 주체사상대로 사는 사람이 없어유. 백성들 다 못살게 만들고 이거 주체사상이, 조선에서 주체사상대로 누가 살아요? 백성들이 어떻게 살아요 주체사상으로 사례 83 | 60대 여성

수령님 살아있을 때하고 다 다르지요.

사례 47은 사회주의가 이미 무너졌기 때문에 더 이상 믿지 않는다고 말한다. 현재 주체사상에 대한 자부심이 과거와 많이 차이가 있음을 알 수 있다. 예전에는 주체사상을 믿었지만 지금은 그저 하루하루 살아가는 것을 걱정해야 한다고...

> 사회주의가 무너졌잖아요? 믿지 않아요. 그전에 주체사상에 대해 많이 믿었는데, 지금은 주체사상이 없어요. 고저, 오직 고저 하루 살기 밖에 생각 안해요. 사례 47 | 40대 남성

사례 39의 증언도 과거 김일성 시대와 비교할 때 지금의 사상과 체제

결속력이 많이 약화되었음을 잘 보여준다. 김일성 때에는 주체사상에 대해 많이 이야기 했지만 지금은 약해졌다는 것이다.

> 이젠 맨 처음 수령님 살아있을 때하고 다 다르지요. 수령님 살아있을 때는 주체사상에 대하여 많이 떠들었는데, 그게 너무 오랜 기간이 흘러가서 그런지 모르겠는데 그게 좀 약화되더라고. 주체사상에 대한 게... 사례 39 | 50대 남성

평양 주민들하고 지방 주민들하고 또 다르니까

주체사상에 대한 자부심이 이전시대와 차이 나는 것처럼 평양주민과 지방 주민들 사이에서도 차이가 있다고 말한다. 사례 64의 증언에 따르면 평양사람들은 여전히 주체사상에 대해 자부심이 있지만 지방 사람들은 관심이 없다고 잘라 말한다.

> 평양 주민들하고 지방 주민들하고 또 다르니까... 평양 사람들은 아무래도 매우 큰 자부심 가지고 있지요. 지방 사람들은... 지방에선 교육자 집안 빼고요. 별로 이런데 관심 없어요. 남한 방송 다 보구 꼭대기에서 어떻게 돌아가는지 알면서도 모른 척해야 된단 말이에요. 기니까네, 알거 다 알고 있으니까 이제 뭐 주체사상이야 그런거는 모르겠어요. 있는지 없는지. 사례 64 | 20대 남성

지도자가 바뀌고 나서 달라진 배급

김정은 시대의 가장 풀기 어려운 문제는 당연히 경제문제 해결이라 할 수 있다. '인민생활 향상'이라는 말에서도 알 수 있듯이 김정은은 인민들의

새로운 요구와 기대에 부응하기 위해 경제문제를 최우선 과제로 제시했다. 김정은의 친인민적 지도자로서의 이미지 구축은 인민생활 향상에 대한 강조에서도 잘 나타난다. 김정은은 첫 대중 연설인 '4.15 연설'에서 "우리 인민이 다시는 허리띠를 조이지 않게 하며 사회주의부귀영화를 마음껏 누리게 하자는 것이 우리 당의 확고한 결심입니다.[7]" 라며 인민생활 향상의 의지를 밝히고 있다.[8]

북한정권의 새로운 지도자에 대한 충성심 고양과 체제결속은 북한체제 유지의 근간인 배급제를 통한 민심 얻기부터 시작되었다. 북한 주민들의 증언에 따르면 북한 당국의 배급은 분명 정치적 지지를 얻기 위한 수단으로 활용되었다고 볼 수 있다. 집권 초기에는 배급이 잘 나왔고 북한주민들은 이에 대해 지도자가 바뀐 결과로 인식했다.

> 지도자가 바뀌면서 대부분 정상적으로 배급을 주더라고. 배급의 양은 하루에 일인당 쌀하고 등등해서 600g 정도
> 사례 12 | 50대 여성

> 그래도, 인민들한테 명절 때도 그렇고 공급이 많이 나아졌지
> 사례 28 | 40대 여성

사례 87의 대답을 들어보면 역시 '먹고사는 문제'의 해결을 위한 배급제의 재가동은 북한 주민들의 충성심과 체제안정성을 높이는 중요한 요인임을 확인할 수 있다. 현재는 배급도 주고 변화가 보이지만 앞으로 좀 더 두고 봐야 한다는 입장이다.

> 다시 인민들 허리띠 안 졸라매게 된다는거, 그러니까네 군부식량 1호 창고에서 굶어죽게 되어 풀게된거 그게 좀 크지. 그리고 기차 좀 달리고 그런거 달라졌어요. 근데, 더 지내봐야 알지 아

직까지는 뭐… 여자들 옷티도 달라지고, 모란봉악단[7]도 그렇고 긴데 앞으로 지내봐야 알지. 백성들이 말하는건, 지내봐야 알지.
사례 87 I 30대 여성

평양에 제일 큰 변화는 건설입니다.

정상적인 배급과 함께 젊은 지도자의 등장에 따른 가시적인 변화는 평양시내의 건축물에 대한 리모델링 작업에서 확연히 드러난다. 평양에서 온 북한 주민들은 지금 평양의 제일 큰 변화는 "건설을 쎄게 하는것"이라고 대부분 증언했다.

지금 평양에 제일 큰 변화는 건설입니다. 올해 건설을 쎄게 합니다. 김정은 원수께서 건설에 집중하라 하니까… 평양에 고저, 배급도 주지. 옥수수 고저 7, 입쌀 3. 보름에 한번씩 줍니다. 그 전엔 안줬는데, 김정은 원수님 들어서고… 사례 67 I 50대 남성

사례 80 역시 평양의 건설에 대해 이야기 한다. 김정은이 강조하는 인민생활 향상을 위한 목적에서 건설하고 있는 유희장을 긍정적으로 평가하며 기대가 크다는 말도 덧붙였다. 사례 81은 평양의 집뿐만 아니라 평양역 광장에 설치된 대형 텔레비전을 언급했다.

지금 평양은 집을 많이 짓는단 말이야. 집하고, 인민들 생활 편하게 유희장이나 이런거 많이 한단 말이야. 우리 인민들의 기대가 크지. 사례 80 I 40대 남성

평양시 고저, 평양 역전도 큰 텔레비 설치해 놓고… 그 다음에 길바닥도 나쁘게 한 길바닥 다 고치고, 도로도 놓고. 사례 85 I 20대 남성

북한에서 주체사상과 함께 북한주민들의 사상과 정신을 지배하고 있는 것은 '김일성-김정일주의'라고 할 수 있다. 북한지역에는 영생탑이라는 것이 세워져 있다. 북한 전역에 3만 여개 정도로 추정되는데 마을이 형성된 곳에는 반드시 영생탑이 마을중심부에 서 있다. 영생탑은 김일성-김정일의 우상화를 위한 상징적 선전물로써 신성시 되는 곳이다. 이 영생탑에는 '위대한 김일성 동지와 김정일 동지는 영원히 우리와 함께 계신다'는 글씨가 새겨져 있다.

　　필자가 2007년 평양에 갔을 때 건물 내외에 가장 많이 볼 수 있었던 선전구호는 바로 '위대한 수령 김일성 동지는 영원히 우리와 함께 계신다'는 내용이었다. 김정일의 사망 이후 이제 영생탑에는 김일성과 김정일의 이름이 모두 새겨졌고 북한 주민들은 이 영생탑을 마치 김일성과 김정일을 대하듯 신격화 하고 있다.

　　지난 2015년 6월. 북중접경지역을 답사하며 지금까지 한 번도 보지 못한 북한의 한 마을을 카메라에 담을 수 있었다. 아직 도로공사중이라 길이 완전히 개통되지 않아 이 지역을 찾는 사람들이 거의 없었다. 마치 선전마을이라 생각될 정도로 동화속에서나 나올 법한 수 백 개의 똑같은 모양의 집들이 조성되어 있었다. 그 중에 우리의 눈길을 끈 것은 바로 마을 한가운데 자리한 영생탑이었다. 북한에서 영생탑은 북한주민들에게 '심장속에 김일성, 김정일이 영생불멸한다는 의미'를 교육시키기 위해 마을 곳곳마다 세워진 탑이다. 멀리에서도 한 눈에 알아볼 수 있을 만큼 그 높이와 규모는 웅장했다. 강 건너 마을중앙에 서 있는 그 영생탑 앞을 걸어서 지나다니는 사람들의 모습도 희미하게나마 볼 수 있었다. 북한 주민들은 과연 영생탑을 지나며 어떤 생각을 할까? 죽은 사람이 자신들과 영원히 함께 한다는 그 말을...

북중접경지역 어느 마을에 세워진 영생탑

북한 주민들의 경제생활 모습은?

경제실태

사회주의 경제(계획경제)와 자본주의 경제
(시장경제, 개인소유경제) 중 어느 것을 더 지지하십니까?

북한의 경제가 어렵게 된 이유가 무엇 때문이라고
생각하십니까?

북한 주민들 가운데 시장이나 장마당에서 장사나
개인 사업을 하는 사람들이 얼마나 된다고 보십니까?

직장에서 생산규율이 얼마나 잘 지켜지고 있다고
생각하십니까?

북한 주민들의 핸드폰(손전화) 사용 비율이
어느 정도라고 보십니까?

중국 체류 중 손전화를 사용하고 계십니까?

사회주의와 자본주의 중 지지하는 것은?

북한주민들은 사회주의와 자본주의 중 어느 쪽을 더 지지할까? 자신들이 살고 있는 북한은 사회주의인데 과연 자본주의를 지지한다고 말할 수 있을지 궁금했다. 사회주의를 더 지지한다는 응답은 국가의 무상교육과 무상치료에 대한 부분을 긍정적으로 인식했다. 현재 북한의 경제난으로 인해 무상치료가 이루어지지 않는 현실을 인터뷰 과정에서 필자가 지적했음에도 제도상의 문제는 없다고 응답했다. 아울러 '사회주의는 잘살든 못살든 평등하게 다 같이 하는 것이 좋기 때문에 사회주의를 지지한다.'는 응답이었다. 그들의 이야기를 자세히 들어보자.

사회주의를 지지한다고 응답한 사례

인민들 생활 차이가 없이 골고루 살게끔

사회주의를 더 지지한다고 응답한 북한주민들에게 사회주의는 무엇보다 '골고루 잘사는 사회'로 인식되었다. 모든 사람들이 빈부 격차 없이 골고루 잘 사는 사회... 사례 42가 말하는 사회주의는 바로 모든 사람들이 악의 없이 골고루 잘 사는 사회였다. 그것이 현재 북한에서 그대로 실현되고 있는지에 대해서는 말을 아꼈다.

> 모든 사람이 골고루, 사회주의라는게 그렇게 생각하거든요. 모든 사람들이 상하 차이 없이 골고루 살아가기 때문에, 왠간하면 모든 사람이 다 그렇게 살아가는 사회가 좋을 거다. 그렇게 생

각해요. 그러니까, 악의없이 모든 사람들이. 사례 42 | 30대 남성

사회주의는 백성들 잘살게 하기 위해 만든 제도니까… 거기서 발전해가지고 백성들도 살기 좋게 해가지고 하면 좋지요.
사례 75 | 30대 남성

우린 아직 무상치료, 무상교육 받는단 말이에요.

사례 28은 사회주의를 지지하는 이유로 무상치료와 무상교육이 가장 좋다고 말한다. 자본주의는 돈이 없으면 죽어야 하는 사회지만 사회주의는 아플 때 돈이 없어도 주사 한 대라도 맞을 수 있는 사회로 인식했다.

어쨌든 아파서 돈없어도 사회주의는 주사 한 대라도 놓아주니까. 사회주의는 어쨌든 잘살든, 못살든 모두가 골고루 하니까… 근데, 자본주의는 제가 벌지 못하거나, 제가 돈이 없거나 그러하게 되면 죽어야 돼. 사례 28 | 40대 여성

사례 37도 사회주의를 지지하는 것은 '무상치료', '무상교육'때문이라고 말한다. 빈부차이가 없이 골고루 잘 사는 사회주의를 훨씬 더 지지한다는 그에게 북한의 열악한 의료체계의 현실에 대해 조심스럽게 물어보았다. 현재 북한의 경제난으로 인해 제대로 된 치료는 물론 약도 쉽게 구할 수 없다는 것이 일반적으로 알려진 사실이다. 하지만 사례 37은 1990년대 말 고난의 행군기로 인해 지금까지 시련은 있지만 이 길이 끝나면 사회주의가 더 좋아질 것이라고 목소리를 높였다. 심지어 중국에 와서 생활 하는 기간 동안 전기세, 물세 등 세금을 내야 하는 것을 보며 더욱 북한의 사회주의가 좋다고 느꼈다고 한다. 하지만 돈이 아까워서 중국 병원에도 못 간다는 그의

말을 들으며 필자는 혼란스러웠다.

> 자본주의하고 볼 때는 사회주의가 더 좋단 말이죠. 사회주는 구속이 없으니까. 원래 사회주의 자체는 빈부 차이가 없이 국가에서 봐주는 거잖아요. 인민들 생활 차이가 없이 골고루 살게끔 해주는데 지금 우리는 고난의 행군을 사회주의 사회를 가고 있지만, 고난을 겪다나니까 이러는데 실지 시련을 겪지 않고 사회주의로만 나가면은 이 얼마든지, 사회주의가 좋단 말이에요... 우린 아직 무상치료, 무상교육 받는단 말이에요. 암만 고난의 행군해도 이 무슨 전기세, 물세 뭐 이런거를 가정에서 부담이라는 게 없단 말이에요. 근데, 여기와서(중국을 의미) 조금 아프면 병원에서 진단서 받아야 되갔는데 돈을 내야 병원을 가야 되갔으니까 못가겠더라고요. 돈이 아까워서. 사례 37 | 40대 남성

남한에서 결핵약은 보건소에서 무료로 나눠주는 흔한 약이다. 2008년에 개봉된 영화 '크로싱'은 바로 이 결핵약 하나를 구하기 위해 시작되는 비극의 이야기를 다루고 있다. "그날, 우리는 살기 위해 헤어졌습니다. 131일 간의 간절한 약속, 8천km의 잔인한 엇갈림"이라는 영화카피처럼 실화를 바탕으로 한 이 영화는 당시 북한의 어려운 경제상황을 여실히 보여주고 있다. 어디에서 쉽게 구할 수 있는 약 하나가 없어서 목숨을 걸고 중국에 넘어오는 북한사람들이 있는데 무상치료와 무상교육을 받기 때문에 북한이 더 좋다고 말하는 그의 증언을 어떻게 받아들여야 할지 막막했다.

자본주의를 지지한다고 응답한 사례

이에 반해 사회주의보다 자본주의를 더 지지한다는 의견은 대부분 개인소유가 가능하다는 점을 긍정적으로 평가했다. 북한에서는 아무리 일해도 자기 소유가 없는데 자본주의는 자기가 한 만큼 돈을 벌 수 있고 자유롭기 때문이라는 것이다. 특히, 북한에 있을 때는 몰랐는데 중국에 나와서 직접 경험하고 방송을 보니 자본주의가 훨씬 더 좋게 인식되었고 말한다.

사회주의는 고저 죽도록 일해두 딱 같이 나누는데

사회주의와 자본주의의 차이는 무엇보다 사적 소유의 여부일 것이다. 자본주의를 더 지지하는 이유는 자신이 일한만큼 소유할 수 있다는 것을 직접 경험했을 때였다. 중국에서 생활하며 노동의 대가로 얻게 되는 수입을 경험해 본 북한주민들은 당연히 사회주의를 통해 똑같이 분배하는 방식이 아닌 자본주의를 더 지지했다. 사례 24의 경우 사회주의는 죽도록 일 해도 똑같이 나누는 방식인데 문제는 나눌것 조차 없다고 말한다.

> 자본주의 그게 실지 생활에서 나아 보이더라구... 사회주의는 고저 죽도록 일해두 딱 같이 나누는데, 나눌게 없잖아.
> 사례 24 | 60대 남성

사례 78도 자본주의를 지지하는 이유로 '노력한 만큼 가질 수 있다.'는 점을 들었다. 지금은 아무리 일을 해도 개인적으로 받는 게 없기 때문에 자본주의 방식을 더 선호한다고... 사례 84는 자본주의가 '인간의 창휘성을 발휘할 수 있도록 한다.'고 말한다.

> 자본주의는 그만큼 노력하면, 가질 수 있으니까. 그런데, 우리는 그저 뭐 내가 그만큼 해도 그런거 못 받으니까요. 그래서 자본주의를... 사례 78 | 50대 남성

> 자본주의는 인간의 창의성을 발휘할 수 있도록 하잖아요... 그러니까 자유경제가 좋지. 사례 84 | 50대 남성

사회주의를 지지하지 않는 이유로 '장사를 못하게 하는 등 통제하는 게 너무 많아서 싫다.'는 응답(사례 97)도 있었다. 사례 43은 중국에서의 경험으로 자본주의를 지지하게 된 경우다.

> 중국에 오니까, 내 마음이 쏙 달라져. 자본주의 사회가 좋더라구... 방송도 보고. 사례 43 | 50대 여성

북한 경제가 어렵게 된 이유는?

　　북한 당국은 지금의 북한 경제가 어렵게 된 이유로 '미국의 대조선적대시정책' 때문이라고 말한다. 미국의 고립정책(경제제재)으로 인해 자신들의 경제가 지금 이렇게 어렵지만 이 고비를 넘기면 사회주의 혁명을 완수 할 수 있다고 사상교육을 펼치고 있다. 그렇다면 북한 주민들은 과연 북한 경제가 어렵게 된 이유를 무엇이라 생각할까?

　　북한 경제가 어렵게 된 이유에 대해 북한 주민들은 '자연재해로 식량생산이 안되어' 3명, '과다한 군사비 지출 때문에' 28명, '사회주의 노선 때문에' 4명, '간부들의 관료주의 때문에' 22명, '지도자를 포함한 정치적 문제 때문에' 17명, '개혁개방을 하지 않아서' 13명, '미국의 경제제재 때문에' 7명, '통일이 되지 않아서' 3명, '기타' 3명 으로 응답했다. 이를 볼 때 북한주민들은 북한의 경제난이 북한 당국의 과도한 군사비 지출과 간부들의 관료주의에서 기인한 것으로 인식하고 있다.

북한 경제가 어려운 이유

경제제재7, 남북분단3, 기타3

28 과다한 군사비
22 관료주의
13 폐쇄경제
17 정치문제
4 사회주의
3 자연재해

간부들은 제 배때기만 채울 생각만 하니까요.

북한주민들은 간부들의 관료주의 중에서도 허위보고로 인해 식량 수급 실태를 제대로 파악하지 못했다고 지적하며 간부들은 "자기배만 불린다."고 말한다. 사례 8의 증언에 따르면 '학생들을 동원해서 이삭줍기를 하는데 농사가 안되어 할당량을 채울 수 없었다.'고 한다. 결국 그것은 허위보고로 이어질 수밖에 없었다고 덧붙인다.

> 허위보고 때문이다. 생산량을 못 채우니까 허위보고 하고 그래서 경제가 어려워진다. 학생을 동원해서 이삭(낟알)줍기 하는데 농사가 안되었기 때문에 채울 수 없다. 사례 8 | 60대 여성

장군님께서는 아직 몰랐댔죠.

간부들의 허위보고는 단순히 생산량의 수치 정도에서 그치지 않는다. 사례 38의 경우 김정일이 고난의 행군 시기 인민들의 실상을 아마 정확히 몰랐을 거라고 말할 정도로 허위보고는 심각했다고 한다. 최고지도자를 생각하는 그의 마음에서 비롯된 발언이었을까, 아니면 정말 그의 증언처럼 김정일은 고난의 행군 시기 경제적 어려움이 그토록 심각한지 몰랐던 것일까? 어쨌든 사례 38이 생각하는 것은 허위보고로 인해 북한의 최고지도자는 최소 30만에서 최대 300만의 아사자가 발생한 고난의 행군기의 실정을 제대로 파악하지 못했을 거라는 주장이다.

> 장군님께서 아직 몰랐댔죠. 고난의 행군 하는건 알지만은 인민들이 이렇게 까지 타격 받는 거를 구체적으론 모르셨을텐데...
> 사례 38 | 40대 여성

사례 33은 간부들의 관료주의가 북한경제를 어렵게 했다는 인식과 함께 간부들만 잘 먹고 잘 산다는 불만이 많았다. 실제 고기나 석탄은 가격이 비싸 일반 주민들은 살 수도 없고, 배급이 나온다 해도 간부들이 다 가져가기 때문에 자신들에게 돌아오는 것은 전혀 없다고 말한다.

> 조선엔 간부들이나 잘살고 백성들은 못삽니다. 신발 하나 사신기도 힘듭니다. 고기 한 끼 하나 사다 먹겠습니까? 고기 한 키로(1㎏)에 3만원입니다. 탄 한 톤에 5만원인데, 탄 나온다해도 다 간부들만 가져가서 백성들한테 주는 건 없습니다.
>
> 사례 33 | 30대 남성

사례 33이 간부를 "간부놈들"이라 부르며 불만의 목소리를 높일 때 그 동안 그에게 어떠한 일들이 있었는지 궁금했다. 이제 30대인 그가 북한의 간부들에 대해 적개심을 가질 정도로 불만이 쌓였던 이유는 무엇이었을까?

사례 33이 사는 지역은 평양과 가까운 곳이었다. 평양에서 견학 오는 사람들을 대상으로 장사를 해서 겨우 먹고 살 수 있는 수준이었다. 하지만 그나마 장사도 당국이 제대로 하지 못하게 하고, 무엇보다 조금 벌었다 싶으면 평양지원물자라는 이름으로 다 빼앗아 간다고 한다.

예전에는 그래도 먹고 살만 했는데 장사에 손을 댔다가 완전히 망해 버렸다고 했다. 사례 33은 자신의 형수와 함께 골동품 장사를 했다. 형수의 말만 믿고 골동품을 비싼 가격에 사왔는데 나중에 알고 보니 그것이 가짜여서 '완전히 다 해먹었다.'고 말한다. 조선에서 파는 골동품은 이제 거의 가짜라고…

올해 나이가 30대 후반인 그와 오랜 시간 더 이야기를 나누고 싶었다. 이번 조사를 위해 만난 대부분의 사람들이 40대 이상이기 때문에 20~30대의 북한주민을 만나면 더욱 많은 내용을 물어보고 함께 하고 싶었다.

한사코 일어나야 한다는 그를 겨우 붙잡아 조금 더 이야기를 나눌 수 있었다. 30대 남성인 그는 북한에서의 군대 이야기도 들려주었다. 어릴 때 골동장사를 했다는 그의 말에 10년 복무기한인 군대는 언제 다녀왔는지 궁금해서 군에 갔다 왔는지 물어보았다. 그는 화교출신이기 때문에 군에 가고 싶어도 못 간다고 했다. 그러면서 요즘 군대는 돈만 있으면 어떻게 해서든지 안 갈려고 한다는 말을 했다. 자신도 들은 이야기라며 "입영검사를 할 때 간장을 몇 사발 먹고 간다."는 사람도 있다고 한다. 간장을 먹으면 순간적으로 간이 부어오르는데 간이 나쁘면 군대에 안가기 때문에 그렇게들 한다고 말이다. 군에 안 가기 위해 간장을 마신다? 정말일까 싶어 몇 번이고 되물어 보았다. 그 말의 사실 여부를 떠나 북한에서 군대를 안가기 위해 갖은 방법을 다 동원한다는 내용 정도로 이해했다.

선군정치인 북한에서 군대를 안가기 위해 뇌물을 준다는 그의 말을 들으며 조금은 혼란스러웠다. 개인보다 집단을 우선하며 '혁명의 수뇌부를 목숨으로 사수하자'고 외치는 북한에서 군대에 안가기 위해 뇌물을 준다는 사실을 어떻게 받아들여야 할까?

그의 이야기를 들으며 부산에서 만난 한 북한이탈주민이 생각났다. 그와의 만남은 '북한이탈주민의 남한에서 결혼생활'이라는 연구를 위한 인터뷰를 진행하면서 알게 되었다. 북한의 군대 이야기를 들으며 그를 떠올리게 된 것이 그가 북한에 있을 때 '김일성정치학교'를 졸업한 군 장교 출신이었기 때문이다. 그와의 특별한 인연은 영화 〈국제시장〉을 극장에서 함께 볼 정도로 사이가 깊어졌다. 그와 영화를 보고 나와 함께 밤길을 타박타박 걸으며 북한에 있을 때 제일 좋아했던 노래가 무엇이냐고 물었다.

그는 잠시간의 머뭇거림도 없이 바로 '어머니의 행복'이라는 노래를 제일 좋아한다고 했다. '어머니의 행복'이라는 곡은 '사랑스러운 자식을 선군의 아들로 잘 키워낸다.'는 내용을 담고 있다. 북한영화 '어머니의 행복'의 주제곡이기도 한 이 노래는 북한주민들에게 상당히 인기가 있는 곡이다.

그가 이 곡을 좋아하게 된 것은 소대장으로 있으면서 다른 곳으로 전출을 가게 되었는데 떠나기 전 마지막에 부하들과 함께 불렀던 노래가 바로 이 곡이었다고 한다. 이 노래를 눈물로 부르며 조국을 위해 비장한 결의를 다졌다는 그였다.

사례 33의 증언을 들으며 그가 생각난 것은 한 쪽에서는 군대에 안 가기 위해 온갖 방법을 다 동원하고, 또 한쪽에서는 조국과 정권을 위해 목숨을 바치자 결의하는 '선군의 아들'이 너무나 대조적이었기 때문이다. 우리는 정말 북한에 대해 얼마나 알고 있는 것일까?

어머니의 행복

1절

눈비에 젖을가 바람에 질가 고여온 그 사랑으로
아들아 소중히 너를 키워서 조국앞에 세워주리
열두자락 치마폭에 온갖 시름 안고 있어도
그것이 둘도 없는 어머니의 락이란다.

2절

때로는 애가 타 종아리 치며 눈물을 감춰왔건만
아들아 다 자라 조국을 아니 기쁨에 웃음 짓는다
오만자루 품들이느라 검은머리 희어졌어도
그것이 둘도 없는 어머니의 자랑이란다

3절

한가정 울타리 뛰여넘어서 조국의 큰 집 지켜선
아들아 선군의 장부가 되어 어머니품에 안겨라
장군님의 저 병사가 내 아들이라 말할 때
그것이 둘도 없는 어머니의 행복이란다.

북한에서 장사나 개인 사업을 하는 비중은?

북한의 경제난으로 인해 배급제는 거의 붕괴되었다고 해도 과언은 아니다. 국가로부터 식량을 분배받지 못하는 북한 주민들은 장사를 통해 먹는 문제를 해결할 수 밖에 없다. 그렇다면 현재 북한에서 장사나 자영업을 하는 비중은 어느 정도일까?

북한에서 현재 장사나 자영업 비중이 얼마나 될 것으로 보는가라는 질문에 대해 북한 주민들은 10% 미만 2명, 20% 3명, 30% 1명, 40% 2명, 50% 12명, 60% 7명, 70% 15명, 80% 21명, 90% 이상 37명이라고 응답하였다.

결과를 보면 90%이상으로 응답한 수가 37명으로 가장 많았으며 그 뒤로 80%, 70%가 각각 21명, 15명으로 응답하여 북한에서 현재 대부분 장사나 자영업을 하고 있는 것으로 파악할 수 있다.

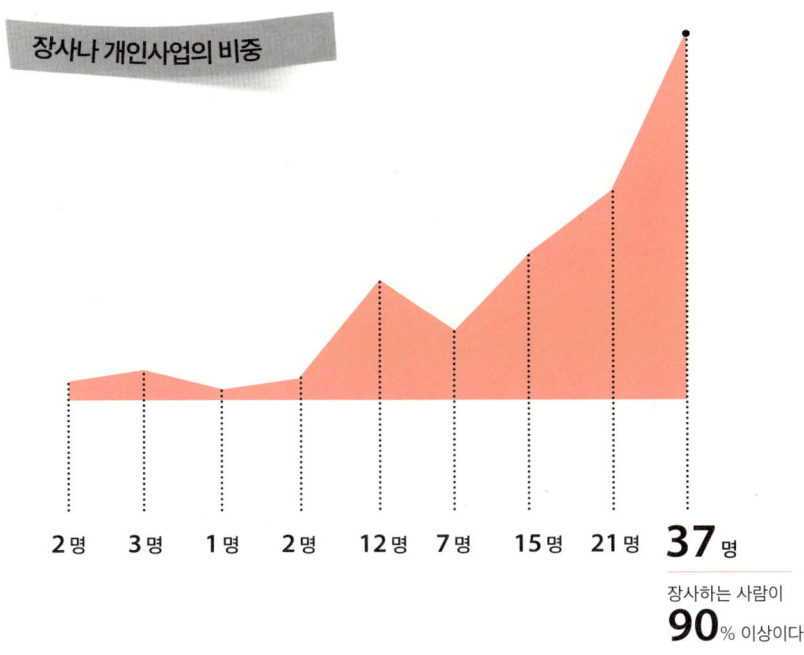

장사나 개인사업의 비중

장사하는 사람이 **90**% 이상이다.

북한의 공식 배급이 거의 붕괴된 상황에서 일부 북한주민들에게 장사는 생존을 위한 유일한 수단이다. 장사를 하지 않으면 죽을 수밖에 없는 절박한 상황이라는 응답도 많았다. 이전에는 장마당에서 장사하는 것이 부끄러운 일이었는데 이제는 생존은 물론 돈을 벌 수 있기 때문에 오히려 장사를 못하는 것이 더 부끄러운 일이 되어버렸다고 한다.

장사 안하고는 살지 못해요.

사례 79도 '장사를 안 하고는 살지 못하다.'고 분명히 말한다. 기업소에서 노동자들이 받는 월급이 2-3천원 수준인데 이 돈으로는 쌀 1킬로그램도 살 수 없는 돈이라고 한다. 현재 북한에서는 공장, 기업소가 대부분 문을 닫아버렸고 출근을 해도 실제 가동을 안하기 때문에 배급이나 월급을 받을 수 있는 상황이 아니다. 국가가 주민들에게 배급을 주지 못하는 상황에서 주민들은 자체적으로 해결해야 하는데 결국 장사를 통해 먹는 문제를 해결할 수밖에 없는 상황이라고 한다.

> 장사 안하고는 살지 못해요. 한달에 우리가 2천원, 3천원 이제 노동자들이 직장에서 일해도 3천원 밖에 안되는데 3천원가지고 쌀 한키로도 못사는데... 사례 79│40대 남성

> 다합니다. 장사 안하는 사람 없습니다. 사례 5│50대 남성

> 이전에는 장마당 앉으면 부끄러웠는데, 지금은 장마당 안하는 사람이 죽죠. 사례 27│30대 여성

> 간부고 뭐... 장사 안하고 국가에서 주는 돈으로 사는 사람은 단

한 명도 없어요. 사례 42 | 30대 남성

그거 안하면 굶어죽으니까. 근데, 돈 없는 사람들은 동냥다니고...
사례 47 | 40대 남성

지금은 다 장사해서 밥 먹갔다고, 아무거나 팔아서 밥 먹으려고 하지. 사례 49 | 60대 남성

할 줄 모르는 사람들은 모르고 굶어 죽고. 사례 55 | 60대 여성

장사 안하면 살지 못하니까. 사례 58 | 60대 여성

나라에서 뭘 못 주니까, 다 자체생산 해결해야 되는데 장사 안 하면 죽지요. 사례 49 | 60대 여성

왜 기렇게 생각하나, 장사 안하면 먹질 못하니까. 굶어 죽갔는 데. 사례 62 | 40대 여성

장사 안하면 못 먹고 살아요. 사례 96 | 40대 여성

월급으로 담배 한 갑도 못사는데

사례 64의 증언에 따르면 지방으로 갈수록 더욱 장사하는 사람이 많다고 한다. 장사 하는 사람들의 비중이 약 80~90%까지 된다고 덧붙였다. 이 정도 수치라면 거의 장사는 북한주민들에게 생존을 위한 유일한 수단이 되었다고 해도 과언은 아니다. 일을 해도 월급을 주지 않는 북한 사회에서 스스로 먹고 살기 위한 방식이 바로 장사인 것이다. 한 달 동안 아무리 일을 해

도 월급이라고 받아봐야 그 돈으로 '담배 한 갑 정도도 못 사는 돈'이라고…

> 근데, 지방하고 또 다르단 말이에요. 시장이나 장마당에서 그러니까 장사 하는 사람이 80%지요. 90% 이상 된다고 봐도 되고. 중국이나 한국에서는 일하면 월급이나 연봉을 주잖아요. 조선에서는 그런게 없단 말이에요. 주긴 주는데, 교육자거나, 무슨 간부들은 주는데 그게 주는 게 담배 한 갑도 못사는데 한달에… 기니까, 아무래도 장사를 해야 먹고 사니까. _{사례 64 | 20대 남성}

갖다 바치고, 고이고, 군대 떼먹고, 안전부 먹지, 당간부 먹지

하지만 실제로 장사를 해도 겨우 먹고 사는 정도이지 큰 돈은 벌지 못한다는 사례가 많았다. 장사를 해도 뇌물로 다 바치고 나면 자기 손에 쥐는 것은 거의 없기 때문에…

> 장사도 간부, 간부친척들이 큰 장사 하지. 우리 일반사람들은 하지도 못합니다. 장사하면 다 잡아뗍니다. 장사는 하는데, 간부들 주는거 있기 때문에 하디 완전히 농민들은 할 생각을 못합니다. 갖다 바치고, 고이고, 군대 떼먹고, 안전부 먹지, 당간부 먹지. 몇 푼 안남아요. 그렇게 한다구 그렇게 뭐가 장사요. _{사례 43 | 50대 여성}

직장에서 생산규율은 잘 지켜지는가?

직장에서 생산규율이 얼마나 잘 지켜지고 있는지에 대한 질문에 대해 생산 규율의 준수 비율은 '거의 대부분 지켜지고 있다.' 1%, '대체로 지켜지고 있는 편이다.' 12.1%, '대체로 변칙적으로 운영되고 있다.' 22.2%, '거의 대부분 변칙적으로 운영되고 있다.'가 64.6%로 조사되었다. 종합적으로 볼 때 생산규율이 지켜지고 있다는 응답이 13.1%인데 비해 변칙적으로 운영된다는 응답이 88.8%로 나타나 북한의 현재 생산규율에 의한 통제시스템은 거의 지켜지지 않는 것으로 볼 수 있다.

직장에서의 생산규율

대체로 변칙적으로 운영되고 있다.

거의 대부분 변칙적으로 운영되고 있다.

22.2% 64.6%

12.1% 대체로 지켜지고 있는 편이다.

1% 거의 대부분 지켜지고 있다.

직장에서 생산규율이 얼마나 잘 지켜지고 있는지에 대한 질문은 북한 당국의 통제 수준을 알아보기 위한 의도에서 이루어진 질문이다. 중앙에서 하달한 명령과 규율이 지방 기업소나 공장에 그대로 잘 전달되고 이행되는지의 여부를 살펴보고자 한 것이다. 하지만 응답자들 대부분은 생산규율을 말하기 전에 공장이 거의 가동되지 않는다는 말을 먼저 했다.

사람을 딱 가둬두고 공간을 안주는 거에요.

사례 14의 응답을 보면 어쨌든 북한에서 조직생활에 대한 통제가 강하기 때문에 공장이 가동을 안 해도 일단 출근은 해야 한다고 말한다. 가서 할 일은 없지만 사상교육하고 청소, 위생사업을 하며 시간을 때운다고 한다. 그의 표현을 빌리면 "사람을 딱 가둬두고 공간을 안주기 위한 목적"이라는 것이다. 아무리 공장이 멈춰 가동이 안 되더라도 주민들의 통제와 사상학습을 위해 출근은 계속 해야 하는 상황...

> 조직생활이 쎄니까니. 그러니끼니 공장에 전기가 없는데 그래도 나오라. 나와서 시간은 지키라 하기 때문에. 지금 기니끼 통제성이지. 말하자면 사람을 딱 가둬두고 공간을 안 주는 거에요. 할 일이 없어도 그저 앉아서 이러구 학습하죠. 뭐, 주체사상. 기다음에 청소, 위생사업... 사례 14 | 60대 남성

공장에 나가도 월급을 주지 않지만 그래도 공장에 출근은 해야한다는 사례 14의 이야기를 들으면서 왜 장사를 할 수 밖에 없는지에 대해 이해하게 된다. 가동이 멈춘 공장에서 일을 못하는데 배급을 받지 못하는 것은 당연한 일이다. 그렇다면 북한 주민들은 어떤 방식으로 장사를 할까?

사람들은 궁여지책으로 공장에다 일정한 돈을 상납하고 출근부를 거짓으로 작성하기도 하고, 아침에 나가서 출근부는 찍고 나머지 시간은 장사를 한다고 증언한다. 거기에는 분명 뇌물을 통한 뒷거래가 따른다. 북한에서는 이를 '팔삼현상(8.3현상)[10]'이라 부른다고...

당·군··내각 권력기관은 자회사 격인 무역회사 등에 특혜를 제공하는 대신 그 잉여를 수취한다. 공장·기업소 또한 상인 계층인 '돈주'에게 특혜를

부여하고 지대를 수취하거나 종업원들의 시장경제활동을 묵인하는 대가로 수입의 일부를 제공받는다.[11] 한마디로 일반주민부터 상층부에 이르기까지 불법적인 경제활동을 통해 얻은 수익금을 일정하게 바쳐야만 하는 상황으로 이해할 수 있다.

> 팔삼하지요. 간부들한테 고저 돈 좀 주구. 한달에 100달라 정도 줘야 됩니다. 사례 34 | 50대 남성
>
> 공장에다 돈 내야지. 아무래도 한달동안 내고서, 한 달 동안 우리가 벌어야지 공장에 나가서 뭘해요? 사례 35 | 30대 여성
>
> 지금 못사니까, 돈 벌 정신만 있지 직장에서 일할 생각은 안합니다. 고저 한달에 돈, 직장에다가 얼만큼 내고 개인적으로 떼게 되면 돈 버는 사람이 고저 뭐 70에서 80% 정도는 됩니다.
> 사례 62 | 60대 여성
>
> 아침에 출근해서 도장 딱 받고 움직이니까네, 기렇게 하지 않으면 비판받고 그러니까네. 그건 아예 일입니다. 그건. 아침에 출근해서 도장받고, 그다음에 장사할거 장사하고. 사례 81 | 50대 남성
>
> 생산규율이라고 없어요. 지금. 다. 공장 다 멈춰 갖구 다 기계가 다 지금 녹슬대로 녹슬어가지고. 사례 49 | 60대 남성

통제는 잘 이루어지고 있을까?

김정은이 후계자로 내정된 이후 북한 사회에 나타난 특징은 예방적인 사상교육과 조직적인 통제보다 사후 처벌이 늘어났다는 점이다. 이는 당보다 인민보안부와 국가안전보위부, 검찰과 같은 공안기관들의 역할이 확대되었음을 의미한다. 과거 유일사상체계확립 10대 원칙이 당 규약과 헌법 위에 군림하는 준칙이었다면 이제는 비사회주의현상과의 투쟁과 관련된 '비사조항이 주민생활을 규율하는 준칙'으로 자리 잡은 것이다.[12] 그렇다면 북한에서 공안기관에 의한 통제는 잘 이루어지고 있을까?

> 보통 4.15, 2.16 같은 명절 되면 지방으로 단속이 심해서… 단속이 심한건 비사그루빠 그런 것들이 내려와 가지고 단속하거든요. 특별히 남조선에 대한 것 단속하면서 학습시키니까
> 사례 79 | 40대 남성

공안기관은 여전히 북한에서 강력한 권력을 행사하기 때문에 단속과 통제가 잘 이루어지고 있다는 증언이다. 공안기관에 의한 사회통제가 유지되고 있다는 응답은 매일 안전부 사람이 다닐 정도로 통제가 엄격하다고 말한다.

> 통제는 안전부 무서워서 그게 잘돼요. 안되면 잡아가니까. 안전부에서 잡아간단 말이에요. 다 시키는대로 안하면 잡아가니까. 안전부 사람 매일 다니는데요… 사례 70 | 60대 남성

대체로 통제가 이루어지고 있다는 인식은 북한 당국이 통제를 강화하면 북한주민들은 최소한 통제에 따르는 것처럼 겉으로 행동은 한다는 것이

다. 예를 들어 사례 64의 경우 남한 영상물을 보지 말라고 지시하면 "안보는 척은 한다."며 대체로 통제가 이루어지고 있다고 말한다.

> 좌우지간 이 사람들이 보지 말라고 그래서 안보는건 아닌데요. 보지 말라면 안보는 척은 한단 말이에요. 안보는 척은 하니까...
> 사례 64 | 20대 남성

눈가리고 아웅하시는 식이죠.

그러나 또 한편으로 공안기관에 의한 사회통제가 뇌물을 주고받는 부정부패로 인해 기강이 흔들리고 있음도 알 수 있다. '먹고 사는 문제로 인해 눈 감아주는 경우가 더 많다.'고 말한다. 또한 겉으로는 통제가 잘 유지되고 있는 것 같지만 실제로는 뇌물을 받는 등 뒤에서의 행동은 다르다고 한다.

> 잘 유지 안돼지. 먹고 사는거 때문에 눈감아 주는게 더 많은데 어떻게 잘 유지되겠는가... 와이로를 받아먹기 위해서...
> 사례 6 | 50대 여성

> 먹고 사는게 힘드니까 자기 자체가 우선 없으니까... 또 우리나라 생활이 다 이러하니까 쪼금 그런거 중화된 게 있고. 봐주면 자기한테 들어오는 몫이 있으니까... 앞에서는 강하게 통제 하는 거 같지만 뒤에서 보면 그렇지 않다고... 사례 18 | 50대 남성

> 눈가리고 아웅하시는 식이죠. 아무거나 돈만 주면 다해요.
> 사례 35 | 30대 여성

사례 37 역시 단속되더라도 공안기관에 뇌물을 주고 형량을 바꿀 수 있

을 만큼 사회통제는 약화되었다고 증언한다.

> 저기 공안 사람들은 예를 들어서 한국으로 그러면 치한 유지라고 하니깐 조선을 말하자면 생활 평정을 도둑놈도 없애고, 강도도 없애고, 서리꾼도 없애고, 덮치기도 없애고 다 범죄자를 없애기 위한 그런 기관이잖아요. 예를 들어서 내가 이제 자전거 하나 훔쳤다고 잽혔단 말이에요. 잽히니까, "나 이거, 얼마 주겠으니까 봐 달라." 이렇게 되니깐, 강제노동 1년 갈 것을 석 달 정도로 줄여준단 말이죠. 사례 37 | 40대 남성

> 어쨌든 그 사람들도 먹고 살기 위해서 대충이니까, 눈감아... 받아먹고 눈감아주고 뭐 놔주고 하는 일이 많으니까
> 사례 66 | 40대 남성

보위부 놈들이 다 가짜놈들이지

결국 간부들의 부정부패 확산은 북한주민들의 체제불만으로 이어지게 된다. 사례 83의 경우 중국에 친척방문을 가는 것도 돈이 없으면 못 나오는데 간부들은 뇌물을 받는다며 통제기관에 대한 강한 불만을 제기했다.

> 나쁜놈들이야요. 다. 자기 리속이나 채우고 돈이나 받아먹고, 이거 보십시오. 우리는 친척 방문도 돈 못준다면 못 들어온단 말이야요. 돈을 줘서 그 돈받아 제 집안에 다 먹구.. 이렇게 다 하는거 보위부놈들이 다 가짜놈들이지. 정당한 놈들이에요 그게... 안전원 놈들도 다 같아요. 사례 83 | 60대 여성

검열이 많아졌어요.

　김정은 시대에 들어서면서 체제결속을 위해 탈북자에 대한 단속이 강화되고 내부적으로는 사상통제와 학습이 이전에 비해 훨씬 더 강화되었다는 소식이 간간히 들려왔다. 북한체제가 유지되는 근저에는 바로 주민들에 대한 엄격한 사상통제와 외부정보유입 차단 등을 통한 폐쇄성에 있다. 김정은 집권 초반부터 3년이 지난 현재에 이르기까지 사회통제의 강도는 어떻게 변화되었을까?
　무엇보다 북한주민들은 검열이 많아졌다고 증언하는데 장성택 처형 이전과 이후가 확연히 차이가 난다고 했다. 사례 78의 경우 장성택의 죄목에 대해 주민들 중 장사하는 사람들은 전혀 안 믿는다고 말한다.

> 검열이 많아졌어요. 처음 올라오다 보니까, 아무래도… 장성택이 무슨 뭐, 마약도 했다는 등 그렇게 해서 매국노로 됐어요. 그렇게 알고 있어요. 근데 장사하는 사람들은 안 믿죠.
> 사례 78 | 50대 여성

　사례 79는 '비사회주의그루빠'에 의한 단속이 더 심해졌다고 증언한다. 단속의 형태는 간부들이 뇌물을 받는 것도 힘들만큼 그 강도가 굉장히 높아졌다는 것이다.

> 비사회주의그루빠 이런거는 좀 더 심해요. 옛날보다 더 강해요. 그리고 지금은 또 간부들이 뇌물을 받기도 힘들어요. 간부들도 다 떨어져 나가는 사람들이 많기 때문에… 사례 79 | 40대 남성

　그러나 이같은 증언과는 달리 사례 10은 장성택 처형 이후에도 정치는

별로 달라진 게 없다고 한다. 그는 통일을 원한다고 했는데 백성들이 다 잘 살고 서로 왕래하는 것을 바라기 때문이라고 한다. 최근 북한 주민들은 북한 사회 내부로 빠르게 확산되고 있는 외부정보의 유입으로 남한이 경제적으로 발전했다는 것과 인권에 대한 기본적인 개념도 인지하며 체제변화에 대한 요구를 조금씩 드러내고 있다.

> 장성택 처형 이후에 달라진게 있나... 그저 정치는 달라질 것이 없다. 김일성이나 김정일이나 김정은 다 같다. 내가 고저 바라는 것은 빨리 통일이 되었으면 좋겠다. 통일을 원하는 것은 백성들이 다 잘살고 서로 왕래하는 것을 바라기 때문이다.
> 사례 10 | 50대 남성

코흘리개가 그렇게 대통령을 하면 뭘하나

김정은 시대에 대한 북한주민들의 기대감은 어떻게 변화되었을까? 집권 초기만 하더라도 젊은 지도자의 등장에 따른 기대감이 있었으나 시간이 갈수록 과거와 별로 달라진 것을 느끼지 못한다고 한다.

> 글쎄, 처음에 올라가자 마자 좀 기대하는게 있었지. 아무래도 젊으니까... 모란봉악단도 보면 지도자가 젊으니까 치마도 짧게 입고 나오고 화려하지. 처음엔 배급도 좀 주고 그러다가 이제 시간이 흘러나가니까 예전하고 똑같지 뭐. 사례 29 | 60대 여성

북한 주민들은 김정은의 젊은 나이에 대해 "젊기 때문에 변화를 기대한다."고 하지만 역으로 젊은 나이 때문에 아무것도 모를 것이라는 생각에 반감을 갖기도 한다. 사례 83의 증언은 이를 극명하게 보여준다. 하지만 김

정은에 대한 불만을 아는 사람들끼리 숨어서만 말하지 드러내 놓고 그렇게 말했다가는 총살을 당할 수도 있다고 말한다.

> 우리 백성들은 다 뭐이냐고 말하냐면요. 어데, 코홀리개가 그렇게 대통령을 하면 뭘하나, 개닭고 나와두고 왜 나라가 망하지 안겠나 이런식으로 다 나와요. 코홀리개 뭣두 모르는게 저것들이 갖다놓고서 무슨 나라 정책을 끌고 나가갔나... 고저 몰래 앉아서 아는 사람들끼리 숨어서들 말하죠. 내놓고 했다간 죽어요. 모가지 날아가요. 총살당해요. 사례 83 | 60대 여성

응답자 대부분은 김정은 시대에 대한 기대감 보다는 아직까지 현실적으로 큰 변화를 느끼지 못하고 있으며, 앞으로의 전망 역시 부정적인 평가가 많았다.

> 변화 무슨 변화야. 백성들이 이제는 믿지 않는다.(사례 87) 큰 변화는 없어요. 기대감은 있지만요(사례 89), 아직은 큰 변화는 없는 것 같아요. 다 바꾸겠다 말뿐이지 똑같아요. 사례 91 | 50대 남성

핸드폰(손전화) 이용 실태는?

북한에서 핸드폰(손전화) 단말기의 보급과 관련하여 10% 미만이라고 응답한 수는 20명, 20% 수준은 26명, 30% 수준은 17명, 40% 수준은 11명, 50% 수준은 14명, 60% 수준은 2명, 70% 수준은 6명, 80% 수준은 2명, 90% 이상 수준은 2명으로 응답하였다. 10%미만으로 응답한 20명을 제외하고 20%와 30%가 각각 26명과 17명 순이었으며 50%대 까지는 두 자리 수의 응답률이라는 점을 감안할 때 최근 북한내 이동통신단말기의 보급과 확산이 빠르게 진행되고 있음을 알 수 있다.

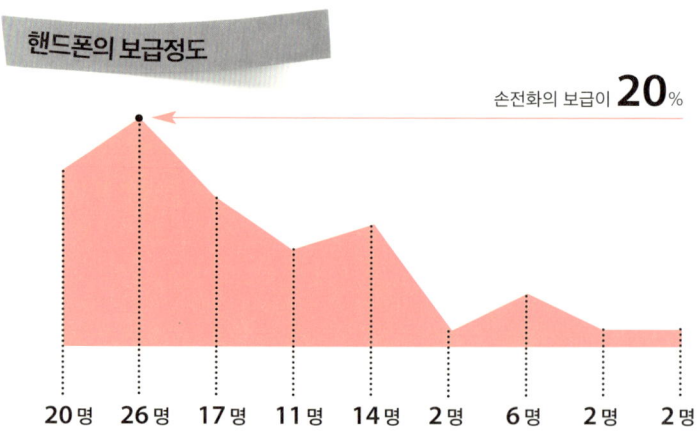

앞서 북한에서 장사를 하는 비율이 매우 높음을 알 수 있었는데, 최근 북한에서는 장사를 위해서 손전화는 필수품이 될 정도라고 한다. 경제적 사정이 좋아서 손전화를 구입하는 것이 아니라 손전화로 연결을 해야만 장사를 할 수 있기 때문에 구입할 수 밖에 없다는 것이다. 일반 주민들은 아직까지 손전화 사용이 쉽지 않지만 간부들이나 장사를 하는 사람들은 손전화를 많이 사용한다고 한다.

평균적으로 보면 농장에는 하나도 없구, 인자 장사하는 사람들은 한집에 두 개든 세 개든 다 있단 말이야. 여기는 장사꾼들을 보니까, 갖고 다니는 사람들이 많지… 사례 17 | 50대 여성

간부들은 물론이고, 그다음엔 장사해서 돈 버는, 큰 돈 버는 사람들. 평 백성들은 쉽지 않아요. 장사 못하고, 공장 기업소 출근이나 해서 하는 사람들은 핸드폰 사용하는게 불가능해요.
사례 39 | 50대 여성

생활하기 힘들어도 손전화 있어야지 장사합니다. 돈이 많아서 손전화 사는게 아니고… 우리 옆집만 해도, 아들 며느리인데 손전화 있는데 "너네 먹고 살기도 힘든데 손전화는 어떻게 돈있어 사나?" 물어보니까 울면서 말합니다. 동생이 장사해서 꾸어갔는데… 전화가 없으면 한 발자국도 움직이지 못한다는 거. 장사를 못한다는 거. 하루에 돈을 백원을 벌어도 전화가 있어야지만, 다 연결해서 돈 백원을 번다는 겁니다. 사례 62 | 60대 여성

장사할려고 하니까, 아무래도 절반 이상은 사용합니다. 장사가 그정도 하니까 아무래도 휴대전화는 있어야 됩니다.
사례 87 | 30대 여성

체면과 멋으로 들고 다니는 손전화

장사를 위한 목적 외에도 학생들은 손전화를 통해 남한 노래를 듣거나 영상 시청용으로 사용하기도 하고, 일반 사람들의 경우 체면 때문에 손전화를 갖고 다닌다고도 한다. 실제로 북한에서 2013년에 제작된 '체면바람에'라는 영화를 보면 북한에서 체면문화가 얼마나 심각한지 알 수 있다. 영화

의 줄거리는 딸을 시집보내는 어머니가 사돈댁에 잘 보이기 위해 집을 화려하게 꾸미고 거짓으로 친척들을 권력이 있는 사람들로 속여 우쭐 대는 내용을 담고 있다. 그러면서 사회주의를 좀먹는 이러한 체면문화를 없애자는 계몽적인 내용을 강조한다.

북한에서 이처럼 남에게 잘 보이기 위한 체면문화는 생활 곳곳에서 발견된다. 심지어 전기사정이 좋지 않아도 한국산 전기제품 한 두 개쯤은 집에 구비해 놔야 한다고 말한다.

북한 영화 '체면바람에' DVD

노래 듣고, 글로 무슨 지금 뭐 또 3G 같은 것도 있대요. 조선에서도. 이거 메모리 카드에다 노래 같은거 다운 받아서 몰래 듣고 그렇죠. 그렇게 손전화 많은데 단속기관에서 나왔으면 뭐, 그 많은 사람들 다 손전화 다 검열 할 수도 없고. 사례 64 | 20대 남성

장사를 하기 위해 손전화 있어야 하지만 멋으로 들고 다니기도 해요. 처음 보다 보니까 야, 너도 있니. 나도 있다 하면서 구입한단 말이죠. 사례 47 | 40대 남성

중국 체류 중 손전화를 사용하고 계십니까?

중국 체류 중에 북한 주민들의 손전화 사용과 관련하여 질문했다. 이에 대해 '사용한다.'는 응답이 51명, '사용하지 않는다.'는 응답이 45명으로 조사되어 응답자의 절반가량이 중국에서 손전화를 사용하고 있는 것으로 조사되었다.

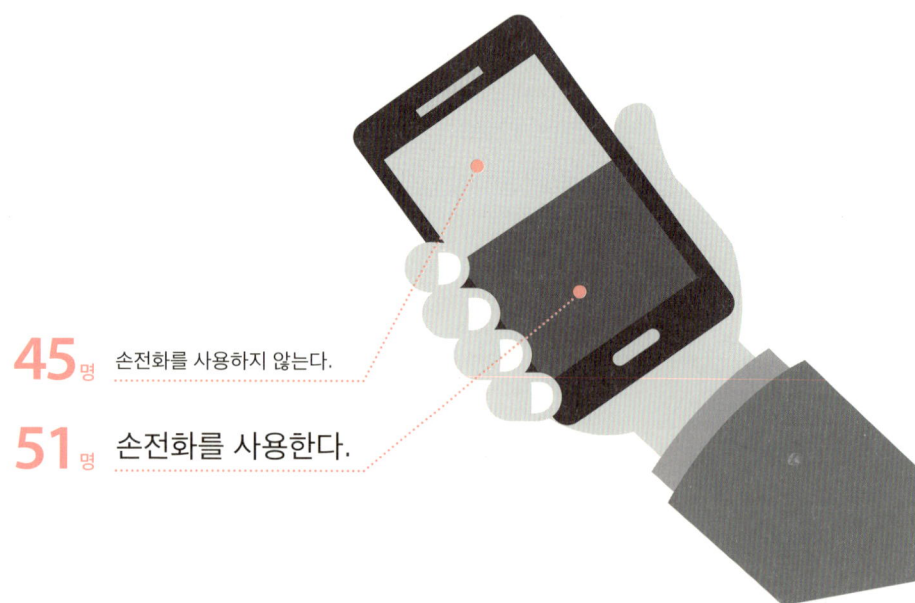

45명 손전화를 사용하지 않는다.

51명 손전화를 사용한다.

중국에서 손전화의 사용은 중국 친척들이 사용하는 중국전화를 사용하는 경우가 많으나, 지인으로부터 받은 한국산 전화기에 유심을 구매하여 사용하는 경우도 있다. 북한에서 손전화를 구매하는 것이 가격이 비싸고 또 감시의 대상이 될 수도 있기 때문에 북한 주민들은 중국에 와서 복제폰을 구입하여 들어가기도 한다. 아래 사진에서 보는 바와 같이 '껍데기'라고 불리는 북한 상표를 중국 전화기에 부착하는 것인데 소프트웨어는 모두 북한에서 개발된 것이다.

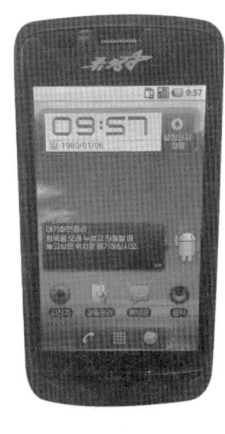

◀ 최근 북한산 터치스크린 방식 손전화

평양통신, 북반도 통신

계층변화 여부

북한사회의 빈부격차는?

북한사회의 빈부 격차에 대해 어떻게 생각하십니까?

북한에서 가장 잘 살고 힘있는 계층은 누구라고 생각하십니까?

북한에서 특정 일을 해결하기 위해 뇌물을 준 적이 있습니까?

빈부격차 및 계층 변화 실태는?

북한 내 빈부 격차에 관한 질문에 대해 '빈부 격차가 크다.'는 응답이 98명, '빈부 격차가 조금 있다.'는 응답이 2명으로 응답자 대부분이 북한의 빈부격차가 큰 것으로 인식하고 있었다.

빈부격차가 크다.

YES 98명
빈부격차가 크다.

NO 2명
빈부격차가 조금 있다.

남의 걸 뺏들어 먹잖아요.

사례 66은 북한에서 빈부격차가 큰 이유에 대해 일반주민들은 자신의 노력으로 장마당에서 피땀 흘려 조금 버는데 간부들은 그것을 단속해서 빼앗아 가기 때문이라고 말한다. 장사를 하지 않으면 살아갈 수 없다는 말처럼 장마당에서 겨우 장사를 통해 생활을 근근이 이어가는 북한주민이 있는가 하면, 단속하고 빼앗아 자기 배를 불리는 간부들로 인해 빈부의 격차는 더욱 커질 수 밖에 없다는 것이다.

심지어 사례 8은 간부들이 단속하는 모습을 두고 '인민들의 피땀을 빨아먹는다.'고 표현했다. 자신들처럼 중국에 와서 힘들게 돈을 벌어 들어가면 다 빼앗아 갈 정도라고…

> 간부들이나 외화벌이 하는 사람들은 먹고 이렇게 남의 걸, 안전부 보위부든 뭐 이렇게 저거하면 남의 걸 뺏들어 먹잖아요… 단속한 걸로, 근데 인민들은 그냥 순 제 피땀으로 그저 장마당에… 제 노력으로 하니까, 차이가 심하게 들어가죠. 사례 66 | 40대 남성

> 인민들의 피땀을 빨아먹어 그렇다. 일반 백성들은 벌어먹기 힘들다 중국에서 힘들게 벌어 가면 다 빼앗긴다. 사례 8 | 60대 여성

사례 78은 간부들에 대한 불만을 더욱 노골적으로 드러냈다. '힘이 쎈 사람들은 놀고 먹어도 크게 상관없다.' 고 하지만 자신처럼 농사를 짓는 사람들은 장사도 못하기 때문에 가질 수 있는게 아무것도 없다고 한다.

> 쎈 사람들은 그 사람들은 일단 먹고, 놀고 해도 크게 상관없이 없어요. 근데, 우리는 그만큼 일을 하고 농사나 하구 백성들이 이러면 아무리 해봤자 갖질 못하고, 장사를 할래도 할 수 없잖아요. 장사를 못하게 해서… 사례 78 | 50대 여성

잘 사는 집 아이들의 도시락

사례 64는 북한에서의 빈부차이는 학생들의 도시락에서도 알 수 있다고 말한다. 잘 사는 집 학생들은 도시락에 고기반찬을 싸서 오는데 선생님 도시락까지 챙겨 온다고 한다. 하지만 못 사는 집 아이들은 자기 먹을 도시

락도 챙겨오지 못한다고...

학교를 가도요. 잘사는 집 아이들은요. 이렇게 도시락 싸가잖아요. 도시락 싸가게 되면, 선생님 것도 싼단 말이에요. 무슨 고기라든지, 이렇게 싸는데. 못사는 집 아이들은 자기 것도 싸기 벅차요. 그래서 선생님들이 싫어하죠. 아무래도. 사례 64 | 20대 남성

뇌물을 건네 본 경험이 있는가?

북한에서 특정한 일을 해결하기 위해 뇌물을 준 적이 있는가라는 질문에 대해 '준 적이 있다.'는 응답이 90명, '준 적이 없다.'가 10명으로 조사되어 응답자의 90%가 뇌물을 준 경험이 있는 것으로 조사되었다.

뇌물을 준 경험

YES 90명
뇌물을 준 경험이 있다.

NO 10명
뇌물을 준 경험이 없다.

100명의 응답자 가운데 90%이상이 뇌물을 주었다는 응답은 북한에서 뇌물을 주지 않고는 어떤 일도 할 수 없다는 대답을 뒷받침한다. 100명의 응답자들은 모두 북한에서 중국으로 나올 때 합법적인 중국방문허가를 받고 나온 사람들이다. 이들이 나올 때 지불하는 공식비용(국정가격)은 미화 50달러인데, 실제로는 300달러에서 많게는 1,000달러까지 뇌물로 주고 온 경우도 있었다.

북한에서 뇌물을 주지 않고는 "한 발자국도 움직이지 못한다."고 증언한다. 돈은 물론 담배를 주로 뇌물의 품목으로 사용하는데 과거 '고양이 담배'를 많이 사용했다면 최근에는 '고향', '금강산' 등 필터(북한말로 '빨주리'로 표현)기술이 들어간 고급담배가 주로 뇌물로 사용된다고 한다.

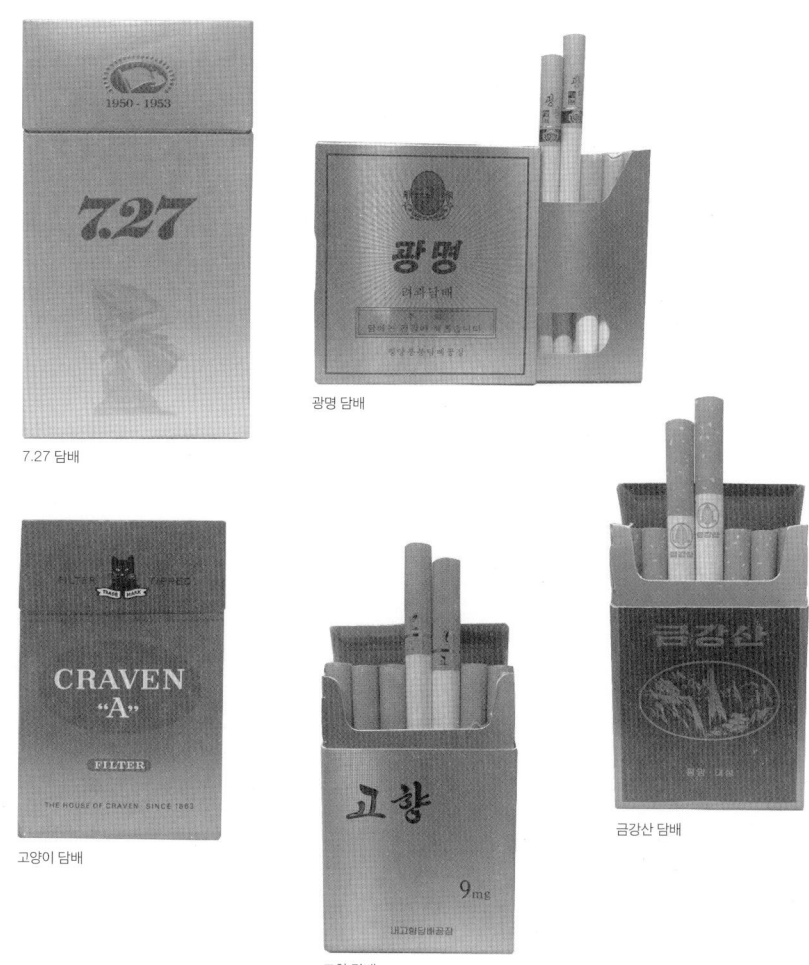

7.27 담배

광명 담배

고양이 담배

고향 담배

금강산 담배

　　최근에는 '7.27'이라는 담배가 가장 좋은것으로 알려져 있는데 한갑당 가격이 우리돈으로 10,000원정도 한다. 하지만 그 돈을 줘도 쉽게 구입할 수 없을 정도로 귀한 대우를 받는다.

　　북한 주민 스스로가 북한을 '뇌물사회'로 부른다. 뇌물을 안주고는 그 어떤 일도 할 수 없는 사회... 그렇다면 북한주민들은 어떤 경우에 뇌물을 줘야 할까? 북한주민들에게 생활필수가 되어버린 뇌물주기 현상을 사례별로 자세히 알아보자.

증명서를 발급 받을 때...

우선 이들이 중국 국경을 오가고 있다는 특성상 그 과정에서 뇌물 수수가 빈번히 언급되었다. 보위부 간부들에게 '신청비'로 웃돈을 얹어 준다거나 술, 담배 등을 주는 식이다. 장사를 위해 북한 내 지역 이동 시에도 지역마다 초소를 거칠 때 뇌물이 활용된다. 한발자국 움직이려 해도, 증명서를 하나 발급받으려 해도 뇌물이 없이는 아무것도 할 수 없다고 말한다.

한발자국 움직일려고 하면 다 줘야 되니까. 사례 19 | 50대 여성

증명서를 할 때든가, 그러면 여기 들어올 때도 거의 한단 말이에요. 기다음에 뭐, 병원에 가서던가 무슨 치료 받을 때 좀 잘 그해 주면 병을 잘 고쳐주고. 사례 15 | 50대 여성

우리는 동의서를 해가지고 나오는 거니까요. 친척집에서 이제 그, 동의서해서 나오니까 보위부에다가 신청비만 내면 된다고요. 원래 신청비는 한 50불정도 하는데 보위부에서 좀 더 많이 받는 셈이지요. 사례 13 | 40대 남성

어느매 가서, 뭘 하나 문건 만들라 해도 돈 줘야 되잖아요.
사례 21 | 40대 여성

어딜 간다든지 어쨌든 사회생활도 안하구 중국에 올 때 많이 고여야지. 간부들한테 돈이지 돈... 우리 같은거야 고저 100달라, 200달라 조끔식 해줘야지 뭐. 예를 들어서 평양에 간다든지 신의주를 온다던지 그럴 때면 증명서를 빨리 빨리 내야 되니까 그렇게 해야죠. 북한 돈이야 뭐 고저 힘이 없으니까 중국돈으로 많이 쓰지요. 사례 28 l 40대 여성

고저 여행증 할 때마다 담배 한 막대기 갖다 주는 것 밖에 없습니다. 요즘은 주로 고향 담배... 고양이가 아니라, 고향. 한각에 3,800원 정도 합니다. 사례 47 l 40대 남성

사례 79는 중국에 나오기까지 자신의 집으로부터 시작해서 약 10여개 이상의 초소를 지났다고 한다. 그런데 초소를 지날 때마다 적은 양이라도 담배나 술을 꼭 바쳐야 했다고 말한다. 그의 이야기를 직접 들어보자.

응답자 사람들 일좀 봐달라고 그러면 어디가서 뭘 해달라고 해야하고, 장사를 하게되면 선물 없이는 못 움직여요. 조선은 다 초소가 있거든요. 입구에 초소가 다 있는데, 여기서 제가 있는 지역까지 초소가 00개 거든요. 그걸 지나갈라면 초소마다 다 선물 안주면...

연구자 선물은 주로 무엇을 줍니까? 담배?

응답자 거의 다 술을 주죠

연구자 조선술?

응답자 담배는 비싸서...

연구자 비싸고? 초소를 지날 때마다 술을 줘야된다? 그 술을 그럼 몇 병을 들고 길을 떠나야 돼요?

응답자 술은 싸니까요.

연구자 조선술?

응답자 네.

병원에서 약을 살 때

병원에서 약을 살 때도 뇌물 없이는 약을 구하지 못한다고 한다. 무상 치료를 강조하는 사회주의 낙원이라 선전하지만 정작 북한 주민들은 약 하나 조차 뇌물 없이는 절대 구경도 못한다고…

> 뇌물 고저 안 주이건 한 발짝 움직이지도 못해요. 병원에 가도 병원에서 약 대주긴 대줘요. 약은 나와요. 약은 나오는데, 간부들은 다 거쳐 준단 말이에요. 우리는 가면 약은 야매로 산단 말이에요. 한발자국을 가두 고저 담배라도 고여야지.
> 사례 17 | 50대 여성

공장에서 쉬운 일을 할당받기 위해

공장기업소에서 화물차를 운전한 사례 14는 '헐한 일'(쉬운일)을 할당받기 위해 지배인에게 뇌물을 준 사례다. 지배인에게 담배를 주고 장거리 운행을 안 나가도록 부탁했다고 한다.

> 나야, 뭐 좀 작업반장 일 좀 헐하게 할라고 담배 한 두어 막대기 사다준 적은 있어요. 일 좀 헐한 일좀 받을거. 쉬운일이면 뭐 좀 장거리도 안 나가고 차 끌고 자꾸만 장거리 나가니까네. 자꾸만 차 단속하지. 기니까네. 뭐, 전국 다 돌았어. 함흥, 원산, 남포, 청진. 이런데는 좀 발전 됐어요. 우린 그 때 당시는 고저 우리 공장이 기계 설비거든요. 냉동기 설비, 냉동기 뭐 2만, 3만 그런 설비를 싣고 다녔어요. 고양이 담배지요. 그때야 뭐, 그 때 돈으로 뭐 한막대기에 천원 천원… 쌀 한 키로가 4천원 할 때에요.
> 사례 14 | 60대 남성

교통 벌금을 안 내기 위해

사례 24도 앞서 사례 14와 같이 직업이 운전수였다. 교통 규율을 위반하면 벌금을 물고 앞으로 운행에도 제한이 있어서 보안원에게 담배를 주었다고 한다.

> 보안원한테 많이 줬다구. 그게 우리 규율이 너무 쎄니까 교통단속 같은거 조금만 잘못하면 그저 벌금이고, 움직이기 힘드니까. 단속하지 말라고 담배 좀 주고… 그거 데려다 술도 먹이고 고저 친하게 지내고 앞으로 내찬 봐도 못 본적 하고 돌아서라고 준적이 많지요. 사례 24 | 60대 남성

사례 39는 법을 위반했을 때나 어디 가고 싶은 데가 있는데 못 가게 되었을 때는 꼭 뇌물을 주고 해결했다고 말한다.

> 법을 위반했다던가 아니면 내가 가고픈데 가지 못할 때 가야되갔는데, 그때는 뭘 주고 가야되겠으니까. 담배, 돈 뭐 많이 줘봤죠. 사례 39 | 50대 남성

싸워서 사건을 무마할 때

사례 64는 폭행 사건을 무마하기 위해 안전부에 뇌물을 준 경우다. 한국처럼 피해 당사자와 합의를 본 것이 아니라 안전부 담당자에게 뇌물을 주고 사건을 무마하였다고 한다. 폭행사건으로 감옥에 갈 뻔한 그의 나이가 궁금해서 자료를 찾아보니 그는 이번 조사에서 몇 명 되지 않는 20대 중의 한 명이었다.

응답자 제 작년도에 싸워가지고... 그거 무마하느라...
연구자 그거 구체적으로 한번 얘기해 주실래요?
응답자 싸워서, 싸웠는데 처음에는 제가 맞았어요. 저 싸움할 줄 몰라서 제가 맞았는데 그 다음에 지나가다가 동무들이 봤지요. 동무들 오니까, 이렇게 좀 커져가지고, 때리다 보니깐 어떻게 때려놨는데... 갈비뼈가 나갔다는 것 같아요. 그 저녁에는 순찰대가 있어요. 순찰대는 쎄단 말이에요 순찰대 자체가. 그 사람들한테 걸려서, 안전부 들어가서. 안전부 들어갔는데...
연구자 얼마 줬습니까? 고인게.
응답자 300달라 정도 줬습니다.

중국 갔다가 귀국하면 의례히 바쳐야 하는

사례 67은 중국에 왔다가 북한에 다시 귀국하면 반드시 보위부원에게 뇌물을 바쳐야 한다고 말한다. 물론 친지 방문뿐만 아니라 중국산 약품과 공산품을 갖고 들어와 판매를 하기 때문에 남는 이익금으로 뇌물을 바칠수도 있을 거라 생각했다. 하지만 사실 그의 이야기를 들으면서 좀 답답했다. 달라는 대로 뇌물을 주는 것을 그는 너무도 당연한 것으로 받아들였기 때문이다. 중국에 친지 방문을 위해 증명서를 발급받을 때 이미 뇌물을 줬는데, 중국에 갔다가 귀국하면 또 찾아와서 돈을 요구하는 보위부. 더 문제는 그러한 요구를 그냥 당연한 듯 받아들이는 사례 67의 모습이었다. 그는 "왜 주어야 하는데요?"라고 묻는 필자가 더 이상한 사람인 것처럼 물끄러미 바라보았다. "안주면 안됩니다."

응답자 뇌물 준건, 돈을 달라면 돈을 주고.

연구자 이번에 중국에 오셨다가, 다시 조국에 들어가잖아요? 들어갈 때도 고이고 그래야 돼요?

응답자 들어갈 때는 그런거 없습니다.

연구자 그러면?

응답자 들어가서, 조선에 들어가서 보위부한테…

연구자 들어가서?

응답자 보위부 사람이 아예 찾아와서 야 좀 도와달라 그럽니다.

연구자 보위부가 오히려 와서? 그러니까, 도와달라는 건 경제적으로?

응답자 돈달라는 거지요. 그거 안주면 안돼요.

연구자 왜 줘야 돼요? 얼마나 줍니까?

응답자 고저 100달라면 100달라 다 달라는대로 주구.

연구자 달라는대로?

응답자 네. 안주면 안됩니다.

연구자 왜요?

응답자 이제 우리가 들어올 때 통행증 냅니다. 통행증 낼 때는 돈만 주면, 그다음엔 보위부 사람이 그럽니다. "통행증하기 힘들어."

연구자 아니, 통행증 할 때 이미 돈 줬잖아요? 나올때? 중국 나올때 500달라.

응답자 조선 안에서도 또 통행증도 있어야 됩니다. 통행증 없으면…거기서 또 뭐, 물건 판거 가서 판거.

연구자 뭘 파셨습니까? 들어가서.

응답자 공업품 팔고, 약도 팔고.

연구자 공업품, 약. 중국거에요?

응답자 네, 중국치입니다. 중국 갔다가 집에 돌아오면 물건 보러 옵니다.

연구자 물건보러? 그면, 이렇게 중국에서 있었던 얘기도 하고 그래요? 정세나 이런...

응답자 그런 것도 물어봅니다. 근데 우리는 그냥 몰라 합니다.

장사를 하거나 단속되었을 때

북한에서는 장마당의 확산을 통해 한국산 제품과 정보들이 유통되고 있다. 이러한 상행위는 모두 비법적 활동이기 때문에 당연히 뇌물을 주는 부정부패가 발생할 수밖에 없다. 장사를 하기 위한 목적으로도 뇌물을 주지만 비사회주의 행위양식이나 제품들을 사고팔다 적발되었을 때도 뇌물을 주는 행위가 만연해 있다.

사례 25의 증언을 들어보면 안전원한테 뇌물을 줘야만 장사를 할 수 있다고 한다. 돈을 주기도 하고 중국에 나와서 구한 옷가지들을 주로 뇌물로 준다고 증언한다.

> 장사하다가도 뜯기면 뭘 이렇게 안전원한테 뇌물을 구해줘야지. 돈 좀 주고 중국에서 나와 가지고 구한 옷티(옷)도 주고...
> 사례 25 | 50대 여성

사례 43 역시 장사를 하기 위해서는 안전원에게 뇌물을 주어야 하는 사실을 증언하고 있다. 북한에서 판매하는 물품은 중국에 나와서 북한산 물건과 물물교환 한 것으로 뇌물을 안 주면 장사 자체를 못한다는 것이다. 물론 중국에 공식적인 친지방문 목적이라 하더라도 국경을 출입할 때 반드시 뇌물을 주어야만 한다고 한다. 군대의 부정부패에 대해서도 증언한다. 군대를 '도둑놈'으로 표현하는데 장사를 해서 돈을 많이 번 사람들 것을 다 뺏은 다음 감옥에 보낸다는 것이다.

장사하겠다고 중국 사람한테 물건 바꿔 갖고 왔는데 뇌물 안주
게 되면, 장사 못 하게 하거든요. 뇌물을 갖다 좀 바치고서 나가
죠. 조선에 군대가 말이 군대지 도둑놈들이야. 도둑놈들... 돈 많
은 건 잡아가 다 뽑아 먹은 다음에 감옥에 들여보내고. 제일 못
된게, 안전부... 사례 43 | 50대 여성

조선에선 뇌물 없이 못살아. 무슨 일을 하건 뇌물줘야죠. 장사할
때도 잡는단 말이에요. 그럴 때 되면 담배 같은거 좀 주면 눈감
아 주고 그런단 말이에요. 사례 78 | 50대 여성

무슨 일을 하던 뇌물 줘야죠. 장사할 때도 잡는단 말이에요. 그
럴 때 되면 담배 같은거 좀 주면 눈감아 주고 그런단 말이에요.
갈매기, 용성 담배도 있고. 용성은 좀 좋으니까. 사례 96 | 40대 여성

장사하는거, 돈 줘야지 안주면 돼요? 장사하다 잡히면 고저 팔
던거 주구, 담배 줘야 되고. 그 빨주리 담배... 그 여과, 여과 담
배... 크게 좀 걸리면 달라 한 장(백달러) 어디가 바까서 주고.
사례 40 | 60대 여성

　　북한에서 뇌물 품목으로 많이 사용된 것은 일명 고양이 담배였다. '크
레이븐 A'라는 상표의 담배인데 담배 겉면에 고양이 그림이 그려져 있어 북
한 주민들 사이에서 일명 고양이 담배로 통했다. 그런데 최근에는 고양이 담
배보다 '고향', '광명', '금강산'이라는 담배가 뇌물로 많이 사용된다고 한다.
필자는 지인을 통해 직접 이 담배를 구입해서 살펴보았다. 분명 이전의 고
양이 담배와는 품질에서 차이가 있었다. 무엇보다 담배곽을 만드는 종이의
재질이 고급화 되었고 필터 부분이 개선된 것을 알 수 있었다.

고양이 담배

응답자 고양이 담배 아니에요. 고양이 담배보다 더 좋은거 나가니까요. 더 비싼거 좋아해요.
연구자 더 비싼거 뭐에요? 이름이?
응답자 금강산이라고
연구자 금강산. 이게 고양이 담배보다 더 비싸요?
응답자 고양이 담배는 뭐 아무 때나요. 말보루, 그 다음에 금강산.
연구자 금강산 그거 북한거에요?
응답자 예, 금강산 북한겁니다.
연구자 이게 얼마정도에요? 가격이?
응답자 한갑에 3천원, 4천원.
연구자 쌀 한키로가 4천원 이니까?
응답자 우리 노동자 같으면, 담배 한갑 사기 힘듭니다.
연구자 한 막대기면 3만원이네.
그럼 선생님은 얼마나 주셨어요?
응답자 뭐할 때 주셨습니까? 한막대기를?
연구자 뭐할 때 주셨습니까? 한막대기를?
응답자 중국 올 때 수속한 거.
연구자 수속할 때 외에는 다른데 준적은 없습니까?
응답자 없습니다. 그냥 동무들 한테, 중국 갔다오면 중국 술 좀 내놓고.

이번 조사에서 확인된 사실 중 하나는 북한에서 뇌물을 통한 부정부패 현상이 계속 확산되고 있다는 점이다. 장마당을 통해 자본주의 요소가 확산되면서 상행위를 위해 간부들과 상인들이 결탁하며 부정부패 현상이 만연한 것은 이미 알려진 사실이다. 이러한 부정부패 현상은 체제결속력을 약화

◀ 여러 종류의 북한담배

시키고 무엇보다 간부들의 정권 충성도에 대한 균열의 틈새로 작용할 수 있다. 어느 북한 주민의 "뇌물을 주지 않고는 한발자욱도 움직일 수 없다"는 증언처럼 뇌물이 북한사회 곳곳에 만연하고 있음을 알 수 있다. 이는 계층에 상관없이 조직 하층에서부터 간부들의 상층에 이르기까지 규모와 방식의 차이가 있을 뿐이라고 해도 과언은 아니다. 따라서 이러한 부정부패의 현상들이 체제변화에 어떠한 영향을 미칠지 면밀히 살펴볼 필요가 있다.

김정은 정권 3년 동안 북한 주민들의 의식은 변화에 대한 기대감에서 점차 경제난의 지속에 따른 불만이 확산되고 있는 것으로 볼 수 있다. 북한 당국은 김정은 집권 3년이 지나는 동안 체제결속을 위해 '백두혈통'을 통한 사상전을 강조하고 있다. 3대세습에 대한 정당성 확보는 물론 새로운 지도자에 대한 지지도를 제고하기 위해 소위 인민생활 향상과 현지지도를 통한 친근한 이미지를 제시하는 것이다.

하지만 '인민들의 수준 높은 변화'에 맞추어 가시적인 성과를 도출해야 하는 상황에서 경제난의 지속은 체제안정의 위협요인이 되는 것으로 볼 수 있다. 김정은 등장 초기에 북한 당국은 경제문제 해결보다는 가시적인 성과를 단기간에 보여줄 수 있는 체육과 문화부분에 집중할 수밖에 없었던 것으로 보인다. 지난 인천아시안게임에 참가한 북한 선수단의 상위권 성적은 그동안 체육강국을 주장한 김정은의 입장에서는 정권지지도를 제고할 수 있는 가장 효과적인 정치적 선전수단이라 할 수 있다.

실제로 인천아시안게임 참가 선수단의 평양도착 시 선수단은 국가적 환영을 받고, 관련 내용은 연일 노동신문의 기사를 장식하기도 했다. 또한 환영연회를 베푸는 자리에서 최룡해는 직접 축하 연설을 했으며 만수대예술단 삼지연악단의 공연까지 펼쳐졌다.[13] 선수단들에게 최고의 영예로운 선물이라 할 수 있는 공화국 영웅칭호와 훈장까지 받으며 김정은이 주창한 체육강국 실현의 최고 선전수단이 되었다.

그런데 체육강국과 문화강국의 성과는 여전히 북한 인민들에게는 한계가 있다. '인민생활 향상'을 주창하며 문수물놀이장, 마식령스키장, 승마구락부, 평양아파트 개보수 및 창천거리 조성, 원산 송도원 국제야영소 리모델링, 능라인민유원지 등의 사업이 이어졌지만 북한 주민들에게 정작 중요한 '먹고사는' 문제의 해결은 이루어지지 않고 있는 것이다. 문화강국으로 제시한 모란봉악단 역시 북한 노동신문 보도에 따르면 '평생에 한번이라도 관람하는 것이 소원'이라고 할 만큼 인기를 부각시키고 있지만 정작 주민들은 '당장 먹고사는 문제도 어려운 데 무슨 악단이냐'는 반응을 보이기도 한다.[14]

북한 주민들이 인식하는 주체사상에 대한 자부심의 약화와 김정은 시대의 기대감 상실 등도 북한체제의 내구력을 약화시키는 하나의 요인으로 볼 수 있다. 정치사상적 통제와 정치체제의 공고화는 점점 약해지며 특히 간부들의 뇌물에 따른 부정부패 현상은 더욱 확산되고 있음을 알 수 있다. 여기에 손전화의 사용과 중국을 왕래하는 사람들로부터 유입되는 외부정보 그리고 장마당을 통한 장사와 개인사업의 확산은 기존의 북한사회와는 다른 구조를 만들어 내고 있다.

결국 지금과 같은 경제난의 지속, 특히 인민생활의 먹고사는 문제를 해결하지 못하는 김정은 정권의 지속은 사회적 변화를 요구하는 북한 인민들의 저항에 부딪힐 가능성도 배재할 수 없을 것이다. 과거와 같이 무조건적인 위로부터의 통제와 단속은 오히려 북한 주민들의 체제불만 요인을 가속화 시킬 수 있으며, 이는 곧 북한사회 변화의 주요한 단초가 될 수 있다.

표면적 권력과 지위는 획득했지만 여전히 불안정성을 보이고 있는 북한 권력층과 자본주의 행위양식과 외부정보 유입에 따른 북한주민들의 사상 약화는 향후 북한사회의 향방을 예측해 볼 수 있는 주요한 지표들이라 할 수 있다. '김정은 시대에 들어서서 가장 큰 변화는 무엇인가?'라는 질문에 대해 변화를 느낄 수 없고, 앞으로도 긍정적 변화는 기대하지 않는다는 북한 주민들의 응답에서 우리가 무엇을 준비해야 할지 과연 바람직한 대북정책의 방향은 무엇인지를 고민해야 할 시점인 것 같다.

하나에게 보내는 손 모양과 음성메시지   04

이 손가락의 의미는 무엇일까요?

중국 출장길에 북한 식당에 들렀습니다.

하나학생과 편지를 주고받은 통일러브레터의 주인공인 접대원 동무는

"하나 학생은 잘 있느냐"며 저에게 안부를 물었습니다.

편지를 주고받는 것은 실시간 만남이 아니기에 카카오톡을 통해

제 폰을 같이 보며 문자로 하나 학생과 잠시라도 안부를 나누었습니다.

눈물이 그렁그렁 맺힌 채로 말입니다.

한 시간쯤 지났을까... 보여줄 게 있다고 저를 부르더니 이 손가락 모양을 보여주네요.

무슨 의미인지 아셨나요? 바로 "하나"입니다.

이름이 〈안하나〉라서 '하나가 아니다'는 말로 오해되니 앞으로는

그냥 하나라고만 부르겠다고 하며 이 손 모양을 만들었다고 합니다.

그런데 우리 하나 학생의 답변은...

안하나가 부정적인 의미가 아니라 부산 사투리로 "통일 안하나~?" 라는 의미라고...

남북한 청년들 참 대단하지요^^~~

사람의 정이란... 어쩐지 한 곳으로만 흐르고 뭐랄까...
이렇게 비록 조국을 떠나서 중국땅에 와있지만,
우리 한동포 만나니까 어쩐지 남조선에 사는 동포라고 생각되지 않고
항상 같이 놀고 즐겁게 유쾌하게 보내던 친구 만난듯이 기쁘고 즐거웠는데
지금에 와서 생각해보면 짧막한 시간 왜좀 더 길지 않을까 하고
다시금 하게 되면서, 교수 선생님 보니까 마음이 조금 달래기도 해요.
또 지금 이렇게 말하면서 보니까 지금 과연 무엇 부터 말해야 되갔는지
생각조차 하지 못한 채 순서없이 막 말하고 있어요.
만나게 되면 언니는 웃으면서 동생을 포옹한다.
그런데 하나, <안하나>라고 하니까 하나가 아니라는 소리인데
<안하나>라고 하지 말고 <하나>라고만 하면 좋겠는데 어떤지...

一

'아랫동네 날라리풍'에
빠진 사람들

05

5부   남 한 　 미 디 어 　 이 용 실 태

'아랫동네 날라리풍'에 빠진 사람들

    2000년 중반부터 본격적으로 북한에 유입된 남한 미디어는 북한내부에서 이른바 한류 현상으로 나타나고 있다. 국내 언론 및 탈북자들의 증언을 통해 폐쇄된 북한사회에서도 남한 영상물을 시청한다는 사실이 알려지면서 이 분야에 대한 연구가 진행중이다. 문제는 북한 내 외래문화 확산 현상을 어떻게 해석하느냐의 여부다.

    북한에서의 한류 현상은 북한사회 변화를 촉진하는 또 다른 요인이라 할 수 있다. 무엇보다 북한 당국의 철저한 사상교육과 학습에 의해 왜곡된 남한을 교육받았던 북한주민들은 한국 영상물을 시청하며 동경의 대상으로서 남한을 인지하게 되었다. 사람이 살아가는 실생활의 모습을 접하게 되면서 경제발전과 자유, 인권 등의 개념을 간접적으로 경험하였다. 이는 곧 북한체제에 대한 부정적 인식으로 변모해갔다. 북한에서의 한류 현상은 단순히 흥미와 재미라는 관점에서 다루어지는 일시적 현상이라기보다 이념으로 무장된 북한주민들의 의식과 사상을 변화시킨다는 점에서 중요한 의미가 있다.

또한 북한에서의 한류 현상은 한국산 제품의 장마당을 통한 시장의 확산이라는 효과로 이어진다. 시장은 단순히 상품의 유통뿐만 아니라 사람간의 정보공유가 이루어지는 곳이다. 북한에서 장마당은 공식적으로 허용하는 경우도 있지만 비법적 물품은 대부분 뇌물을 통한 은밀한 거래로 이루어진다. 시장의 확산은 간부들의 뇌물을 통한 부정부패로 이어지게 되는데 이러한 현상은 북한 체제 내구력 약화의 요인이 되기도 한다.

지금까지 북한에서의 한류 현상에 대한 연구와 관련하여 외래문화 유입실태 및 현황, 북한주민의 의식변화, 지역, 계층, 세대, 성별 등의 세분화 분석 등이 다양하게 이루어졌다. 그런데 이같은 연구는 남한에 정착한 북한이탈주민들을 대상으로 한 면접조사이며 그 시기 역시 2011년까지 국한되었다.

본 조사는 김정일 사후 김정은 시대 북한의 한류현상과 미디어 유입 실태를 다루고자 하며, 북한이탈주민이 아닌 북한주민을 직접 연구대상으로 삼았다는 점에서 차별성이 있다. 본 조사는 김정은 시대 북한주민 면접을 통해 최근 북한으로의 외래문화 유입 실태와 현황에 대해 살펴보는 데 목적이 있다.

북한체제 지속은 외부정보의 엄격한 통제와 단속을 통한 폐쇄성에 기인한다. 그렇다면 북한으로의 외래문화 및 정보 유입은 북한사회 변화의 주요한 요인이 될 수 있다. 북한주민들은 당국의 감시와 단속을 피해 남한 영상물을 시청하고, 북한 당국은 이를 단속하기 위해 사회적 통제를 강화하기도 한다.

　　북한 주민들의 아래로부터의 변화 요구와 북한 당국의 위로부터의 강압이 상호 충돌하면서 발생하는 현상이 북한체제의 향방에 어떠한 영향을 미치는지 주목할 필요가 있다. 제5부에서는 북한주민들의 남한 미디어 이용실태를 중국 체류 시 이용실태와 북한에서의 이용실태로 구분하여 살펴본다.

중국에서의 남한 미디어 이용실태

시청장소 중국에서 남한 영상물을 시청하는 장소는 어디입니까?

시청방법 중국에서 남한 미디어를 보거나 들을 수 있었던 정보 매체는 무엇입니까?

시청시간 일일 평균 시청 시간은 얼마나 되십니까?

시청장르 주로 시청하는 프로그램 장르는 무엇입니까?

SNS여부 한국의 메신저나 소셜네트워크(카카오톡, 페이스북, 유투브, 트위터)등에 대해 알고 계십니까?

북한에서의 남한 미디어 이용실태

시청과 의식변화

남한방송, 영화, 드라마, 노래(음악) 등을 접해본 경험이 있습니까? 어떤 느낌이었습니까?

남한영상물을 시청한 후 남한에 대한 인식이 어떻게 바뀌었습니까?

시청방법 및 매체

남한의 영상물이 북한 주민의 의식을 바꿀 수 있을것으로 생각하십니까?

북한에서 접한 남한 미디어(영화, 드라마, 예능프로그램, 가요 등)를 보거나 들을 수 있었던 매체는 무엇입니까?

남한의 영상물을 어떤 경로를 통해 입수하였습니까?

북한에서 소유했던 미디어 매체 및 기기는 무엇입니까?

주로 시청하는 프로그램 장르는 무엇입니까?

외부정보 매체를 얼마나 자주 보셨습니가?

남한 영상물을 보는 시간대는 언제입니까?

판매 및 확산

남한 영상매체를 다른 사람에게 판매하거나 전해준 적이 있습니까?

남한 영상매체를 다른 사람에게 판매하거나 전해준 적이 있습니까?

중국에서의 남한 미디어 이용실태

미디어 이용실태

시청장소	중국에서 남한 영상물을 시청하는 장소는 어디입니까?
시청방법	중국에서 남한 미디어를 보거나 들을 수 있었던 정보 매체는 무엇입니까?
시청시간	일일 평균 시청 시간은 얼마나 되십니까?
시청장르	주로 보는 프로그램 장르는 무엇입니까?
SNS여부	한국의 메신저나 소셜네트워크(카카오톡, 페이스북, 유투브, 트위터)등에 대해 알고 계십니까?

폐쇄된 북한 사회에서 북한주민들은 남한 영상물 시청 및 외부정보를 통해 간접적으로 외부세계를 경험한다. 북한당국의 엄격한 통제와 감시에도 불구하고 북중접경지역에서의 밀수를 통해 유입되는 남한 영상물은 북한의 내륙지역까지 확산되고 있다. 하지만 '자본주의 날라리풍'으로 규정하고 전담 단속반까지 가동하며 철저히 외부정보를 차단하려는 북한 당국의 통제로 인해 북한주민들이 남한 미디어를 접하는 데는 한계가 있다. 남한 미디어 시청 여건과 환경은 북한 내 지역에 따라서도 달리 나타나고 있다.

그런데 최근 북한주민들의 합법적인 중국 방문이 늘어나면서 중국 체류 기간 중 남한 미디어를 접하는 경우가 발생하고 있다. 중국 내 친지 방문을 목적으로 체류 중이었던 한 사사방문자의 경우 6개월가량 친척 집이나 숙소에서 남한 미디어를 접할 수 있는 환경에 노출됐다. 이 기간에 중국 채널에서 방영되는 남한 영상물을 접하기도 하고, 위성방송을 통해 실시간으로 남한 방송을 시청 했다고 한다.

주목할 점은 폐쇄된 북한 사회에서 생활하던 북한 주민들에게 중국에서 경험하는 남한 미디어는 정서적, 정치적 차원의 의식변화를 초래한다는 점이다. 사사방문자의 경우 북한으로 복귀하면 또 다른 감시의 대상이 되지만 그래도 이들은 최소한 주변 사람들에게 자신의 중국 체류 시 경험했던 상황들을 전달하고 있다. 북한 당국의 정치사상 교육을 통해 남한에 대해 '미제국주의의 식민지이며 헐벗고 굶주린 남한'으로 인식했었다. 하지만 남한 영상물을 통해 접하게 되는 남한과 남한사람은 그들에게 새로운 인식적 정향을 갖게 한다.

그동안 북한 내 한류에 대한 연구는 북한이탈주민과 북한주민을 대상으로 하여 논의의 수준을 확장해 왔다. 하지만 북한 주민들의 중국 체류 시 남한 미디어 이용 실태에 대한 연구는 아직 활발히 이루어지지 않고 있다.

중국을 합법적인 방식으로 방문할 수 있는 북한주민의 수는 제한적이다. 중국에서의 생활과 미디어 접촉 등에 의한 의식변화는 개인은 물론 북한으로 다시 복귀하여 주변 사람들에게 정보전달자의 역할을 할 수 있다는 점에서 이들의 행위 양식을 연구할 필요가 있다. 이러한 조사결과를 통해 향후 남북한 미디어 통합 방안을 위한 시사점을 도출할 수 있으리라 기대한다.

남한 미디어 시청 장소 : 중국 체류 중 어디에서 남한 미디어를 시청할까?

전체 100명의 응답자 가운데 중국에서 남한 미디어를 시청했다는 응답자는 96명에 이를 정도였다. 중국 체류 중 남한 미디어를 접했다는 96명을 대상으로 남한 미디어를 시청하는 장소에 대해 질문했다. 이에 대해 여관이라고 응답한 수는 18명(18.8%) 친척집은 59명(61.5%), 개인집은 5명(5.2%), 기타 14명(14.6%)으로 조사되었다.

남한 미디어 시청 장소

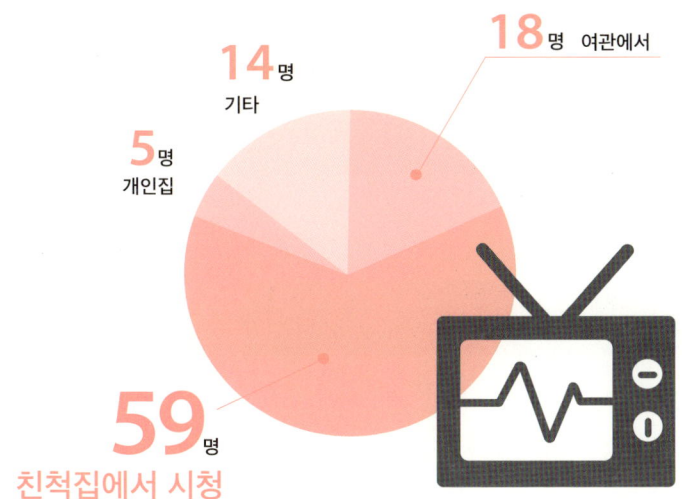

1 친척집에서 시청한다고 응답한 사례

한국 위성방송을 통해 텔레비전 하루 종일 봐요.

　북한주민들이 중국을 방문하는 이유는 중국에 거주하는 친척들에게 경제적으로 도움을 받으러 오는 경우가 많다. 중국에는 위성방송을 통해 실시간으로 한국방송이 수신되기 때문에 친척집에서 숙식을 하는 북한주민의 경우 자연스럽게 한국방송을 시청할 수 있다. 중국에서 한국위성방송 수신은 초기 설치비만 내면 매월 이용료는 별도로 지불하지 않아도 된다. 재중동포는 물론 중국 현지인들도 한국 방송 시청을 위해 위성방송수신 장치를 설치하는 경우가 많다.

한국위성방송 설치 광고 전단

친척집에 머무는 동안 친척들이 일하러 나갈 경우 마땅히 일자리를 구하지 못한 북한 주민은 온종일 집에 머무른다. 이 때 집에서 한국 방송을 시청하는 경우가 대부분인데 아침부터 저녁에 이르기까지 온종일 한국 방송을 보며 시간을 보낸다는 응답자도 있었다.

친척집에서 한국 방송을 시청한 사례 58은 당시 방영되는 한국 드라마 프로그램을 줄줄 꿰고 있을 정도였다. 아침저녁으로 방영한 연속극이 재미있어 거의 하루 종일 텔레비전을 본다는 그의 이야기를 직접 들어보자.

> 텔레비전 하루 종일 봐요. 재미난 게 아침 저녁 연속극... 그 내 손을 잡아하구, 지금은 나만의 당신. 그다음에 기황후, 수백향... 수백향 보고 그다음에 보도(뉴스) 보고... 사례 56 | 60대 여성

종편을 시청하는 북한 주민

중국에서 시청하는 한국위성방송에는 종편 채널도 방영된다. 필자가 한국 사람이 운영하는 한 식당에 들렀을 때 식당 한 켠에 설치된 텔레비전을 통해 실시간으로 한 종편 프로그램이 방영되는 모습을 자주 볼 수 있었다. 놀라운 것은 이 식당에는 북한에서 친지방문을 목적으로 온 북한 주민이 홀 서빙 일을 하고 있었다는 점이다. 중국의 어느 접경도시에 있는 조그만 한국식당. 주인은 한국사람, 일하는 직원은 북한사람 그리고 식당 한켠에서 방송되는 남한 텔레비전 방송... 인터뷰를 위해 중국에 머무는 동안 한국 음식을 먹기 위해 이 식당 단골이 된 필자는 '한국 사장'으로부터 '북한 직원'의 이야기를 어렵게 들을 수 있었다. 북한에 처자식을 두고 친지방문

으로 중국에 온 30대의 '북한 직원'은 북한에 있는 가족들을 위해 하루 12시간의 식당일을 마다하지 않고 항상 성실하게 일한다고 했다. 그가 식당에서 본 한국방송, 종편을 통해 보게 될 탈북자들과 북한의 소식들... 그리고 다시 북한에 들어가서 마주하게 될 현실과 가족들... 이 모든 복잡한 상황들을 애써 외면하려는 것인지 그와의 담소는 결국 필자가 남한 사람이라는 것을 밝힌 순간 더 이상 지속될 수 없었다. "어째 그런 거 물어 봅니까. 난 그딴 거 잘 모릅니다."라고 자리를 박차고 나가는 그는 북한에 두고 온 처자식이 순간 떠올랐을 것이다. 중국에 가면 절대 남조선 사람을 만나면 안 된다는 교육과 함께...

TV조선 열혈 시청자

사례 58은 TV조선의 열혈 시청자였다. 보도(뉴스)는 빠짐없이 챙겨 본다는 그녀는 TV조선을 통해 오히려 북조선 소식을 알 정도라고 한다.

> 보도, 보도는 다 빠짐없이 봐요. 조선TV인가 TV조선인가... TV조선 보믄 한국에 대한 것도 많이 나오구 뭐, 북한에 대한 것도 많이 나오고 그러죠. 그저 안보면 우리가 아무것도 모르죠. 주로 북조선에 대한 걸 많이 알게 되요. 북조선 지금 돌아가는 거... 안 보면 하나도 모르죠. 탈북자들이 나와서 이야기하는 거? 보면 맞는 것 많고... 아닌 거는 없는 것 같아요. 근데, 그저 좀 말하자면 뭐이다 말할까. 다 자기 심정 그대로 말하는 것 같아.
> 사례 58 | 60대 여성

사례 56도 TV조선을 시청했다고 말한다. 탈북민들이 한국에 가서 잘 사는 모습을 보면서 다행이라고 생각했다는 그녀는 TV조선에서 방영하는

〈돌아온 저격수〉,〈장성민의 시사탱크〉 등 프로그램까지 알았다.

> TV조선 보면 탈북자들이 한국에 가서 인생 고치고 다 잘사는 것 보니까 다행이라는 생각했어요. 거기서 말하는 거 다 사실이에요. 다 공감하죠. (즐겨보는 프로그램이 있어요?) 화요일마다 하는거 그 뭐더라... 북조선에 대해 하는 거... 그 저격수다 그런거도 보구... 장성민의 시사... 탱크. 연속극 보고 나면 TV 조선 보고... 근데 요즘은 안 나오더라구. 사례 56 | 60대 여성

그녀의 말을 들으면서 갑자기 하루에 몇 시간 정도 텔레비전을 시청하면 이렇게 모든 프로그램을 잘 알고 있을까 궁금해 졌다. 북한 주민들이 중국에서 남한 방송을 시청하는 하루 평균 시간은 1시간 이내가 29명(26.0%), 2시간 이내가 26명(24.0%), 3시간 이내 17명(15.0%), 3시간 이상이 24명(23.0%)으로 나타났다. 앞서 한국 드라마 프로그램과 TV조선의 보도를 비롯한 거의 모든 프로그램를 본다는 사례 56과 58의 시청시간은 과연 몇 시간이었을까?

하루 평균 시청시간

여관에서 시청한다고 응답한 사례

여관 창문 넘어 훔쳐보는 한국 드라마

북한주민들은 중국에 있는 친척들을 방문하거나 장사를 위한 목적으로 중국에 온다. 친척집에 머무는 것이 사정 상 여의치 않을 때 흔히 여관이라 불리는 곳에서 머무르게 된다. 중국 내에 북한 주민들이 머무는 여관은 하루 숙박료가 대략 20위엔(한화 4,000원)정도이며, 여러 명이 한 방을 쓰는 형태이다. 여관에서 남한 텔레비전을 볼 수 있는 것은 여관 방마다 텔레비전이 설치된 것이 아니라, 주인이 있는 방에 한국방송이 수신되는 것을 여럿이 함께 볼 수 있는 정도다. 그것도 마음 놓고 볼 수는 없어서 창문으로 보이는 텔레비전 화면을 몰래 훔쳐보는 경우도 있다고 한다.

남한 미디어 시청 방법 :
중국 체류 중 어떻게 남한 미디어를 시청할까?

남한 미디어 이용은 주로 한국위성방송이 절대적인 수를 차지(73.1%)했으며, 그 뒤로 DVD 16.3%, EVD 1%, TV 3.8%, 라디오 1%, PC 3.8%, 기타 1%로 조사되었다. 중복응답이 가능한 질문이었지만 대부분 한국위성방송을 통해 중국에서 남한 미디어를 이용하는 것을 알 수 있다.

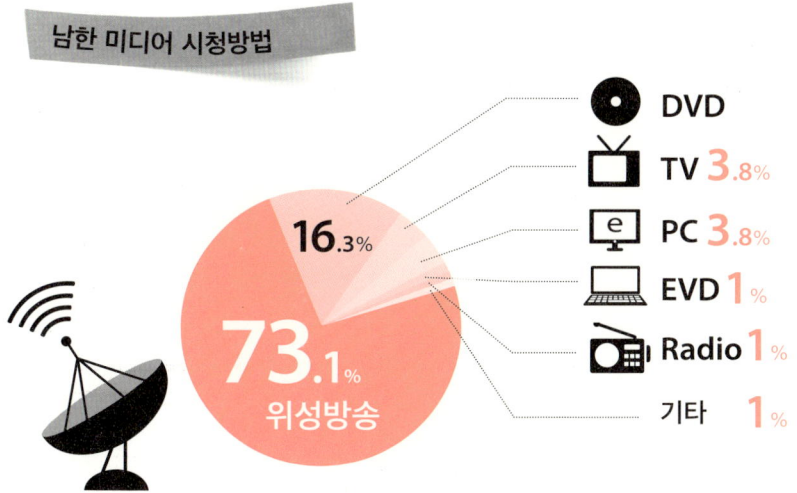

남한 미디어 시청방법

사례 14는 친척 방문을 와서 한국 텔레비전을 보는데 그 친척집에는 씨디알(DVD 플레이어)은 물론 노트텔과 컴퓨터를 통해 한국 영상물을 본다고 말한다.

> 지금 여기 중국에 친척 방문 와서 한국 텔레비전 지금 좀 보구… 한국 위성 방송 나와요. 씨디알도 있고, 노트텔, 컴퓨터도 있어요. 사례 14 | 60대 남성

사례 47의 대답을 통해 중국 체류 시 남한 영상물 DVD를 어떻게 구하는지 알 수 있었다. 사례 47은 친척집에서 한국위성방송을 통해 남한 영상물을 시청하기도 하지만, DVD를 재생할 수 있는 녹화기를 통해 남한 영화를 다양하게 보았다고 말한다. 그는 한국 영화와 드라마를 전문으로 판매한다는 상점을 직접 소개해 주었다. 그의 말을 듣고 찾아간 상점에는 정말 복제된 한국 영화와 드라마 DVD, 음악 CD가 빼곡히 진열되어 있었다. 가게 안에는 한국 노래가 계속 흘러 나왔고 당시 한국에서 최고로 인기 있었던 드라마 〈별에서 온 그대〉의 복제 DVD는 없어서 못 팔 정도였다. 그는 주로 영화를 보더라도 생활에 필요한 정보를 얻을 수 있는 영화를 선택했다고 한다. 그가 한국영화를 보면서 얻게 된 생활정보는 무엇이었을까?

> 그거 씨디 파는데 많아요. 미국거, 소련거 다 있어요. 우리가 중국말 모르잖아요. 중국말 모르니까, 조선말을 해야 되니까 한국 걸 본다고. 하나에 중국돈 20원으로 파는 것도 있고... 저기 OO상점 옆에 바로 전문적으로 파는 가게가 있어요. 한국 노래도 있고, 드라마도 많습니다. CD알은 주로 사생활에서 절실하게 필요하다... 이거는 생활상 필요한 영화구나. 제목도 나오잖아요. 그런 제목을 보고 삽니다. 사례 47 | 40대 남성

한국산 DVD를 판매하는 북중접경지역 도시의 어느상점

주로 어떤 장르를 시청할까?

주요 시청 장르와 관련하여 총 96명 가운데 51명(49%)이 드라마를 주로 시청하는 것으로 나타났으며 그 뒤로 32명(30.8%%)이 뉴스와 시사를 즐겨보는 것으로 조사되었다. 이어서 교양/정보와 쇼/음악이 7명(6.7%)이었으며 연예/오락 5명(4.8%), 코미디/개그/시트콤과 기타가 1명(1%)으로 조사되었다.

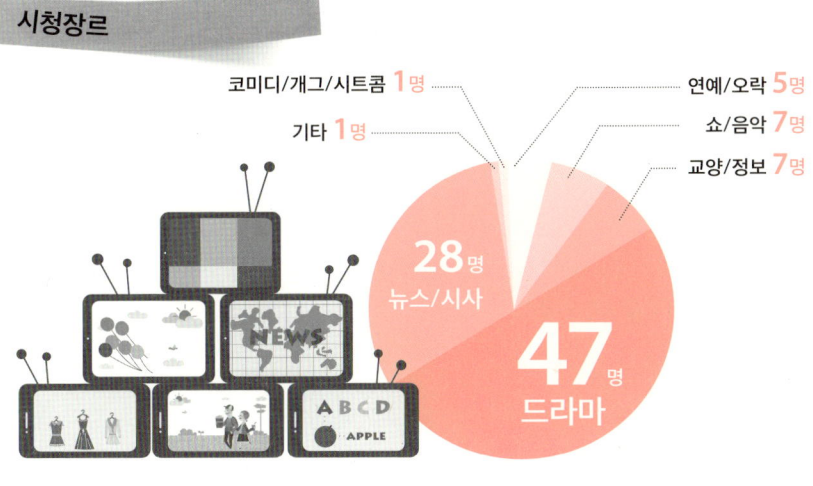

뉴스/시사

두루뭉실 대 사실 그대로

드라마 보다는 보도(뉴스/시사)를 더 자주 본다는 북한주민의 이야기를 들어보자. 사례 3은 한국의 뉴스는 숨기는 내용 없이 정확하게 나오는 게 특징이라고 말한다.

보도 보면 차 사고 나거나 불이 나면 재산피해가 얼마인지 정확하게 나온다. 드라마 시간 때는 드라마도 보고 뉴스시간 때는 뉴스도 보고… 지금은 주몽, 불멸의 리순신도 보고… 지금 보는 거 '무신'이 매일 저녁마다 돌립니다. 옛날 사극 같은 것을 즐겨하니까. 사례 3 | 50대 남성

북한주민들은 한국 뉴스가 사실 그대로 보도해 준다고 인식했다. 북한의 보도와 비교하면 천지차이라 말한다. 사실 그대로를 전해 주는 한국의 뉴스는 '두루뭉실한 북한 보도'와는 분명 차이가 컸다.

한국 뉴스는 사실 그대로 방영해준다. 북한과 한국은 천지차이라는 것을 느낀다. 조선의 뉴스는 두루뭉실하다. 한국은 사실고대로 다 알려준다. 사례 9 | 50대 남성

외부세계를 여는 창

북한주민들에게 남한 뉴스는 남북관계는 물론 북한 내부 사정과 국제 상황을 알 수 있는 유일한 창이 되었다. 사례 18은 무엇보다 남북한 문제를 보도해 주는 남한 뉴스가 좋았다고 한다.

국제 관계상, 호상 나라 관계 문제. 북한과 남한의 문제. 이런걸 보도를 잘하니까, 그게 좋더라고. 우선. 사례 18 | 50대 남성

남한 뉴스는 남북한의 현재 상황에 대한 소식을 알 수 있을 뿐 아니라 북한의 보도 내용과 다른 새로운 관점을 형성하는 계기가 된다. 북한 보도를 보면 남한은 항상 부정적인 모습으로 다루어졌다. 하지만 남한 뉴스를 통

해 접하게 된 남한의 모습은 전혀 달랐다. 중국에 와서 몰랐던 사실을 하나 둘 알아갔다는 사례 19였다.

> 북조선에서는 남한에 대한 소식을 고저, 거의 다 모르고 한마디 씩 고저 남한에서 뭐 우리 북조선에 대해서 나쁘게 생각한다. 이런 보도 열렬한 보도만 한마디씩 하는데, 요새 보니까 남한 사람들이 북조선에 대해서 어떻게 생각하는가. 남한정부가 북한정부에 대해서 어떻게 생각하는가 이걸 많이 봤어요. 여기서 알아서 보니까, 몰랐던 사실 알게 된거 많은데. 사례 19 | 50대 여성

거짓말, 그 정도의 차이

사례 33도 '조선 보도는 거짓말을 많이 하는데 한국은 거짓말이 얼마 없다.'고 말한다. 한국 뉴스를 보며 한국이 발전했다는 사실도 알게 되었고, 자신이 사는 조선은 왜 발전하지 못했는가라는 반감을 가지기도 했다. 이런 반감은 북한에서 보도를 들을 때 한쪽으로 듣고 한쪽으로 그냥 흘려버릴 만큼 냉소로 이어지게 되었다.

> 조선보도는 거짓말 쓰는 거 많다. 한국엔 거짓말 쓰는거 얼마 없어요. 보도 듣다보면, 한국이 저리 발전했구나. 조선은 왜 저렇게 발전 못했는가. 그 보면 거짓말 치는 거 많으니까네. 조선 사람들도 누가 뭐라면, 에- 한쪽으로 듣고 한쪽으로 흘리고...
> 사례 33 | 30대 남성

사례 40의 눈에 비친 북한 보도 역시 남한과는 차이가 있었다. 조선에서는 좋은 것만 알려주는데 남한 보도는 그렇지 않았다. '정부가 옥신각신

하는 모습'을 그대로 보여주기도 하고 부정부패를 한 사람들을 잡는 내용을 다 알려주는 것도 그저 신기할 뿐이었다.

> 보도 하는거 보면 이거 조선하고 다르구나. 조선엔 좋은 건만 나왔는데, 이건 정부에서도 이렇게 옥신각신하구 이런거... 부정은 확 이렇게 잡나. 사례 40 I 60대 여성

사례 24도 '빠르고 정확한' 한국 뉴스는 숨김없이 현실을 있는 그대로 보여주었다고 말한다. 한국 뉴스(보도)는 북한의 보도와 비교하면 천지차이였다. 사례 24는 한국 뉴스를 통해 북한에서는 알지 못하던 소식을 새롭게 알게 되었다.

> 빠르고 정확하다. 특별히 기억되는 그런거이 없는데, 북한에선 모르는거 여기서 하루이틀 북한 일도 더 빨리 보도되는 것 같구. 별로 숨길라고 하지 않고 현실 그대로. 사례 24 I 60대 남성

좋은 것도 나쁜 것도 다 보여주는

사례 39가 가장 인상적으로 본 남한의 보도는 이산가족상봉에 관한 내용이었다. 북한하고는 완전히 다르게 사실 그대로를 방영해 주는게 좋았다는 그는 이산가족상봉내용을 보면서 많은 것을 생각했다. 이산가족들이 나이가 더 들기전에 젊었을 때 만났더라면 하는 아쉬움이 묻어나왔다. 아직까지 만나지 못한 이산가족의 수를 6~7만명으로 알고 있는 그는 왜 좀 더 일찍 이산가족상봉이 이루어지지 못했는가 한 스러웠다고 말한다. 북한에 있었으면 이렇게까지 자세한 내용을 몰랐을텐데 남한 뉴스를 통해 생생히 전

해지는 이산가족상봉의 눈물겨운 장면들은 그의 마음을 녹이고 있었다. 남한사람에 대한 적대심이 아닌 같은 민족으로서 이산의 아픔을 함께 나누는 따스한 마음으로…

> 보도를 보면 아, 이거 북한하고 이제 볼 때 속이는게 없구 사실 그대로 방영해 주는거 그게 좋더라고. 최근에 본거 이산가족 상봉하는 그거 어제도 봤어요. 나이 많은 분들이 다 이산가족 나왔는데 거기에 좀 더 일찍 시작했으면 더 저렇게 나이가 많기 전에 만나고, 아직까지 만날 분들이 6만명, 7만명 있다는게 그게 뭐 언제까지 가면 다 만날 수 있갔나, 솔직히 좀 뭐 섭섭한 것도 있더라구. 좀 젊었을 때 빨리 빨리 이렇게 만나게 해줬으면 좋지 않았겠나, 이런 생각이 들더라고… 사례39 | 50대 남성

사례 17도 이산가족상봉 내용을 뉴스를 통해 봤다. 북한은 나쁜 것은 보도 안하고 좋은 것만 나오는데, 남한 뉴스는 정확히 현실을 그대로 보여준다고 인식했다. 이산가족상봉과 함께 요즘 그의 관심은 '김연아가 나오는 스케트'였다.

> 보도는 요새 이산가족에 관한 거 봐요. 기다음에 스케트, 김연아 나오는거. 보도 보면 그저 정확하게 보도하니깐, 조선하고 다르티요. 정확하게, 현실을 그대로 말하구 조선에는 좋은거만 보도하고 나쁜건 안나오니까. 여기 보도에는 좋고, 나쁘고 인자 가정생활이야 그냥 고대로 나오니까. 사례17 | 50대 여성

보도는 말하게 되니까

사례 36 역시 남한의 보도는 솔직하게 소식을 알려주는 것이 신기했다. 제일 기억에 남는 뉴스는 '박근혜 나오는 거'라고 대답한 그녀는 일부러 보도를 잘 보지 않으려 한다고 했다. 애써 남한 보도를 보지 않으려는 이유는 무엇이었을까?

> 솔직하게 나온다고 봐야. 제일 기억에 남는 소식은 지금 무슨 박근혜 나오는거. 근데, 전 왠만해선 안보려고 해요. 알면 자꾸 말하게 되잖아요. 보도를 보긴 보는데, 조금 조심하게 되죠. 그게 무슨, 연속극 그런 건 괜찮은데 보도는 좀. 사례36 | 30대 여성

그녀가 애써 남한 보도를 보지 않으려 했던 것은 '알면 자꾸 말하게 된다.'는 이유에서였다. 북한 주민들이 중국에 와서 가장 하고 싶은 것이 '말을 마음대로 하는 것'이라고 한다. 그런데 보도를 보긴 하지만 자꾸 조심하게 된다는 그녀의 말은 정치적으로 민감한 사안에 대해 얼마나 조심하고 있는지를 단적으로 보여준다. 말 한마디 제대로 못하는 나라에서 드라마를 보며 흥미를 갖는 정도라면 상관없지만 직접적으로 국내외 정세를 다루는 보도를 보고 행여나 한마디 잘못 말했다가 당하게 될 상황을 걱정한 것이다.

인권, 말하고 싶은 거 말할 수 있는 그런거

사례 82는 중국에서 본 한국뉴스를 통해 민주와 인권에 대한 개념을 알게 되었다고 한다. 인권은 무엇이라고 생각하는가라는 질문에 '말하고 싶은 것을 말할 수 있는 거'라고 답변한 그는 하고 싶은 것을 마음대로 할 수 없는 것이 가장 큰 불행이라고 했다. 중국을 왕래하며 접하게 된 남한 뉴스는 자유롭게 말할 수 있는 민주 그 자체였다고 인식한다. 북한 주민들에게 인권

의 개념을 어떻게 알려 줄 수 있는지 고민하는 우리에게 중국방문을 통해 남한영상물을 접하고 의식이 변화되어가는 사례 82의 사례는 시사하는 바가 크다. 그들에게 조금이라도 더 빨리, 더 많은 외부정보를 알려주어야 하는 이유가 바로 여기에 있지 않을까.

> 뉴스 보게 되면 아무래도 민주라는 생각이 많이 들지. 사람마다 자기 말하고 싶은 거 말할 수 있고 그런거다… 인자 말한 민주가 인권이지. 자기가 하고픈거 못하게 되면, 그건 인권이 잡히는 거죠. 내가 중국 좀 몇 번 다니면서 알게 된거지.
> 사례 82 | 50대 남성

사건사고, 조선엔 기딴게 없는데

그런데 남한의 뉴스(보도)가 북한 주민들에게 남한에 대한 긍정적 생각만 갖게 하는 것은 아니었다. 사례 67은 거짓말 없이 정확하게 보도하는 내용은 좋지만, 사건사고가 연일 보도되는 것을 보며 남한은 정말 사고가 많이 일어나는 곳이라 생각했다고 한다. 가족들을 죽이는 강력사건을 보면서 자신이 사는 조선에는 그런 사건들이 없는데 한국에는 그런 일이 너무 많이 일어난다고 비판했다.

> 한국이 뭐, 어디 뭐 불났다. 어떻게 사고가 났다 보도 나오잖아요. 한국이 이렇게 사건사고가 많나. 그렇게 생각합니다. 강력사건 이런 것도 있더만… 저이 가족들이 싸움하다 죽이고, 그런 얘기들 해서 너무하고다고 생각했어요. 우리 조선에 기딴게 없는데, 왜 한국에 기딴게 많나 그렇게 생각들었어요.
> 사례 67 | 50대 남성

못보던 사건사고는 믿어지지 않아

북한의 조선중앙TV 보도에는 사건사고를 전혀 알려주지 않는데 비해 남한 뉴스에 등장하는 사건들은 너무 많아 이전에 못보던 사건들은 오히려 믿어지지 않는다고도 말한다. 사건사고를 다 방송한다는 사실도 신기했다. 사고가 나면 비밀로 하고 보도하지 않는 북한과 비교하면 남한의 뉴스는 좀 이상했다. 너무 많은 것을 알려주어서 오히려 믿어지지 않는다고 말하는 사례 98.

> 우리 조선에서 못 보던 그런 사건사고를 보면 자꾸 이상하게 그게 믿어지지 않아서… 우린 티비에서 그런거 현실적으로 보도 안하니까. 사고라든가 그런거, 우리는 다 그런거 비밀이니까.
> 사례 98 | 10대 남성

대통령은 여자로서 많이 힘들겠다.

한국 뉴스를 보며 가장 인상적이거나 기억에 남는 소식은 무엇입니까 라는 질문에 대해 북한주민은 주로 정치 분야를 꼽았다. 대통령을 욕하고 정치인들끼리 싸움하는 장면이 신기하기도 하고 잘 이해되지 않기도 했다.

사례 6은 남한의 정당 이름까지 속속들이 알고 있었다. 북한에서는 김정은이 당을 이끌 수 있는데 남한에서는 각 정당마다 권한을 내세우는 것이 잘 이해되지 않았다. 대통령이 여자로서 힘들겠다는 생각도 들었다.

> 민주당 한나라당 자꾸들고 일어난다. 진짜 북한 같으면 김정은 동지께서 당을 이렇게 이끌 수 있는데 남한은 자기권한을 세우

니까 박근혜는 여자로서 많이 힘들겠다는 생각을 했다.
사례 6 | 50대 여성

유독 정치에 관심이 있다는 사례 7에게도 대통령을 욕하는 남한은 신기했고 매번 진보와 보수가 다투는 그런 사회로 인식되었다. 이 조사가 이루어지던 때가 한참 '안철수 신당'이 등장할 때인데 그에 대해서도 안다며 평가도 했다.

정치에 관심이 있어서 대통령도 욕하고 진보하고 보수하고... 맨날 그리고 안철수 신당도 그렇고. 사례 7 | 40대 남성

아침 9시부터 저녁 9시까지 식당에서 일을 한다는 사례 20은 처음에는 남한 뉴스를 봤지만 지금은 주로 드라마만 본다고 말한다. 앞선 사례들과 마찬가지로 서로 투쟁하고 정치싸움 하는게 보기 싫었다고 한다. 또 뉴스를 보려면 방송시간에 딱 맞추어서 봐야 하는데 식당에서 일하는 그녀에게 자유롭지 못한 시간도 한계였다. 아침 9시에 출근해서 저녁 9시에 퇴근하는 12시간 노동 이후, 매일 싸움만 하는 것으로 기억되는 남조선 보도를 애써 보고 싶었을까...

고저 투쟁하는거 고거 장면이나 몇 장면 보니까, 그런가보다 하고 보디요. 다른건 기억이 없어요. 그저 드라마 주로 보디요. 시간도 없시유. 보도 볼래면 시간 딱 맞춰야 되는데 일하고 나니까. 식당에서 일하는데 월급이 2천원(중국 위안) 조금 넘어요. 아침에 9시에 나갔다가, 저녁 9시. 접시 닦는거 해요.
사례 20 | 50대 여성

조선 같으면 관심도 없어요.

중국에서 남한 뉴스를 보는 북한주민들은 북한에 있을 때 북한 보도를 얼마나 보았을까? 사례 14는 북한에 있을 때는 관심이 없어 아예 보도를 보지 않았다고 한다. 하지만 남한 뉴스는 새로운 소식도 알게되고 오히려 북한 소식을 정확히 알 수 있는 통로가 되었다. 사례 14가 북한에서 나올 시기는 장성택 처형 이후 숙청이 이루어지던 때였다.

> 정말, 조선 같으면 틀다 보지도 않아요. 그렇게 관심도 없어요. 그러나 보믄… 장성택 처형 이후에 지금 조선에서 나올 때 봤는데 지금도 더 쎄게 숙청하고 있어요. 거기 관련된 사람들. 인민들 생활 말이 아니죠. 하루 세 끼 먹어야 되는데, 두 끼 밖에 못 먹고. 사례 14 | 60대 남성

1 드라마

가장 많이 보는 장르 '현실에 맞게끔 하니까'

북한주민들이 가장 많이 보는 장르는 드라마였다. 북한에서의 한류 현상을 주도한다고 해도 과언이 아닌 한국드라마는 북한 주민들이 중국에 와서 보게 되는 유일한 즐거움이었다. 북한주민들은 왜 한국 드라마를 그토록 즐겨 볼까? 그 이유를 직접 들어보자.

> 드라마는 고저 현실에 맞게끔 하고, 조선에는 영화가 숨겨놓는 것도 많으니까 현실과 맞지 않다. 사례 48 | 50대 남성

사례 48은 북한 영화는 숨기는 것이 많아 현실과 맞지 않는데 한국 드라마는 현실을 있는 그대로 보여준다고 말한다. 사례 47의 경우도 마찬가지다. 북한이 '선전' 내용이라면 한국은 '생활 그대로'를 보여주기 때문에 자주 보게된다고 말한다.

> 북한 영화고, 남한 영화로 볼 때는 북한은 말하자면 선전, 내용이 선전이고 한국은 그대로 생활 그대로 나온단 말이야. 사랑도. 그걸 느꼈기 때문에, 그걸 자주보게 되고. 사례 47 | 40대 남성

인정 있는 사람들

드라마 '망설이지마'(SBS 드라마)를 본 사례 80은 사람들 간에 '평범하게 친밀도가 높다는 점'이 인상 깊었다. 북한 당국으로부터 사상교육을 통해 알게 된 '썩고병든 자본주의의 이기적인 인간'이 아닌 '자기 간도 내어 주는 인정이 있는 남한 사람들'을 마주하게 되었다.

> 그거 보니까, 사람이 인정이 있어가지고 자기 간도 서슴없이 떼주고 사랑의 애정관계에서도 그렇고 다 평범하게 고저 다 사람들 친밀도가 높다 고저. 사례 80 | 40대 남성

드라마를 딱 보믄, 마무리를 딱 보고프게 우러나온다.

드라마를 한 회 보고 나면 그 다음 '마무리'가 궁금해지지 않을 수 없었다. 뒷 이야기가 '딱 보고프게' 만드는 한국 드라마의 흡입력 있는 내용 구성이 북한 주민들의 마음을 사로 잡았다. 특히 '가식'적이지 않은 배우들의 연

기와 내용 구성이 다음날 또 보고싶은 마음을 '우러나오게' 한다고 말한다.

> 그건 뭐 가식이 아니야. 그 드라마를 딱 보믄, 다음날 또 보고프다 말이죠. 그건 그대로 표현한 겁니다. 왜냐면, 고 마무리를 요거 내일 딱 보고프게, 다시 봐야겠다는 마음이 우러나오기 때문에 또 본단 말이죠. 다음에 어떻게 될까 하는데, 딱 끝나니까 다음에 또 보게 되고. 사례 47 | 40대 남성

고부갈등은 남북한 어디를 가나 다 있는

드라마를 보면서 남북한을 비교하며 공통점을 찾아가기도 했다. '고부갈등'은 남북한 어디에서나 있다는 사례 21. 중국 식당에서 일한다는 그는 점심시간이 지난 오후 쉬는시간을 이용하여 식당에서 한국텔레비전을 보는 것이 유일한 즐거움이라고 말한다. 한달에 2,300위엔을 받으며 아침 8시에 출근해서 저녁 9시가 지나서야 퇴근한다는 사례 21은 한국 드라마에 나오는 고부간의 갈등을 다룬 내용을 보며 북한과 비교하기도 했다. 시어머니가 며느리를 구박하는 내용을 보면서 자신은 그렇게 하지 않겠다고 생각했다는 사례 21.

> 미스코리아, 황금의 제국, 세 번 결혼하는 여자. 드라마를 보면. 시엄마들이 저렇게 하는데, 난 그렇게 안해야지 생각들고. 며느리들은 할 소리가 없고, 암만 잘해도 할 소리가 없고. 북한에도 고부갈등이 있지요. 어디가도 다 있지 뭐요. 사례 21 | 40대 여성

과장된 게 많은 한국 드라마

그러나 한국 드라마가 현실과는 전혀 다른 내용을 과장하고 있다고도 말한다. 드라마 〈빛나는 로맨스〉를 재미있게 봤다는 사례 37은 드라마 주인공이 "깨지 못하고 고지식하게 나온다."고 표현한다. 한국에도 저런 사람이 있는가라는 표현을 하며 드라마가 과장된 것이 많다고 인식했다. 사례 78 역시 '발전된 나라에서 사람이 악하게 나오는 것이 잘 이해되지 않았다.'고 말한다.

'빛나는 로맨스'보면 주인공 여자가 깨지 못한 사람으로 나와요. 좀 여자가 답답하다고 해야 할까? 그저 여자가 고지식한 사람으로 나온단 말야. 한국에도 저런 사람이 있는가. 한국에도 리혼하면 서로 말을 안 하잖아요? 말을 안하고 간섭을 안하잖아요. 드라마에선 그게 틀렸더라고요. 말하자면, 과장된 것이 많다고 봐요. 좀 과장된 게 많다고. 사례 37 | 40대 남성

'내손을 잡아' 그거 보면 그렇게 살면 안 되는데 그런 생각이 들더라고요. 드라마 보면서 "와 이렇게 한국이 이렇게 발전 했는데, 진짜 이런 사람이 있갔나. 이렇게 사람이 악하게 된건 아닌가?" 이렇게 발전한 나라인데 사람이 그러면 안되는데... 그런 생각이 들더라고요. 사례 78 | 50대 여성

KBS 드라마 〈왕가네 식구들〉을 보며 :
한국 실정이나 조선 실정이나 딱 맞아요.

KBS 2 TV에서 방영된 〈왕가네 식구들〉은 국내에서 40%대 시청률을 기록한 최고의 인기 드라마였다. 최고시청률이 48%대에 이르기도 했던 이 드라마는 북한주민들에게도 똑같이 인기가 좋았다. 〈왕가네 식구들〉은 북

한주민들에게 왜 인기가 좋았을까? 그들의 이야기를 직접 들어보자.

> 왕가네 식구들... 재미있고, 생활에 맞기도 하고. 배우들이 연기도 엄청 잘한다. 대화 같은 것이 우리랑 맞다. 사례 12 | 50대 여성

> 그 무슨 왕가네 식구들 보면 그저 부러운 것 밖에 없습니다. 우리 거기서야(북한) 뭐 기렇게 살아봅니까? 기니깐 고저, 진짜 여기와서 드라마 보믄 볼 때마다 눈물 흘리며 봅니다. 사례 6 | 60대 여성

> 한국에 인제 <왕가네 식구들> 그 영화도 쫙 빠지지 않고 봤는데, 그 영화는 정말 잘했어요. 그게 정말 실정에 딱 맞게 있고, 한국 실정이나 조선 실정이나 딱 맞아요. 현실적으로 가서 시집을 가겠구. 집에 대해서 어 정말 나가구 이런 실정이 많거든요. 기니까 그 영화 내가 보면서 조선 실정하구 한국 실정 이 영화는 정말 잘했다. 정말 이거, 이 영화만은 칭찬 다해요 본 사람은. 사례 14 | 60대 남성

> 인자 생활 영화가 재미나지요. 사상이 없으니까네. <왕가네 식구들>은 정말 재미나게 봤어요. 생활편이고 재미나니까... 그 왕가네 할머니가 욕을 많이 하잖아요. 아 따따따 하면서... 영화라는건 같이 봐야 재미나더라고. 혼자보면 재미없더라고. 사례 17 | 50대 여성

북한주민들에게 <왕가네 식구들>이 인기 있었던 이유는 자신들의 실정과 비슷한 내용을 담고 있었기 때문이라고 말한다. 사례 14는 "한국 실정이나 조선 실정이나 딱 맞아요."라는 말로 드라마가 잘 만들어졌다고 말한다. 이 드라마를 본 사람들은 다 칭찬한다고...

사례 17역시 생활적인 내용을 다루고 재미가 있어서 좋았다고 한다. 그들은 이 드라마가 생활적인 모습을 다루면서 남북한의 차이를 느끼지 못할 만큼 비슷한 내용을 다룬 것에 공감했다.

MBC드라마 <내 손을 잡아>를 보며 :
남한에도 저렇게 악한 사람이 있는가

사례 78은 MBC 드라마 〈내 손을 잡아〉를 보며 악하게 행동하는 주인공에 대해 욕도 많이 했다고 한다. 남한이 분명 잘 사는 것 같은데 어떻게 저런 악한 사람이 있을 수 있는가 하고 생각했다. 그는 어떤 장면에서 주인공을 악하다고 느꼈을까? 그의 이야기를 직접 들어보자.

> **응답자** 지금 <내 손을 잡아> 그거 봐요. 남한이 자유롭고 잘사는데 저렇게 악한 사람이 있나 이런 생각해요.
> **연구자** 어떤 모습을 보고 악하다고 생각을 하셨어요?
> **응답자** 악한거 그러니까, 그 장면에서 내가 그저 남보다도 잘살고 없는 건 내가 다 가져야 갔다 그런 거 보면...
> **연구자** 선생님은 자유 라는건 어떻게 자유라고 생각하세요?
> **응답자** 자유란 내 생각에는 이렇게 한국이 잘살고, 먹을거 풍부한데 그런거 생각이 들더라고요. 우리는 평생 배불리 먹구 그냥 집에서 끓여먹고 이런거 한번 살아봤으면 그런 생각이 들면서. 저 사람 무슨 욕심이 많아서 그렇게 못되게 놀까 그저 욕도 많이 했어요. 저도, 드라마 보면서 욕도 많이 했어요.
> **연구자** 선생님 만약에 한국에 가면 뭘 제일 먼저 해보고 싶으세요?
> **응답자** 그 생각까진 못했어요. 한국에 갈수도 없거니와 그저 드

라마 보면서 한국가서 그래도 구경이나 했으면...
연구자 어딜 제일 먼저 가보고 싶으세요? 해보고 싶은 일이나, 가보고 싶은 곳.
응답자 저는 한번 유람 한번 갔다오고... 사례 78 | 50대 여성

사례 80은 드라마 내용 중에 간이식 수술 장면을 보며 사람들이 인정이 있다는 점을 느꼈다고 말한다. 앞서 사례 78은 악하게 행동하는 주인공에 초점을 두었다면 사례 80은 같은 드라마 내용에서도 전혀 다른 캐릭터에 관심을 두었다는 점도 흥미롭다.

그니까네, 여자가 간을 떼 줬는데 두 번째 떼줄려니까 안되니까 색시 생각해서 간을 떼어준단 말이야. 간 이식 수술 한단 말이야. 사람들은 인정이 있다는 생각이 들었어요. 사례 80 | 40대 남성

SBS드라마 <별에서 온 그대>를 보며 :
나중에는 눈물이 나옵니다.

SBS드라마 <별에서 온 그대> 역시 최고의 인기를 누린 드라마였다. 드라마에서 주인공이 나누었던 '치맥(치킨과 맥주)'은 한국은 물론 중국에서도 하나의 유행이 될 정도였다. 이 드라마가 방영되던 당시 중국 어디에서나 쉽게 볼 수 있는 장면이 바로 치맥 광고였다. 오른쪽의 사진은 중국의 어느 치킨집 광고 간판이다.

'매퐁이'는 매운맛, '달퐁이'는 달콤한 맛이

라고... 과연 저 두 사람에게 광고료는 지급했을까?

사례 85는 〈별에서 온 그대〉를 처음에는 재미가 있어 보게 되었지만 나중에는 눈물이 날 정도로 감동이었다고 한다. 그의 표현을 빌리면 "남자가 왔다가 갑자기 사라지고 하는 것이 너무 슬펐다."고... 사례 85는 이 드라마를 여관에서 DVD(알판)로 시청했다. 그는 드라마에 나오는 집이 너무나 큰 것에 놀랐고, 실제로 여관에 있는 다른 사람들에게 사실인지 물어볼 정도였다. 그와의 대화를 그대로 옮겨본다.

> **응답자** 드라마 보면서리 집이 진짜 되게 크나. 물어봤댔습니다.
> **연구자** 누구한테 물어봤어요?
> **응답자** 그 여관에 있는 사람들하고 노반(사장)한테도...
> **연구자** 노반한테?
> **응답자** 그 집이 어떻게 크나. 나중에 돈벌로 가고프다 말했어요.
> **연구자** 사람들이 뭐라고 얘기 하던가요?
> **응답자** 한국에 가면 좋다고... 사례85 | 20대 남성

그런데 사례 85의 증언을 듣다가 더욱 흥미로운 점은 그가 여관이 아닌 PC방에서도 남한 영상물을 시청했다는 사실이다. 한국 드라마가 연속극이기 때문에 그것을 이어서 보기 위해 시간이 나면 일부러 PC방을 찾았다고 말한다.

> 밤 9시부터 아침 7시까지 6원(중국 위엔화)입니다. 근데, 아침에 가면 한 시간에 3원씩 내야 됩니다. 아침부터 저녁 9시까지는요. 저는 저녁마다 갔습니다. 사례85 | 20대 남성

교양정보

한국드라마와 뉴스 다음으로 인기 있는 장르는 교양정보 프로그램이었다. 아무리 중국에서 시청하는 것이라 해도 북한주민이 남한방송 중 교양정보 프로그램을 즐겨 본다는 사실이 놀라웠다. 즐겨본 프로그램은 〈생생정보통〉, 〈아침마당〉, 〈무엇이든 물어보세요〉, 〈6시 내고향〉 등이었다. 〈생생정보통〉에 비친 남한은 어떤 모습이었을까?

생생정보통 고거 봤습네다.

사례 5는 한국이 얼마나 잘 사는지 보려고 〈생생정보통〉을 즐겨 봤다고 말한다. 〈생생정보통〉을 통해 '맛있는 음식을 먹는 사람들', '짧은 옷을 입은 사람들', '돈을 벌며 사는 사람들'을 만날 수 있었다. 그가 본 남한은 자신이 살고 있는 조선과는 천지차이였다. 어떻게 그렇게 잘 살 수 있는지 도저히 이해되지 않았다고 한다.

> 한국이 얼마나 잘사는지 볼라고 생생정보통 고거 봤습네다. 음식들 나오고 사람들 잘살고 옷을 짧게 입고 특별한 이유 조선하고 비교하면 천지차입네다. 생생정보통 이해안되는 것 어떻게 그렇게 잘 살 수 있는가? 돈벌고 산다는 것 자체가 그렇고.
> 사례 5 l 50대 남성

사례 42는 〈대조영〉, 〈동이〉와 같은 사극을 즐겨본다고 말한다. 아침에는 〈순금의 땅〉도 챙겨 보지만 역시 〈6시 내고향〉과 〈생생정보통〉 같은 교양프로그램을 보면 더 많은 것을 생각한다고 말한다. 자신이 살고 있는 북한과는 너무 많은 차이가 나고 젊은 사람들을 비롯하여 나이에 관계없이 모든 사람들이 다 열심히 사는 모습을 느꼈다고 한다. 〈6시 내고향〉과 〈생생정보통〉을 통해 영상으로나마 만난 한국 사람들은 자기 일을 열심히 하는 그런 사람들이었다.

> 대조영 보고, 그 다음에 동이 주로 옛날 배경 많이 보지. 또 아침에 하는거… 순금의 땅도 보구요. 여섯시 내고향, 생생정보통 같은 것도 보고… 조선에 있으니 내가 살고 있는 환경하고 차이가 난다. 중국에서도 보구 하니까 중국하고도 차이가 많이 나고. 다른건 모르갔는데 턱 보면 모든 사람들이 열심히 사는 게 그게 그랬던 것 같아요. 모든 사람들이, 젊은 사람들도 그렇고, 나이 관계없이 모든 사람들이 열심히 사는 게 보이는 것 같아…
> 사례 42 | 30대 남성

배추도 정말 크다.

사례 67이 〈생생정보통〉을 통해 본 남한의 모습은 먹을 것을 마음대로 먹을 수 있는 곳이었다. 먹방으로 표현되는 맛있는 음식을 먹는 내용이 인상적이었던 그는 돼지, 소, 물고기 등 모든 것이 풍족해 보이는 것이 그저 신기하기만 했다. 방송을 통해 본 한국의 배추는 얼마나 크다고 느꼈기에 그가 한 첫 마디는 "야 배추도 정말 크다."였다.

> 생생정보통을 보면 먹는거 나오는거 다 보니까네. 먹는거… 많더만. 돼지도 그렇고, 소고기도 그렇고 많더만. 물고기요. 먹는 거 많이 먹더만. 우리는 그렇게 못 먹는데, 그래서 내가 이랬다고 "야, 배추도 정말 크다." 사례 67 | 50대 남성

사례 53도 주로 먹는 내용의 방송을 즐겨 본다고 했다. 자신은 북한에서 제대로 못 먹는데 방송을 통해서 보는 남한은 발전된 모습이 그대로 느껴졌다고 말한다. 북한주민들의 이야기를 들으며 과연 한국 사람들 중에 소위 먹방을 보며 통일을 생각하는 사람들이 있을까라는 생각을 했다. 우리는 그저 재미와 즐거움으로 보는 프로그램이지만 먹는게 부러울 뿐인 북한주민들에게 '먹방 프로그램'은 하루 빨리 통일이 되면 좋겠다는 생각을 갖게 하는 단순한 즐거움 그 이상이었다.

> 나는 주로 먹는걸 많이 보니까 거기서는 제대로 못 먹고 왔으니까 먹을 때는 빨리 통일 되면 좋갔다 생각하지. 조선에서는 배급도 안주니까 못 먹잖아요. 그러니까네. 조선에 사는 거 불쌍해. 한국은 참 발전이 많이 됐다, 확실히 느껴지지 뭐.
> 사례 53 | 40대 여성

사례 52와 55도 〈생생정보통〉을 보며 남한의 발전된 모습을 경험한 경우이다. 발전된 한국에 가서 살고싶다는 그의 말은 한국 방송이 북한 주민들의 마음을 얻는 촉매제가 되고 있음을 여실히 보여주는 사례다.

> 없으니까 먹는 것들 아무거나 생활 수준이 높고 그래서 한국에 가서 직접 보고파요. 사례 52 | 60대 여성

> 한국이 많이 발전한 거, 한국이 살고 좋고 한국에 가서 살고파요. 사례 55 | 60대 여성

> 그래도 사람이 살갔다고, 열심히 살갔다고 그런. 근데. 우리 북한에서는 사람이 열심히 살갔다해도 나가서처럼 일할데가 없다. 여섯시 내고향 보구. 마음이 편안하지요. 농촌에서, 한국에 농촌

> 에 그 얼마전에 조선 농촌에… 난 그 깨끗하긴 한데, 진짤까. 뭐 난 사는거 비슷한데… 글쎄, 집은 좀 다른데… 한국의 늙은이들이 편안하게… 사례 35 | 30대 여성

특히, 〈생생정보통〉과 〈아침마당〉, 〈6시 내고향〉과 같은 교양프로그램 시청을 통해 실생활의 정보를 얻게 되는 사례가 많았다. 개인의 건강과 맛있는 음식을 소개하는 프로그램은 북한에서는 한번도 보지 못했다. 북한 당국이 직접 방송을 제작하기 때문에, 남한의 방송도 국가가 만든다고 생각하는 북한 주민들이었다. 그런데 방송에서 개인의 건강을 중요하게 다루는 것을 보며 국가가 개인의 건강을 저렇게까지 챙겨주고 걱정하는가 하고 생각했다. 개인의 건강을 걱정해 주는 국가…

사례 19는 〈아침마당〉에 출연한 사람들이 자신의 살아온 이야기를 그대로 들려주는 것이 너무 인상적이었다. 또한 〈생생정보통〉을 통해 음식을 만드는 내용, 건강 관련 정보 등을 알게 되었다.

> 아침마당을 보면 쉬는 날엔 이렇게 짝 찾는것도 나오고, 그카고 여느날에는 사람들이 자기 살아온 경위, 그다음에 또 생생정보통은 사람들이 일상생활에 대한 거 각지마다 나가서 그 하는것도 정말 실감있게 정말 재미나게 하더라고요. 음식하는 풍습, 그 사람들이 살아가는 풍습. 어쨌든 한국 텔레비를 보니까. 건강관련 돼서 많이하구, 사람들이 호기심을 가지고 볼 수 있는 프로가 많더라고. 사례 19 | 50대 여성

동계올림픽 김연아 선수를 응원하는 북한주민

이번 조사가 이루어지던 시기가 소치 동계올림픽을 할 때였다. 새벽 2시에 김연아의 경기를 직접 텔레비전으로 봤다는 사례 14. 새벽까지 잠도 자지 않고 김연아 선수의 경기를 봤다는 그의 말을 직접 들어보자.

> 영화, 드라마 보지만 요샌 올림픽이 지금 돌리니까네. 어저껜 김연아 하는거... 그저께 새벽2시까지 잠도 안자고 그거 보구.
> 사례 14 | 60대 남성

사례 36은 김연아 선수의 경기를 손에 땀을 쥐고 응원했다고 말한다. 같은 민족이라는 이유 때문에... 그는 김연아 선수의 은메달 판정이 잘못되었다는 말도 덧붙였다.

> 그저 뭐 체육 통로도 좀 보구... 아무래도 같은 민족이니까 한국 응원하지 손에 땀을 쥐고 보는데. 김연아도 봤어요. 은메달 판정 잘못되었지요. 그것도 보고, 뭐 연속극도 보구. 왕가네 식구들... 그거 현실 아니에요 현실 그저 사람 생활이니까... 감정이 많이.
> 사례 36 | 30대 여성

쇼/음악

북한주민들에게 인기 있는 프로그램 중 하나로〈전국노래자랑〉을 꼽을 수 있다. 지난 2000년에〈전국노래자랑 : 평양편〉이 개최되었고 당시 북한당국은 조선중앙TV를 통해 실황녹화로 방송한 적이 있다. 북한 주민들에게 진행자 송해 씨는 '송해 선생'으로 통하고 있다.

지금까지 재미있게 본 프로그램을 꼽아보라는 질문에 사례 11은 단연 〈전국노래자랑〉이 최고라 대답했고, 이어 〈도전 1000곡〉, 〈6시 내고향〉 순으로 즐겨본다고 했다. 사례 55 역시 전국노래자랑을 즐겨보는 애청자였다. 그는 '송해 선생'을 너무 좋아한다는 말도 덧붙였다.

> 나오는 거 쪼금 쪼금 보는데 전국노래자랑 잘 봐요. 노래자랑 고저 그거 하나 봐요. 송해 선생 북한에서도 다 잘알아요.
> 사례 55 | 60대 여성

북한주민들은 〈전국노래자랑〉을 보면서 어떤 생각을 할까 궁금해졌다. 드라마나 시사교양프로그램도 아닌 노래자랑을 보면서 과연 한국을 경험할 수 있었을까?

> 노래 잘하구, 재미나게 춤추구 막 좋아보여요. 우리도 저렇게 추는데... 춤추고 노래하는거 잘해요. 그거 말고 다른거 안봐요. 한국말 북조선말과 달라서 알아 듣지 못해요. 전 잘 알아듣지 못해요. 뭐, 물건이나 같지 않아요. 이름이 같지 않아요.
> 사례 70 | 60대 남성

> 소녀시대 그리고 노래 잘하는거. 일요일에 하는거 12시에? 그거 왜이렇게 많이 보세요. 노래가 좋잖아요. 사례 79 | 40대 남성

> 뭘 좋아하는가 하면, 노래자랑 같은거 가요무대 같은거 좋더라고요. 사례 86 | 50대 남성

> 노래자랑, 가요무대. 군중들이 나와서 노래부르잖아요. 그래서 재밌어요. 사례 92 | 40대 여성

전국노래자랑을 본다. 도전 1000곡, 여섯시 내고향 본다.

사례 11 | 60대 남성

열 두 살 난 아이가 노래를 하더라구요.

사례 14는 〈전국노래자랑〉을 보고 감동을 받았다고 한다. 〈전국노래자랑〉은 시민들이 출연해서 노래하는 프로그램으로 우리가 보기에 재미는 있지만 사실 감동까지 받는 프로그램은 아니다. 그런데 북한 주민의 눈에 비친 〈전국노래자랑〉은 바로 자유 라는 감동을 주는 재미 그 이상이었다.

조선에 있을 때 내가 노래듣고 드라마는 봤지만, 한국이 이렇다 말하지만 지금 내 중국에 와서 친척네 집에서 영화 보니까 상상외로 땅과 하늘이다. 이렇게 발전됐다는 걸 내가 느껴요. 그전에 그저, 우리 거기서 듣기는 아 그건 뭐 발전은 됐다. 인민들이 뭐 잘 먹는다. 이렇게 알기는 했지. 그런데 이번에 여기와서 보니까 정말 여기가 지금 이렇게 뭐, 한국이 발전되고 나 지금 일요일날 여기 와가지고 전국노래자랑 송해 아바이 그 사람 하면서 노래 하면 열 두 살 난 아이가 노래를 하더라구요. 아 그거 정말 감동됐어요. 빨리 조국통일이 되어서 한국도 서울도 왔다갔다하고. 감동이에요. 왜 그게 감동이냐면, 조선 같으면 인제 그런 아이가 암만 잘해도 나오질 못해요. 말한다면 한국은 자유민주주의 국가라는게 우리로서 더 느끼는거에요. 사례 14 | 60대 남성

많이 웃게 하잖아요.

사례 88은 전국노래자랑을 보면 많이 웃게 되어서 좋다고 말한다. 건강하게 살기 위해서는 많이 웃어야 한다고… 북한주민이 〈전국노래자랑〉을 보며 이처럼 많은 느낌과 소감을 갖고 있으리라고는 생각하지 못했다. 웃음 지을 일이 별로 없는 북한주민들에게 〈전국노래자랑〉은 잠시나마 마음 편하게 한바탕 웃을 수 있는 행복을 주었다. 남한 사람에 대한 좋은 기억을 안겨주면서 말이다.

> 많이 웃게 하잖아요. 웃어야 사람이 건강하게 살지요. 그리고 하는 말이 언어가 곱습니다. 노래 목소리도 듣기 좋고…
> 사례 88 | 30대 여성

SNS를 알고 있을까?

소셜네트워크가 재스민 혁명의 촉발제로 지목되면서 관심이 커지고 있다. 정보확산의 매개체라는 점에서 북한에서의 SNS의 확산은 그 자체로 체제위협 요인이 될 수 있다. 과연 스마트폰과 인터넷을 사용하지 않는 북한 주민들은 SNS를 알고 있을까?

SNS(Social Network Service)인 카카오 서비스, Facebook, Twitter, Youtube 등에 대해 북한 주민들은 9명만이 알고 있었고, 나머지 91명은 처음 들어보는 단어라고 응답했다.

SNS 인지 여부

SNS 모른다. 90%

10% SNS 안다.

이번 조사에서 만난 북한주민들의 연령대가 주로 40대 이상이라는 점을 고려하면 사실 이처럼 수치가 낮은 것이 당연한 결과일 수도 있다. 그나마 SNS를 인지하고 있다는 그들의 이야기를 직접 들어보자.

사례 13은 조선에 있을 때는 당연히 몰랐는데 중국 친척집에 와서 카카오톡을 사용하는 친척을 통해 알게 되었다고 말한다.

> 조선에서 오니 뭣도 모르니까네... 친척집에서 보니까...
> 사례 13 | 40대 남성

> 그러니까 우리 친척들이 아무래도 조선족이니까 한국에 왔다갔다 하니까네. 자기네가 한국이 이렇게 발전됐다는거, 나 모르니까네. 대주느라고 별에 별거 다 대주더라구. 지금 생각하면 여태까지 정말 사회에서 우리가 모른게 많았다는거 느낀다.
> 사례 14 | 60대 남성

한국의 카카오톡과 비슷한 시스템으로 중국에서 사용하는 큐큐를 잘 알고 있는 북한주민들도 있었다. 필자는 북중접경지역에서 큐큐의 음성메시지 기능을 통해 물건을 거래하는 장면을 직접 목격하기도 했다. 중국 상점에서 온열매트를 구입하기 위해 온 북한주민은 110V와 220V를 겸용으로 사용할 수 있는 제품을 찾았다. 당시 상점에는 그 물건이 없었는데, 이를 음성메신저를 통해 북한에 있는 사람에게 직접 메시지를 전달하는 것을 보기도 했다.

한편, 북한주민들은 중국에 체류하는 동안 한국 핸드폰을 사용하는 경우가 많다. 선교단체에서 보내준 핸드폰을 지인으로부터 받아서 중국 유심칩만 끼우면 쉽게 핸드폰을 사용할 수 있다. 중국 친척들이 사용하는 카카오톡을 신기하게 본 경우다.

> 여기 핸드폰 가지고 있는 사람들 다 이런거, 핸드폰 가지면 카카오톡 하니까요. 사례 79 | 40대 남성

> 지금 또 가지고 나오잖아요. 조선에서 전화하면, 문자 카톡이라던가. 카톡 메시지 보내는거 있죠? 그런걸로 하니까, 그걸로 하면 전파로 나가는거 잡히지 못하니까 글로하죠. 메시지 보내고,

> 뭐하고. 신의주까지는 되지요. 평양엔 안돼요. 신의주에서 한단 소리만 들었지, 평양엔 안된단 말이야. 너무 멀어가지고.
>
> 사례 96 | 40대 여성

우리가 만난 응답자 가운데 몇 명 안 되는 10대 응답자들의 증언은 더더욱 의미있게 다가왔다. 아무래도 젊은 세대일수록 새로운 매체 사용에 익숙함을 알 수 있었다. 10대 응답자의 경우 다른 응답자들과 비록 중국이기는 하지만 아이폰을 사용하며 최신 한국 음악파일과 영화가 저장되어 있는 10대의 북한 학생은 아직도 기억에 생생하다.

> 중국에 있는 형이 아이폰 사준 거에요. 조선에서는 못하고... 게임도 놀고... 그다음에 음악도 들어요. 조선 노래랑 많이 달라요. 영화 보기도 하구. 구가의 서 같은 거... 형이 다 해줬지요.
>
> 사례 98 | 10대 남성

그가 사용하는 아이폰을 조심스럽게 건네받아 저장된 파일을 살펴보았다. 드라마 〈구가의 서〉 주제가를 좋아한다는 그는 핸드폰 바탕화면에도 드라마에 나오는 배우의 사진으로 장식했다. 중국에 있는 동안에 그는 한국의 여느 10대와 다를 바 없이 연예인을 좋아하고, 드라마 주제가를 들으며, 손목에 악세사리를 달만큼 자신의 개성을 드러냈다. 이런 그가 다시 북한에 들어가면 어떤 생활을 할지, 통제와 감시를 넘어 자유가 없는 그 사회에서 어떻게 살아갈 수 있을지 의문이 들었다.

10대 소년의 핸드폰에 저장 되어 있는 <구가의 서> 주제곡과 악세사리

　　북한 주민들의 중국 생활은 결코 녹록치 않다. 북한으로 돌아갈 때 한 푼이라도 더 마련하기 위해 아침 일찍부터 일하러 나가서 저녁 늦게 돌아오는 일상이 반복된다. 그마저도 중국 현지인에 비교하면 훨씬 부당한 대우와 급여를 받고 있다. 그들에게 희망은 무엇일까? 조국에 두고온 가족들을 위해 정해진 기한 안에 돈을 마련해야 하는 절박한 심정에 무슨 일이든 가리지 않고 일을 한다. 고단한 생활의 연속에서 그나마 텔레비전 시청은 유일한 즐거움이라고나 할까? 새장안의 새처럼 갇혀 지내던 그들에게 중국에서의 생활은 그래도 외부세계를 경험할 수 있는 장이 된다. 더욱이 한국 텔레비전을 통해 간접적으로나마 남한에 대한 모습을 경험할 수 있다는 점은 지금 순간의 어려움을 달래는 유일한 즐거움이다.

　　북한 주민들은 중국에서 단순히 흥미와 재미를 위해 텔레비전을 시청하는 것만은 아니다. 지금까지 교육받았던 남한에 대한 왜곡된 상이 아닌 새로운 인식의 세계로 빠져들게 하는 남한 텔레비전은 그들에게 정보를 제공한다.

식당에서 일하며 곁눈질로 연신 훔쳐보기도 하며, 여관에서 주인이 보는 텔레비전을 창문 넘어 몰래 보는가 하면, 고단한 일을 마치고 와서도 늦은밤까지 알판을 통해 남한 영상물을 즐겨보는 사람들... 그들은 왜 그토록 남한 영상물에 빠져있을까? 그 이유를 직접 들어보자.

1 정보 얻기 : 외부세계로의 접속

중국 TV는 재미없고, 한국꺼는 말이 통하니까

북한주민들이 중국에 와서 한국 텔레비전을 보는 이유는 무엇보다 말이 통하기 때문이다. 중국 텔레비전은 말도 통하지 않고 재미가 없지만, 한국 영상물은 말이 통하고 재미가 있기 때문이라고 한다. 드라마 '수백향'을 즐겨본다는 사례 17은 '정신이 나갈 만큼' 몰입해서 한국 드라마를 본다고 말한다. 중국말은 잘 알아듣지도 못하고 재미가 없기 때문에 한국 채널만 정신없이 본다고...

> 언어가 통하니까 본다. 사례 9 | 50대 남성

> 수백향이랑, 아홉시에 기리고 정신나가 갖구. 저래 중국말을 못하니까... 아예 모르니까, 한국 채널만 보죠. 정신나가죠. 또 재미나구. 드라마도 보구, 보도도 보구. 사례 17 | 50대 여성

사례 19에게도 중국 텔레비전 프로그램은 재미가 없었다. 북한에 있을 때도 심심하기 때문에 조선영화나 중국영화를 봤지만 별로 재미를 느끼지 못했다. 북한에 있을 때 한국 영상물은 못 보게 단속하기 때문에 볼 엄두를 못 냈다. 중국에서는 마음 놓고 한국 채널 밖에 안 본다고 한다. 북한에서는

단속과 통제 때문에 보고 싶어도 못 보는 한국 텔레비전을 중국에서는 최소한 시간만 되면 마음대로 볼 수 있었다. 심심함을 달래기 위해 재미도 없는 조선영화나 중국영화를 억지로 보는 것이 아닌, 자신이 보고싶은 것을 마음대로 볼 수 있는 것, 지금으로서는 그 작은 선택이 그가 누리는 최대의 자유였고, 최고의 행복이었다.

> 난 중국 말을 아예 모르니까, 한국 채널 밖에 몰라요. 중국TV는 재미없어서, 한국은 말이 통하니까. 예를 들어보면, 우리 조선에서는 심심하다고 할까. 기니까 사람들이 자꾸 씨디를 본다고. 조국에 있을 때도 씨디알은 보지요. 뭐. 노래도 듣고, 조선 영화도 보구. 중국 영화도 볼 수 있고. 한국치는 못 보게 하고.
> 사례 19 | 50대 여성

조선영화는 볼게 없단 말이에요.

사례 15도 북한영화는 볼 게 없다고 말한다. 북한 영화는 재미가 없어서 중국에 오면 가장 먼저 하고 싶은 일도 한국 드라마나 영화를 보는 것이라고 한다. 북한에서 생활하는 OOO지역이 중국과 가깝기 때문에 중국 텔레비전 프로그램이 많이 나오지만 재미가 없어서 잘 보지 않았다는 그는 중국에 와서 하루에 5~6시간 정도 한국 드라마를 시청한다고…

> 아니, 한국 티비, 드라마 보면 재미나는 것도 많고, 인자 여기 말처럼 조선영화는 볼게 없단 말이에요. 영화가 재미없단 말이에요. 기니까, 중국영화 보지 않으면 한국 드라마를 많이 보고파 한단 말이에요. 최근에는 중국 영화도 그닥 안보고, 나는 OOO이 가까운데 있으니까네. 거기서 중국영화 쪼금 나온단 말이에요. 그니까, 여기와서 하루에 다섯, 여섯시간 보지. 사례 15 | 50대 여성

거짓이 없으니까... 사실 그대로니까.

텔레비전 시청이 단순한 흥미나 재미가 아닌 정보획득을 위해 보는 경우도 있다. 사례 1은 한국의 자유와 사랑 이야기가 보고 싶어서 한국 드라마와 영화를 즐겨본 사례다. 필자가 한번도 들어보지 못한 최신 드라마 제목을 줄줄 꿰고 있을 정도로 그는 한국 영상물을 좋아했다. 한국 드라마를 보면 무엇을 느끼는가라는 질문에 뜻밖의 대답을 했다. 남북한이 통일되면 좋겠다고...

> 한국의 자유, 사랑 보고싶어서 그랬지. 사랑이고 뭐 한거니깐은... 두 여자의 방, 내 손을 잡아줘, 열애, 잘 키운 딸 하나, 사랑해서 남주나. 남과 북이 통일하면 좋갔다. 그렇게 생각을 합니다.
>
> 사례 1 l 630대 남성

■ 남한 뉴스를 보면서 얻게 되는 정보와 의식변화

북한에는 이런 생활적인 정보 그렇게 없단 말야

북한주민들의 텔레비전 시청은 단순한 흥미를 넘어 정보를 얻기 위한 특별한 목적이 있었다. 그렇다면 남한 방송을 보면서 어떤 정보를 얻을 수 있었을까? 중국 뉴스를 보면 말이 통하지 않아 아무것도 모르는데 남한 뉴스를 보면 국내외 정세를 쉽게 확인할 수 있었다는 사례 18의 이야기를 들어보자.

차이가 있지, 조선에는 이런 생활적인 정보 그렇게 없단 말야. 크게. 건강 상식에 대한거는 간단히 나오는데, 그렇게 사람들이 살면서 음식에서도 구체적으로 나오고 가정에 이르기까지 속속들이 하는 생활들을 이렇게 보도하는게 없단 말이야. 논평 하는 거, 북한 정세에 대한거 세계 나라 정세에 대한거. 북한에서 이러저러 하는데, 남한에서는 어떻게 대비해야 하는가. 이런걸로 해서 그러고 나온거 있더라고. 그거 다 보지. 그런거 보니까... 중국 텔레비 보니까 말이 통하지 않으니까 종합보도를 봐도 아무것도 모른다고 그러니까 한국 티비를 보면 그게 보도가 조선말로 나오니까 우리 감정이 통하고 알아듣기가 쉬우니까, 세계, 국제 정세에 대한 거 국내 정세에 대한 거 생활 정보 생생정보통 그런 정보들을 우리가 손쉽게 이해할 수 있다고...

사례 18 | 50대 남성

숨김없이 모든 걸 해주는데

사례 13은 한국의 보도는 거짓이 없고 사실 그대로를 알려준다는 데에 놀랐다. 북한에는 조선중앙TV와 같이 '한 형태로만 짜여져 있다.'고 표현한다. 남한 뉴스가 진실하게 느껴진다고 말하는 사례 13의 증언을 들으면서 '알권리'가 얼마나 중요하고 의미있는 일인지를 새삼 깨닫게 된다. 지금 즐겨보는 프로그램은 없지만, 〈아침마당〉과 7080 노래를 좋아한다는 그였다. 7080 노래를 좋아한다는 말에 잠시 그가 북한주민이라는 사실을 잊었다.

거짓이 없으니까, 사실 그대로니까. 사례 7 | 40대 남성

보도 하는거 보면 세세하게 보도되는 걸 알 수 있죠. 인제. 숨김없이 모든 걸 해주는데, 그거를 알 수 있죠. 한국 드라마, 저녁

시간대 하는 거 인제 보도 하기 전에 하는 거 30분짜리. 그거 본적이 있죠. 저, 좀 진실하게 느껴지죠. 사람 측면에서라든가, 촬영을 개방적으로 해놓고... 인제 우리는 한 형태로 짜여져 있지만 한국 같은 경우에는 좀 아무래도 편리하게... 지금 즐겨보는 프로는 따로 없고, 보도 보고... 아침마당 많이 봤죠. 그 7080 노래. 그다음에... 아무래도 고저 7080 노래 그런거는 옛날 노래고... 듣기 좋지요. 옛날에 노래하는 거 보니까, 고향을 부른 노래도 있고... 사례 13 | 40대 남성

아랫동네는 담장에다가 아이 놓고 가라는 거 있더라고요.

사례 47은 남한의 보도를 통해 미혼모가 아이를 버리지 않고 두고 갈 수 있는 '베이비박스'에 대한 기사를 보았다. 베이비박스를 '담장에다 아이 놓고 가라는 거'로 이해한 그는 그러한 모습이 바로 공산주의와는 다른 것이라 생각했다. 고아를 돌보는 장면이 제일 감동적이었다고 말하는 사례 47은 독거노인 집에 연탄을 배달해 주는 장면에서도 놀라움을 감출 수 없었다고 한다.

아랫동네는 담장에다가 아이 놓고 가라는 거 있더라고요. 제일 인상적이라는거는 고저 고아들을 돌보아 주는거 좋더만요. 난 내가 아이를 사랑해요. 근데, 아랫동네는 담장에다가 아이 놓고 가라는 거 있더라고요. 아, 요새 보니까 감동되었어요. 저 정도면 정말 공산주의하고 다르구나 생각했어요. 노약자들 노숙자들 많이 돌봐주더만요. 이웃돕기 하잖아요? 감동되었고, 그다음에 늙은이 혼자 사는 집에 탄을 다 날라주고, 그래서 놀랬어요.
사례 47 | 40대 남성

또한 북한주민들은 남한 뉴스를 보며 감정이 통하고 알아듣기가 쉬웠다고 한다. 국내외 정세에 대한 내용은 물론 남한이 북한에 대해 어떻게 대응하고 있는지에 대한 내용도 알 수 있었다. 무엇보다 사람들이 살아가는 이야기로써 음식과 건강 상식, 가정에 대한 이야기까지 속속들이 알려주는 것이 북한보도와 가장 큰 차이점이라고 말한다.

조선에서도 모르는거 그런거 조금 듣죠.

북한 내부 소식을 한국 보도를 통해 알게 되는 경우도 있었다. 북한에서 미사일을 발사하거나 핵실험 한 내용에 대해서는 보도를 안 하니까 알 수 없는데 한국 보도를 보고 그 내용을 알았다는 것이다. 북한 내부 상황을 오히려 남한 뉴스를 통해 알게 되는 경우였다.

> 뉴스 볼 때 조선에서 뭐 미사일인지 뭔지를 쐈다 그런건, 조선에서도 모르는거 그런거 조금 듣죠. 하니까, 우리도 알지 못했던 거 북한에서 핵실험한다 어디 있다 그런거... 사례 65 | 30대 여성

사례 66은 북한이 핵실험을 했다는 사실을 넘어 핵실험으로 쓰여진 돈이 북한인민들이 먹고살 수 있는 돈이라는 생각이 들면서 북한 당국에 대한 비판적인 인식으로까지 확대되었다. 자신들의 생활이 곤란해 진 것이 핵실험 때문이라는 비판적인 생각... 그러면서도 북한 당국은 그 모든 것이 미국 때문이라고 선전했고, 사례 66은 그것이 거짓임을 남한 방송을 통해 알게 된 것이다. '철천지 원수의 나라 미국'으로 인해 고통받는 것이 아니라 북한 당국의 핵실험 때문에 더더욱 생활이 곤란해 졌다는 사실에 분노를 느낀 사례 66. 그렇게 한 사람씩 진실을 마주하게 된다면...

핵실험으로 인해서 인민들이 인제 그 돈으로 먹고 살 수 있는 걸, 이제 핵실험에 몽땅 들어가니깐 생활이 곤란해지잖아요. 그런거 알게 되었어요. 조선에서는 누가 그걸 말 안해주면 모르죠. 그냥 미국놈들이 자꾸 침략할라 그런다 하니깐... 사례66 | 40대 남성

그거 보면 차별이 크죠. 문화수준, 사람들이 차별이 크지요. 다 이야기 하는거죠. 직장들끼리야 그런거 이야기 나누지요.
사례82 | 50대 남성

한국은 사람 살 곳이 못된다고... 한국 사람 무서워했지요.

사례 83은 북한에 살면서 한평생을 속고 살았다고 말한다. 한국사람들이 사는 방식은 전혀 몰랐고 사상교육으로 적보다 더 무섭게 한국 사람들을 생각했다고 말한다. 하지만 중국에 와서 남한 영상물을 보며 경험한 한국은 전혀 다른 모습이었다.

많이 보구, 많이 느끼고 야- 한국사람들이 이렇게 사나 하는걸 이번에 절실히 느꼈지만, 이걸 조선에 나가서 했다가는 영원히 중국에 들어오지도 못하거니와 추방당합니다. 사랑과 사업에서 또 인간성에 대해서 이거 모든 것이 다 깨끗하고 살림에서도 그렇고 모든 것이 다 조선보다도 낫고, 중국보다도 낫고 한국이 이만큼 크게 발전되었다는 걸 알게되었어요. 마음대로 백성들이 마음대로 먹구, 마음대로 살구. 긴데, 우리는 가만 앉아 듣기는 아주 그 한국사람들이 나쁘고, 한국에는 전혀 사람 살지도 못하고 야야 적보다도 더하기 때문에 우리가 한국 사람을 많이 무서워했습니다. 긴데, 와서 뗄레비로 통해서 다 보니까 그게 아니고 이거이 말짱 거짓말이라는거 알게된 거에요. 그저 내용이라는거,

상품이 많구. 마음대로 사구 또 그거 접할때에 그 인내성. 인내
성에 대한거 그것도 보구. 이거 생활에 대해서도 깨끗하고, 그
다음엔 한국 사람들도 만나봤습니다. 댕기면서 건너오는거 보게
되면 아주 그 인내성이 있고 _{사례 83 | 60대 여성}

남한에 대한 생각이 바뀌지요.

북한 주민들은 중국에서 남한 영상물을 시청하며 남한에 대한 왜곡된
상이 변화되었다. '그런곳에 가서 살아봤으면'하는 동경도 갖게 되었다. 교
통수단도 좋고 일하는 자체가 이미 자신들이 사는 곳과는 다른 '잘사는 조
국'을 경험하게 되었다고 말한다.

글쎄 사람이 그저 순간에 "야 그런데 가 살아봤으면" 이런 생
각이 없지 않나 있다고요. 근데, 실지 이렇게 가면 생각하고 다
르면 어떻게 했는지 그건 모르겠다고. 다 사람마다 다르니까.
_{사례 29 | 60대 여성}

그런거 보면서 우리도 잘사는 조국이구나 하고 느끼디요. 남한
에 대한 생각이 바뀌지요. 쓱 봐도 뭐, 매 집들도 다 차도 있고
교통수단도 좋구 벌써 일하는 자체가 다 그러니까... 여기 들어
와서 보니까 석탄 때는 게 없고 얼마나 좋아요? 집이 깨끗하고
그러니까, 도시자체가 깨끗해 보이잖아요. _{사례 19 | 50대 여성}

▰ 남한 영상물에 대한 거부감 : 이해하기 어려운 외래어와 내용

중국에 체류하는 동안 남한 영상물 시청이 유일한 즐거움이 되지만 모

든 프로그램을 이해할 수 있는 것은 아니었다. 북한 주민들이 한국 텔레비전을 보는 이유는 같은 언어를 사용하기 때문에 알아듣기 쉬웠다고 말한다. 그런데 중국 방송과 비교하면 상대적으로 알아듣기 쉬웠지만 같은 조선말이라도 외래어나 알아듣지 못하는 단어가 너무 많았다고도 증언한다. 말은 물론 내용이나 장면에서 이해 안되는 것이 한 두 개가 아니었다. 가장 이해하기 어려웠던 내용은 무엇이었을까?

제 나라 말도 있는데, 왜 하필 외국말까지 섞어가면서

남북한이 한민족이라 하지만 이미 분단 70년의 세월로 인해 언어의 차이가 심각한 문제이다. 북한주민들이 중국에서 남한 텔레비전을 볼 때 가장 이해하기 어려운 것은 외래어를 비롯해 말투를 알아듣지 못하는 경우가 많다고 한다. 조선어를 두고 왜 외래어를 사용하느냐고 핀잔을 주는 응답자에게 사실 마땅히 대답할 말을 찾지 못했다. 같은 조선말인데 못 알아듣는 상황을 보며 내용이 아닌 언어의 차이에서 오는 이질감의 극복이 필요함을 새삼 느끼게 된다.

> 영어 쓰니까네, 어떤 말도 좀 처음 들어봤으니까. 말할 때보면 알아듣지도 못하고. 제나라 말도 있는데, 왜 하필 외국말까지 섞어가면서 말을... 제나라 말도 잘 못하는데. 잘 안들려서 조선말하고, 한국말하고 같은데 왜이렇게 못 알아들을까 그러니까네.
> 사례 21 | 40대 여성

외국노래를 꼬부랑 꼬부랑 할거 있어요.

사례 19는 텔레비전에서 하는 음악프로그램을 보며 마음이 편치 않았다고 한다. 분명 가수가 한국노래를 부르는데 중간 중간에 영어로 말하는 것이 못마땅했던 것이다. 영어로 "꼬부랑, 꼬부랑 하면서"라고 표현한 그의 말을 면접자도 처음에는 알아듣지 못했다. 그런데 우리도 가끔 영어를 비하하여 '꼬부랑 글씨, 말'로 표현하기도 한다. '꼬부랑'은 국어사전에 '무엇이 매우 굽거나 휘어 있는 모양을 나타내는 말'로 표기되어 있다. 영어를 비하하여 부르는 '꼬부랑'이라는 말은 남북한이 서로 다르지 않았다는 점이 흥미롭다.

> 텔레비로 노래 막 하는거, 영어로 꼬부랑 꼬부랑 하면서 제나라 노래도 있는데... 외국노래를 꼬부랑 꼬부랑 할거 있어요? 그치 않아요? 사례 19 ǀ 50대 여성

자식들이 바꼈다 어쨌다... 우리가 보기에는 희안하니까

남한 드라마를 보면서 가장 충격적인 장면은 무엇인지에 대해 질문했다. 북한 주민들에게 내용이나 인상적인 장면은 무엇이었을까? 남한 영화는 사상적인 내용이 들어있지 않은게 신기했지만 매번 반복되는 내용에는 식상해 하는 모습도 보였다. 한국 드라마에 단골메뉴로 등장하는 혈육의 비밀 스토리를 "자식들이 바뀌었다, 어쨌다."로 표현하며 그러한 내용은 잘 이해되지 않는다고 말한다.

> 드라마를 보면 대체로 한국 영화 보믄 다 사랑 이야기지. 회사들이 나쁘게 있어서 그런 싸움이 고저 보믄 다 내용은 비슷해. 제목은 다른데... 그러지 않으면 자식들이 바꼈다 어쨌다... 우리

가 보기에는 희안하니까. 고땀시 남한 영화는 사상적이란게 없단 말이에요. 내가 항상 드라마 이래보면, 이 생활 표현 놓고 보면 이 남자들이 여자들에 대해서 이 진실성이라던가, 자식들이 부모 대한 효도라든가, 그러다보니 아랫사람들이 이런 자기 상관들에 대해서 존경심하고 충성심. 그런 것들입니다.

사례 29 | 60대 여성

종편을 통해 알게 되는 탈북민에 대한 소식

중국에서 한국 텔레비전을 볼 수 있는 방법은 위성 TV를 설치하여 다양한 채널을 본다. 종편도 시청하는데 특히 북한 관련 소식을 많이 접할 수 있어서 자주 시청한다고 한다. 우리가 만난 사례 7은 TV조선을 즐겨보는 애청자였다. 면접을 하면서 필자도 잘 알지 못하는 프로그램을 줄줄 꿰고 있을 정도였다. 그는 왜 유독 종편을 즐겨보았을까? 그의 말을 직접 들어보자.

TV조선을 즐겨본다. 아침에 일어나면 TV조선부터 본다. 제일 정확한 것 같다. TV조선을 보는 이유는 보도가 정확하고 북한소식도 알 수 있고 탈북자 소식도 알 수 있고… 정치권 싸움하는 거도 보고 재밌어서… 사례 7 | 40대 남성

아침에 일어나면 TV조선 부터 시청한다는 사례 7의 증언은 굉장히 놀라웠다. 북한소식을 많이 알 수 있다고 증언하는 그에게 종편에 자주 등장하는 탈북민들의 방송출연은 어떻게 느껴졌을지 궁금했다. 정치권 싸움하는 것이 재미있다고 말하는 그에게 남한은 자신의 삶을 솔직하게 표현하는 곳으로 인식되었다. TV조선 프로그램 중에서도 〈시사탱크〉를 제일 재미있게 본다는 그의 말을 계속 들어보자.

> 북한하고는 천지차이다 북한은 계속 거짓말하는데 남한은 자기의 삶을 솔직하게 표현한다. TV조선에서 제일 재밌는 것은 시사탱크이다. 한국 뉴스 보면 한나라당이랑 민주당이 매일 치고 박는 것밖에 안 보인다. <사례 71 40대 남성>

사례 64도 TV조선 프로그램에 나온 탈북자들의 이야기를 시청한 경우다. 그는 무엇을 느꼈을까?

> 그 TV조선에서 그거 탈북자들이 뭐 거기서 한참 말하고 그런거 아니에요? 맞죠? 그게 TV조선? 여자들 나와서 말하는거… 한명씩 뉴스처럼. 한명씩 한참 얘기하고… 그거는 잘 안보긴 안봤는데… 가끔씩 봤죠 뭐… 아주 솔직하더라고요. 공감가지요. 나왔는데, 연애에 대해서 말했단 말이에요. 남자관계에 대해서 말하고, 그거 보니까 뭐 공감 가더라고. 그 사람들이 조선의 실태나 이런 것들을 얘기할 때는 맞다 생각해요. 공감하면서 듣지요. 나라도 그렇게 말할 것 같아요. <사례 64 20대 남성>

사례 43은 방송에 나온 탈북자를 보면서 어떻게 하면 자신도 남한에 갈 수 있는지 생각했다. 남한에 먼저 간 친구는 남한에서 생활비도 받고 일도 시켜준다는 이야기를 들려주었다. 무사히 남한에 가서 자유를 누리는 그 친구가 부러웠지만 자신은 갈 수 없는 상황이 그저 안타까울 뿐이었다.

> TV조선 나옵니다. 탈북자들 가서, 이런 대우 많이 받는데 그 때 "야 나도 어떻게 갈 수 없을까" 생각하죠. 가고파도 못갑니다. 가고 파도. 이렇게 연결해서 좀 가보면 좋겠는데, 연결을 못합니다. 작년에 간 사람들은 청도, 태국 해서 그렇게 갔는데 난 가다 죽겠다. 너 먼저 가라해서 갔다고… 그 동무가 계속 전화로

왔다고 오니까, 생활비도 주고 일도 시켜주고 자유라고 글더라고. 나보다 나이 어립니다. 그 간 사람인데, 나보고 빨리 오라고 그러는데. 내가 데려온 거 아이 쪼끄만 거 있는데 그 아이 때문에 못 갔습니다. 사례 43 | 50대 여성

탈북자들이 한국에 가서 잘 살게 되었다고 느낀 북한 주민들은 자신도 그렇게 되고 싶다는 기대가 크다고 말한다. 그들의 이야기를 들으며 북한 주민들의 마음을 사로잡는 전략은 바로 탈북자들의 성공 사례를 알려주는 것이지 않을까라는 생각이 들었다. 성공의 가치는 꼭 큰 돈을 벌고 사회적 지위를 얻는 것만이 아닌 탈북민이 우리 사회에 안정적으로 정착하여 생활하고 있는 모습도 포함된다. 탈북해서 남한에 가면 정보기관에 의해 이용만 당하다가 비참하게 죽는다는 소문이 거짓이라고 알게 된 것은 자신이 직접 본 남한 방송 때문이었다. 사례 56은 방송에 나온 탈북자들을 '한국에 가서 인생 고치고 다 잘 살고 있는 것'으로 인식했다.

> 탈북자들이 한국에 가서 다 인생 고치고 다 잘사는 거 보니까, 내 다행이다 생각하죠. 근데, 거기서 말하는 건 다 사실이에요. 사람들이 말하는 건 사실이고 다 동감하죠. 동감해요. 화요일 마다 하는 거 뭐이더라? 화요일 마다 북조선에 대한 하는거 보고. 뭐? 저격수다? 장성민의 무슨?... 시사탱크인지. 그저 다 봐요. 그저. 연속극 보구, 내가 본거면 TV조선 틀어서 보구.
> 사례 56 | 60대 여성

북한 주민이 증언한 남한 텔레비전 프로그램	
아침마당, 한국인의 밥상	사례 56
태양의 신부, 왕가네 식구들	사례 15
미스코리아, 황금의 제국, 세 번 결혼하는 여자	사례 21
왕가네 식구들	사례 62
기황후	사례 65
수백향	사례 78
별에서 온 그대	사례 85
나만의 당신	사례 81
오자룡이 간다	사례 82
미친사랑	사례 93
상속자들, 대조영, 연개소문	사례 98
왕가네 식구들	사례 35
쓰리데이즈	사례 91

중국에서 경험하는 새로운 세계

중국 사사여행자들은 중국에 체류하는 동안 남한 영상물 시청에 노출되고 이는 곧 의식변화를 초래하는 요인이 된다. 그들이 중국에서 직접 경험하고 인지한 내용은 북한에서 교육받았던 내용과는 전혀 다른 내용이었다. 스스로 충격을 받았다고 표현할 만큼 그들이 직접 경험한 세계는 차이가 많이 났다. 남한 영상물 시청과 더불어 중국에 거주하는 친지로부터 전해 듣는 남한 소식과 중국의 발전상은 자신들이 북한에서 받은 정치사상 교육에 대해 반감을 갖기에 충분했다.

중국 내에서 남한 영상물을 비롯한 다양한 경로로 정보가 축적되면서 물론 북한 정권에 대한 의식 변화로 이어짐을 알 수 있다. 남한 영상물 시청을 통한 북한 주민들의 의식변화는 '알권리'의 확대라는 점에서 의미가 있다. 무엇보다 왜곡된 남한상이 아닌 경제적으로 발전하고 자유와 인권이 보장되는 남한사회를 인식한다는 점이 중요하다. 중국이라는 제3국에서 북한 주민들의 남한 영상물 시청을 확대하기 위한 우리정부 차원의 정책방안을 마련하기란 쉽지 않다. 중국 당국은 이미 북·중 접경지역에서 남한 위성방송 수신 장치들에 대해 불법으로 간주하며 이를 단속하는 추세다. 북한 주민들의 중국에서 남한 영상물 시청이 주로 한국위성방송 수신이라는 점에서 중국 정부가 이를 법적으로 제약하면 시청은 당연히 제한될 수밖에 없다.

따라서 정부 차원의 대응과 함께 민간부문에서 외부 정보 유입 및 시청을 위한 다양한 방안이 필요하다. 중국 체류 시 북한 주민들이 즐겨보는 남한 영상물의 장르 및 특성을 면밀히 파악하고 이들을 위한 컨텐츠 개발도 고려해야 한다. 최소한 '알면 바뀔 것이다.'라는 북한이탈주민의 증언처럼 북한 주민들의 알권리를 위한 다양한 방안이 마련되기를 기대해 본다.

북한에서의 남한 미디어 이용실태

시청과 의식변화

남한방송, 영화, 드라마, 노래(음악) 등을 접해본 경험이 있습니까? 어떤 느낌이었습니까?

남한 영상물을 시청한 후 남한에 대한 인식이 어떻게 바뀌었습니까?

시청방법 및 매체

남한의 영상물이 북한 주민의 의식을 바꿀 수 있을것으로 생각하십니까?

북한에서 접한 남한 미디어(영화, 드라마, 예능프로그램, 가요 등)를 보거나 들을 수 있었던 매체는 무엇이었습니까?

남한의 영상물을 어떤 경로를 통해 입수하였습니까?

북한에서 소유했던 미디어 매체 및 기기는 무엇입니까?

귀하가 시청한 남한 영화나 드라마의 장르는 무엇입니까?

외부정보 매체를 얼마나 자주 보셨습니까?

귀하가 주로 남한 영상물을 보는 시간대는 언제입니까?

판매 및 확산

남한 영상매체를 다른 사람에게 판매하거나 전해준 적이 있습니까?

남한 영상매체를 시청 한 후 다른 사람에게 내용을 전달하거나 이야기를 나눈적이 있습니까?

북한주민들에게 남한 미디어 시청은 외부세계를 볼 수 있는 또 하나의 창이다. 북한에서 이른바 '남조선풍(한류)'의 확산은 단순히 흥미와 재미를 넘어 북한사회 전반에 영향을 미친다. 무엇보다 남한 영상물 시청을 위한 다양한 매체가 유통되며 통제된 북한사회에 시장을 형성한다. 시장은 단순히 물건만 거래되는 것이 아니라 정보소통의 역할을 하는 만남의 장이다. 시장의 확산은 북한의 지역간, 사람간 이동의 장벽을 허무는 역할을 한다. 노트텔, MP5, 테블릿PC 등 영상매체는 제한물품이 아니기 때문에 북중간 무역을 통해 공식적으로 반입된다. 시장에서 인기리에 거래되는 남한 영상물이 담긴 알판(DVD)이나 USB(메모리기억장치)등은 북중접경지역 도시에서 밀수를 통해 유입되어 북한 내륙지역까지 확산된다.

    남한 영상물 유통과 시청은 당연히 불법이기 때문에 거래와 단속을 무마하는 조건으로 뇌물이 건네진다. 이는 간부들과 주민들 간의 계층간 경계 허물기로 볼 수 있다. 국가와 정권을 위해 충성해야 할 간부들이 자신의 부를 축적하기 위해 권력을 이용하는 것이다.

    북한당국은 '자본주의 날라리풍'을 제국주의의 사상문화적 침투행위로 규정하고 엄격히 통제해 왔다. 북한에서 외부사조가 유행처럼 번지고 있는 현실을 감안할 때 북한 당국으로서는 체제유지를 위해 철저한 통제와 단속이 필요할 것이다. 하지만 시장과 단속원들이 압수물품을 재판매 하는 등 불법적으로 유통되는 남한 영상물을 단속하기에는 역부족이다.

    북한에서의 한류 현상은 단순히 남한 영화나 드라마, 노래 등의 확산이라는 의미를 넘어 상품의 유통과 계층 간 경계를 허무는 조직적 연계망을 형성한다. 북한 당국의 통제와 단속은 이미 자생적으로 형성된 시장과 뇌물을 통한 공생구조를 끊기에는 한계가 있다.[15] 외부정보의 유입이 나날이 확산되는 상황에서 북한 당국은 기존처럼 일방적인 통제만을 지속할 수는 없을 것이다.

북한 주민들의 인식과 사상이 변화되는 상황에서 무조건 강압적 통제만 할 수 없기에 북한 당국으로서는 오히려 자신들의 방식으로(주체적으로) 새로운 양식을 창조보급해야 한다고 주장한다. '발은 여기 붙이고 눈은 세계를 보라'는 북한 당국의 선전은 바로 이러한 상황을 가장 잘 반영한 정치 구호라 할 수 있다.

노동신문 기사에 따르면 "천만군민을 고무 추동하는 주체의 음악예술"이라는 제목의 사설에서 "음악예술을 사람들의 건전한 사상의식을 좀먹고 마비시키는 도구로 전락시켜 이색적이며 부르주아적인 사상문화를 우리 내부에 퍼뜨리려는 제국주의자들의 비렬한 책동에 맞서 백두산대국의 존엄과 위용을 과시하며 공훈국가합창단과 모란봉악단, 은하수관현악단을 비롯한 혁명적인 예술단체들의 장엄한 음악포성이 천지를 진감시키고 있다."고 말한다.[16] 특히, 청소년들을 지칭하는 새세대들의 사상을 굳건히 지켜야 한다고 말한다.

지난 7월 24일자 노동신문을 보면 "제국주의자들의 사상문화적침투책동을 짓부셔버리기 위한 투쟁을 강도높이 벌려나가야 한다."는 제목의 글을 통해 이른바 새세대들의 사상전선을 굳건히 지켜야 함을 강조한다. 청소년들이 외부사조에 물들지 않도록 '우리식 창조물들을 창작 보급하여 사람들이 스스로 부르죠아사상문화에 등을 돌리게 해야 한다.'는 것이다. 북한당국의 이같은 주장은 그만큼 북한에서 외래문화의 확산이 광범위하게 이루어지고 있음을 방증하는 것이다.

그렇다면 과연 북한 당국의 의도처럼 남한 영상물에 빠져 있는 북한주민들은 북한당국의 새로운 창조물을 보고 남한 영상물을 끊을 수 있을까? 북한 당국의 감시와 통제를 교묘하게 뚫고 이 시간에도 남한 영상물을 몰래 시청하고 있을 '아랫동네 날라리들', 그들의 이야기를 직접 들어보자.

로동신문

2015년 7월 24일

제국주의자들의 사상문화적침투책동을 짓부셔버리기 위한 투쟁을 강도높이 벌려나가야 한다.

부르죠아사상문화는 인민대중의 계급의식, 혁명의식을 좀먹고 해치는 무서운 독소이다. 제국주의자들은 《독가스실은 한번에 수백명밖에 죽이지 못하지만 방송은 한꺼번에 수십만명도 〈죽일수〉 있다.》고 하면서 반사회주의선전공세에 자금을 아끼지 않고 있으며 수단과 방법을 가리지 않고 우리 내부에 퇴폐적인 사상문화와 생활양식을 퍼뜨리기 위하여 발악하고 있다. 특히 우리 청소년들을 노리고 썩어빠진 반동적사상문화를 쉬임없이 들이 밀고 있다. 혁명의 1세, 2세들에게는 통하지 않았지만 그 다음 세대, 새 세대들에게는 가능하다고 하면서 어떻게 하나 그들을 사상정신적으로 변질 타락시키려는 것이 제국주의자들의 음흉한 목적이다.

계급적 원쑤들과의 대결은 군사적대결인 동시에 사상의 대결이다. 우리는 그 어떤 경우를 불문하고 사상전선에서 한치도 물러서지 말아야 한다. 전당적, 전사회적으로 자본주의독소가 우리 지경을 넘어서지 못하도록 모기장을 이중삼중으로 든든히 치면서 제국주의의 사상문화적침투책동과 심리모략전을 물거품으로 만들기 위한 주동적인 작전을 전개하여야 한다. 우리 식의 건전하고 혁명적인 문학예술작품들과 기사, 편집물들을 더 많이 창작 보급하여 사람들이 스스로 부르죠아사상문화에 등을 돌려대게 하여야 한다.[17]

남한 영상물은 어떤 느낌일까?

남한 미디어를 접해본 경험은 '전혀 접해보지 못했다.' 38명, '한두 번 접해봤다.' 19명, '자주 접해봤다.' 30명, '무응답' 13명이었다. 전체 100명의 응답자 중에서 무응답을 제외한 87명 중 49명이 북한에서 남한 영상물을 시청한 것으로 나타났다. 북한에서 남한 영상물을 시청한 49명 가운데 남한 미디어를 접했을 때 느낌은 '매우 친숙했다.'는 의견이 39명(79.6%)이며, '약간 친숙했다.'는 응답이 10명(20.4%)으로 정도의 차이가 있으나 대부분 남한 미디어 시청이 친숙한 것으로 조사되었다.

남한 미디어를 접했는가?

30명
자주 접해봤다.

19명
한 두번 접해봤다.

38명
전혀 접하지 못했다.

생활상이 비슷한 남북한

북한 주민들은 남한 영상물과 노래를 접했을 때 어떤 느낌이었을까? '매우 친숙했다.'고 응답한 사례의 이야기를 들어보자. 사례 7은 한국 드라마 〈유리구두〉를 처음 접했을 때의 느낌을 "배우들이 어색하지 않고 연기를 잘하고 사실 그대로 표현하는 것 같아 놀라웠다."고 말한다.

　　연기 잘하는 남한 배우들의 모습을 보면서 친숙함을 느꼈다는 사례 7의 이야기를 들으며 그가 '사실 그대로 표현했다.'고 하는 장면이 무엇이었을까 궁금했다. 하지만 그는 오래전에 본 드라마의 기억을 또렷이 기억해 내지는 못했다. 드라마 〈유리구두〉는 그에게 영상으로나마 남한 사람을 처음 만나게 해 준 통로였다.

　　사례 9는 남한 영상물을 보고 친숙하게 느낀 이유로 "언어가 통하고 북한과 생활문화가 비슷하기 때문"이라 말한다. 남한 영상물에 대한 친숙함은 대부분 남북한 생활문화가 다르지 않기 때문이라고 강조한다. 생활상이 자신들의 모습과 비슷하고, 감정과 말이 통하기 때문이라는 것이다. 북한 주민들은 남한을 한동포라 생각해서 감정과 말이 통한다고 인식한 것은 그리 놀랄 일은 아니다. 하지만 생활상이 자신들의 모습과 비슷했다는 점은 언뜻 이해되지 않았다. 분명 남북한이 경제적으로 차이가 있기 때문에 실생활에서도 차이가 있을텐데 그들은 생활이 자신들과 같다고 표현했다.

> 소생활이 우리 생활과 같고 구체적으로 표현해서 감동이 되었다. 북한은 허위가 많으니까 제한하는게 많다. 사례 10 | 50대 남성

> 보니까, 감정이 통하고 말도 솔직하게 깨끗하구... 감정은 비슷하니까. 사례 35 | 30대 여성

> 뭐 사람 사는거, 너무 솔직하게 표현하고 아름답다고 해야되나? 생활이... 사례 36 | 30대 여성

　　남북한 '생활'과 '생활상'에 대한 차이는 사례 39를 통해 확인할 수 있었다. 사례 39는 남북한이 오랜 분단으로 인해 '생활상'의 차이가 있지만 같

은 민족이기 때문에 '생활모습'이 비슷함을 느꼈다고 말한다. 비슷한 생활이기 때문에 이해하기도 쉬웠고 재미도 있었다. 즉, 경제적 격차로 인해 생활상은 차이가 있지만 한동포, 한민족이기 때문에 생활풍습 등에서는 차이가 없이 친숙했다는 의미로 해석할 수 있을 것 같다.

그는 드라마를 통해 '아무리 가난해도 자유가 있고 할 말은 하고 사는 남한의 모습'에 친숙함을 느꼈다. 주민들이 정부에 항의하고 시위하는 모습이 무척이나 놀라웠다고...

> 첫째로 언어가 통하고, 그다음에 생활상은 차이가 나지만 조선 사람 같은 민족이니까 생활이 비슷비슷 같더라고… 같으니까, 아무래도 드라마도 재미나니까 자꾸 이쪽으로 쏠리면서 보고 싶고. 자꾸 생각이 그 쪽으로 간단 말이야. 기억에 남는 장면은 부자 대 가난한 사람의 차이에 대해 말하는건데… 아무리 가난해도, 못살아도 자유가 있구 자기 가고픈데 가구 할말을 자유롭게 하고 사니까. 정부에다 항의하는 것도 드라마에 나오구 그러니까, 아 사실 그… 주민들이 그렇게 정부에다가 시위하고 항의해도 뭐 크게 문제 인식 안하고 그런 느낌이 나더라고…
> 사례 39 | 50대 남성

사례 40은 남한 영상물을 보고 친숙함을 느끼면서도 동시에 '자신이 사는 나라는 왜 이런가' 하는 마음이 들었다고 고백한다.

> 친근하지요. 그런데 같은 나라인데 왜 우린 이런가 그런 생각 많이 들었지요. 사례 40 | 60대 여성

솔직하게 표현하는 남조선 노래

사례 42는 남한 노래를 듣고 남한에 대한 친숙함을 느끼게 된 경우다. 북한 노래가 대부분 정치적 선전과 지도자에 대한 찬양일색인데 반해 남한 노래는 부르기 쉽고 솔직하게 표현되었다고 말한다. 그가 남한 노래를 듣게 된 것은 텔레비전을 통해서였다. 일본산 중고텔레비전을 구입했는데 방송 체계가 같아서 한국 방송이 직접 수신되었다고 한다. 드라마〈대조영〉도 봤다는 사실을 말할 때는 마치 자랑하듯 목소리가 한층 높아졌다.

> 조선노래 성향하고 비교해 볼 때 솔직하게 남조선은 솔직한 면이 있잖아요. 우리 노래 들어보면 솔직히 다 그거 장군님 찬양 이런거 많은데, 남조선 노래는 부르기 편하고 솔직하잖아요. 텔레비로 봤어요. 수신이 그 때 됐어요. 조선에 그 때 지금은 안되는데... 이전에, 일본에서 나온 중고테레비가 있어요. 그 테레비 체계가 한국 텔레비 체계하고 같아요. 그걸 볼 때 사가지고 조선에서 볼라면 개조를 해야 되는데 개조 안한 상태에서 텔레비 켜보니까 한국 티비 나오더라고요. 그걸로 대조영도 봤어요.
> 사례 42 | 30대 남성

사례 47에게 남한 노래는 너무나 친숙한 곡이었다. 그녀는 남한 노래를 들으면서 자신의 아들과 함께 춤도 추었다고 말한다. 하지만 이 이야기를 듣기까지 한동안 숨죽인 채 조용히 그의 눈물을 바라보아야만 했다. 아들이 구해온 테이프로 남한 노래를 부르며 함께 춤을 췄던 기억이 이제는 먼저 떠나보낸 아들에 대한 아픈 그리움으로 남겨져 있었기 때문이다. 왜 아들이 죽었는지에 대해서는 차마 물어보지 못했다. 아니 그러고 싶지 않았다. 지금도 아들이라는 말만 들어도 그리움에 눈물을 떨구는 그녀에게 어느 한 때의 영원한 이별을 다시금 기억나게 하고 싶지는 않았다. 아들이 죽은 다음 함께 듣던 음악테이프도 모두 태웠다는 말에 어떤 노래를 함께 들었었는지도 물어볼 수 없었다.

> 남조선 노래 들으며 우리 아들과 춤도 췄어요. 아들이 죽었는데 가슴 아프니까 얘기를 안하구... 그 노래를 좀 들었어요. 아들이 죽은 다음에 테이프를 다 태웠지. 아들이 무슨 보위부 ○○아들하고 친했으니까, 거기서 빼냈더라고. 야, 너 똑똑하다 남 못 듣는거. 난 그 자리 들었거든요. 애가 그렇게 약간 반짝반짝 했으니까 같이 들었단 말이죠. 사례 47 | 40대 남성

친숙한 남조선 드라마

북한 주민들이 남한 영상물을 친숙하게 느끼는 것은 대부분 드라마를 보면서 같은 생활상을 경험하기 때문이다. 사례 56은 드라마 〈겨울연가〉를 많이 봤는데 최근에는 드라마 〈동이〉를 시청했다고 말한다. 중국에서 한국 방송을 녹화해서 들어가기 때문에 한국에서 인기리에 방영되는 드라마는 곧바로 시청할 수 있다고 한다.

> 텔레비 련속극 보구. 겨울연가 그다음에 저거 많이 봤는데... 가재 본 거는 동이... 그건 씨디알로 봤시유. 여기서 다 녹화해간다. 야매로 사서 봤죠. 사례 56 | 60대 여성

사례 58은 가장 많이 본 드라마로 〈천국의 계단〉을 꼽았다. 그 드라마의 주인공인 배우 권상우도 잘 알고 있다고 말한다. 북한이탈주민을 대상으로 한 연구에서도 북한에 있을 때 가장 많이 보거나 인기 있었던 드라마를 꼽으라 하면 단연 〈천국의 계단〉을 말한다. 이른바 세계에 한국 드라마의 열

풍을 일으킨 〈천국의 계단〉, 〈가을동화〉, 〈겨울연가〉는 북한에서도 단연 최고의 인기드라마로 손꼽힌다. 정말 천국이 있다면 드라마의 배경이었던 서울의 한 놀이공원이 천국이라고 말했던 어느 북한이탈주민의 증언이 생각난다. 사례 58에게 천국은 과연 어디였을까?

> 주로 뭘 봤냐면 '여인시대', '천국의 계단' 세게 봤지. 남한 배우들 중에는, 천국의 계단에서 나오는 사람 권상우 잘 알지.
> 사례 58 | 60대 여성

김연아가 선전하는 에어컨 광고도 본 북한 주민

사례 64는 중국에 자주 방문하면서 문화적 차이를 느끼게 되었다고 말한다. 북한에 있을 때에도 한국 텔레비전을 자주 시청했다는 그는 제일 재미있었던 드라마로 〈대장금〉과 〈쩐의 전쟁〉을 꼽았다.

> 조선에서 학교 다녔는데 아무래두 중국에 자주 오다보니까 문화 차이를 좀 느꼈죠. 드라마 보는데 좀 좌우지간, 저는 조선TV를 잘못봤어요. 한국꺼만 봐가지고. 한참 대장금 봤댔고. 이영애 나오는거… 조선에서 본게, '대장금' 하구 '쩐의 전쟁' 하고 봤어요.
> 사례 64 | 20대 남성

사례 64의 증언 중에 더욱 흥미로웠던 점은 김연아가 선전하는 에어컨 광고를 본 느낌이었다. 한국방송을 시청하면서 광고도 본다는 그는 가장 기억에 남는 광고를 묻는 질문에 김연아가 나오는 광고라고 말한다. 북한주민이 보는 한국광고는 어떤 느낌이었을까? 사실 그는 상품보다는 다른 것에 더 관심이 있었다고…

연구자 어떤 광고가 제일 기억에 남아요? 인상적인거?
응답자 김연아가 나오는데 공기청정긴가 뭐...
연구자 에어컨 광고?
응답자 에어컨이에요? 그게? 그거 광고한 것도 봤고, 요즘엔 뭐 올레, 올레 하면서 쪼그만 아이가 노래 하는거... 그거 듣고...
연구자 그런데 그런 광고 보면 어떤 느낌이 들어요?
응답자 사실 에어컨인지 잘 몰랐어요. 그냥 고우니까 보고 기억하는 거죠. 상품보다 걔네들이 고와서... 아무래도 연령대가 비슷하니까...

12V(볼트) 배터리에 연결하는 영상장치

북한의 열악한 전기사정으로 남한 영상물을 보는데 어려움이 있지만 북한주민들은 나름의 묘안을 찾아서 시청하고 있었다. 사례 66은 화면이 큰 텔레비전은 볼 수 없어도 12V(볼트) 배터리로 작동되는 소형텔레비전을 구비해 놓고 남한 방송을 시청했다고 한다.

대조영 나올 처음에. 그니깐, 빳데리 연결해서. 조선에서는 왠만한 집들 저거 하는 건 큰 텔레비가 있고, 쪼그만 텔레비는 한국 거 보느라고 빳데리 연결해서... 큰 거는 저거해도 쪼그만 것들은 왠만한 사람들이 다 갖고 있단 말입니다. 빳데리로 봐도 작으니까 볼 수 있는데 큰 거는 못보잖아요. 그것도 위험하니까. 텔레비 작은건 안테나가 있잖아요. 쭉 뽑아가지고 파장 고걸 잡아가지고... 사례 66 | 40대 남성

북한의 전기사정 때문에 대부분 12볼트 배터리와 직접 연결할 수 있는 전자제품이 인기를 끈다. 영상물을 시청할 수 있는 녹화기나 노트텔, MP5 등의 전압은 대부분 12볼트 배터리를 연결할 수 있다. 필자는 북중접경도시에서 중국산 12볼트 배터리를 직접 구입할 수 있었다. 북한에서 온 무역상이나 주민들이 주로 찾는 상점을 현지인의 도움으로 찾아갈 수 있었다. '조선에서 온 고객들의 편의봉사를 위해' 셔틀버스까지 운행할 정도로 규모가 큰 상점이었다. 상점에 들어서자 김일성-김정일 배지를 가슴에 단 북한 주민들의 모습이 여기저기 눈에 띄었다. 그들 역시 어김없이 조금이라도 싼 가격으로 물건을 구매하고자 상인과 가격 흥정을 벌이고 있었다.

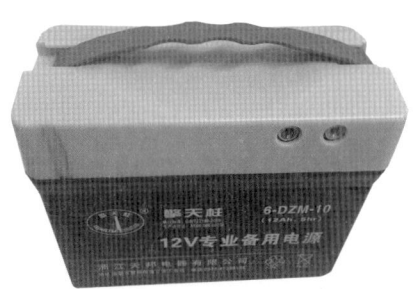

북한에서 사용되는 12V 배터리

필자는 살며시 다가가 다른 물건을 고르는 척 하며 그들의 대화를 엿들었다. 북한주민을 상대해야 하는 상점 주인은 조선말이 능통한 화교를 고용하여 북한주민과 응대했다. 조금이라도 더 싼값에 물건을 사고자 하는 북한주민의 가격흥정은 북한사람의 마음을 너무나 잘 알고 있는 듯한 화교출신 점원에게 잘 통하지 않는 듯 했다. 그가 사려 했던 물건은 놀랍게도 핸드폰을 충전할 수 있는 휴대용 배터리와 12볼트 배터리였다. 대화내용을 들어보면 북한산 스마트폰인 '아리랑'을 몇 번이나 충전할 수 있느냐는 내용이었다.

'조금만 더 깎아주라, 뭐 그리 빡빡하게 기네~~~'
'아니 제가 조국에서 오신 분들에게 비싸게 팔겠습니까~~
아. 이 정도면 적당합니다'

북한의 억양을 그대로 이 지면에 표현하지 못해 아쉽지만 마치 북한의 어느 시장에 와 있는 듯한 착각이 들 정도였다. 화교출신의 그 점원은 '조국'이라는 표현을 사용했다. '조국에서 오신 분들에게...' 나중에 알게된 사실이지만 그 점원은 북한에서 스무 다섯살 까지 살다가 이제 중국에 온지 3년 정도가 되었다고 했다.

그렇게 한참을 실랑이 하는 것을 재밌게 보던 중에 야속하게도 갑자기 필자의 핸드폰이 울렸다. 무심결에 핸드폰을 받았는데 당연히 한국말로 통화하며 그들의 흥정을 깨버리고 말았다. 필자가 한국말을 사용해서 였을까... 흥정을 하던 북한주민은 눈치를 보더니 황급히 자리를 떠나 버렸다.

상인으로부터 왜 손님을 쫓았냐며 핀잔 아닌 핀잔을 받았다. 점원은 한국말을 쓴 남조선 사람이 필시 자신의 손님을 내쫓았다고 생각한 것 같았다. 결국 미안한 마음에 '조국에서 온 그 사람' 대신 그가 흥정하던 휴대폰 배터리를 구입했다. 지금도 그 배터리는 유용하게 사용하고 있다. 그렇게 사연 많은 그 휴대용 배터리는 볼 때마다 웃음 짓게 한다.

그런데 그 당시 문제가 된 것은 휴대용 배터리가 아닌 12볼트 배터리를 한국까지 갖고 들어오는 것이었다. 보기에는 작아 보여도 무게가 4kg이나 되었고, 무엇보다 액체배터리이기 때문에 항공편으로는 절대 반입할 수 없는 물건이었다. 하지만 필자는 이 배터리를 무사히 한국까지 갖고 들어왔고 지금은 외부강의를 갈 때 매우 유용하게 사용하고 있다. 필자는 과연 어떤 방법으로 이 배터리를 한국까지 무사히 들여올 수 있었을까?

얼마나 자주 시청 할까?

북한 주민들이 남한 미디어를 시청한 빈도는 총 49명의 남한 미디어 시청자 가운데 '매일' 6명(10.5%), '1주일에 한 두 번' 14명(23.7%), '한달에 한 두 번' 19명(44.7%), '1년에 몇 번 정도'가 10명(21.1%)으로 조사되었다.

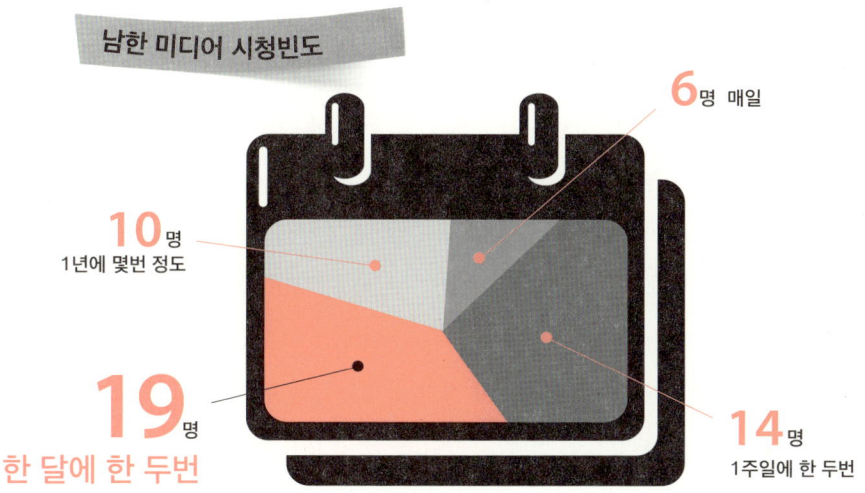

남한 미디어 시청빈도

6명 매일
10명 1년에 몇번 정도
19명 한 달에 한 두번
14명 1주일에 한 두번

북한주민들이 북한에서 남한 방송을 시청할 때 북한 당국의 감시에 따른 장소와 시간, 전기사정 등 여러 가지 제약이 따른다. 총 49명 가운데 매일 시청했다는 응답이 10% 정도에 그쳤고, 대략 '1주일에 한 두 번'이나 '한 달에 한두 번' 정도 시청하는 비율이 높게 나타났다.

그렇다면 북한 주민들이 남한 영상물을 시청하는 시간은 주로 언제였을까? 엄격한 통제와 생활규율이 적용될 것으로 보이는 북한사회에서 북한 주민들은 당국의 감시를 피해 언제 남한 영상물을 시청할 수 있었을까? 대부분의 응답자들이 저녁 9시부터 10시 정도에 많이 시청한다고 했다. 이 시간대에 주로 보는 이유는 장마당에 나갔다가 돌아와서 저녁 시간에 주로 감시를 피할 수 있기 때문이라고 한다.

> 우리 저녁에 장마당 여섯시 끝나고 서리. 밤에, 고저 밤에 봤단 말에요. 밤에 아홉시부터 고저. 며칠 봐야 되니까네. 뭐, 보다말다, 며칠 봤습니다. 사례 17 | 50대 여성

남조선 방송이 수신되는 시간대

북한주민들이 남한 방송을 시청하는 시간대는 주로 저녁 9시 이후로 10시 정도에 시청하는 비율이 가장 높았다. 한국 텔레비전 방송을 수신해야 하는 경우에 이 시간대가 전파수신이 양호한 이유도 있고, 또한 전기사정이 열악한 북한에서 이 시간대가 그나마 전기사정이 좋았기 때문이라고한다. 사례 39도 밤 10시가 되면 한국 방송이 잘 잡혔다고 증언한다. 중국에 들어오기 전인 2013년 10월까지도 한국 방송이 수신되었다고 한다. 하지만 그는 전기사정이 좋지 않아 매일 보는 것이 어려웠기 때문에, 집 근처 군병원 전기선을 몰래 연결하는 일명 '도둑전기'를 사용했다. 군병원에 들어가는 전기선을 자기 집에 몰래 연결했다가 검열이 나오면 전기선을 다시 거두는 방식이었다. 전기선을 몰래 연결하여 그나마 잠깐씩 볼 수밖에 없는 남한 방송이었지만 북한과의 차이를 느낄 수 있었고, '조선은 언제나 한국처럼 개방할 수 있을까라는 생각까지 했다.'고 말한다.

근데, 우리 밤에 텔레비 보면 밤 10시 되면 한국 텔레비 나옵니다. 지금도 수신이 돼요. 작년(2013년) 10월에 중국 들어왔으니까 그 때까지도 나왔어요. 우리 나갔다 오면 밥 먹고 초저녁에는 못보구 저녁에 보니까… 조선에 대해서 나오는 것도 있구, 남조선 보도 보면 거짓말 쓰는 거 잘 없습니다. 매일은 못보고… 전기가 없으니까요. 우리는 전기를 몰래 따와서 보니까… 군병원이 옆에 있으니까네. 군병원에서 선 땁니다. 선 따서 몰래보지요. 검열한다, 검열 온다 하면 전기선을 거둡니다. 검열 지나가면 다시 연결해서 보구. 우리 같은 건 일주일에 두 번 밖에 못 봅니다. 간부들이 쫙 오니까요. 보도 보면서, 진짜 저거죠. 한 가지 말하면. 언제는 조선에 저렇게 한국처럼 개방할 수 있는가.

사례 39 | 50대 남성

사례 39의 증언을 듣던 중에 '도둑전기'라는 말이 무척이나 인상 깊었다. 공장이나 병원 등 관공서에 들어가는 전기선을 자기집으로 연결하는 것인데 한 가지 의문은 전기선을 연결할 때 감전되는 것은 아닌지 무척이나 궁금했다. 그런데 이 의문의 해답을 북중접경지역의 어느 마을에서 찾을 수 있었다. 북한의 전기사정이 어렵다 해도 군부대나 중요기관시설 등에는 전기가 들어오는데 북중접경지역의 경비초소에도 전봇대를 통해 전기선이 연결되어 있었다.

그런데 아래 사진을 보면 북한 군인이 아무런 안전장비 없이 전봇대에 올라가서 전선작업을 하고 있는 것을 볼 수 있다. 북한의 전기가 24시간 항상 들어오는 것이 아니기 때문에 전기가 들어오지 않을 때 이처럼 전기선 작업을 해도 감전의 위험이 없는 것으로 볼 수 있다. 그렇지 않아도 전기사정이 열악한 상황에서 대낮에 전기가 들어 올리는 없지 않을까…

북중접경지역 마을에 설치된 전신주

도둑전기와 통로고정

열악한 북한의 전기사정 때문에 앞서 사례 39와 같이 전선을 몰래 연결하는 도둑전기를 사용하는 경우가 많다. 하지만 전기를 구한다고해서 남한 방송을 시청할 수 있는 것은 아니었다. 북한 당국은 남한 방송 수신을 차단하기 위해 텔레비전 채널을 고정하고 이를 봉인한다. 만약 단속이나 검열 시 봉인이 없거나 훼손되면 그 텔레비전을 압수한다.

북한당국의 단속을 피하기 위해 북한 주민들은 평상 시 통로기에 붙은 봉인지를 떼고 남한 방송을 수신하고 검열이나 단속이 나오면 다시 붙여놓곤 한다.[18] 사례 33도 봉인지를 떼고 다시 붙여놓는 방식으로 남한 텔레비전을 시청했다. 흥미로운 점은 남한 영상물 시청을 단속하는 안전원과 친분이 있어 오히려 그와 함께 시청을 했다는 점이다. 순찰을 돌다가 사례 33의 집에 들른 안전원은 '밑에 애들 거 보자'하며 남한 방송을 같이 시청했다고 한다.

> 텔레비 보면 통로기가 있는데 그 통로기도 쏵 붙이고 뗍니다. 쪼리같은 거 그거 살짝 뗐다가, 보고선 쫙 붙여 놉니다. 보다가 문을 두들기면 다시 붙여놓고선 문 열어주니까요. 간부들도 어디 순찰하다가도 옵니다. 오면 "아, 텔레비 보자." 하고선, 텔레비 저거 끝났는데. "밑에 애들거 보자." 한국거 보고, 야 보고 있으면 말하지 말라. 안전원들이니까요. 쟤네들이 많이 보고 있어도, 안전원 보고 있어도 말하면 자기네들 별 떨어지니까네 말을 안 합니다. 고거 보구선 "아~ 이렇구나" 우리가 무슨 일을 잡으면 그 사람들 다 책임지니까요. 그니까 와서 몰래몰래 보지요. 안전원이 친구니까 와서 같이 보지요. 사례 33 | 30대 남성

남한 영상물을 보고 어떤 생각을 할까?

북한주민들은 남한 영상물을 시청한 후 남한에 대한 인식이 '매우 긍정적으로 변했다.'는 응답이 39명(79.6%), '약간 긍정적으로 변했다.'는 응답이 10명(20%)으로 나타났다. 남한 미디어가 북한 주민들의 의식을 바꿀 수 있는 가능성에 대해서는 '매우 그렇다.' 42명(85.7%), '약간 그렇다.'는 응답이 7명(14.3%)으로 나타나 응답자 대부분이 남한 미디어가 북한 주민들의 의식을 바꿀 수 있을 것으로 생각했다.

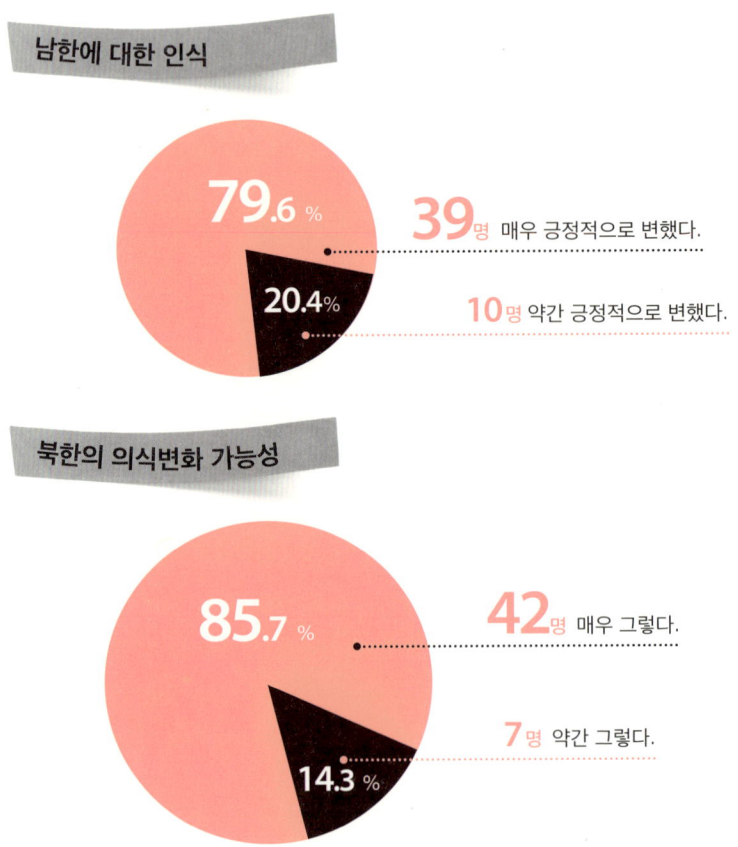

사례 84가 알고 있던 기존의 남한의 이미지는 '깡패의 나라', '못사는 나라'였다. 그런데 남한 드라마를 통해 그것이 거짓임을 알게 되었다. 일반 북한주민들은 물론 간부들도 남한이 이미 북한과 비교할 수 없는 수준으로 발전했다는 것을 알고 있다고 말한다.

> 남한이 못살고 깡패의 나라 뭐 그렇게 배웠는데 지금 여기와서 보고 그러니까 완전 거짓말이라는 걸... 내 생각보다도 거의 백성들은 심지어 간부들도 한국이야말로 우리 북을 이미 따라 넘어갔고, 그렇게 리해하지. 사례84 | 50대 남성

이 나라가 진짜 사람을 위한 나라구나.

사례 14는 해외에서 사고가 났을 때 한국 정부가 나서서 직접 수습하는 장면에 감동을 받았다. 면접을 하던 당시 이집트에서 한국 국민들이 테러를 당하는 사고가 발생했다. 그 때 한국정부 관계자가 직접 이집트로 가서 사고를 수습하고 국민들을 데리고 오는 장면을 보며 '이 나라가 진짜 사람을 위한 나라'로 생각했다고 한다. 조선 같으면 죽든지 말든지 상관도 안 한다고...

> 백번 듣는 거 보다 한번 와 보는게 나아요. 지금 와서 쭉보니까네, 중국도 이렇게 발전되었구나. 다음에 한국 텔레비 보면 와 한국이 더 이렇게 발전되고 또 지금 그 영화 보면서 뭘 느꼈냐면 이번에 이집트에서 그거 이스라엘 가던 중에 버스테러 있잖아요. 한국 사람들은 자기나라 사람을 얼마나 귀중히 여기는지 비행기 태우고 가서, 어저께 왔더라고요. 조선 같으면 죽갔으면 죽구 상관도 안하고 또 중국 자체도 그래. 내가 그래서 정말 한

국이 민주주의이고, 사람이 인권에 대해서 정말 저 같으면 뭐 다죽겠는데 자기 병원으로 자기 비행기로 국가에서 사람을 다 보내서, 어디에서 사람이 잘못됐다. 그러면 자기네 대사관에 가서. 이번에 그 필리핀 물 수해도 보도 들었는데 파견해서 다 사람 찾아주고 그다음에 자기 조국에다 불러주고 그 때부터는 정말 이 나라가 진짜 사람을 위한 나라구나. 내가 이걸 느꼈어요.

사례 14 | 60대 남성

6.25 전쟁은 당연히 남한이 일으킨 거라고...

사례 64는 어린 시절 청년동맹에 제1차로 가입할 만큼 사상이 투철한 사람이었다. 주체사상을 암송하며 조국을 위해 몸 바칠 각오로 일했다. 하지만 중국에 여러번 오가는 동안 그의 생각은 변화했다. 그에게 가장 큰 변화를 준 것은 6.25전쟁에 대한 진실이었다. 당연히 '남한이 미제국주의와 손잡고 북한을 침략했다.'고 배웠다. 하지만 중국에 와서 방송을 보고 사람들로부터 전해들은 진실은 전혀 달랐다.

제가 중학교 다니면서, 조선에는 청년동맹이라는게 있어요. 그 가맹을 제가 1차로 했단 말이에요. 1차로 해구 너무 주체사상이나 이런거 암송을 하다 보니까, 나도 생각이 저절로 모르게 바뀐단 말이에요. 근데 중국 자꾸 왔다 갔다 하다가 중국 들어가서 제가 1년 동안 있었어요. 이 사람 저 사람 대면하다 보니까 그다음엔 생각이 바뀌었어요. 저는 조선에 중학교 다니면서 그 6.25 전쟁 일어난 거 50년도에... 그것도 한국이 일요일 새벽 4시에 한국이 쳐들어 온 걸로 알고 있었단 말이에요. 근데, 중국 들어와서 알아왔죠. 그 뒤로 방송도 보고, 사람들한테 말도 듣고... 사례 64 | 20대 남성

남한 영상물은 북한주민들의 의식을 바꿀수 있을까?

북한에서의 한류 현상이 단순히 흥미나 재미를 넘어서 남한에 대한 인식을 바꾸는 계기가 된다면 남한 영상물은 북한 주민들의 의식수준에 어떤 영향을 미칠까? 남한 영상물이 북한 주민들의 의식을 바꾸는데 큰 역할을 할 수 있다고 응답한 사례를 들어보자.

우리는 흔히 북한당국의 엄격한 사상교육에 의해 북한 주민들이 정치사상적으로 무장되었을 거라 생각한다. 하지만 사례 39의 증언을 통해 북한 주민들의 의식변화 가능성을 엿볼 수 있다. 그는 정치사상적으로 무장된 사람들도 자신의 생각을 바꿀 수 있는 여지가 충분히 있다고 말한다.

> 아무래도 다 조선에서는 정치사상적으로 무장됐다 이렇게 말하지만 그 방면에 또 무장 안 되는 사람도 있고... 무장된 사람은 그게 아니야. 하고 무장 안 된 사람은 또 그쪽으로 쏠릴 수도 있고요. 사례 39 | 50대 남성

조선 사람들이 닫힌 생각을 하지만...

사례 42는 북한주민들이 남한 영상물을 보고 의식이 바뀔 수 있다고 확신했다. 북한 사람들이 '닫힌 생각'을 하지만 한국영화를 통해 새로운 사실을 알게 되고 그것을 따라하면서 생각이 바뀌어간다는 것이다.

> 우리 사람들이 보면 솔직히 보면 조선 사람들이 닫힌 생각하는 거 같잖아요. 고립되어 있는... 한국영화를 보게 되면 뭐랄까 그

내용은 다 같잖아요. 그렇기 때문에, 주민들이 새로운 거 보게 되면 그럴 따라할라고 하는게 있잖아요. 자기가 표현하고 좋은 걸 그런면이 있기 때문에... 그걸 좀 긍정적으로 생각을 바뀌려고 할 것이다. 그렇게 생각해요. 사례42 | 30대 남성

사례 84는 북한 주민들 대부분은 남한이 잘산다는 사실을 알기 때문에 생각이 변화할 것이라고 말한다. 자신들은 하층 사람들이기 때문에 쓸 여유는 안 되지만 한국이 잘산다는 것을 알고 주변의 사람들도 다 그렇게 인식할 것이라고 한다. 한국산 중고 상품도 조선상품보다는 훨씬 더 낫다고...

우리가 기본 하층의 사람들이니까 하층민들은 좀 쓸 여유가 안 돼요. 그런데 어쨌든 한국이 잘산다 하는가는 아마 백프로 주민들이 다 그렇게 인식할 겁니다. 중고 한국 상품까지 파는데, 중고 상품도 조선의 상품보다 낫다고 말해요. 사례84 | 50대 남성

그런걸 보면 자꾸 깨지 말라고 그래도 자동스럽게...

사례38 역시 남한 영화나 드라마가 북한주민들의 생각을 바꿀 수 있다고 자신 있게 말한다. 남한 영상물을 보면 "깨게 된다."고 표현하는데 자꾸 보다 보면 "깨지 말라고 그래도 자동스럽게 된다."고 말한다. 그에게 어떤 장면이나 내용이 북한주민들의 생각을 바꿀 수 있을지에 대해 질문했다. 의외로 그의 대답은 북한주민들의 마음을 깨우는 미디어의 내용이 남녀 간의 사랑을 나누는 장면이라고 말했다. '사람의 마음이 같기 때문에' 그런 장면을 보게 되면 자연스럽게 마음이 녹는다고...

> 남조선 영화나 드라마들이 조선에 들어가면 우리생각이 좀 바꿀 수 있지. 영화나 드라마를 사람들이 보면. 그렇게 되면 사람들이 깨게 되지요. 그런걸 보면 자꾸 깨지 말라고 그래도 자동스럽게..우리 북조선에서는 그런 거를 여기로 말하면 뽀뽀도 하고, 이런 장면 사랑 장면을 그렇게 까지 안 보여주는데. 여기 오니깐 시도 때도 없이, 그런거 하니깐 그런거 보면 자연히 사람의 마음이라는 건 같으니까 아무래도 좀 발전하게 되지, 깨지 뭐. 사례 38 | 40대 여성

젊은 사람들은 눈이 트고 했으니까...

남한 영상물 시청에 대한 세대 간 차이를 이야기하는 경우도 있었다. 사례 35는 남한 영상물이 사람들의 눈을 '트게 한다.'고 말한다. 차이가 있다면 늙은 사람들은 아직도 한국이 전쟁준비만 한다고 생각하는 반면에 젊은 사람들은 이제 다 눈이 '트였다.'는 것이다.

> 발전이 좀 있다고 봐야죠. 사람들의 눈을 트게 하죠. 어떤 분들은 그냥 한국이 또 아직도 전쟁만 하고 사는가 하는 그런 늙으신 분들도 많아요. 하지만 젊은 사람들은 다 눈이 트고 했으니까... 사례 35 | 30대 여성

🌿 주로 즐겨보는 시청 장르는 무엇일까?

북한 주민들이 시청했던 남한영상물 시청 장르는 멜로 34명(79.1%), 코믹 5명(4.7%), 전쟁 4명(2.3%), 기타 6명(14%) 순으로 나타났다.

드라마 '천국의 계단' 정도는 봐야…

최근 장성택 처형 이후 집집마다 단속이 너무 심해 남한 영상물을 잘 보지 못했다는 사례 1은 가장 재미있었던 한국 드라마를 꼽아 보라는 질문에 주저 없이 〈천국의 계단〉과 〈주몽〉을 들었다. 사례 81도 가장 기억에 남는 한국 드라마는 〈천국의 계단〉이며 영화로는 〈조폭마누라〉를 꼽았다.

> 천국의 계단, 조폭마누라… 알판을 장마당에서 팔았는데요. 지금 알판 들어가면 소련영화. 그다음에 번역한 거 소련영화, 중국영화, 한국영화도 쎄게 들어간다고. 근데 한국치는 쎄게 잡으니까… 보는 사람들 있는데 난 못봤다구. 사례 81 | 50대 남성

남한 영상물을 시청한 후 기억에 남는 장면과 느낌에 대해 질문했다. 남북한의 생활상과 언어가 달라졌기 때문에 영상물의 내용이 이해 안 되거나 충격적인 장면도 있었을 것이다. 그들이 느낀 남한 영상물의 소감을 들어보자.

한국영화는 정의가 승리한다.

사례 12의 눈에 비친 한국 영화의 결말은 모두 정의가 승리한다는 사실이었다. 그가 말하는 정의가 어떤 의미인지 정확히 알 수 없지만, 나쁜 것은 마지막에 죽고 좋은 사람은 꼭 좋게 평가된다는 점이 기억에 남는다고 한다. 또한 남한 영상물을 통해 전해지는 남한의 자유로운 생활이 부럽기도 했다.

> 한국영화는 정의가 승리한다 그게 좋다. 나쁜 것은 마지막에 죽고 좋은 사람은 좋은쪽으로 평가되고 그게 좋다. 그리고 조선이랑 남한이랑 생활이 다르다. 조선에는 법이쎄고 남한에는 자유로 살아서 이혼하고 그런게 있다. 사례 12 | 50대 여성

말씨가 되게 듣기도 좋고

한국 말투는 같은 '조선말'이라도 북한과는 차이가 있다고 말한다.

> 저는 그냥 여자니까, 그런 생활 그런거 보지요. 제가 오면 신랑과 함께 틀어놓으면, 설거지도 하고 밥도 해야 되니까 시간되면 쪼끔씩 보는데, 그래도 그게 보고 싶은 그런 생각이 들더라고요. 사실 그러면 안 되는데. 생활도 그렇고 말씨도 그렇고. 말씨가

되게 듣기도 좋고, 그래서 쪼끔쪼끔씩 보구, 처음부터 이렇게 쭉 보진 못해요. 12볼트인지... 사례 65 l 30대 여성

북한에서 들어본 남한 배우나 가수는 누구인가라는 질문에 사례 7은 겨울연가의 주인공인 배용준과 최지우를 꼽았다. 사례 36은 대장금에 출연한 이영애와 가을동화의 송혜교를 알고 있었다. 사례 36에게 이영애와 송혜교에 대한 느낌을 물었다.

대장금에서 이영애 나왔잖아요. 그카고 가을동화에서 나오는 이름 뭐이더라. 송혜교... (송혜교나 이영애 보면 어떤 느낌이 드셨어요?) 예쁘죠. 곱죠. 사례 36 l 30대 여성

조선에서도 이런 노래 불렀으면 좋겠는데

북한에서 직접 듣거나 즐겨 부른 남한 노래에 대해 질문했다. 북한에서 '음악정치'라 표현할 만큼 노래는 정치사상 학습을 위한 도구로 사용된다. 남한 노래는 사랑, 북한 노래는 사상 빼면 노래가 안된다는 말도 있다. 북한 주민들이 즐겨 부른 남한 노래는 무엇일까?

태진아, 현철이, 송대관이. 그거 우리 알판 노래 들었어요. 밀수 씨디알로 들어온 거. 뭐 현숙이 노래, 장윤정이 노래 다 들었어요. 영상은 안 나오고 노래만. 이거 들으니까 정말, 야 노래가 정말 가사도 좋고, 우리도 조선에서도 이런 노래 불렀으면 좋갔는데 못부르게 하니까... 사례 14 l 60대 남성

그런데 장윤정의 노래를 부르다 곤혹을 치른 사례도 있었다. 사례 64

의 증언을 들어보면 자신의 친구가 장윤정의 약속(드라마 〈이산〉의 OST) 이라는 노래를 콧노래로 흥얼거렸는데 그 다음날 아버지가 조사를 받는 등 어려운 일을 겪었다고 말한다.

> 우리 동무가 그저 인민학교 때 그 동무 아이가 학교에서 흥얼거 리면서 콧노래를 불렀어요. 한국노래인데 장윤정의 약속 있잖아 요. 흥얼거리고 있는데, 그 다음날 아버지가 뭐 조사받느냐 복잡 했어요. 그냥 흥얼거리며 콧노래 부른 건데... 사례 64 | 20대 남성

남한 노래 한 곡을 흥얼거렸다는 이유로 조사를 받아야 했다는 북한주민의 증언은 북한 인권에 대해 다시 생각하는 계기가 되었다. 인권은 정치 경제적 권리는 물론 문화적 권리도 포함된다. 즉, 인간은 누구나 '문화예술을 향유할 권리'가 있다. 우리는 북한인권 하면 정치범수용소, 굶주린 주민 등 정치경제적 권리를 주로 떠올린다. 어찌보면 더 비참한 인권침해는 노래 하나 맘대로 부르고 들을 수 있는 자유마저 박탈당하고 있다는 현실일지도 모른다.

싸이도 알죠... 젠틀맨

사례 64의 남한 음악에 대한 관심은 실로 놀라웠다. 태진아와 장윤정을 비롯한 트로트 가수를 비롯해서 허각의 노래까지 좋아한다는 그는 허각의 노래를 줄줄 꿰고 있었다. 사실 필자는 허각이 불렀다는 '평생의 전부', '나를 잊지 말아요' 등의 곡은 잘 몰랐다. 필자는 자료를 정리하며 정말 이런 곡이 있는지 포털사이트를 통해 검색까지 해 보았다.

> 무슨 태진아. 그건 트로트 가수고 장윤정도 알고... 그다음에 발라드 이루, 그다음엔 허각 좌우지간 가수들은 잘 알아요. 허각이 부른 평생의 전부라든지 나를 잊지 말아요. 싸이도 알죠 젠틀맨
> 사례 64 | 20대 남성

북한의 한류 현상을 주로 연구하는 필자에게 남한 영화나 드라마, 노래는 어떤 방식으로든 섭렵해야만 하는 연구대상이 되어 버렸다. 언젠가 북한주민과 면접을 할 때 드라마〈순금의 땅〉을 너무 재미있게 본다는 말을 들었다. 거의 한국 드라마를 본방사수하며 챙겨본다고 자신했던 필자였지만〈순금의 땅〉은 정말 처음 들어보는 드라마 제목이었다. 그도 그럴 것이〈순금의 땅〉은 인기리에 방영된 드라마였지만 저녁시간이 아닌 아침방송으로 나온 드라마였다. 아무리 연구대상으로 드라마와 영화를 시청한다 해도 아침드라마까지 본방사수하기에는 무리가 있었다. 면접에서 필자가 모르는 드라마의 내용이나 노래를 언급하면 참 당황스럽다. 어떤 장면이 제일 인상적이었는지, 어떤 장면을 보고 남한에 대해 생각이 바뀌었는지 등을 질문하는데 정작 필자가 그 내용을 모르고 있으면 깊이 있는 면접이 어렵다. 그래서 가급적 한국 노래와 드라마, 영화는 반드시 챙겨보려 하는데...

북한 노래는 이제 흥이 안나니까

사례 66은 남한 노래 중에 재미있는 노래가 많다고 말한다. 어느 곡이 재미있느냐고 묻는 질문에 그는 노래 땡벌의 한 소절을 불러주었다. "기다림에 지쳤어요 땡벌, 땡벌" 하며 한 소절을 부르는 그를 보며 우리가 생각하는 것 이상으로 북한주민들이 한국의 대중문화에 많이 노출되어 있다는 점을 새삼 느꼈다. 명절이나 생일에 흥겨운 남한 노래를 부르며 흥을 돋우는

북한 주민들… '사람들의 생활은 힘들어도 머리는 텄다.'는 그의 말이 가슴을 울렸다. 북한 노래는 이제 흥이 안 난다고… 사상이 아닌 사랑을 마음껏 노래하며 흥에 겨운 춤을 출 수 있는 그런 날이 언제 올는지…

'가로막힌 38선' 그런 노래도 있고, 그 다음에 여러 가지 재밌는 것도 많더라고요. "기다림에 지쳤어요. 땡벌 땡벌" 이런거. 그런거 우리 사람들 많이 압니다. 근데 걸리지 말아야지. 흔히 놀 때도 조선 노래 부르는 건 있단 말입니다. 옛날에 나온 노래들 왠만한 사람들은 젊은 아이들도 많이 알고. 저이끼리 놀 때, 우리 암만 나이가 있어도 놀 때 있잖아요? 그럴 때 같이 명절날에 부르고 생일날이다 그럴 때 놀지요. 다 그렇게 해요. 조선 노래는 이제는 흥이 안나니까, 사람들도 생활이 곤란해도 쪼끔 머리는 텄어요. 말을 못해서 그렇지. 말을 했다가, 큰일 나니까 잡혀 들어가잖아요. 사례66 | 40대 남성

공항버스에서 북한사람과 함께 본 소녀시대 뮤직비디오

한국 노래하면 재미있는 일화가 하나 생각난다. 중국에서의 면접을 위해 공항에 내려 OO으로 향하던 공항리무진버스에 올랐을 때의 일이다. 평소 잘 알고 지내던 지인에게 전화를 했더니 마침 OO에 일을 보러 왔다가 OO행 버스를 기다리는 중이라고 했다. 정말 기막히게 시간을 조정해서 그 분과 같은 버스에 오를 수 있었다.

놀라운 것은 그 분과 함께 동행한 사람이 바로 북한의 무역상이었다는 점이다. 공항에서 출발해 OO까지 약 2시간 30분 정도 소요되는 버스에서 그렇게 우연히 북한사람과 동승하게 된 것이다. 그것도 바로 앞뒤좌석으로 말이다.

그 분의 바로 뒷자리에 앉아 있었던지라 가지고 있던 사탕을 하나 건넬 수 있었다. 낯선 타국에서 역시 한동포라는 감정 때문이었을까? 그 분 역시 단호하게 남한 사람의 호의를 배척하지는 않았다. 이런저런 깊은 이야기를 나눌 수 없었지만 일상적인 이야기를 나누고 가던 중에 버스안 모니터에서 소녀시대 뮤직비디오가 흘러나왔다. 중국에서 한국 걸그룹의 인기를 여실히 실감하는 순간이었지만 무엇보다 그의 반응이 무척이나 궁금했다.

북한접경 도시로 향하는 버스 안에서 김일성-김정일 배지를 단 북한사람과 함께 본 소녀시대의 뮤직비디오... 그는 텔레비전 모니터를 외면하는 듯 애써 고개를 창밖으로 돌리고 있었다. 그는 과연 어떤 생각을 하고 있었을까?

북한 당국은 어떻게 단속하고 처벌할까?

북한 당국은 남한 영상물 시청을 법으로 엄격히 금지하고 단속과 처벌을 강화하고 있다. 북한 형법에 외래사조에 대한 처벌과 단속을 분명하게 명시하고 있다. 북한 주민들에게 남한 영상물 시청 및 유통 과정에서 단속된 사례가 있는지에 대해 질문했다.

〈형법 194조〉
퇴폐적이고 색정적이며 추잡한 내용을 반영한 음악, 춤, 그림, 사진, 도서, 록화물과 전자대매체 같은 것을 유포한 경우 "2년 이하의 로동단련형"으로부터 정상이 무거운 경우 "5년 이하의 로동교화형"에 처하며, 성록화물을 반입하였거나 류포한 경우에는 "5년 이상 10년이하의 로동교화형"에 처한다.

강원도에서 2명 총살되었어요.

처음에는 총살이라는 말을 필자가 잘못 들은 것은 아닌가 했다. 남한 드라마 몇 편을 봤다는 이유로 총살이라니... 사례 7은 강원도 어느 지역에서 남한 드라마를 유포한 사람을 시범케이스로 총살시켰다는 증언을 들려주었다. 더욱 놀라운 것은 북한에서 일명 '뻥두'라 불리는 마약사범은 용서해 주었는데 드라마 유포자는 총살을 시켰다는 점이다. 공개처형을 본 사람들의 반응은 어땠을까?

> 강원도에서 2명 총살되었어요. 17명중에서 마약은 용서해주고 드라마는 총살 시범케이스로 사람들 앞에서 총살했어요. 군 사람들 다 모아놓고 시범계도로 공개처형한 거에요. 사람들은 당연히 공포를 느끼죠. 무서워서 보지 말아야겠다 라는 생각을 하는데... 테이프를 가지고 있는 사람은 국가에 바치면 용서해준다 그러지 않을 시 총살한다고... 사례 7 | 40대 남성

> 내가 살던 곳 근처인데 신의주에 있는 사람이에요. 근데 텔레비 부속 중국에서 몰래몰래 가져 팔다가 징역갔어요. 10년 먹고 들어갔는데, 그거 귀국자란 말이에요. 일본에서 온 사람인데 재포. 재산 모두 다 몰수당하고, 그다음에 색시하고 다 리혼 시키고 당에서... 한 3년전 이지요. 아직도 구류장에 있어요. 잡혀가지고 뭐 죽기전까지 일해요. 내가 사는 지역에서는 안테나 높이면 남조선 꺼 조금 잡히는데 안테나를 그렇게 높이 세우지 못해요. 의심 받으니까. 그거 한번 잡히면야, 뭐 무지무지하게 총살이니까 그게 손을 못대지요. 사례 56 | 60대 여성

텔레비전 회수하고 농촌으로 추방됩니다.

사례 33의 증언에 따르면 남한 영상물을 보다가 단속되면 텔레비전을 모두 압수당하고 농촌으로 추방된다고 한다. 시청하다 단속돼서 추방당한 사람을 여럿 목격하기도 했다. 그는 자신이 살고 있는 지역에 '기독교에 댕기는 사람'이 많다고 말한다. 새벽에 와서 쥐도 새도 모르게 다 끌고 갔다고 말한다. 그들과 똑같이 남한 드라마 시청 및 유포자도 이렇게 잡혀가서 추방을 당한다고…

> 같이 보다가 꼬여 바치는데… 단속되면 텔레비고 뭐고 회수합니다. 그리고 농촌에 추방됩니다. 여러 명 봤습니다. 보다가 걸려 갖고 나가는 사람들 많습니다. 조선에서 우리 OO지역에도 기독교 댕기는 사람 있습니다. 그 교회에도 몰래… 근데 어떻게 아는지 그 사람 가족들 다 잡아갔습니다. 새벽에 와갖고서는 다 끌고 갑니다. 죽었는지 사는지도 모르고. 우리 같은건 고저 상관안합니다. 사례 33 | 30대 남성

사례 17은 장사하는 친구에게 〈유리구두〉 알판을 빌려보다가 적발되었다고 한다. 다행히 자신의 집이 아닌 다른 집에서 시청하다 단속되었다. 앞서 사례 33의 증언처럼 녹화기, 텔레비전을 모두 회수 당하고 강제노동 3개월을 받았다. 그나마 '사업을 해서' 즉 뇌물을 주고 3개월 정도의 형량으로 무마될 수 있었다고 한다. 뇌물 사업 안하면 몇 년은 받아야 한다고…

> 유리구두를 봤어요. 장사하는 친구한테 빌려서 보다가 상무조에 걸려서 단속되었어요. 불 켜놓은 집들은 이렇게 딱 알아요. 밤에 불켜놓은 건 돌아가면 다 튄단 말이에요. 우리 집에서 티우지

않고 다른 사람이 또 그걸 보다가 그것한테 티었단 말이에요. 티우면 고저 록화기 회수하고, 텔레비 회수하고 몽땅 다 회수한단 말이에요. 길케 하구 그 사람이 또 붙었단 말이에요. 텔레비, 록화기가 제일 큰 재산이단 말이에요. 그거 틔우고, 뭐, 강제 노동 할려면 죽었다 해야 되고. 3개월 노동단련이 그래도 작아요. 그래도 뭐 사업을 해서 돈을 줬어야지. 고저 아는 사람 내세워서 조금… 작아서 석달갔지요. 뭐. 몇 년씩 가요. 내가 직접 본게 아니고 다른 사람 신고해서 가서 그래도 석달 했는데…

사례 17 | 50대 여성

몇 년 받을 형량을 그나마 뇌물을 주고 3개월 노동단련형을 받은 사례 17. 그는 노동단련형을 받을 때의 이야기도 덤덤히 들려주었다. 자신은 죽을 만큼 힘들었다고 하는데 얼굴에는 이미 지난 일들에 대한 회상이었는지 이야기 중에 자신도 피식 웃음을 짓곤 했다. 필자 역시 그에게 미안했지만 그의 이야기를 듣고 웃음을 참느라 힘들었던 기억이 난다. 노동단련형을 받으면서 어떤 일들이 벌어졌을까?

단련대는 왜 단련대냐. 단련대는 이렇게 걸어 못간단 말이에요. 무조건 이렇게 뛰어야 한단 말이에요. 항상. 걸어가야 될 일도. 기래서 단련대단 말이에요. 고저 이렇게 뛰었는데, 쪼끔가도 무조건 줄서서 가구 기다음에 우리 기때 자기 잘못한거, 나는 '테프 안본다.', '테프 안 본다.' 이러면서 뛰는 거에요. 강냉이 따서 잡혀온 것도 몇 달 온단 말이에요. 그럼 그 사람은 "강냉이 안딴다." "강냉이 안딴다." 하고 뛴단 말이에요. 구호를 외치면서 뛰어요. 아침에 다섯시, 겨울에 여섯시… 아침부터 망신스럽게 한바퀴 다 뛰고. 아침에 망신줘야 되지. 이렇게 뛰어야 된단 말이에요. 천천히 걸어야 될 일도, 딱딱 뛰어야 된단 말이야. 이

렇게, 단련시킨단 말이에요. 부화한건(북한에서 불륜을 의미하는 말) "부화 안 한다. 부화 안 한다." 하고 "사상단련, 사상단련" 이러면서 뛰는거지요. 사례 17 | 50대 여성

노동단련형에 들어간 사례 17에게 가장 창피스러운 일은 아침마다 '테프 안 본다.', '테프 안 본다.' 라는 구호를 외치며 뛰는 일이었다. 자신도 망신이라 표현하는데 노동단련형을 받는 북한주민들의 죄목이 참으로 다양했다. 어떤 이는 협동농장의 옥수수를 몰래 따다 잡혀서 '강냉이 안 딴다.'하며 뛰고, 또 어떤 이는 부화로 잡혀서(부화는 북한에서 불륜을 의미하는 말로 사용되는 비속어) '부화 안 한다.' 하며 뛰었다고 한다.

남한 영상물 시청매체는 무엇일까?

남한 미디어 시청에 사용된 매체는 DVD 47.7%, 비디오 1.1%, EVD 플레이어 6.8%, TV 27.3%, 라디오 6.8%, MP3·4 4.5%, 테블릿 PC 1.1%, 기타 4.5%순으로 나타났다. 북한에서 일명 알판으로 표현하는 DVD를 통한 시청이 많음을 알 수 있다.

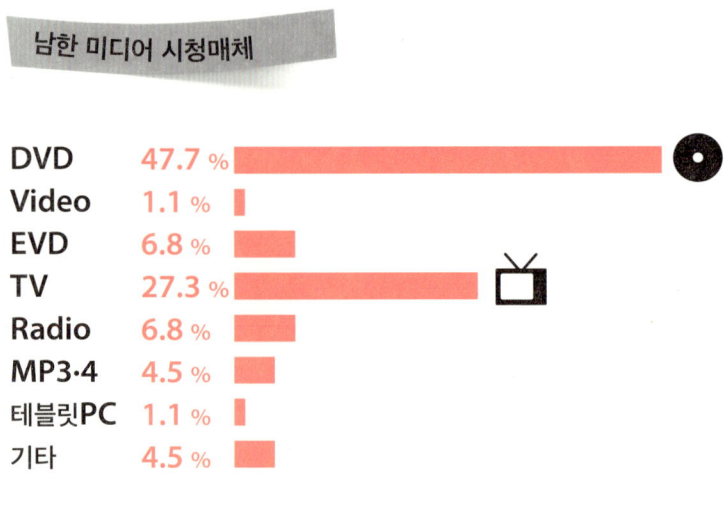

노트텔로 보는 남조선 영화

최근에는 북한에서 남한 영상물 시청을 위한 다양한 매체가 활용되고 있다. 특히 노트텔로 불리는 기계가 인기를 끌며 유통이 되고 있다. 지난 2012년『한류, 통일의 바람』책을 집필할 때 만난 북한이탈주민들과의 인터뷰에서 노트텔을 통해 시청했다는 증언을 들을 수 있었다.

노트텔은 텔레비전이 직접 수신 가능하기 때문에 남한 영상물이 담긴 CD(DVD), USB 등을 소지하지 않더라도 중국 방송에서 나오는 한국 관련

영상 시청이 가능하다는 것이 장점이다. 노트텔은 노트북만한 크기로 액정 화면이 10인치부터 15.1인치까지 다양하다. 모양은 노트북과 같지만 텔레비전이 수신되기 때문에 북한에서는 일명 '노트텔'로 불린다.

충전하면 4시간 가량 영상시청이 가능하며 녹화기(비디오재생장치)처럼 별도로 텔레비전을 연결할 필요가 없기 때문에 휴대하기가 쉽고 단속을 피할 수 있다는 점에서 활용도가 높다. 가격은 한화로 5만원에서 10만원까지 다양하며 게임을 즐길 수 있는 리모콘 등 기능과 모니터 화소에 따라 가격이 다르다.

북한에서 노트텔로 불리는 중국산 EVD플레이어

사례 79의 대답을 통해 노트텔을 통한 남한 영상물 시청 방식을 확인할 수 있다. 앞면에는 '북한 알판'을 넣고 옆면에는 USB를 통해 남한 드라마를 꼽는 형식으로 사례 79는 이 노트텔을 통해 〈태극기 휘날리며〉와 〈완득이〉를 봤다고 한다.

더 흥미로운 사실은 북한에 있을 때 배를 이용해 중국과 북한을 오가는 친구들이 메모리에 남한 영상물을 저장하여 가져다주었다는 점이다. 중국 접경지역 압록강에는 북중간 수산물 교역을 위해 배들이 서로 왕래하는데 단속과 통제는 느슨하다고 한다. 이 과정에서 남한 영상물이 북한으로 유입되는 사례를 확인할 수 있었다.

> 태극기 휘날리며, 완득이. 가족들하고 같이 본거지. 친구가 몰래 들여와요. 친구가 이제 여기쪽으로 배로 나오는 사람들이 있어요. 메모리 막대기로 잡아서… 지금은 씨디로 못보게 되어 있어요. 그래서 보위부에서 검사 할 때요. 전기를 밖에서 전선을 다 죽여요. 그럼 그 씨디알을 못 꺼내서, 그래서 그런거 있으면 꼽아놓으면 얼마든지 순식간에 되니까, 메모리에 담아가죠. 씨디 옆에 그거 꼽는 것이 있어요. 앞으로는 씨디를 꼽아요. 꼽고, 옆에는 유에스비 조그만 꼽는거 그런거 해서… 사례 79 | 40대 남성

엠피오(MP5)로 불리는 영상장치

최근에는 북한에서 엠피오로 불리는 MP5 미디어 기기도 중국을 통해 북한으로 유입되고 있다. 이전의 MP3가 음악재생을 위한 용도였다면 MP5는 고화질의 영상시청을 위한 용도로 주로 사용된다. 이 기기는 노트텔과 같이 휴대하기가 쉬운데 무엇보다 USB보다 더 소형인 마이크로 SD카드를 사용한다는 게 장점이다. 마이크로 SD카드는 크기가 작아서 단속을 피하는데 매우 유용하면서도 저장용량은 커서 인기가 좋다. 또한 영상재생 뿐만 아니라 전자사전, 라디오, 음악재생, TV수신 등 다용도로 사용될 수 있다. 더욱이 MP5가 널리 확산될 수 있는 이유는 충전이 아닌 건전지를 통해서도 재생할 수 있다는 점으로 이는 북한의 전기사정을 감안할 때 매우 활용도가 높은 것이다.

MP5(엠피오)가 인기가 있는 것은 기존의 MP3(엠피삼), MP4(엠피사)는 오디오 파일이 재생 된 것에 비해 MP5는 영상재생이 가능하기 때문이다. 또한 MP3과 MP4에 대한 단속이 심해져서 오히려 MP5를 갖고 다닌다고 한다. 한가지 의문이 든 것은 MP3와 MP4에 한국 노래파일을 넣어서 듣기 때문에 단속이 강화된 것인데 단속을 피하기 위해 MP5를 갖고 다닌다는 점이 좀 이해되지는 않았다. 왜냐하면 MP5 역시 음악파일 재생이 가능한데 거기에 영상재생 까지 되니 오히려 남한 영상물을 직접 시청하기에는 더 없이 좋은 영상기계이기 때문이다. 단속을 하려면 오히려 MP5를 더 단속해야 하는 것이 아닌지... 아마도 사례 39의 증언을 통해 유추하면 MP5는 학생들이 어학학습용으로 많이 갖고 다니기 때문에 상대적으로 단속이 심하지 않은 것으로 볼 수 있다.

북한에서 엠피오로 불리는 MP5

옛날엔 엠피삼 끼고 다녔는데 이제는 단속이 심해서 안낀다.
사례 7 | 40대 남성

엠피삼은 공부하느라고 학교 댕길 때 이제, 갖고 댕기고 또 이제 뭐 조선에 이제 뭐 노래 음악 이런거 잡아가지고…
사례 39 | 50대 남성

그거 있으면 좀 불편해서 자꾸 단속하기 때문에… 없는게 낫다. 서로 그렇게 빌리면서… 노래 파일 잡아 주는데가 있어요. 근데 최근 단속이 심해요. 사례 84 | 50대 남성

남한 영상물을 입수하는 방법은 무엇일까?

북한 주민들은 북한에서 어떤 방법으로 남한 영상물을 시청할까? 남한 영상물을 입수한 경로는 지인으로부터 구입 7.3%, 지인으로부터 대여 53.7%, 장마당에서 구입 12.2%, 장마당에서 대여 4.9%, 직접 밀수 4.9%, 기타 17.1%였다. 북한에서 남한 영상물을 구하는 방법은 크게 친구나 지인으로부터 구입 또는 대여하거나 장마당에서 대여 또는 구입하는 경우 그리고 직접 밀수를 하는 방법 등이다.

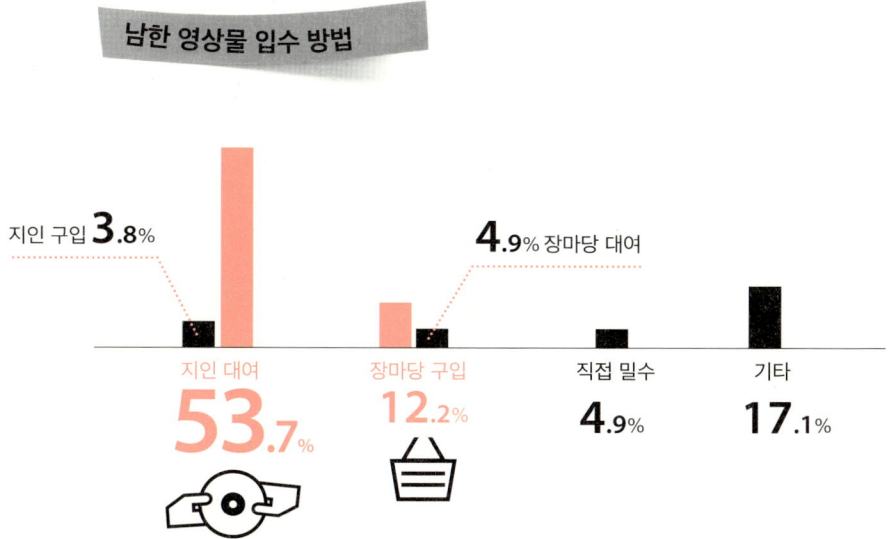

남한 영상물 입수 방법

지인 구입 3.8%
지인 대여 53.7%
장마당 구입 12.2%
4.9% 장마당 대여
직접 밀수 4.9%
기타 17.1%

친한 동무에게 빌려보기 : 간부는 간부네끼리 통합니다.

북한 주민들이 남한 영상물을 입수하는 가장 흔한 방법은 친한 친구나 지인으로부터 직접 빌려보는 방식이었다. 사례 33은 친구의 아버지가 간부였는데 그 친구에게 영상물이 담긴 씨디알을 빌려서 봤다고 말한다. 간부들은 자기네들끼리 서로 통하는 게 있다고... 그래서 돈을 주고 빌려보지 않는 것을 자랑스럽게 이야기했다.

> 씨디알은 몰래 구워서 줍니다. 팝니다. 동무들이 사는거 있으면 동무들한테 뭐있네, 뭐있다하면 그런거 갖다가 보고... 나는 돈주고 안 빌립니다. 그냥 동무한테 빌렸어요. 걔네 아버지도 간부이니까네. 간부들은 간부네끼리 통하니까요. 그거 빌려서 집에 갖고 와서 봤지요. 사례 33 | 30대 남성

사례 17은 장사를 통해 알게 된 지인으로부터 남한 영상물을 입수하게 된 경우다. 그는 OOO지역에서 고춧가루 장사를 하며 하루 먹을 것을 벌었는데, 가짜를 섞어서 팔아야만 이윤을 맞출 수 있었다고 한다. 그녀가 가짜 고춧가루를 공급해 주는 집에 들렀는데 그 사람들이 남한 영상물을 시청하는 것을 목격했다. 가짜 고춧가루를 거래하는 사이였기 때문에 서로 터놓고 이야기 할 수 있어서 그랬을까. 그 집에서 함께 보기도 하고 그 다음부터는 아예 빌려서 시청했다고 한다. 더욱 재미있는것은 북한에서도 가짜 고춧가루를 팔았자는 점이다.

> 내가 거기서 고춧가루 장사했단 말입니다. 고춧가루 나가서 내다 팔면 하루 먹을걸 버는데. OOO지역으로 장사 댕기는 사람들 있으니까네. 서로 OOO에서 가짜를 날라가니까, 상품 팔면 안되

고 섞어야 된단 말이에요. 가짜하구. 그니까, 그 사람들이 꽤 했으니까네. 그 집에 놀러가는데, 문을 안 열어줘서. 가만 보니까 좀 가까우니까 보여주더란 말이에요. 그래서 그거 보구서는 그 다음에 그걸 갖다 빌려봤지요. 가까운 사람들 들여다보니까.

사례 17 | 50대 여성

화교인 친구 집에서 함께 모여보기

북한에서 화교는 일반 북한 주민들과 비교했을 때 상대적으로 조금은 자유로운 활동을 할 수 있다. 북한 당국으로부터 물론 허가를 받아야 하지만 중국으로의 왕래도 자주허용되기 때문에 북한으로 유입되는 상품과 정보 전달자 역할을 한다 해도 과언은 아니다. 실제로 화교들이 중국에 한번 방문하고 돌아오면 주변의 간부들과 친한 동무들이 꼭 찾아와서 물건들을 구입하거나 얻어간다고 말한다. 사례 14도 화교인 친구가 중국에 갔다 오는 길에 구해온 남한 영상물을 함께 시청한 경우다.

친구가 화교니까 중국에서 사서 와서 친하니까네 한번 가봤디. 우리야 뭐, 조선사람들도 있긴 있어요. 그래도 이거를 내놓지 못하거든요. 친구네 집 가서 같이 본 거죠.

사례 14 | 60대 남성

한국 드라마에 바람난 아들

남한 영상물 시청은 세대 간에 뚜렷한 차이가 있다. 과거에는 부모들이 자녀들에게도 남한 영상물 시청 사실을 숨겼다고 한다. 하지만 지금의 젊은 세대들은 함께 모여서 보는 것이 훨씬 재미있다고 말한다. 또 지금의 젊은 또래들이 남한 영상물을 접촉하는 것에 대해 부모들도 막을 수 없는 흐름이라고 인식한다.

사례 39는 아들이 구해온 남한 영상물을 가족들이 함께 모여 본 경우다. 세대 간의 차이로 인해 드라마 내용을 보며 남한의 발전된 모습이 정말인지 서로 물어보기도 했다는 가족들... 스무 살 남짓 되는 아들이 또래의 친구들과 어울려 남한 영상물을 시청하는 것에 대해 그저 조심하라고 충고는 할뿐 달리 그들을 막을 수 있는 방법은 없다고 말한다.

> 아들이 갖고 온거에요. 가족들이 같이 모여서 지요. 보고 나서 서로 이야기 하지요. 그저, 저런 일이 실지 드라마에서 나오는게 사실인가. 물어두 보구, 물어보면 대부분 사실이야 대부분 아닌 것 같은데. 정확히 한국에 대한 걸 정확히 모르니까, 그런 얘기를 하죠. 아들이 스물 두 살인데 저이 동무들끼리. 고런 또래들끼리 한국 드라마 이런걸 좋아하니까... 야단쳐야 듣지도 않거니와 자기네들이 한참 이런거 드라마에 바람이 났을 때는 끄지 못하니까 될 수 있으면 조심하라 말하지요. 사례 39 | 50대 남성

장마당에 가면 몰래 파는 사람들이 있습니다.

사례 56은 장마당에서 직접 남한 영상물을 구입한 경우다. 친한 친구나 지인들로부터 구하기도 하지만 장마당에서 직접 구입한 경우는 북한 사회 변화에서 주목할 만한 특징이라 할 수 있다. 김정은 집권 이후에도 한 두 번 정도 시청했다고 증언하는 사례 56은 사는 곳이 시골이라 전기 사정이 좋지 않았다고 말한다. 전기가 들어올 때 몰래 배터리를 충전해 두었다가 저녁에 시청했다고 한다.

> 장마당에 가면 몰래 파는 사람들이 있습니다. 한 2년 전 이야기
> 죠. 지도자가 바뀌고 나서... 김정은이 바뀐 다음에도 한두 번 봤
> 지요. 우리집은 촌이에요. 전기는 낮에 주는거 몰래, 빳데리로 저
> 장 해놨다가. 빳데리 있어요. 네모난 거 사서... 사례 56 ㅣ 60대 여성

아랫동네치 물 좋은거 안살래...

사례 14의 증언을 통해서도 장마당에서 몰래 남한 영상물을 판매하는 방식을 확인할 수 있었다. 장마당에 가면 "아랫동네 거 좋은 거 있다."고 상인이 접근해 온다고 한다. 단속의 우려 때문에 시장에 직접 물건을 내놓지는 않고 별도의 장소로 데리고 가서 물건을 거래 한다는 것이다. 판매한다고 한다. 아랫동네 알판을 몰래 파는 사람들...

> 알판 파는거 있어요. 장마당에 이렇게 있으면 그 파는 사람이
> "아랫동네치 물 좋은거 안살래?" 아랫동네라고 그래요. 물어본
> 단 말이에요. 돈이 있구 그럴만 하면 "거 아랫동네치 물 좋은 물
> 건 있는데 안 살래?" 그럼 "뭐야" 물어보믄, "아- 그거 가보자
> 요." 알판 팔면 서로 쫙 연관되어 있어요. 구입한 사람이 "시장
> 에 어디어디 가니까 그 아주마니 아랫동네치 알판있어. 기다음
> 에 메모리 있어."하고 말하지. 시장에 내다 놓지는 않고 자기네
> 집에 데리고 가서 팔지. 사례 14 ㅣ 60대 남성

씨디알 파는 집이 따로 있단 말이에요.

장마당에 직접 물건을 가져와서 팔지 않고 사려는 사람을 다른 장소로 데리고 가서 거래를 한다는 내용은 사례 17을 통해서 다시한번 확인할 수

있었다. 장성택 처형 이후 영상물 시청과 단속에 대한 상황이 많이 달라졌다고 한다. 지금은 한국말로 번역된 중국영상물도 단속대상이 될 만큼 통제가 강화되었다는 것이다. 그럼에도 상인은 물론 간부들까지 여전히 시청한다고 말한다. 그게 아니면 볼만한 게 없다고…

> 내놓고 안해. 그런거는 장마당에서 안팔구 테프 씨디알 파는 집이 따로 있단 말이에요. 몰래 집에서. 장성택 처형되고 상황들이 조금 달라졌어. 더 독해졌지. 지금 한국치만 봐서 잽혀가는게 아니에요. 인제 중국치도 잽혀가요. 중국치도 그렇고, 다 그래요. 조선에서는 기본적으로 테프 파는게 조선치보다도 중국치가 많단 말이에요. 그거 잡아서 나가는 것들이. 근데, 어디인거 잽히냐면은. 조선말로 번역해서, 여기와서 보니까 중국영화인데 한국말로 번역되서 나가는것들 그런거 많이요. 조선에서 지금. 한국말로 번역되어 나가는거. 그런거 보면 잽혀가요. 조선 사람들이 지금 다 깼어요. 남조선 영화 많이 보구. 다 깼다고. 장사꾼, 간부들은 다 봐요. 그런거 아니면 볼게 없시유. 사례 17 | 50대 여성

남한 방송이 직접 수신되는 지역

우리는 사례64의 대답을 통해서 북한에서 남한 방송이 직접 수신된다는 사실을 확인할 수 있었다. 북한 방송보다 오히려 남한 방송이 더 잘 나왔다는 그는 한국방송 중에 KBS와 SBS가 잘 나오고 가끔 MBC도 수신되었다고 한다. 자신은 화교라서 아무래도 단속이 심하지 않기 때문에 많이 볼 수 있었는데 일반 주민들도 '볼 사람들은 다 본다'고 말한다. 그가 즐겨본 남한 방송 프로그램은 드라마나 영화가 아닌 〈진짜 사나이〉와 〈섹션 TV〉였다.

저희집에서는 한국 방송이 잘 잡혔어요. 황해도 OO지역인데 계속 남한 방송이 잡혀져요. 지금 두 개 정도 나와요. SBS하고 KBS. 단속은 하지만 몰래 보지요. 밤에 카텐 치고, 우리 집 식구끼리. 그리고, 저희집은 조선 텔레비가 잘 안 나와요. 한국께 더 잘나오고... 우리집은 그 바닷가 옆에 있으니까... 지도자가 바뀌고 나서 단속 심했어요. 근데 저희는 화교니까 아무래도 조선에서 고 안전부 거기서는 단속 못하고, 보위부 쪽에서 단속하니까 그래도 좀 낫지요. 아휴- 볼 사람들은 다 봐요. 그냥, 저런 텔레비가 아니고... 리모콘 되는거. 제가 좋아하는 거는 진짜 사나이인가... 그거 빼고, 별로 본거 없어요. 섹션 TV 가끔씩 보고.

사례 64 | 20대 남성

그가 남한 방송을 직접 수신했다는 지역은 황해도 OO지역으로 한국과 거리가 가까운 곳이었다. 그의 증언에 따르면 자신이 살고 있는 동네에서는 거의 집마다 남한 방송이 수신되었다고 한다. 하지만 서로 남한 방송을 본다는 사실은 알고 있지만 이야기를 나누지는 않는다고 했다.

단속하죠. 가끔씩 가택수색 들어오죠. 근데, 조선에는 대문들 다 있잖아요. 마당 다 있고... 항상 긴장해서 보니까, 그거 볼 때는. 소리나면 또 제각 돌리면 되니까. 12시 되면 KBS도 다 꺼지고요. 고거 꺼지는 거 빼고는 항상 나와요. 방송할 때는... 근데 봐도 서로 그것 뿐이지 서로 이야기 하지는 않지요. 이렇게 서로 알아요. 너희 집에서 보구, 나도 보구. 아는데요. 이제 말만 퍼지면 바로 누가 가서 고발하는지 몰라요. 그다음엔 뭐, 우리 조선 사람들은 뭐 그런 남한 방송을 봐서 근처에도 들어가고 우리는 이거 보구 조선 사람들한테 유포했다는 죄도 있으니까.

사례 64 | 20대 남성

사례 66도 사례 64와 같은 지역에 살고 있었기 때문에 남한 방송이 직접 수신되었다고 증언한다. 그가 본 것은 KBS 1, 2 프로그램이었는데 전기 사정이 좋지 않아 매일 볼 수는 없었다고 한다.

> KBS1하고 KBS2 같은데... OO지역과 OOO은 한국하고 가까우니까 잘 나와요. 작년 11월에 나오기 전까지 봤어요. 매일 보진 못하고 가족들이 보면 조금씩 보니까. 사례 66 | 40대 남성

직접 소유한 영상매체는 무엇일까?

북한에 있을 때 자신이 직접 소유했던 기기로는 DVD 35.5%, 비디오 3.3%, EVD 9.1%, 일반 TV 38.8%, 라디오 5.8%, PC 0.8%, MP3·4 5.0%, 위성 TV 1.7%, 등으로 조사되었다. 대체적으로 일반텔레비전 정도는 보유하고 있는 것을 알 수 있다.

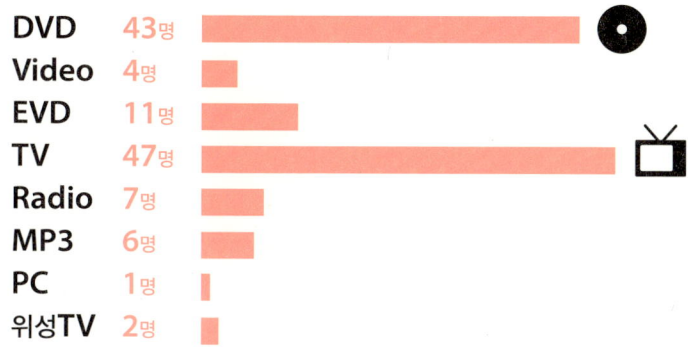

자신이 직접 소유했던 기기

- DVD 43명
- Video 4명
- EVD 11명
- TV 47명
- Radio 7명
- MP3 6명
- PC 1명
- 위성TV 2명

🌿 남한 영상물을 판매 및 전달한 경험이 있는가?

　남한 미디어를 시청한 49명 가운데 남한 영상물을 판매 또는 전달한 경험이 있는가라는 질문에 '있다.'는 응답이 23명(46.9%), '없다.'는 응답이 26명(53.1%)으로 대략 절반가량은 남한 미디어를 시청하는 선에서 그치지 않고 이를 재판매 하거나 다른 사람에게 전달하는 것으로 조사되었다.

　남한 미디어를 판매하거나 전달했다는 응답자를 다시 세분화 하여 누구에게 판매하였는지 질문하였다. 이에 대해 '혈연' 7명(30.4%), '친구' 15명(65.2%), '동료' 1명(4.3%)순으로 나타났다.

남한 미디어 내용 공유

남한 미디어를 다른 사람에게 판매하거나 전달하지는 않았지만 시청한 후 남한 미디어 내용에 대해 대화를 나누었다는 상대는 혈연 13명(32.5%), 친구 24명(60%), 기타 3명(7.5%)로 나타났다. 남한 미디어를 시청한 총 49명의 응답자 가운데 23명(46.9%)이 다른 사람에게 판매하거나 전달한 것에 비해, 남한 미디어에 대해 주변 사람들과 이야기를 나누었다는 응답자는 40명으로 남한 미디어 시청이 단순히 '나홀로 시청'이 아닌 주변 사람들과 함께 이야기를 나누는 정보전달의 역할을 하고 있음을 알 수 있다.

한국에서는 인기 있는 드라마나 영화를 보고나면 단연 대화의 주제가 된다. 혹시라도 본방송을 보지 못했다면 내용이 어떻게 되었는지 주변 사람에게 물어보기도 하고, 영상파일이나 DVD를 통해 보기도 한다. 영화나 드라마에 나온 특정인물에 대해 그 캐릭터의 입장이 되어 서로 이야기를 나누기도 한다. 간혹 영화의 주제가 정치적인 소재를 다루고 있다면 사회적 여론을 형성하여 토론의 대상이 된다.

그렇다면 북한 주민들은 과연 남한 영화나 드라마를 보고 나서 자신이 느낀 소감이나 내용을 다른 사람들과 나눌까? 우리는 북한 주민들이 남한 영상물을 시청한 후 내용을 누구와 나누고 전달하는지 질문했다.

정치 이야기는 안하구...그런거는 괜찮아요.

사례 36은 남한 드라마 중 재미있었던 내용을 지인들과 이야기 하며 드라마 속 인물에 대해서도 서로 대화를 나눈다고 한다. 정치적 이야기는 안 되지만 남한 드라마를 보고 난 후 소감정도는 나눌 수 있는 지인이 있다고 한다.

> 그거 재밌었다고... 주인공들 사람 얘기 이것도 좀 그러죠. 불쌍하더라. 하면서. 정치적 얘기는 안하구 그런 거는 괜찮아요.
> 사례 36 | 30대 여성

사례 40 역시 친한 사람들과는 서로 소감을 나누기도 하는데, 주로 화교들이 영상물 내용을 잘 말해준다고 한다. 자신들이 화교들에게 "한국이 정말 잘 사느냐?"고 물어보기도 했는데 북한 주민들 중 '산골 사람을 내놓고 한국이 잘 산다는 거'를 거의 알 정도가 되었다고 한다.

> 그저 친한 사람들, 기본 화교들이 말하지요. 그저 말하지요. 한국 이렇게 잘 사냐. 정말 이게 맞는가 하고... 사는거 좀 배워듣자. 그런 인식은 이제 많이 하지요. 산골 사람 내놓고 이젠 다 한국이 잘산다는 건 다 안다구. 사례 40 | 60대 여성

사례 66도 친척이나 친구 등 서로 통하는 사람들끼리는 이야기를 나눈다고 한다. 자신은 드라마 〈대조영〉을 시청하고 그동안 몰랐던 사실과 역사를 다른 사람들에게 말해주었다고 한다. 또한 단순히 드라마 내용뿐만 아니라 남한의 발전상을 보며 '우리도 저렇게 되었으면 좋겠다.'는 다소 민감한 정치적 바램도 간혹 이야기 한다고 말한다. 하지만 그런 이야기는 정말

믿을 수 있고 통하는 사이에서나 가능한 이야기였다. 함부로 드러내놓고 말할 수는 없었다.

> 내가 이 사람에게 대조영이든 영화 봤다하면. 대조영이가 옛날에 대한 이야기 아닙니까. 우린 몰랐던거를 대조영이가 고구려 그런 내용, 우린 역사. 남한 생활이 되게 좋다 그런거를… 우리도 좀 그렇게 되었으면 좋겠다 하고. 친척이나 통하는 사람들끼리만 얘기하지. 그렇게 내놓고 사람들한테 말을 못하고.
> 사례 66 | 40대 남성

나도 좀 보자.

남한 영화나 드라마를 시청한 사실을 다른 사람에게 이야기 하면 그것을 보여 달라고 하는 친구도 있었다. 남한 영상물을 시청했다는 사실이 친한 친구들에게는 자랑거리이자 부러움의 대상이 되었다.

> 이런 거 봤다 그러면, 나도 좀 보자 뭐 이런 분들도 있고. 친구들이나 한테 다 얘기하지. 사례 39 | 50대 남성

가족 안에서의 세대 차이

혼자 시청하는 것보다 가족이나 친구들과 함께 모여서 보는 것이 훨씬 재미있지만 간혹 곤란한 경우도 있었다. 사례 64 가족의 경우 아버지는 씨디알로 영화를 보고 싶어 했고, 자신은 예능 프로그램을 보고 싶었기 때문에 소위 '리모컨 쟁탈전'이 벌어지는 사례도 있었다. 과연 누가 리모컨의 우

선권을 가졌을지 궁금해진다.

> 저희 아버지는 그저 한국영화만 볼라고 그러고. 씨디알 가지고 계속 영화 볼라고 한단 말입니다. 나는 계속 영화 안 보구 그냥 예능 프로 같은 거 보고 싶은데. 사례 64 | 20대 남성

가족끼리 함께 남한 드라마를 보면서 세대간 차이를 경험한 사례도 있다. 사례 39의 경우 아내는 물론 두 아들과 함께 4명의 식구들이 모여서 텔레비전을 시청했는데 서로 보면서 세대 차이를 경험했다고 말한다. 나이 든 사람들은 재미나 흥미 위주로 보지만 젊은 세대들은 남한의 발전상을 보며 자신들의 상황과 비교하기도 하고 '북조선과 천지차이'인 남한에 대한 동경을 그대로 표현했다고 말한다.

> 우리 집사람하고. 아들하나 있으니까, 고저 네 사람이 같이 보지. 차이점이 나이 먹은 사람하고 젊은 사람하고 다르겠지요. 근데 뭐, 우리가 고저 나이 먹은 사람들은 재미로 보구, 어린 사람들도 인제 젊은 사람들도 재미로 보지만 실제 보면서 뭐 남조선이 이렇게 까지 발전했나 생활이 이렇게 좋아졌나 생각하지. 70년대, 80년대는 조선보다 실지 못살아서, 뭐 그 말이 많았잖아요. 한데, 이거 드라마 보니까 현실적으로 이거 한국이 남한 생활이 북조선보다 천치차이로구나. 이런 얘기는 하죠. 거리 나오는 거 식당이 인제 식사 하는 거, 집 가정 생활 하는 거 그런 장면들 보게 되면, 조선하고 차이가 많다는 걸 알죠. 자유롭게 하고 싶으면 하고 가고프면 가고, 하고 싶지 않으면 관두고 이런 측면들 보니까 장면들 보니까 그렇구나. 그렇게 느껴지지요.
> 사례 39 | 50대 남성

남한 따라하기 : 남한 영상물은 북한사회를 어떻게 바꾸고 있을까?

북한에서의 한류 현상은 한국산 제품이 장마당을 통해 거래되는 시장 확산이라는 효과로 이어진다. 남한 영상물을 시청하기 위한 영상매체의 거래뿐만 아니라 한국산 상품의 유통을 촉진시키는 현상도 주목할 필요가 있다. 북한 주민들은 남한 영상물 시청을 통해 한국산 옷, 화장품, 의약품, 생필품 등에 관심을 갖게 된다. 특히, 중국을 오가는 사람들이 북한 내부로 유입하는 한국산 제품은 영상으로만 보던 간접 경험과 인식을 직접 체험할 수 있도록 해준다. 한국산 옷은 상표를 표시하는 라벨을 모두 제거하고 북한에 유입된다.

그런데 북한 주민들은 비록 라벨이 없어도 옷의 품질비교를 통해 중국산과 한국산 옷을 구별할 수 있을 정도라고 한다. 그만큼 한국산 옷의 디자인이나 품질이 좋기 때문에 장마당에서 인기리에 거래되는 품목 중의 하나이다. 수요와 공급의 필요에 의해 이를 전문적으로 판매하는 상인도 생겨났다. 남한 영상물 시청을 통해 새로운 디자인에 대한 선호현상이 곧 관련 상품 구매욕구로 나타나는 모습도 볼 수 있다.

남한 영상물을 시청하는 북한주민들은 단순히 보는 정도에서 그치는 것이 아니라 남한문화를 모방하는 이른바 '남한 따라하기'를 한다. 영화나 드라마에 나온 머리모양과 패션을 따라 하기도 하며 한국식 말투를 흉내 내기도 한다. 남한 영상물 시청이 가져온 북한 사회 변화를 살펴보자.

옷 보면 유행 많이 해요.

사례 64는 주로 헤어스타일을 따라하거나 한국에서 유행한다는 옷을 구해서 입었다고 한다. 한 때 한국 운동복(일명 원빈 스타일로 드라마 '시크릿 가든'에서 주인공이 입고 나온 운동복을 의미)이 북한에서도 유행한 적이 있다. 한국식 말투는 주로 친구들끼리 술자리를 할 때 자신도 모르게 툭툭 튀어나온다고 한다. 김정은 시대에 들어서 단속이 더 강화되었지만 단속이 강화되는 것만큼 '노는 것도 더 심하게 논다.'고 말하는 사례 64. 그는 사람들이 깼다고 표현한다.

> 제가 미용실 다닐 때 사람들이 저보고 거의 한국 사람이라고 그랬었어요. 조선에서 많이 따라하죠. 옷들 보면 유행 많이 해요. 젊은 사람들이. 한국 운동복 있잖아요. 회색, 하얀색 운동복 같은거 인기 좋아요. 딱 붙는 건 못 입어요, 좀 이렇게 품 좀 넓은 거 잘 입고... 고 한국에서 젊은 사람들 추리닝복 입고 이렇게 있잖아요. 그렇게 잘 입었어요. 말투도 따라하는데... 친구들 술마시다가 말투 툭툭 나오더라고요. 도자 바뀌고 나서 통제가 더 심해졌어요. 옛날보다 더 심해졌는데, 심해진 만큼 더 사람들이 노는 것도 더 심하게 논단 말이에요. 깼죠. 사람들이.
> 사례 64 | 20대 남성

화장품 질도 남한이 더 좋습니다.

사례 5는 한국산 화장품을 즐겨 쓸 만큼 품질이 좋다고 말한다. 사례5는 인터뷰가 끝나고 필자가 갖고 있던 향수며 화장품을 선물로 주면 안 되겠냐고 할 정도였다. 사용하던 것 밖에 없어서 다음에 올 때 선물로 갖고 온다 했지만 사실 다시 만날 수 있을지 기약은 없었다. 사용하던 것도 문제없다는 말에 선뜻 내어주기는 했지만 다음에 새 것을 예쁘게 포장해 선물로 주면 더없이 좋을 거라는 아쉬움이 들었다. 하지만 그와의 만남은 다시 약속할 수 있는 사이가 아니기 때문에...

> 화장품 질도 남한이 더 좋습니다 아이들도 남한이 좋으니까 우리는아직 그 수준까지 못 올랐으니까. 조직적으로 사고... 말도 함부로 못하는데 남한에는 고저 하고 싶은 대로 하니까... 한국 뉴스는 너무 노골적으로 밝혀내요. 우리는 그렇게 하면 다 잡혀가는데. 사례 5 | 50대 남성

한국산 화장품의 품질은 세계에서 인정받을 만큼 뛰어나다. 중국에 계신 분들에게 선물을 줄 때 가장 좋아하는 것이 바로 한국산 화장품이었다. 중국 출장 중에 도움을 주신 분들을 위한 한국산 화장품을 종류별로 선물한 적도 있다. 처음 출장길에는 여성화장품을 잘 몰라서 남성 화장품처럼 스킨과 로션을 따로 주는 바람에 핀잔 아닌 핀잔을 듣기도 했다. 시간이 지날수록 필자도 여성화장품에 대한 안목(?)이 생겼고 그들 역시 구체적인 선물의 목록(?)을 필자에게 알려주었다. 스킨, 로션에서 시작한 한국산 화장품 선물은 에센스가 담긴 세트 상품부터 마스카라, 립스틱은 물론 한국에서 유행한다는 BB, CC크림에 이어 최근에는 일명 쿠션까지 선물하기도 했다. 그래서 늘 중국에 들어갈 때는 캐리어 가득 물건을 넣어갔다. 마치 보따리무역상처럼 말이다.

그런데 의미 있었던 건 그들 역시 필자를 위한 선물을 준비해 주었다는 점이다. 필자가 2007년 평양을 방문했을 때 가장 인기 있었던 북한산 제품

은 바로 '봄향기'라는 화장품이었다. 신의주화장품공장에서 제조한 '봄향기'는 스킨(북한에서는 살결물이라 부른다)과 로션, 밤크림, 낮크림 등으로 구성되었는데 고려인삼으로 제조한 것이 특징이었다. 그런데 '봄향기' 제품이 10년을 지나면서 최근에 전면 업그레이드가 되었다.

노동신문 보도에 따르면 김정은은 지난 2월 5일 평양화장품공장을 시찰했다. 이 자리에서 김정은은 "우리 인민들이 외국산보다 은하수 화장품을 먼저 찾게 하고 나아가서는 은하수 화장품이 세계 시장에도 소문이 나게 해야 한다."고 강조했다. 흥미로운 것은 사회주의경쟁열풍을 강조하며 "평양화장품공장에서 생산하는 '은하수'를 신의주화장품공장에서 생산하는 '봄향기'와 같이 인기 있는 상품으로 만들어야 한다."고 말한 점이다. 김정은이 인정한 봄향기의 품질은 어느 정도로 좋을까?

그들에게 한국 화장품을 선물로 주고 그 답례로 받은 것이 바로 '봄향기' 화장품이다. 2007년 필자가 평양에서 구입한 봄향기가 스킨, 로션, 크림 등으로 구성되었다면 이번 제품들은 에센스에 향수까지 종류도 다양해졌을 뿐만 아니라 포장용기나 재질이 고급화 되었음을 알 수 있다. 어떤 제품에는 인삼 한 뿌리가 화장품 안에 통째로 들어 있을 정도였다. 필자가 선물 받은 북한산 화장품은 무게만 20kg이 넘을 정도로 그 종류가 매우 다양했다. 한국산 화장품이 세계최고로 인정받지만 인삼 한 뿌리가 통째로 들어가 있는 화장품은 아직 보지 못했다. 인삼 한 뿌리가 보이는 '하얀병'이 그 유명하다는 '갈색병'(?)의 인기를 따라 잡을 수 있는 날이 올는지 기대해 본다.

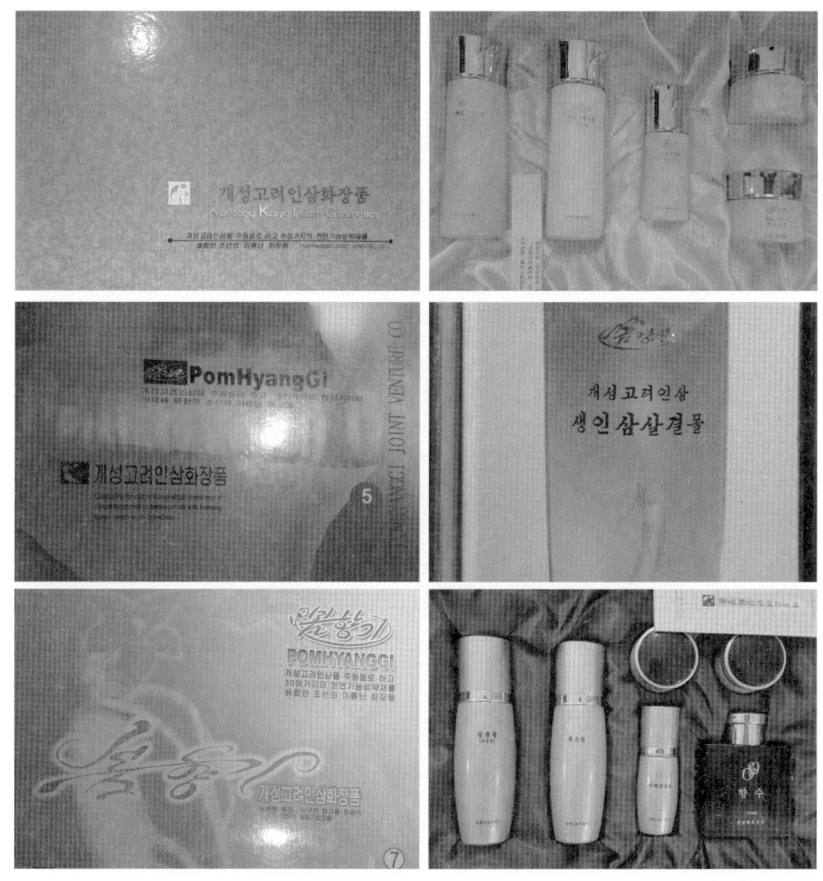

최근 북한에서 생산된 '봄향기' 제품들

조선스타일 : 짧은 치마 단속 하지만 그대로 다 입어요.

중국에서 물건을 구해다가 북한에서 판매한다는 사례 65는 북한 역시 유행에 민감하다고 말한다. 한국산 옷이 무조건 좋은 것이 아니라 일명 '조선스타일'에 맞는 게 있다고 한다. 한국 텔레비전 광고를 보며 최신 유행하는 스타일을 찾는다고 할 정도였다. 노출된 옷을 못 입는 것으로 알려진 북한이지만 그의 말을 들어보면 단속을 피해 입을 사람은 다 입고 다닌다고 한다.

> 남조선 텔레비전 광고보면 지금은 어떻게 추세구나, 저는 옷을 판매하니까 중국 옷티 그런거 하니까 옷이 요런 추세구나 되게 예쁘구나 하는 걸 제가 볼 수 있잖아요. 그니깐, 조선에 갖고 간다해서 한국거라서 다 갖고 가는게 아니라 요건 조선에 실정에 맞겠구나, 요건 너무 조금 세련되는거고... 조선에서는 안 그래요. 오히려 더, 단속은 하는데 치마도 짧은거 단속은 하는데 그래도 다입어요. 눈 피해가면서. 사례 65 | 30대 여성

북한에서 남한 영상물 시청과 유통이 근절되지 않는 이유는?

그래도 자간 기를 쓰고 그걸 보려 하는지

북한주민들의 남한 미디어 이용에 대한 내용을 인터뷰하면서 한 가지 의문이 들었다. 남한 사람들은 절대 경험해 보지 못한 북한의 총살형… 말로 표현 못할 그 끔찍한 장면을 목격하고도 남한 영상물 시청과 유통이 근절되지 않는 이유는 무엇일까?

> 자간 뭐 좋은거… 보구 싶으니까 차마 기렇다고 해서 날 잡아가갔나. 뭐 이래서 그렇지, 아니면 자간 좋으니까 보는데. 근데, 뭐 솔직히 말해서 젊은 아이들이나 늙은 사람들이고 나라에서 하지 말라고 길면 좋은 걸 왜 보지 말라고 기나. 보구 싶은거 보라고 길디. 보디 말라고 기르고, 그걸 또 단속되면 잡아넣고 잡아넣으면 조선에서는 인제 교화 들어갔다 나가오게 되면 사람 취급을 안하는데 사람 인생이 끝나는거라고 조선에서는. 한데 그래도 자간 기를 쓰고 그걸 보려 하는지… 사례 39 | 50대 남성

> 해주에서 섹스알 중국 거 갖고 나갔는데 그거 보다가 좀 빌려달라 해서 동무한테 빌려줬답니다. 빌려줬는데, 그것도 화교니까요 조선 사람한테 빌려줬지요. 보다가 들켰답니다. 들키니까, 벌금내고 감옥 들어가니까요. 감옥 생활보다 중국에 들어오는 게 차라리 낫겠다 싶어 중국 들어왔다 그래요. 사례 33 | 30대 남성

북한에서 남한 영상물 시청과 유통이 근절되지 않는 이유는 바로 뇌물을 통한 공생관계가 형성되어 단속이 실효성을 거두지 못하기 때문이다. 장

마당에서의 불법적인 거래는 개인 차원의 소소한 거래에서부터 간부들과 결탁된 조직적인 거래망을 갖추고 있을 정도로 다양하다. 북한의 경제난으로 생필품과 식량공급이 원활히 이루어지지 못한 상황에서 밀수와 장마당은 그나마 주민들의 생존을 위한 최소한의 생존수단이 되고 있다.

북한 당국으로서는 어려운 경제 현실을 감안하여 장마당을 통한 생필품과 식량 등의 거래를 묵인할 수밖에 없는 상황이다. 시장에서의 불법적 거래품목이 확산된다고 하더라도 북한 당국이 이를 통제하거나 폐쇄하기에는 한계가 있다. 이미 자생적으로 확산되며 그나마 북한경제의 숨통이라 할 수 있는 밀수와 장마당은 스스로를 '하바닥'으로 표현하는 일반 주민들로부터 간부에 이르기까지 조직적으로 연계된 부정부패의 뇌물 고리를 형성하고 있기 때문이다.

남한 영상물 시청과 관련한 소프트웨어를 포함한 영상매체는 북한 장마당에서 인기리에 거래되는 품목이다. 이미 수요와 공급이라는 자본주의 양식이 구조화되어 가는 북한에서 사실상 이를 무조건 통제하는 데는 분명 한계가 있다. 주체사상에 기반을 둔 유일지도체제라는 북한체제의 특수성을 감안한다 하더라도, 북한주민들의 외래문화 접촉에 의한 사상이완은 분명 기존 사회주의체제 전환과정을 북한에 적용해 볼 수 있는 하나의 단서가 된다. 북한 당국 역시 변화하는 '수준 높은 인민들의 요구'를 수용하며 대응할 수밖에 없는 상황에 놓여 있다.

특히, 북한 당국이 외래문화의 철저한 단속과 통제를 지시하는 새세대들의 변화 양상은 향후 북한체제 변화의 주요한 실마리가 될 수 있다. 이미 고난의 행군기 시절 공교육 시스템의 붕괴로 체계적인 사상학습교양을 받지 못하고 외부 문물을 경험한 새세대들의 증가는 기존의 북한식 통제시스템만으로는 통치의 정당성을 확보할 수 없다는 점을 잘 보여준다.

외래문화의 수용과 접변을 통해 이완된 사상의식과 자본주의 행위양식을 체득하고 있는 북한주민들과, 이를 단속하고 통제하여 체제를 고수하려는 북한 당국 사이의 충돌이 아직까지는 표면적으로 드러나지 않고 있다. 북한으로의 외래문화 유입은 엄격한 북한통제 시스템에 일정부분 균열을 초래하고 있다. 이러한 균열요인이 북한체제 전반에 어떠한 영향을 미칠지 단정 지을 수는 없지만 체제내구력의 약화로 이어질 수 있을 것이다. 이러한 균열의 틈새는 지금도 진행 중이다.

김정은 정권의 위로부터의 권력 변화에 대해 관심을 갖고 권력변화 추이를 주시하는 것도 의미가 있지만, 동시에 아래로부터의 변화라 할 수 있는 북한주민들의 사회적 일탈과 외래문화 수용의 방향과 속도에도 주목해야 한다. 단순히 흥미와 재미가 아닌 체제에 대한 저항과 반감 등에 대한 의식변화와 관련 상품의 시장 유통 그리고 간부들의 부정부패 등으로 이어지는 일련의 미시적 행위들이 북한체제라는 거시적 단위에 어떻게 영향을 미칠지 주목된다.

나가며

'남한 사람'과 '북조선 인민'

그들과의 통일이야기를 이제 마무리 하려한다. 약 1,000페이지에 달하는 녹취록을 꼼꼼히 정리하며 그들의 마음들을 온전히 담아내려 했다. 그들이 아낌없이 쏟아낸 말 한마디는 물론 감정 섞인 감탄사 하나, 사투리로 들어간 추임새 하나까지도 놓치고 싶지 않았다. 할 수만 있다면 그들의 호흡과 마음의 소리까지 이 지면을 통해 들려주고 싶었다.

하지만 필자의 부족한 능력으로 그들이 전한 내용 그 자체도 잘 전달하지 못한 것 같아 죄스러운 마음뿐이다. 인터뷰가 진행되는 두 시간의 만남은 감동과 불안감이 교차하는 적막의 연속이었다. 인터뷰 중 누군가 갑자기 들이닥칠 것만 같았고, 문 앞에서 누군가 몰래 엿듣고 있는 것은 아닌지 연신 출입문을 여닫곤 했다. 그들 역시 처음에는 '남조선 사람'을 경계했고, 필자도 그들이 혹여 '북한의 정보원'이지 않을까 하는 노파심에 마음의 문을 쉽게 열지 못했다. 낯선땅에서 홀로 그들과 대면한 시간은 어찌보면 목숨을 담보로 한 여정이었을지도 모른다.

하지만 한 두 마디 건네지고 서로의 마음을 확인한 순간 그들과 난 우리가 될 수 있었다. '하루빨리 통일이 되어 남북한이 다 같이 잘 살았으면 좋겠다.'는 말을 들었을 땐 함께 눈물을 흘렸고, '남조선이 왜 미제국주의 앞잡이로 사는가'라는 핀잔을 들었을 때는 당황하여 할 말을 잊기도 했다. 언제 다시 만날지 알 수 없어 인터뷰가 끝나고 헤어질 때의 인사는 모두 '통일된 조국에서 다시 만납시다.'였다.

물론 모든 만남이 가슴을 울릴만큼 감동적이었던 것은 아니다. 때로는 면접 중 민감한 사안에 발끈하여 자리를 박차고 나간 사람들도 있다. 필자 역시 그들의 판에 박힌 대답에 화가 나서 면접을 더 이상 진행하지 못한 적도 있다.

그들과 나눈 그 짧은 인사 한마디는 분단의 강을 건널 수 없는 지금의 우리네 모습이었다. 때로는 아들을 두고 홀로 길 떠나는 어머니처럼, 때로는 친동생처럼 마주잡은 두 손 놓지 않으며 헤어짐에 아쉬운 눈물을 떨구던 사람들... 문 앞에 서서 보이지 않을 때까지 한참을 우두커니 서 있었고, 그들은 가던 길 멈추고 몇 번이나 뒤돌아 연신 손사래를 쳤다. 이제 그만 들어가라고... 단 두 시간 가량의 짧은 만남에 그토록 슬픈 헤어짐을 나눠야만 하는 사람들이 이 세상에 또 있을까?

내가 그러하듯 그들 역시 북녘 땅 어딘가에서 남한 동포로 만났던 그 때 그 사람을 기억하며 보고 싶어 할 것이라 믿고 싶다. '나는 너에게 너는 나에게 잊혀 지지 않는 하나의 의미가 되고 싶다.'했지 않았던가... 누군가 우리를 기억하며 그리워하고 있다는 사실, 더더욱 그들이 분단 너머에 있는 사람들이라는 점... 오늘도 그렇게 우린 분단시대의 또 하루를 살아내고 있다. 분단이 마치 우리의 숙명인 것처럼 말이다.

"김일성 때부터 통일된다 했는데 아직도 안 되잖아요."라는 북한주민의 탄식처럼 통일은 이제 불가능하다고 자포자기의 마음이 들까 그저 두려울 뿐이다. 통일이 되기 전에 생을 마감한다는 것은 상상조차 하지 않으려 한다. 단 하루를 살더라도 통일된 조국의 땅 끝을 밟고 싶다. 단 한 시간도 채 안될 서울-신의주 거리를 1,500km나 걸려 돌고 돌아갔다. 그것도 모자라 불과 몇 십 미터 남짓 물길을 앞에 두고도 더 이상 갈 수 없는 땅 앞에 무력하게 서 있을 수밖에 없었다.

낯선 타국에서 그저 먼발치에서 바라봐야만 했던 그 숱한 날들의 서러움을 달래기 위해서라도 통일된 그날 서울에서 신의주까지 맨발로 한 걸음에 달려가리라 다짐해 본다. 길가에 피어난 들꽃 한 송이, 풀 한 포기도 통일조국에서는 특별한 몸짓이 될 것이기에... 창바이산(長白山)이 아닌 우리 민족의 성산 백두산을 그들과 함께 손 맞잡고 오르고 싶다. 압록강 강가에서 북녘 땅을 바라보며 하염없이 불러댔던 '다시 만납시다' 노래를 통일조국의 산하에 서서 압록강 굽어보며 다시 불러보리라.

"백두에서 한라로 우린 하나의 겨레,
헤어져서 얼마나 눈물 또한 얼마였던가

잘 있으라 다시 만나요 잘 가시라 다시 만나요
목메어 소리칩니다. 안녕히.다시 만나요"

'통일조국에서 다시 만납시다.'라는 인사만 남긴 채 떠나간 북녘의 사람들이 너무나 많다. 그들을 다시 만나고 싶다. 두 시간 가량 만남의 헤어짐이 이러할진대 70년 원한 맺힌 이산가족들의 그 절망과 아픔의 깊이를 어찌 가늠할 수 있을까. 왜 통일해야 하는지 논리를 설명하려고 하면 통일은 더 멀어질 뿐이다. 통일은 헤어져 살아가는 그 누군가의 한 맺힌 절규를 멈추기 위해서, 지금 저 땅에서 자유에 목말라 하는 우리네 이웃들을 위해서, 분단시대로 살아서는 절대 친구가 될 수 없는 우리와 그들을 위해서 해야만 하는 숙명이다.

통일이 되면 시베리아 횡단 철도와 연결하여 유럽을 여행할 수 있다는 돈, 일자리가 늘어난다는 돈, 북한의 지하자원과 남한의 기술이 결합된다는 돈, 백두산 관광을 통해 얻을 수 있다는 돈... 그런 경제적인 논리가 앞서는 '돈의 통일' 보다 사람과 사람을 위한 가슴 따스한 통일을 이야기 하고 싶다. 우리의 관점에서만 바라보는 통일이 아니라 우리와 그들의 가슴이 함께 뛰는 그런 통일을 말해야 하지 않을까.

지금 당장 일자리가 없어 미래를 포기하는 대학청년들에게 통일이 되면 더 잘 살 수 있다는 말은 더더욱 통일에 대한 반감을 갖게 할 뿐이다. 내 생활에서 직접 체험할 수 있는 통일, 내 삶의 공간에서 경험할 수 있는 통일을 이야기 할 수 있어야 한다.

인간은 이성과 감성으로 존재하기에 스스로 느끼고 경험하며 마음으로 감동되는 그런 통일의 이유를 알려주고 싶다. 북한 주민들과 나눈 그 짧은 순간의 호흡으로 그들의 마음을 알게 되었다 말할 수 없음은 당연하다. 그러나 분명한 것은 그들은 통일을 간절히 원했고, 남한에 살고 있는 우리를 부러워하고 있었다는 점이다. 자유롭게 말할 수 있고, 어디든 마음대로 다닐 수 있으며, 하고 싶은 일은 무엇이든 원하는 대로 할 수 있는 나라... 우리가 지금 너무도 당연히 누리고 있는 이 모든 것들이 그들에게는 평생에 한 번 해 보고 싶은 희망이자 꿈이었다. 그들의 꿈을 이제 함께 현실로 만들어 가고 싶다.

지금까지 북한주민들과 나눈 통일이야기는 우리 역시 준비해야 할 일들이 많음을 따끔하게 지적해 준다. 우리는 지금 내 옆에 와 있는 북한이탈주민들과 함께 살아갈 준비가 되어 있는가? '먼저 온 미래'로 표현되는 그들과의 통일연습이 바로 우리의 통일조국을 만들어 가는 시금석이다. 하지만 지금의 우리 주변을 돌아보면 통일조국이 결코 장밋빛 미래만은 아님을 분명히 말해주고 있다.

탈북미녀와의 소개팅을 강조하는 한 결혼정보업체의 광고 문구를 보고 경악했던 기억이 있다. 그 문구는 바로 〈탈북미녀들은 학력, 키, 부모재력 등은 따지지 않아요〉였다.

탈북여성들은 '탈북미녀'라는 이름으로 포장되어 상업화 된다. 아름다움이 최고의 선이 되어버린 우리 사회에서 탈북여성 또한 미녀라는 이름의 성상품화로 전락해 버렸다. 학력, 키, 부모재력 등은 따지지도 않는다는 말을 어떻게 이해해야 할까? 남한에서 결혼은 달콤한 영화의 한 장면처럼 두 사람의 사랑만으로는 결코 이루어지지 않는다. 이 광고대로라면 탈북미녀들의 결혼 조건은 도대체 무엇일까? 아니 조건은 없다. 그저 남성이 여성을 좋아한다면 무조건이라는 말인가...

 또 어느 날 신문 사이에 끼워 배달된 전단지에는 〈북한 여성 룸 전문〉이라는 광고가 선명하게 박혀 있었다. 북한여성 항시 대기... 이응준의 소설 〈국가의 사생활〉은 통일대한민국을 배경으로 한다. 소설의 배경은 통일된 조국에서 북한출신 여성들은 일자리를 찾지 못하고 결국 술집 접대부로 고용된다는 암울한 현실을 다루고 있다. 소설속에 다루어진 그 내용이 지금 우리가 살고 있는 현실에서 버젓이 벌어지고 있다. 북한여성 항시 대기... 북.한.여.성.

어디 이것뿐이랴. 북한 주민들도 즐겨본다는 한 종편 프로그램은 북한에서 온 여성과 남한 남성의 연애를 주요 소재로 다룬다. 그런데 놀랍게도 이 두 사람의 나이 차이는 무려 스무살이 넘는다. 결혼을 전제로 만나는 프로그램에서 왜 북한 출신 여성은 자신보다 무려 스무살이나 많은 삼촌, 아버지뻘과 같은 남성을 만나야 하는 것일까...

이 모든 것이 우리 인식 가운데 녹아 있는 '이등국민'으로서 북한을 바라보는 또 다른 차별의 시각은 아닐는지... 어느 북한이탈주민의 하소연이 생각난다. 거기서 태어난 것도 속상한데, 왜 여기까지 와서도 이런 대접을 받아야 하는지... 같은 하늘 아래 태어나서 체제가 다른 곳에 살았다는 그 이유 하나만으로 지금까지 너무나 불행한 삶을 살았는데 새로운 체제에 와서도 여전히 그 출신 성분을 벗어날 수 없는 것이냐고 말이다.

우리가 꿈꾸는 통일조국은 사람이 행복한 세상일 것이다. 북한의 독재

정권이 변화되어야 함은 너무나 당연하다. 동시에 우리도 통일을 준비하며 변화해야 하지 않을까? 그 변화의 출발은 바로 통일이 우리 모두 행복하게 살기 위한 여정임을 공감하는 것에서부터 시작하는 것이라 믿는다. 영원히 만날 수 없을 것 같은 끝없는 두 개의 철길도 결국 종착역에서는 멈출 수 있기에 우리가 내딛는 작은 발자욱이 통일의 종착역을 향해 가는 그 첫 발자국이 되기를 희망해 본다.

평소 자주 들렀던 중국의 어느 북한식당에서 '접대원 동무'로부터 받은 하나의 질문은 아직도 가슴을 먹먹하게 한다.

"만약 선생님이 유럽에 가셨는데 거기 사람들이 선생님께 조국이 어디냐고 묻는다면 무엇이라고 대답하실 겁니까?"

조국이 어디냐고 묻는 유럽 사람들에게 난 무엇이라고 대답을 할까? 그녀는 왜 나에게 이런 질문을 했을까? 한참을 고민했다. 사실 한참을 생각하고 말고가 아닌 정답은 그냥 "South Korea"라고 하면 될 일이었다. 하지만 그녀의 질문은 "당신 어디서 왔느냐, 국적이 어디냐"가 아니라 "조국이 어디냐"라는 표현이었다.

조국... 우리에게 조국은 어떤 의미일까? 나의 조국은 어디인가?

한참을 고민하는 사이 둘 사이에 침묵이 흘렀다. 그냥 다른 말로 화제를 넘길 법도 한데 그녀는 끝까지 내 대답을 듣고 싶어 했다. 그렇게 한참을 생각하다 조심스럽게 '코리아'라고 대답했다. 분명 그녀는 북쪽(North Korea)이고, 필자는 남쪽(South Korea)이다. 하지만 평소 친분이 있던 그녀와 군이 남북한으로 경계를 짓고 싶지는 않아 코리아라고 답변한 것이다. 그게 그녀에 대한 최대한의 배려라 생각도 했다. 하지만 그 말을 들은 그녀는 이렇게 말했다.

"우리는 하나의 코리아가 아닌데요."

그랬다. 그녀의 말처럼 우리는 지금 분명 하나의 코리아가 아니다. "우리는 하나"라고 말하지만 두 개의 조국으로 나뉘어져 있다. 두 개의 조국으로 갈라져 있으니 어쩌면 우리는 조국이 없는 거나 같지 않을까. 유럽 사람들이 우리에게 조국이 어디냐고 물었을 때 "나는 조국이 없습니다."라고 말하는 것이 정답이라는 생각도 들었다. 아마 내가 코리아라고 말했을 때 그 유럽사람은 한마디 더 질문했을지도 모른다. 남쪽(South?)인지 북쪽(North?)인지 말이다.

이제는 "남한 대(vs.) 북한", "남조선 대(vs.) 북조선"으로 갈라진 반쪽짜리 코리아가 아니라 하나의 코리아에 살고 싶다. 조국이 어디냐 묻는 그들에게 언젠가는 당당히 말할 것이다. 우리는 이제 하나라고… 그래서 내 조국은 코리아(korea)라고…

통일… 더디 오더라도 아니 오지만 않으면
그보다 더 큰 바람은 없을 듯하다.

부록
—
Trip
Song
Letter

부록 1　TRIP

행 동 하 기　첫 번 째

　　매년 수십만의 한국 사람들이 백두산을 오른다. 아니 정확히 말하면 중국의 창바이산(長白山)을 오르고 있다. 백두산은 동, 서, 남, 북쪽 코스로 오를 수 있는데 동쪽코스를 제외하고 나머지 세 코스는 모두 중국지역을 통해 갈 수 있다. 북쪽코스는 중국에서 제일 먼저 개발된 코스로 천지까지 지프차를 타고 올라간다. 서쪽코스는 국내 한 예능프로그램에도 소개되었는데 천지까지 1,440개의 계단을 걸어서 올라간다. 남쪽코스는 최근에 개방된 지역으로 상대적으로 코스가 완만하여 셔틀버스를 타고 천지까지 올라갈 수 있다.

　　동쪽 코스는 북한에서 올라가는 코스로 천지까지 모노레일이 설치되어 있다. 필자는 평양공항에서 삼지연공항까지 비행기를 타고 가서 버스를 타고 천지까지 올라가 본 적이 있다. 하지만 지금은 남북관계가 단절되어 북한지역을 통해 백두산을 간다는것은 희망사항일 뿐이다.

북중접경지역여행 _너나드리 통일트립

그래서 수많은 한국사람들이 지금 백두산이 아닌 중국을 통해 창바이산(長白山)을 오르고 있다. 여름 휴가철이 되면 백두산의 길목인 연길행 비행기는 매진이거나 가격이 2배 이상 폭등한다. 연길에서 버스로 4시간 가량을 이동하면 백두산에 오를 수 있기 때문에 백두산 관광 시즌이 되면 연길은 그야말로 호황을 누린다. 이동시간이 좀 더 오래 걸리지만 장춘, 대련, 심양공항을 통해 가는 방법도 있기에 이 지역을 가는 비행기 표도 덩달아 가격이 오른다. 그만큼 백두산을 찾는 사람들이 많다.

거기에 백두산 코스는 물론 북중접경지역을 답사하는 기관 및 단체관광객까지 합세하여 그 수는 더 늘어난다. 북중접경지역 답사 여행은 북한의 신의주와 마주한 중국 단동에서부터 시작하여 러시아와 북한, 중국 3국을 조망할 수 있는 방천이라는 지역까지 1,600킬로미터 거리를 이동하는 여행을 말한다. 차를 타고 이동하며 차창 밖으로 보이는 압록강과 두만강 너머에 있는 북한을 조망하는 이 여행코스는 북한에 직접 가보지 못하는 분단의 현실이 빚어낸 비극의 여행코스다. 동시에 이 코스는 분단의 비극을 극복하고 통일의 비전을 구상할 희망의 코스이기도 하다. 이 코스에는 백두산 관광과 옛 고구려 국내성의 수도였던 집안(集安)을 방문하여 광개토대왕릉비와 장군총 등을 관람하는 것이 필수코스로 포함된다.

그런데 북중접경지역 답사는 분단의 현장을 눈으로 직접 보고 체험하며 만주벌판을 달리던 독립운동사와 옛 고구려 역사에 대한 배움의 장이 아닌 백두산 여행으로 전락해 버렸다고 해도 과언이 아니다. 한마디로 북중접경지역 답사에 북한은 없고 창바이산(長白山)만 있다.

일반 여행사에서 운영하는 북중접경지역 여행 상품은 기존의 백두산 관광을 기간과 장소만 늘려 놓은 것이라 할 수 있다. 실제로 대형포털사이트에 '북중접경지역 전문 투어', '북중접경지역 전문 여행사'로 검색하면 관련 정보는 하나도 검색되지 않는다. 백두산 관광에 끼워 팔기 식이 되어버린 북중접경지역 여행… 결코 여행사를 비난하고자 하는 것은 아니다. 여행은 아는 만큼 보이고, 보이는 만큼 느낄 수 있다고 했던가…

중국에서의 북한 주민 면접을 위해 수 십 번 이 지역을 다녀왔다. 수많은 날들을 중국에 다녀왔지만 중국을 알게 되었다고 결코 말할 수 없다. 하지만 최소한 북중접경지역 안에 살고 있는 분단의 사람들은 볼 수 있게 되었다. 기존 여행사 상품으로써 북중접경지역이 아닌 남북한 사람의 만남의 장으로써 북중접경지역 전문 여행을 함께 떠났으면 좋겠다.

머리로 이해하는 통일이 아니라 가슴으로 느끼는 통일을 위해 분단과 통일의 현장을 직접 체감할 수 있는 북중접경지역으로 답사를 떠나보자.

그래서 과감히 여행사 상품과는 차별화 해 북중접경지역 전문 여행을 목적으로 〈너나드리 통일트립〉이라는 이름을 내걸고 이 길을 함께 떠나보자 손 내밀어 본다.

〈너나드리 통일트립〉은 통일을 위한 작은 길을 가겠다고 진로를 정한 대학생들이 실무를 맡았고, 중국어에 능통한 탈북대학생이 통역자가 되어 자신이 떠나온 길을 안내한다. 30년 운전경력으로 북한을 왕래한 마음씨 좋은 재중동포 형님이 안전운행을 책임질 것이다. 먹지도 못하고 통째 버려지는 중국음식이 아니라 자신의 요리에 자부심을 갖고 따스한 정을 나눠줄 식당에서 정감 있는 한 끼를 해결하려 한다. 필자가 그동안 북중접경지역에서 경험한 남북한 사람들의 삶의 모습을 〈문화로 여는 통일 이야기〉라는 주제로 엮어 현장에서 강의하며 전문 가이드로서 통일여정을 안내한다. 단순히 장소를 옮겨가며 관람하는 관광객이 아닌 북중접경지역에 살고 있는 사람들의 생활을 함께 나눌 수 있는 차별화된 여정으로 일정을 꾸렸다.

두 번 다시 경험하지 못할 그 분단의 현장,
북중접경지역으로의 통일 여정을 함께 떠나 보는 것은 어떨런지…

참가신청 및 문의

북중접경지역 전문 여행 〈너나드리 통일트립〉
E-MAIL neonatour@daum.net, tongil2019@gmail.com
손전화(핸드폰) **010-4443-6392**

* 아래의 글은 필자와 함께 북중접경지역을 다녀온 대학생 제자로부터 받은 카카오톡 메시지입니다. 통일을 꿈꾸는 통일세대로서 이러한 '작은 청춘'들의 힘찬 걸음이 있기에 오늘도 힘내어 봅니다.

교수님~ 고생많으셨어용!!! 조심해서 들어가십시용!!
이번 여행에서 좋은 추억 많이 담고 갑니당ㅎㅎ 의미있는 여행 만들어주셔서 진심으로 감사합니다 ㅋㅋ 계속 안가겠다 버틸 때 가자고 이끌어 주신 것도 정말 감사하고 그때 죄송했습니다ㅎㅎ

부산역에서 뒤풀이 할때 고량주 마이 묵고 마음가는대로 해보자! 싶어서 결정했던거라서 결정하고 나서도 걱정을 많이 했었는데, 이번 여행 통해서 고구려 유적지도 보고 만주와 관련한 우리 역사도 돌아볼 수 있었던 점이 정말 좋았습니다. 유적지를 둘러보면서 동북공정이 우리가 모르는 사이에 얼마나 많이 진행되었는지 심각성도 직접 느낄 수 있었고 우리나라가 너무 물질적인 것만 쫒느라 진짜 중요한 부분을 많이 잊고 있는 거 같아서 마음이 아팠습니다.

지난번에 서울 박람회에서 말씀드렸듯이 요즘에는 그냥 취업을 해서 무난히 살아갈까 하고 현실과 타협해서 생각하는 날이 많았는데, 이번 여행을 통해서 원래 관심 있었던 동북공정이나 독도, 위안부 문제들과 관련해서 내가 어떤 역할을 할 수 있는지 진지하게 고민해 봐야겠다는 생각이 들었습니다. 나중에 통일이 되면 통일한국이란 이름으로 우리의 역사를 꼭 되찾아오고 싶습니다. 가능하다면 잃어버린 백두산도... 창바이산(長白山)이 아니라 백두산이라 불릴 수 있게 원래 이름을 찾아주고 싶구용 하하 꿈이 점점 커지네요! 그렇지만 교수님께서 우.역.바(우리는 역사를 바꾼다)라고 하셨으니 계속 생각하고 노력하면 이룰 수 있지 않을까요?

처음에 교수님 수업에 관심을 갖게 된 것이, 교수님께서는 매체에 보도되는 북한의 핵이나 군사, 독재와 같은 부정적인 모습이 아니라 북한의 문화나 한류같이 인간미 있는 모습을 알려주셨기 때문이었습니다. 평소에 북한이라 하면 교수님께 제가 자주치는 장난처럼 안보, 전쟁, 가난, 국정원같은 단어들만 생각났었던 제가, 교수님 수업을 들은 이후 스스로 북한에 대한 생각 자체의 변화도 컸고, 이번 여행은 작년 교수님 수업에서 배운 것을 더 심도 깊게 직접 경험할 수 있었기에 더 좋았습니다.

우리가 손을 흔들고 춤을 추는 것을 따라해 주는 북한 주민들과 무심한 듯 손을 척! 올려서 인사해주는 북한 군인의 모습까지, 순박해 보이는 북한 사람들의 모습이 참 좋았습니다. OO언니와 보트를 타고 북한땅을 보면서 탈북자에 대해 나눈 이야기도 굉장히 의미 있었습니다. 하지만 압록강 한 줄기를 사이에 두고 뭔가가 가로막고 있는 듯한 느낌이 많이 답답하기도 했습니다.

그리고 이번여행의 하이라이트! OOO에서 그곳 언니들과 나눈 이야기나 포옹은 정말 잊지 못할 경험이었습니다. 서로 나이와 이름을 이야기하고 장난도 치고!! 동네 동생처럼 저를 귀여워 해준 OO언니랑, 시크한 듯 재치 넘치는 OO언니, 노래 짱 잘 부르는 OO언니까지 다들 3년이 지나기 전에 꼭 다시보고 싶고 여의치 않다면 교수님을 통해서라도 연락을 주고받을 수 있으면 좋겠다는 생각이 들었습니다. 교수님의 OO언니를 못 만난 것은 아쉬웠지만 다른 언니들과 짧은 시간에 정이 많이 들었습니다. 또한 언니들을 통해서 역시 사람은 직접 만나 소통하는 것보다 좋은게 없다는 것도 많이 느꼈습니다.

부산으로 돌아가서도 교수님께서 무대 위에서 다같이 홀로아리랑, 다시 만납시다를 부를 때 흘리신 눈물과 오늘 아침 공항 가는 버스에서 통일을 위해 더욱 노력하겠다고 하신 교수님의 말씀, 이번 여행을 통해 느낀 아주 사소한 감정들까지 모두 다 오랫동안 기억하겠습니다.

통일을 위해서 노력하시는 교수님을 항상 응원합니다. 늘 버릇없이 장난치고 투정부리는 저와 좋은 경험들을 함께 해 주셔서 정말 감사드립니다. 교수님~~
돌아가시는 길 조심해서 가시길 바랍니다. 7일간의 수많은 감정을 이 좁은 카톡에 다 담지는 못했지만 횡설수설 적은 글이라도 나중에 시간나실 때 읽어봐 주셔용. 의미 있는 여행을 함께 할 수 있어서 영광이었습니다!! 앙앙~ㅋㅋㅋㅋㅋ

조주영 올림

부록 2　SONG

행동하기 두번째

'홀로아리랑'이라는 노래가 있다. "저 멀리 동해바다 외로운 섬, 오늘도 거센 바람 불어오겠지~~~"

가수 이승철이 독도에서 탈북대학생들과 함께 불렀고, 가수 조용필도 평양공연 당시 이 노래를 앵콜곡으로 불러 남북이 하나 되는 감동의 무대를 연출하기도 했다. 많은 가수들이 이 노래를 리메이크 하여 분단의 아픔을 노래하고 있다.

지난 7월 필자는 대학생 14명과 함께 북중접경지역 답사를 다녀왔다. 우리는 분단의 현장에서 통일을 직접 체험하고 싶었다. 간절히 원하면 꿈은 이루어진다고 했던가… 평소 잘 알고 지내던 북한식당의 복무원들과 함께 우리는 얼싸안고 이 노래를 함께 부를 수 있었다. 또래의 남북한 대학생들이 서로의 눈물을 닦아 주며 그렇게 홀로아리랑을 목 놓아 외쳤다.

그들과 우리는 두 손 맞잡고 약속했다. 통일된 조국에서 다시 만나자고… 그리고 하나 더, 홀로아리랑의 3절 가사를 한번 실현해 보자고… 이 곡의 3절 가사는 남북한 사람들이 독도에서 함께 만난다는 내용을 담고 있다.

백두산 두만강에서 배타고 떠나라, 한라산 제주에서 배타고 간다.
가다가 홀로 섬에 닻을 내리고 떠오르는 아침 해를 맞이해 보자.
아리랑 아리랑 홀로아리랑 아리랑 고개를 넘어가보자
가다가 힘들면 쉬어 가더라도
손잡고 가보자 같이 가보자

홀로아리랑

　분단 70년, 광복 70년인 2015년 8월 광복절. 백두에서 배타고 떠난 그들과 한라에서 배타고 떠난 우리가 함께 독도에서 만나기를 희망했다. 그러나 8월의 만남은 이루어지지 못했고 이제 광복 70주년을 맞는 그날은 역사의 뒤안길이 되어 버렸다.

　하지만 그 희망을 놓치지 않으려 한다. 홀로아리랑의 3절 가사 내용처럼 독도에서 하나 되는 그 날을 위해 오늘도 우리 청춘들은 작은 발걸음을 내딛는다.

　독도에서 함께 만나 홀로아리랑을 부를 그 약속을 위해...
　통일의 그 날을 앞당기기 위해...

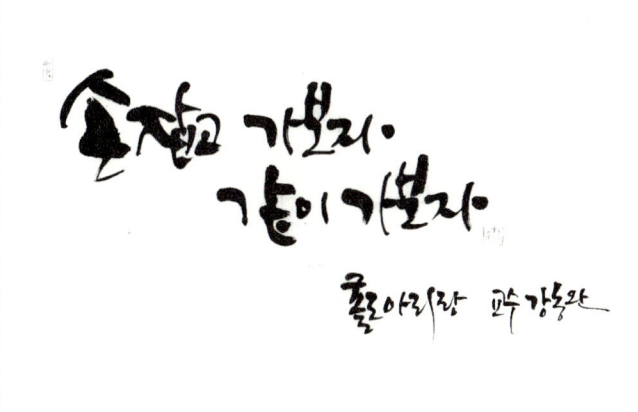

캘리그라피 : 유현덕

부록 3 LETTER

행 동 하 기 세 번 째

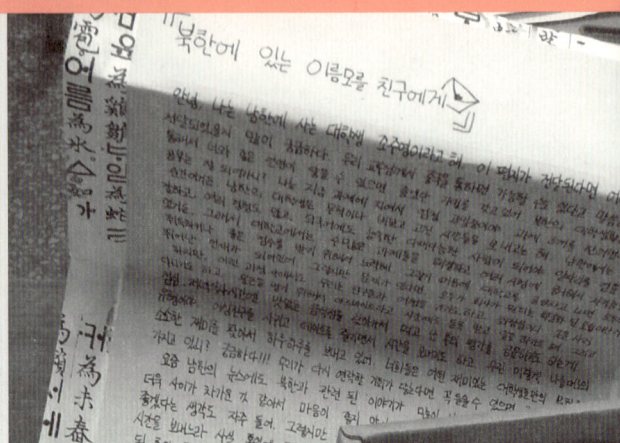

　수북이 놓인 편지지들 속에 수십 번 망설임 끝에 예쁜 편지지 하나 골라 또박또박 손 글씨로 마음을 채워놓고, 편지봉투에 우표 붙여 설레던 마음으로 우체통에 넣던 그 예전의 편지보내기.

　지금은 마우스 클릭 한번으로 누구에게나 메일을 보낼 수 있는 시대가 되었다. 애써 예쁜 편지지를 고를 필요도 없고, 이제나저제나 편지가 배달되었을까 설레는 마음으로 기다릴 필요도 없다. 그저 인터넷에 접속된 컴퓨터 한 대만 있으면 세상 그 누구와도 접속된다. 하지만 우리에게는 접속이 차단된 지역이 한 곳 있다.

　보내고 싶어도 부치지 못하는 편지...
　분단은 우리에게 편지 하나 주고받을 수 있는 자유조차 허락지 않는다.

　지금 당장 그들에게 보낼 수는 없지만 훗날 통일의 그날을 맞이할 때

북한에 있는 누군가에게 편지쓰기

전해주고자 북녘에 있는 누군가에게 편지쓰기를 해보면 어떨까...

통일의 그날 북한 주민들이 우리에게 "그대들은 통일을 위해 무엇을 했느냐"고 물었을 때 그래도 부끄럽지 않을 우리의 행동 하나는 있어야 하지 않겠는가.

그 편지를 통해 우리가 그대들을 한시도 잊지 않고 늘 기억하고 있었다고 전하고 싶다. 북한에 있는 누군가에게 편지쓰기는 지금 우리의 마음을 잠시 보관해 놓는 것이다.

필자는 매학기 마다 수업을 듣는 대학생들에게 '북한에 있는 누군가에게 편지 쓰기'를 레포트로 제시하고 있다. 대학생들의 통통 튀는 아이디어는 참으로 놀라웠다.

미래의 나의 배우자에게, 김정은 위원장에게, 모란봉악단 가수에게, 국군포로에게, 김일성종합대학교 학생에게 등 그 대상도 다양하다.

더욱 놀라운 것은 그들의 레포트는 그냥 컴퓨터로 작업해서 출력하는 선에서 그치지 않고 작품을 만들어 온다는 점이다. 어느 학기에는 자신이 손수 양말을 재활용하여 '걱정인형'을 만들어 온 학생도 있었다. 지금 북한에서 힘들게 살고 있지만 밤새 '걱정인형'에게 다 맡겨두고 편히 쉬라는 내용으로 말이다.

북한 주민들을 직접 만날 수 없고 이야기 할 수 없지만 예쁜 편지지에 우리의 마음을 담아 소중히 보관하고자 한다. 그들의 손에 들려질 통일의 그 날까지...

편지보내기 참여방법

주 소 부산시 사하구 다대로 381번길 99 101동 1406호

통일의 마음이 담긴 예쁜 편지들을 모아 책으로 발간할 예정이오니 많은 참여 부탁드립니다.

● 미주

1. 문화로 여는 통일이라는 관점에서 북한에서의 한류 현상에 대한 그동안 필자들의 연구는 『한류, 북한을 흔들다』 (서울: 늘품플러스, 2011), 『한류, 통일의 바람』 (서울: 도서출판 선인, 2012) 단행본과, "남한 영상매체의 북한 유통경로와 영향 : 지역간·대인간 연결구조 분석을 중심으로"(2010), "북한 주민의 남한 영상물 시청: '하위문화(Subculture)'의 형성과 함의"(2011), "대북미디어의 현황과 과제: 전단, DVD, USB 콘텐츠 현황과 개선방안을 중심으로 (2012)", "북한주민의 남한 미디어 수용과 왜곡된 남한 상"(2012), "남한입국 초기 북한이탈주민의 '도구적 TV시청과 재사회화에 관한 연구"(2012), "북한주민의 남한 미디어 수용과 인권의식 변화"(2013), "북한으로의 외래문화 유입현황과 실태: 제3국에서의 북한주민 면접조사를 중심으로"(2014), "북한 한류 연구: 동향과 과제"(2014) 등의 논문 등이 있다.
2. 『로동신문』, 2015년 7월 23일.
3. "뚱뚱하면 군대 못 간다…비만자 보충역 변경 추진" 『연합뉴스』, 2015년 7월 15일.
4. 통일부는 「북한이탈주민의 보호 및 정착지원에 관한 법률」 제10조 1항에 근거하여 북한이탈주민에 대한 보호 및 정착지원을 위해 정착지원시설(하나원)을 1999년부터 개원하여 사회적응 교육 및 기초직업 훈련을 실시하고 있다. 하나원의 정식명칭은 '북한이탈주민정착지원사무소'이며 12주간의 교육이 진행된다.
5. 북한은 모란봉악단에 이어 청봉악단을 새롭게 조직했다고 밝혔다. 주목할 점은 청봉악단의 조직 배경으로 "비상히 높아진 조선인민의 지향과 문화정서요구"라는 표현이다. 즉, "비상히 높아진 조선인민의 지향"은 "수준높은 인민의 요구"와 동일한 의미로 이해할 수 있다. 청봉악단 조직에 대한 상세한 내용은 『로동신문』, 2015년 7월 28일자 참조.
6. 강운빈, 『인간개조리론(위대한 주체사상총서 6)』 (평양: 사회과학출판사, 1985), p. 3.
7. 김정은, "위대한 수령 김일성 대원수님 탄생 100돐 경축 열병식에서 하신 우리 당과 인민의 최고령도자 김정은 동지의 연설 (4월 15일)," 『로동신문』, 2012년 4월 16일.
8. 김일기, 이수석, "김정은 시대 북한정치의 특징과 전망," 『북한학보』 제38집 2호(2013), p. 79.
9. 모란봉악단은 김정은의 아이콘이라 해도 과언은 아니다. 김정은의 변화에 대한 성과를 가장 잘 보여주는 것으로 모란봉악단을 보면 김정은의 정책의도를 일면 파악할 수 있다. 모란봉악단에 대한 상세한 논의는 강동완, 『모란봉악단, 김정은을 말하다』 (서울: 선인, 2014) 참조.
10. 원래 북한에서 8.3현상이라는 말은 김정일이 84년 8월 3일 평양에서 열린 '전국 경공업제품 전시장'을 둘러보면서 생산 부산물과 폐기물을 활용해 생활필수품을 많이 만들라고 지시한 것에서 생겨난 말이다. 즉, "생산을 하고 남은 자투리를 활용해 인민소비품을 만들라"는 것으로 당연히 상품의 질이 좋지 않았다. 그래서 북한에서는 8.3이라는 말이 가짜를 가리키는 대명사로 사용된다.
11. 박형중, "북한 시장에 대한 정치학적 분석," 『한국정치학회보』 제46집 제5호(한국정치학회, 2012), p. 214.
12. 최진욱, 한기범. 『김정은 정권의 정책전망』 (서울: 통일연구원, 2012), p. 85.
13. "조선로동당중앙위원회와 조선민주주의인민공화국 국방위원회에서 제17차 아시아경기대회 참가자들을 환영하여 연회 마련," 『로동신문』, 2015년 10월 7일.
14. 모란봉악단에 대한 북한주민의 인식에 대한 상세한 논의는 강동완·박정란, "김정은 시대 북한사회 변화와 전망: 모란봉악단 공연을 중심으로," 『정책연구』 2014년 봄호 통권 180호 참조.
15. 북한에서의 외부사조 유입은 선군정치로 대표되는 북한군대에도 광범위하게 확산되고 있다. 북한의 공식문헌을 보면 북한당국은 군대내의 단속에 대한 한계를 스스로 인정하고 있음을 알 수 있다. 이에 대한 상세한 논의는 강동완·김현정, "북한 군대 내 남한 영상물 시청 실태 및 북한 정권의 대응," 『통일과 평화』 제7권 1호(2015) 참조.
16. 『로동신문』, 2013년 7월 6일.
17. "계급투쟁의 교훈과 진리를 뼈에 새기자." 『로동신문』, 2015년 7월 24일.
18. 강동완·박정란, 『한류 북한을 흔들다』, p. 35.

사람 과 사람 김정은 시대 '북조선 인민'을 만나다.

1쇄 찍은 날	2015년 10월 1일
2쇄 찍은 날	2016년 1월 5일

지은이	강동완 박정란
펴낸곳	통일문화연구원
홈페이지	www.ccus.or.kr
주 소	서울시 강남구 논현동 86 금강빌딩 303호
전 화	02-553-3944
팩 스	02-553-3948

출판사	도서출판 너나드리
등록번호	제 2015 - 2호 (2015.2.16)
주 소	부산시 사하구 다대로 381번길 99 101동 1406호
이메일	neonabooks@daum.net
전 화	051-200-8790
책임편집	강동완
자료정리	안정은 김경렬 윤종찬 박승현
디자인	박지영
일러스트	이현아 권보미
교정교열	임수진 남서아

ISBN 979-11-956081-0-2
가격 22,000원

*이 책의 수익금은 후속연구인 〈사람과 사람 : 그 두 번째 이야기〉의 연구기금으로 사용됩니다.

SINCE 2015
너나들이는 서로 너 나하며 허물없이 지내는 사이를 일컫는 순우리말입니다.
도서출판 너나드리는 남북한 사람들이 서로 그런사이가 되기를 바라는 희망을 안고
통일 북한 전문 출판물을 통해 하나의 길을 만들어갑니다.